혼자서도 잘 살고 싶은 분이 읽는 책

혼자서도
잘사는법

강요셉 지음

백세시대 최고핵심은 각자도생

"만일 내가 판단하여도 내 판단이 참되니 이
는 내가 혼자 있는 것이 아니요 나를 보내신
이가 나와 함께 계심이라"(요 8:16)

성령

혼자서도 잘사는 법

성령

들어가는 말

사람은 혼자 왔다가 혼자 살다가 혼자 영원한 천국에 가는 것입니다. 혼자서도 잘 살아야 합니다. 혼자서도 잘 살아야 한다고 하니까, 처음부터 결혼도 하지 않고 혼자 사는 것으로 이해하면 곤란합니다. 결혼은 해야 합니다. 결혼을 하는 것이 하나님의 뜻이니까, 결혼은 해야 합니다. 그러나 결혼을 했더라도 부부가 함께 오순도순 영원한 천국에 갈 때까지 같이 사는 것은 극히 드물다고 보아야 합니다. 부부도 앞서거니 뒤서거니 떠나갑니다. 비혼주의자도 있고, 결혼을 했더라도 이혼하는 사람도 있습니다. 친구들도 마찬가지입니다. 하나둘씩 세상을 떠나고 맙니다. 자연스럽게 혼자가 되는 것은 피할 수가 없고 정한 이치이고 세상의 흐름입니다.

2023년 10월 2일 통계청에 따르면 65세 이상 고령인구는 950만 명으로 전체 인구의 18.4%나 된다고 합니다. 베이비붐세대(1955~1963년생)의 절반 이상이 노인인구로 편입되는 2025년에는 그 비중이 20.6%로 늘어 초 고령사회에 진입할 것으로 전망된다는 것입니다. 이 속도는 점점 더 빨라져 2035년 30%, 2050년에 40%까지 확대될 것으로 예측됐습니다. 국민 10명 중 4명이 노인인 노인사회가 되는 셈입니다. 누구나 혼자되는 문제를 대비해야 합니다.

이 책은 비 혼주의자도 해당이 되지만 부부가 앞서거니 뒤서거니 떠나서 혼자되신 분들과 결혼을 했더라도 부부가 영원하게 함께 살아가지 못하고 이혼하신 분들과 아직 결혼하지 않고 혼자 지내는 청년들이 어떻게 하면 예수님 안에서 예수님과 함께 혼자서도 잘 살수가 있는지 노하우를 제공하기 위하여 집필했습니다.

초 고령화 시대를 앞두었다고 말합니다, 하루라도 빨리 대책을 강구해야 합니다. 자녀들이 부모들을 부양하는 것도 한계가 있습니다. 모두 자신들의 삶을 살아가는 데도 버겁기 때문입니다. 요즈음 젊은이들이 '각자도생'이라는 말을 합니다. 이제는 각자 도생해야 한다는 것입니다. 필자가 생각하기도 현명한 선택이라고 생각합니다. 우리의 각자도생은 아름다운 시작입니다. 어린 시절부터 우리는 '각자도생'을 통해 새로운 경험과 발견을 통해 세상을 탐험합니다. '각자도생'을 통해 우리는 자신의 선호도, 재능, 열정을 발견하게 됩니다. 자신을 이해하고 받아들이는 것은 나만의 길을 찾는 첫걸음입니다. 아니 시대적 요청이라고 해도 과언은 아닐 것입니다.

독자 여러분 이 책을 통하여 혼자서도 잘 살아가는 방법을 터득하여 혼자되었을 때 당황하지 말고 대처하여 남은 여생을 하나님의 은혜 안에서 건강하고 행복하게 사시기를 소원합니다.

주후 2023년 11월 27일
충만한 교회 성전에서
저자 강요셉목사.

세부적인목차

1부 사람은 혼자 왔다 혼자 살다 가는 것

1장 사람은 종국적으로 혼자 살게 된다.

(롬 11:36)"이는 만물이 주에게서 나오고 주로 말미암고 주
에게로 돌아감이라 그에게 영광이 세세에 있을지어다 아멘"

사람은 혼자 왔다가 혼자 살다가 혼자서 영원한 천국에 가는 것
입니다. 혼자서도 잘사는 법이라고 하니까, 잘못이해하실 분들이
있을 것입니다. 예수님 안에서 혼자서도 잘살아야 한다는 말입니
다. 절대로 사람은 하나님 없이 혼자서 독립적으로 살아갈 수가 없
습니다. 또 혼자서도 잘살기 위하여 처음부터 결혼도 하지 않고 자
연인으로 깊은 산속에서 혼자 사는 것이 아닙니다. 결혼을 해야 합
니다. 결혼을 하더라도 부부가 오손도손 영원한 천국에 갈 때까지
같이 사는 것이 아니지 않습니까? 모두 앞서거니 뒤서거니 하면서
떠납니다. 사람은 필연코 혼자되는 것입니다. 또 가정에서나 직장
에서나 학교에서나 군대에서나 소속된 단체에서 혼자서도 잘해야
원만한 생활을 할 수가 있는 것입니다. 이때 혼자서도 잘살아야 한
다는 의미에서 이 책을 집필하는 것입니다.

어느 날 지하철 안에서 들은 이야기입니다. 경로석에 60대 후반
정도 보이는 남성이 앉아 있었고, 그 앞에는 60대 초반으로 보이는
남성이 서 있었습니다. 대화는 이런 것입니다. 서있는 60대 초반의
남성이 형님! 형수님이 떠나신지 좀 되었지요. 그래 이제 2년이 조

금 넘은 것 같네…. 형님! 혼자 사시는데 불편하지 않으세요. 재혼할 생각은 없으세요. 그러니 경로석에 앉은 분이 정색을 하면서 하시는 말이 아니 이 사람아 장례 또 치러 줄 일이 있어, 지금 혼자 사는 것이 나쁘지는 안다네, 나보고 재혼하라는 소리하지 말게, 재혼이 그렇게 쉬운 것이 아니라네, 수양되지 못한 성격 나쁜 사람 만나면 스트레스로 내 수명대로 살지 못해서 오히려 혼자 사는 것만 못한 것이네…. 그래서 하나님께서도 "다투며 성내는 여인과 함께 사는 것보다 광야에서 사는 것이 나으니라."(잠 21:19)하셨지 않는 가…. 어쩌면 정확하고 옳은 말인 줄 모릅니다. 어쩌면 재혼하는 것보다 오히려 혼자 사는 편이 좋을 지도 모릅니다.

그렇기 때문에 혼자서도 잘사는 방법을 깨닫고 혼자 사는 것을 젊어서부터 습관화하는 것이 좋습니다. 젊어서 습관화가 중요합니다. 이니 어려서부터 독립하며 혼자 사는 법을 습관화해야 합니다. 사람이 나이를 먹으면 자기 생각이 강하고 더 자기중심적으로 됩니다. 자기 말만 하고, 자기 생각만 합니다. 그래서 부부가 둘이 살아도 각각이라고 말하는 것입니다. 인생은 결국 혼자 살아가는 것! 혼자 사는 사람은 본래 기대어 살지 않기에 사람에게 실망할 것도 없습니다. 둘이 사는 부부가 혼자라는 생각에 더 외로움을 느끼게 된다고 합니다. 왜냐하면 상대방에게 의지하는 습관이 되기 때문입니다. 왜 나를 생각하고 도와주지 않는가, 왜 나에게 관심을 두지 않는가, 자꾸 상대방에게 의지하고 바라기 때문입니다.

부부가 같이 생활을 할지라도 항상 '나는 혼자다!' 이렇게 생각하세요. 이렇게 생각하는 것이 마음이 편안하고 독립심을 길러서 나중에 정말 혼자 살게 될 때 혼자서도 행복하게 잘살 수가 있습니다. 부부가 영원하게 같이 살다가 가는 경우는 극히 드뭅니다. 필자도 나이 70에 혼자되었습니다. 몇 년 전 만해도 이렇게 되리라고 꿈에도 생각하지 않고 지냈습니다. 그러나 현실이 되어 당하게 되었습니다. 그래서 제가 혼자서도 잘사는 법이란 제목으로 글을 써서 출판을 하는 것입니다. 본래 사람은 홀로 왔다 홀로 살다가 홀로 가는 삶이고 부부는 잠시 같이할 뿐입니다. 이것을 증명하는 현실이 지금 세상에서 나타나고 있습니다.

다음 글은 행복100세 자산관리연구회 강창희 대표께서 "혼자 사는 노후, 고독을 즐기는 법"이란 제목으로 칼럼을 발표(2023. 10. 11)하셨는데 필자도 전적으로 공감하기 때문에 약간 편집하여 여기에 인용합니다. [혼자 사는 노인의 수가 급속하게 늘고 있습니다. 통계청에 따르면 올해(2023년) 현재 혼자 사는 노인은 197만 3000명으로 전체 노인의 21.8%를 차지합니다. 노후에 혼자 살게 되는 이유로는 사별·미혼·이혼 등을 들 수 있습니다. 최근 들어선 생애 미혼과 중년·황혼 이혼도 늘고 있습니다. 50세 전후까지 결혼한 적이 없는 사람의 비율을 나타내는 생애 미혼 율은 1980년만 해도 남자가 0.4%, 여자가 0.3%에 불과했습니다. 그러나 2020년에는 남자가 16.8%, 여자가 7.6%로 늘어났습니다. 결혼 기간 20년 이상인 커플의 중년·황혼 이혼도 늘고 있습니다. 1990년 전체 이혼 건수의 5%에 지나지 않았던 중년·황혼 이혼 비율이 **2021년에는 39%로 늘어났습니다.**

혼자 사는 삶을 꼭 나쁘게만 생각할 필요는 없습니다. 도시화가 진전될 때 핵가족화를 우려하는 시각이 많았지만, 핵가족은 새로운 가족 형태로 성장해 주류를 이뤘습니다. 노후에 혼자 사는 삶도 마찬가지의 길을 걷게 될 것입니다. 평균수명은 늘어나는데 남자와 여자의 수명 격차가 그대로 유지되고, 생애 미혼과 중년·황혼 이혼이 늘어나면 혼자 사는 삶이 늘어날 수밖에 없기 때문입니다. 그래서 미리미리 대비하고 준비해야 당한 다음에 후회하거나 허둥대지 않습니다.

서구에서는 노후에 혼자 사는 문제를 우리보다 훨씬 일찍부터 경험해왔습니다. 스웨덴의 경우 젊은 세대, 노인 세대 합해 전국 평균 1인 가구 비율이 57%라고 합니다. 스톡홀름의 경우에는 60%에 달한다는 것입니다(2020년 한국 1인 가구 비율 34.5%). 그런데도 영국 이코노미스트지 조사에 따르면 세계에서 일곱 번째로 살기 좋은 나라로 알려져 있습니다. 혼자 살 수 있는 조건이 잘 갖추어져 있는 나라이기 때문입니다.

혼자 사는 노후에 대비한 준비 중에서도 가장 중요한 건 외로움을 견디는 능력, 즉 고독 극복 능력을 키우는 일입니다. 현역 시절에 어느 정도의 노후자금을 마련해 경제적인 문제는 해결한다고 하더라도 고독에서만은 벗어나기가 쉽지 않는 것이 사실입니다. 물론, 고독 극복 능력을 키운다는 생각 때문에 고립된 생활을 자초해서는 곤란합니다. 혼자 살더라도 의미 있는 일을 하고, 자신에게 맞는 취미생활을 하면서 새로운 공동체에 편입하기 위한 노력을 해야 합니다.

고립을 피하는 데 가장 중요한 것은 주거 형태입니다. 자녀와 같이 살기를 희망하지 않는다면 결국 이웃만 한 복지시설이 없습니다. 이것이 평소 이웃과 잘 지내야 하는 이유입니다. 우리보다 고령사회를 일찍 경험한 일본의 경우, 노부부만 살거나 부부가 사별하고 혼자된 경우에는, 18~20평의 소형 평수이면서 쇼핑, 의료, 취미, 오락, 친교까지를 모두 가까운 거리에서 해결할 수 있는 주거 형태를 선호한다고 합니다. 아직도 대형·고층 아파트를 선호하는 우리나라 노년 세대들이 참고해야 할 사례가 아닌가 생각됩니다.

또 한 가지 중요한 것은 노후생활비 준비 방법입니다. 종래의 남편 중심의 노후준비에서 혼자 남아 살게 될 가능성이 큰 아내를 배려하는 노후준비로 바꿔야 한다는 것입니다. 혼자 사는 고령 세대의 80% 정도가 여성이고, 혼자 살게 되는 기간 또한 남성보다 여성이 훨씬 길기 때문입니다. 아내가 혼자 남아 살게 될 경우를 생각해서 연금·보험 등에 가입해 미리미리 준비를 해둬야 한다는 것입니다. 노후에 대비하여 노후자금을 준비하는 것이 중요합니다.

최근 들어 가족의 해체가 일어나고 있는 한편에 가족 회복 운동이 일어나고 있다는 점 또한 눈여겨볼 필요가 있습니다. 지금 일본에서는 한 건물 안에 3대가 독립적으로 살 수 있도록 개축을 하면 세제 혜택을 준다고 합니다. 그리고 노인이 큰 집에 혼자 또는 둘만 살고 있으면 젊은 세대와 같이 살 수 있도록 하는 그룹 리빙, 공유경제 등이 활성화되고 있습니다.]

결국 혼자서도 잘살아야 합니다. 혼자되었다고 낙심하거나 외로움을 가지고 살아가면 되지 않습니다. 고독을 즐기는 사람이 되어야 합니다. 우리 성도님들은 살아계신 하나님의 성전입니다. 항상 하나님과 동행한다는 의식이 굉장하게 중요한 것입니다. 그런데 육체를 가지고 사는 사람이다가 보니까, 외로움을 떨쳐 보내기 쉽지가 않습니다. 혼자 사는 사람은 가을이 되면 왠지 외로움을 더 느끼는 것이 사실입니다. 필자가 병원에 능력전도 다닐 때를 회상하면 10월 중순부터 12월 까지 우울증환자가 병원에 많이 있었습니다.

필자에게 가끔 이런 장난 비슷한 전화를 하시는 분이 있습니다. 목사님! 왜 하나님은 나의 갈비뼈를 하나 더 취하셔서 새로운 이성을 하나 만들어 주지 않으시나요? 이런 허황된 생각을 가지고 질문을 하는 것입니다. 성경 창세기를 보면 "하나님은 아담이 외롭게 지내는 것을 보시고 아담의 갈비뼈(늑골)로 하와를 만드셨다"라고 나와 있습니다. 아니면 자기가 깊은 잠을 자는 동안 갈비뼈는 취하긴 하셨는데 이제는 하나님도 나이가 드셔서 입김을 불어넣을 힘이 없으셔서 그런가요? 하는 망측하고 엉뚱하고 해괴한 생각을 하는 사람도 있습니다.

그분이 하는 말이 분명 어딘가에 입김을 아직은 불어넣지 않은 이성이 있다는 생각이 들 때도 있다는 것입니다. 하도 혼자지내기 외롭고 고독하니까 하는 말인 것 같습니다. 우리가 가만히 생각하면 하나님께서 아담의 갈비뼈를 취해 만든 하와는 아기부터 시작한 것이 아닌 것 같습니다. 분명 성인인 아담과 비슷한 연령대의 하와를 만드신 것입니다. 아담의 딸 같은 아이를 만든 것도 아니고 분명 성인을 만드신 것입니다. 사람들에 따라 성경을 과학에 접목

시켜 이야기하는 사람들도 많을 것입니다. 하나님의 인간 창조를 유전학으로 접근하는 사람도 있을 것입니다.

영국의 유전자 복제 양인 돌리는 신생인 아기로 태어났지만 사람을 성인 유전자를 복제한다면 성인으로 생겨날 것입니다. 정신 나간 과학자들은 이런 시도로 난치병을 해결할 수 있다고 생각할 것입니다. 복제 인간에 의한 장기 이식입니다. 복제인간은 장기 이식을 해주고 사라지는 드라마 같은 이야기 일 것입니다. 하와가 성인으로 태어났다면 닭이 먼저 일수도 있다는 결론이 나옵니다. 5일째 되는 날에 생물인 동물을 창조하셨으니 성체인 닭을 암수를 만들어 그다음부터 알을 낳았을 것입니다.

모두가 시작은 성체나 성인입니다. 고대 신화를 보면 신적인 존재들은 알이나 희한한 상황에서 태어나 아기가 성인이 되었습니다. 예수님도 처녀인 동정녀 마리아에게서 태어났습니다. 모두가 비범하고 특별하지만 최초의 인간 창조는 하나님만이 가능했고 일반 현자들의 탄생과는 다릅니다.

언젠가 인류가 멸망하고 다시 시작한다면 노아 때처럼 성인이나 성체인 동물들을 보존하다가 번성과 생육을 시켰듯이 지금의 인류가 멸망한다면 어딘가에 알이나 인공 아기집(인공 자궁)을 만들어 태아 들을 생육시켜 인류를 다시 만들지는 않을 것입니다.

필자는 사람들이 혼자 사는 것은 하나님의 생육하고 번성 하라는 말씀을 어긴 것 이므로 그 대가로 외로움을 주신 것 같다는 생각이 듭니다. (창 1:22)"하나님이 그들에게 복을 주시며 이르시되 생육하고 번성하여 여러 바닷물에 충만하라 새들도 땅에 번성하라

하시니라" 혼자 살아가는 사람들이 겪는 고독은 "혼자 살기 때문에 내려진 것" 이라고 생각합니다. 그런데 혼자가 되는 것은 어찌할 방법이 없습니다. 어려서나 젊어서 그렇게 잘 지내던 친구들도 앞서거니 뒤서거니 하면서 떠나고 혼자가 됩니다. 일생을 같이 하면서 살아가던 부부도 앞서거니 뒤서거니 하면서 떠나는 것은 피할 수가 없습니다. 그래서 혼자서도 잘살 수 있는 방법을 강구하고 살아야 합니다.

1.자신을 사랑해야 합니다. 자기 자신을 자기가 사랑해야 합니다. 사람은 사랑받기 위하여 태어났다고 하지만 자신은 자기가 사랑해야 합니다. 혼자서도 잘 살아가려고 노력해야 하나님께서 도와주신다는 말입니다. '하늘은 스스로 돕는 자를 돕는다.'고 하지 않습니까? 천조자조의 한자어입니다. 하늘은 스스로 돕는 자를 돕는다 하였습니다. 이 속담은 상당히 기분 좋은 느낌이 듭니다. '열심히 하면 보상 받는다.' 라는 느낌이 나기 때문일 것 같습니다.

천조자조라는 완벽한 동의어가 있지만 유사한 의미로 고진감래라는 말이 있습니다. 어릴 때 많이 들었던 '고생 끝에 낙이 온다.'는 속담과 같은 의미 인데요. 쓴 것이 다하면 단 것이 온다는 뜻입니다. 이런 속담이나 사자성어는 정말로 맘에 듭니다. 왜냐하면 하루하루 열심히 살면 언젠가는 그 보상이 온다는 것 같기 때문이기도 합니다. 자기 자신을 사랑해야 합니다. 그래야 혼자서도 행복하게 잘살아갈 수가 있습니다. 자신을 사랑하지 못하면 같이 사는 사람들을 사랑할 수가 없습니다. 이웃도 사랑할 수가 없습니다.

하나님은 "둘째도 그와 같으니 네 이웃을 네 자신 같이 사랑하라 하셨으니"(마 22:39). 하나님을 사랑하고 이웃을 사랑하고 자신을 사랑하는 사람이 노후에 혼자되어도 당황하거나 허둥대거나 외로워하지 않을 것입니다. 자기 자신에 대해 자부심을 가져야합니다. 내 자신은 이미 완벽한 존재요, 하나님의 형상으로 지음 받은 충분히 아름다운 사람이기 때문입니다. 자기 자신을 사랑한다는 것은 자기 자신을 믿어주는 일입니다.

2.자기 건강은 자기가 챙겨야 합니다. 많은 수의 사람들이 자신의 건강을 다른 사람에게 의존하면서 살아가는 분들이 있습니다. 이것은 정말로 위험한 버릇입니다. 세상에서 자신의 금고나 재산을 증명하는 등기부등본을 다른 사람에게 맡기는 사람은 없을 것입니다. 돈이나 재산은 자신이 꼭 쥐고 관리하면서 어찌 자기 건강을 다른 사람에게 맡길 수가 있겠습니까? 자기 자신의 건강이 돈이나 재산 등기부 등본보다 더 중요하다는 것입니다. 자기건강은 자신이 관리해야 합니다. 그래야 필요하면 병원에도 가서 건강검진도 받고 예방주사도 맞고, 운동도 하고, 산책도 하는 것입니다.

연구기관에 따르면 노인의 삶의 질을 평가하는 가장 핵심 요소는 "일상 활동의 독립적 수행"으로 꼽혔습니다. 삶의 질에 영향을 미치는 다양한 외부 요인 중 '자기 스스로가 느끼는 주관적 건강상태'가 가장 큰 영향력을 미치는 것으로 나타났다고 합니다. 자신의 건강상태에 대한 스스로의 평가가 고혈압이나 당뇨 등 만성질환의 수, 경제적 수준, 교육 수준, 음주나 흡연, 운동, 스트레스 등보다 삶의 질에 더 큰 영향을 미친다는 것입니다. 이번 연구결과 "노인이 일상생활을 스스로 수행할 수 있도록 돕는 것이 전체적인 삶의 질을 향상시키는 가장 효율적인 방법이라는 점을 시사한다."고 말했습니다. 자기 건강은 자기가 챙겨야 합니다.

3.체력을 건강하게 관리해야 합니다. 체력은 정말로 중요합니다. 건강한 삶을 살기 위해서는 충분한 체력이 필수적입니다. 체력이 풍부하면 일상생활에서 더 많은 활동을 하고 스트레스에 더 잘 대처할 수 있습니다. 또한 체력이 향상되면 신체 기능도 개선되어 만성 질병의 발병 위험이 줄어들 수 있습니다. 체력을 향상시키기 위한 다양한 방법과 실천할 수 있는 전략에 대해 살펴보겠습니다.

1)규칙적인 운동: 체력을 키우기 위해서 가장 중요한 요소 중 하나는 규칙적인 운동입니다. 유산소 운동과 근력 운동을 조합하여 다양한 신체 부위의 근육을 발달시키고 심폐 기능을 향상시킬 수 있습니다. 유산소 운동은 걷기, 달리기, 수영 등과 같이 심박수를 높이는 운동으로 심혈관 건강을 증진시키며 체력을 향상시킵니다. 근력 운동은 복근, 대퇴근, 가슴 등의 근육을 강화하여 체력과 근력을 높여줍니다. 규칙적으로 운동을 하면 신체 기능이 개선되며 에너지 수준이 향상됩니다.

2)균형 잡힌 식단: 체력을 기르기 위해서는 올바른 식단이 중요합니다. 균형 잡힌 식단은 단백질, 탄수화물, 지방 등을 적절한 비율로 섭취하여 신체의 영양소 공급을 보장합니다. 단백질은 근육을 구성하고 수리하는 역할을 하며, 탄수화물은 에너지원으로 작

용합니다. 또한 식이섬유와 미네랄, 비타민 등을 풍부하게 함유하는 신선한 과일과 야채를 섭취하여 면역력을 향상시키고 영양소 공급을 보완할 수 있습니다.

3)**충분한 수면**: 체력을 기르기 위해서는 충분한 수면이 필수적입니다. 수면 중에는 신체가 회복되고 조직이 수리되는 시간이기 때문에 충분한 휴식이 필요합니다. 부족한 수면은 체력을 감소시키고 면역력을 저하시킬 수 있습니다. 일정한 수면 패턴을 유지하고, 스마트폰이나 컴퓨터 화면을 자면서 보지 않도록 주의하는 것이 좋습니다.

4)**스트레스 관리**: 스트레스는 체력을 감소시키는 주요한 요인 중 하나입니다. 지속적인 스트레스는 신체에 부정적인 영향을 미치며 면역 체계를 약화시키고 에너지를 고갈시킬 수 있습니다. 스트레스를 효과적으로 관리하기 위해서는 심호흡, 명상, 깊은 기도 등의 휴식 기술을 활용하거나 취미를 가지고 스트레스를 해소하는 시간을 갖는 것이 좋습니다.

5)**적절한 휴식**: 운동을 하고 식단을 관리하면서도 적절한 휴식이 필요합니다. 지나친 피로는 체력을 떨어뜨리고 부상의 위험을 증가시킬 수 있습니다. 운동 후에는 충분한 휴식을 취하고 근육들이 회복될 수 있는 시간을 제공해야 합니다. 또한 주말이나 휴가 때에도 신체와 마음을 휴식시켜 체력을 유지하는 것이 중요합니다.

6)**목표와 동기 부여**: 체력을 기르기 위해서는 목표와 동기 부여가 필요합니다. 목표를 설정하고 그 목표를 달성하기 위한 계획을

세우는 것은 우리를 더욱 끈기 있게 운동하게 만들어줍니다. 또한 자신의 목표를 달성하는 것이 어떻게 체력 향상에 도움이 되는지에 대한 이해가 동기 부여를 높여줄 수 있습니다.

7)정기적인 건강 검진: 체력을 키우는 과정에서는 정기적인 건강 체크도 중요합니다. 의사의 검진을 받거나 건강 상태를 자주 체크하여 현재 상태를 파악하고 개선 방향을 조정할 수 있습니다. 혈압, 혈당, 콜레스테롤 등의 지표를 주기적으로 확인하여 건강 상태를 관리하는 것이 체력 향상에 도움을 줄 것입니다. 필요할 때면 보약도 비타민도 복용해야 합니다. 젊어서 보약을 먹어두면 나이 들어서 건강하게 지낼 수가 있습니다. 이러한 노력을 통해 우리는 더 활기차고 건강한 삶을 살아갈 수 있을 것입니다.

4.몸을 움직여야 합니다. 주 1회 이상의 땀 흘리는 운동, 매일의 가벼운 스트레칭을 해야 합니다. 습관이 되어야 합니다. 운동의 긍정적인 효과야 어디에서나 인정받는 사실이라 새삼스럽지만, 그래도 빼놓을 수가 없습니다. 몸을 움직이는 모든 활동은 마음도 같이 움직여집니다. 생각만 할 때 도저히 답이 없어 보이던 문제들이, 하염없이 산책하며 걷다보면 하나 둘 흐려지거나, 퍼뜩 새로운 생각으로 탈바꿈 하는 경험 모두들 해봤을 것입니다. 쌓였던 감정들도 결국 내 몸에 쌓인 에너지 뭉치이기 때문에, 몸을 움직여서 에너지를 소진하고 나면, 의도하지 않아도 묵혔던 감정들이 함께 빠져나가면서 머리로, 가슴으로만 정화하려 애쓸 때보다 흘려보내기가 거의 10분의 1 수준으로 쉬워집니다.

각자 성향에 맞는 운동이 있을 것입니다. 그걸 몇개 찾아서 꾸준히 하는 걸 추천합니다. 신경이 예민하거나 경직되고 무거울수록 걷기(산책), 체조, 수영, 발레, 춤처럼 너무 무리하지 않으면서 몸을 유연하게 하고 순환시켜주는 운동들이 좋은 것 같습니다. 부담 되지 않는 선에서 천천히 몸을 움직임을 늘리고, 나중엔 내가 조정할 수 있는 루틴을 만드는 게 바람직합니다.

내 몸에 대한 앎이 늘어나고 건강해지니까, 자연스럽게 자신감도 생기고, 컨디션도 좋아서 능률도 오르고, 사람들을 대할 때 여유도 생기고, 그냥 모든 면에서 좋아지는 것입니다. 그만큼 신체활동이 생각보다 많은 문제를 해결해 주고, 현존의 기초 중의 기초 활동입니다. 몸을 움직이는데 집중하다보면 말 그대로 잡념도 다 증발해버리니까. 좋습니다. 몸을 움직여야 합니다.

5.식사를 거르지 말아야 합니다. 젊은이들이 아침식사를 대충 때우는 경우가 많다고 합니다. 젊어서는 괜찮을 지라도 나이가 들면 누적되어 뼈와 관절에 서서히 문제가 생깁니다. 관절염이나 골다공증이나 류머티즘 관절염이 생긴다는 말입니다. 아침이나 점심을 거르게 되면 저녁에 과식을 하게 됩니다. 과식을 하게 되면 섭취한 영양분 중 잉여 칼로리가 복부 지방으로 가게 돼서 살이 찌게 됩니다. 또한, 식사 시간이 불규칙적으로 변하면서 규칙적인 일상 패턴에 영향을 주게 됩니다.

많이 먹는 것도 문제가 될 수 있습니다. 필자는 얼마 전까지 먹는 것을 참 좋아했습니다. 워낙 어려서 굶기를 밥 먹듯 해서 음식을 보는 대로 닥치는 대로 주는 대로 먹었습니다. 결과 체중과 혈액 수치에 문제가 생겼습니다. 이것을 해결하는데 10년이 걸렸습니다. 필자는 10년을 절재하며 살다보니 지금 먹는 것을 두려워하며 절제하게 되었습니다. 물론 지금은 건강을 위하여 하나님께서 허락하신 수명대로 오래살기 위하여 먹는 것을 주의하며 몸을 움직이며 살아가고 있습니다. 건강하지 않은 육체로 인해 자신도 가족도 주변도 힘들게 할 때가 있음을 봅니다. 건강하지 못하면 혼자서 잘살 수가 없습니다.

6.정신과 마음을 관리해야 합니다. 기분 좋게 살면 병도 90%는 도망간다는 말이 있습니다. 건강을 위해서는 먹는 것과 운동보다도 마음관리에 중점을 두어 음식과 운동 : 20%, 마음 관리 : 80%의 비중을 두는 것이 좋다는 것입니다. 행복하고 긍정적인 생각을 할 때 면역 세포의 일종인 T림프구(T세포)는 제 기능을 발휘합니다. 하지만 시기, 질투, 분노, 미움, 두려움, 원망이나 불평, 낙심, 절망, 염려, 용서 못함, 불안과 같은 부정적인 생각이나 감정을 가지면 T림프구가 변이 되어 암세포나 병균을 죽이는 대신 거꾸로 자기 몸을 공격하여 몸에 염증이 생기게 하거나 질병을 일으킵니다. 이를 '자가면역질환'이라고 합니다.

사람의 마음은 허무가 아니라 에너지의 성질을 가지고 있어서 다른 물질이나 생물체에 영향을 미친다는 것으로, 배양중인 암세포를 대상으로 '원래의 정상적인 세포로 돌아가라' 고 마음을 집중했는데, 암세포 성장이 40%나 억제 되었다는 보고도 있습니다.

'마음이 산란하면 병이 생기고, 마음이 안정되면 있던 병도 저절로 좋아진다.'(허준/동의보감) 마음을 평안하게 하기 위하여 집중치유기도가 좋습니다. 자기 자신을 사랑하는 사람은 집중치유기도에 시간이 되는 대로 참석할 것입니다.

7.재정을 잘 관리해야 합니다. 많은 부모들이 노후 들어 가장 힘든 것이 재정문제입니다. 그 이유는 평생 자들에게 All-in 했기 때문입니다. 평생직장이나 작은 사업을 해서 모은 돈은 모두 가족에게 투자했습니다. 가족을 위한 가장으로 가장 기본적인 자세이지만 그로 인해 나중에 되돌아보면 자신에게는 전혀 투자가 안 되어 있는 것을 봅니다. 그간의 번 돈으로 혹은 대출을 받아서까지 자녀들 결혼까지 시켜주고 하다못해 사돈에게 초라하지 보이지 않게 하려고 자신의 살고 있는 집까지 줄여가며 자녀들에게 집을 사주고는 그저 한숨만 쉬는 부모들이 있습니다.

이제 막 사회생활을 시작한 자녀들이 과연 부모의 사정이나 알까요? 그들도 세상 살기 바쁜데…. 자녀들이 어느 정도 살림이 필정도면 이제 부모는 거의 늙어 가 버린 상태입니다. 그리고 자녀들은 자신의 자녀들을 위해 끝없는 투자를 해야 합니다. 부모에게 관심을 두기가 어렵습니다. 이를 사전에 깨닫고 이해를 하고 미리 대비해야 합니다. 외국의 가족들처럼 이런 모습이 우리나라의 신세대 어른들도 이젠 스스로의 노후를 책임져야 합니다. 노후를 생활비라도 벌기 위해 몸으로 노동하는 힘든 일보다는 여유 있게 작은 여행과 취미생활을 즐기며 보내는 노후가 아름다울 것입니다. 자녀들도 살면서 부모를 돕지 않아도 흐뭇하게 생각할 것이며 스스로 더 열심히 살려고 노력할 것입니다.

8. 혼자 스스로 살려는 독립심을 길러야 합니다. 나이가 많을수록 다른 사람의 잔소리나 도움이 없이 "스스로 있는 자"로 독립하며 자기관리를 할 수 있어야 건강하게 살아갈 수가 있다는 것입니다. 아침에 일어나는 것을 다른사람의 도움이 없이는 일어나지 못한다면 빨리 습관을 고쳐서 스스로 일어나서 활동하는 사람이 되어야 혼자서도 잘살수가 있을 것입니다. 다른 사람의 독려가 없이도 스스로 걸어 다니면서 운동을 해야 건강하게 지낼 수가 있습니다. 어떤 사람들을 보면 혼자서는 밖에도 나가지 못하는 사람이 있습니다. 이런 유형의 사람들은 빨리 혼자서도 밖에 나가서 걸으면서 지내는 훈련을 해야 건강하게 독립할 수가 있다는 것입니다.

이는 누가 알려주어서가 아니라 자기 자신 스스로 깨닫고 행동하려고 해야 합니다. 어려서부터 스스로 자기관리하며 일상생활에서 독립하는 것이 무엇보다도 중요합니다. 젊음은 두 번 다시 오지 아니하며 세월은 그대를 기다려주지 아니합니다. 한 살이라도 젊어서 '혼자'사는 법을 숙달해야 합니다.

충만한 교회에서는 매주 월-화-금-토요일 10:00-12:00까지 집중온몸치유기도 시간이 있습니다. 일상생활을 독립적으로 수행하며 혼자서도 잘 살고 싶은 분, 성령의 세례와 불세례를 받고 싶으나 받지 못하여 권능이 나타나지 않는 분, 상처나 질병으로 오래 고통을 당하는 분들이 참석하시면 기적적인 영육의 치유와 능력을 받습니다. 반드시 1주전에 전화하시고 예약해야 합니다.

2장 혼자로서 잘 사는 준비는 필수이다.

(창 39:2-3)"여호와께서 요셉과 함께 하시므로 그가 형
통한 자가 되어 그의 주인 애굽 사람의 집에 있으니 (3) 그
의 주인이 여호와께서 그와 함께 하심을 보며 또 여호와께
서 그의 범사에 형통하게 하심을 보았더라."

혼자 사는 사람들이 많아지고 있습니다. 이유는 결혼을 하지 않
아 혼자 사는 경우가 있습니다. 결혼을 했지만 중간에 이혼을 하여
어쩔 수 없이 혼자 독립하며 살아가는 경우도 흔합니다. 부부가 결
혼하여 행복하게 잘 지내다가 어떤 이유로 한쪽이 먼저 세상을 떠
나 혼자 사는 경우도 있습니다. 필자는 인생은 혼자 왔다 혼자 살
다가 혼자 가는 것이라고 생각합니다.

KBS에서 매일 6시에 하는 6시 내 고향이라는 프로가 있습니다.
거기에 월요일 날은 개그맨 손 현수 씨라는 사람이 진행하는 "KBS
6시 내 고향 청년회장이 간다."라는 프로가 있습니다. 거기에 보면
개그맨 손 현수 씨가 손수 "붕붕이"를 운전하고 전국구 방방곡곡
을 다니면서 노인들을 집까지 모셔다 드리고, 집안이나 밭이나 도
움이 필요한 곳을 자원봉사하며 좋은 일을 하는 프로입니다. 노인
들에게 상당하게 인기가 있는 프로이기 때문에 노인들이 많이 등
장합니다. 그런데 하나같이 혼자되신 분들이 많습니다. 모두 사연
을 들어보면 상당히 오래전에 사별하신 분들이 많다는 것입니다.
그래서 혼자사시는 것입니다. 몸이 불편한 분들도 많습니다. 그런

분들을 보면 참으로 마음이 아픕니다. 필자는 그 프로를 시청하면서 그래 인생은 혼자 왔다가 혼자 살다가 혼자 가는 것이야…. 혼자말로 중얼거리며 시청을 합니다. 결혼을 했더라도 결국 혼자되는 것입니다. 그래서 혼자로서 잘 사는 준비는 필수인 것입니다.

또 다른 프로는 매주 목요일 하는 6시 내 고향 전국장수자랑 프로입니다. 뽀빠이 이 상용 씨가 진행하시다가 지금은 다른 분이 진행하시는 데 여기에 출연하시는 노인은 86세 이상입니다. 100세가 되시는 분도 출연을 합니다. 여기에 보면 거의 많은 수의 어르신이 오래전에 사별하시고 혼자되어 10년 이상을 홀로사시는 분들이 계십니다. 이분들이 하나같이 혼자 사는 훈련을 받은 분들같이 능수능란하게 자기관리를 잘한다는 것입니다. 규칙적으로 주무시고 일어나십니다. 식사를 거르지 않고 잘 드십니다. 몸을 움직이는 것을 좋아하십니다. 운동을 하시고, 산책을 하십니다. 체력관리를 잘하십니다. 건강을 잘 챙기십니다. 모든 것이 규칙적이십니다. 그래서 혼자로서 잘 사는 준비는 필수인 것입니다. 이런 실정을 종합하면 결혼을 했더라도 결국 종국에는 혼자되는 것입니다.

그런데 비혼 주의자라도 옆에서 잔소리를 하지 않으면 규칙적으로 생활할 수 없다면 혼자 스스로 자기관리를 못한다면 혼자 사는 것을 포기해야 합니다. 혼자 살면 누가 잔소리해주는 사람이 없으니 한도 끝도 없이 나태할 수가 있습니다. 이런 나태한 생활을 하다가 보면 건강에 문제가 생겨서 하나님께서 정한 수명대로 살지 못하고 병고로 고통을 당하다가 생을 마감할 수가 있습니다. 앞에 6시 내 고향 전국장수자랑에 출현하시는 분들이 부부가 같이 사는 경우가 드물다고 했습니다. 모두 혼자되어 10년 이상씩 살아가시는 분들이더라는 것입니다. 이분들이 하나같이 혼자 사는 훈련을 받은 분들같이 능수능란하게 자기관리를 잘하더라는 것입니다.

결국 혼자 살아가려면 훈련해서 습관이 되어야 한다는 것입니다. 그것도 어려서부터 습관이 되어야 합니다. 공동체 속에서 제대로 살아가려면 혼자서도 잘하는 습관이 되어야 가능합니다. 혼자서도 잘하는 습관을 문자적으로 이해하면 혼자 살아가는 것으로 이해할 수가 있습니다. 남녀가 결혼도 하지 않고 혼자살고, 학교도 가지 않고, 직장생활도 하지 않고, 세상에 나가지 않고 집에서 홀로지내며, 혹은 산속에서 자연인으로 살아가는 것으로 이해할 수도 있습니다. 혼자서도 잘하는 습관은 역설적으로 이해해야 합니다. 혼자서도 잘하는 습관이란 세상에서 예수님을 주인삼고 동행하며 세상 사람들과 함께 살아가면서 혼자 사는 것을 말합니다. 혼자서도 잘 살려면 다음을 참고하여 적용해보시기를 바랍니다.

1. 건강할 때 건강에 자기가 관심을 가져야 합니다. 건강해야 혼자서도 잘 살수가 있습니다. 필자는 25살 때 건강의 위기를 맞이한 때가 있었습니다. 그때 특전사에서 중위계급을 달고 소대장(지대장)을 할 때입니다. 특전사에서는 장교나 하사관이나 체력이 강하지 못하면 고문관 취급을 당하면서 생활을 합니다. 일과가 뛰는 것입니다. 도복을 입고 매일 10km를 뜁니다. 특수 훈련을 합니다. 일주일에 한번은 20kg의 군장을 메고 10km를 55분 내에 달립니다. 이렇게 매일 하다가 보니까, 먹는 것이 부실하여 육체에 문제가 발

생했습니다. 저의 키가 169cm 인데 체중은 54kg으로 뼈만 앙상한 상태였습니다. 체력이 떨어지니 혀가 말려서 말을 제대로 할 수가 없었습니다. 잠을 자면 깊은 잠을 자기 못하고 식은땀을 얼마나 많이 흐르는지 옷이 다 젖을 정도였습니다. 조금 앉아 있노라면 닭이 병이 든 것과 같이 꾸벅꾸벅 졸기 일쑤입니다. 건강에 문제가 생긴 것입니다. 밥이 보약이라고 하시는데 그 때 저는 억지로라도 세 끼를 챙겨먹었습니다. 갈비 집에 가서 소갈비도 2인분씩 먹었습니다. 그렇데 건강은 좋아지지 않았습니다. 누구하나 옆에서 건강을 챙겨줄 사람이 없었습니다. 그때를 생각하면 마음이 찡하고 저립니다. 하루는 장교식당에 가서 점심을 먹는데 어떤 대위분이 하는 말이 자기 장모님이 보약을 한재를 지어서 보내주어서 먹었더니 체력과 건강이 많이 좋아졌다는 것입니다.

그때 번쩍하고 생각이 떠오른 것은 나도 보약을 지어서 먹어야 하겠구나. 생각했습니다. 밖에 식당에 나가서 주인에게 전문적인 한약방이 어디냐고 질문을 했더니 저 어디에 시각장애인 한의사가 한약을 잘 지어준다는 것입니다. 그래서 찾아갔습니다. 가서 진맥을 했습니다. 한의사가 하는 말이 기력이 많이 떨어졌다는 것입니다. 저에게 맞는 한약을 한재를 지었습니다. 금액이 저의 한 달 월급과 맞먹었습니다. 다행하게 모아둔 돈으로 금 한 냥을 사놓은 것이 있어서 대금으로 지불했습니다. 보약을 잘 챙겨먹으니 건강이 좋아졌습니다. 체중이 54kg에서 62kg이 되었습니다. 완전군장 10km 구보를 해도 지치지 않았습니다. 그때 필자가 느낀 것이 건강은 건강할 때 챙겨야 하는 구나, 밥이 보약이 아니 구나, 체력단

련만 한다고 건강해지는 것이 아니라는 것을 체험했습니다. 젊은 청년들은 마음에 새기고 실천하면 좋을 것입니다.

건강은 젊어서부터 관심을 가지고 관리해야 합니다. 많은 성도 님들이 몸에 문제가 생기면 그때서야 건강에 관심을 집중하는 경 향이 있는데 늦을 수도 있습니다. 젊어서부터 관심을 가지면 예방 할 수가 있습니다. 기독교는 예방신앙이기 때문입니다. 건강은 건 강할 때 관심을 가져야 합니다. 병원에 장기입원한 분들이 이구동 성으로 하는 말이 돈을 많이 벌지 못한 것을 한탄하는 것이 아니라 젊어서부터 건강관리를 못한 것, 자기관리 못한 것을 후회한다는 것을 깨달아 알아야 합니다.

2. 전문성을 개발해야 합니다. 지금은 21세기 전문화 시대입니 다. 누구든지 전문성을 개발하려면 해당분야에서 10년 이상을 해 야 전문가 달인이 될 수가 있는 것입니다. 전문가가 되지 못하고서 는 경쟁사회에서 혼자서도 잘살지 못할 것입니다. 저는 항상 이렇 게 말합니다. "내가 하고 있는 성령치유 사역의 일인자가 되겠다는 것입니다." 그렇게 생각하기 때문에 전문가가 되려고 노력을 합니 다. 성령치유의 전문가가 되려는 의지가 있기 때문에 깊은 이론을 터득하려고 노력을 합니다. 깊은 치유가 되려면 어떻게 해야 하는 가를 항상 생각하고 기도합니다. 실제 적용을 합니다. 적용하여 이 론을 정립합니다. 그렇게 사고하고 사역을 하다가 보니까, 점점 전 문가가 되어갑니다. 다른 분야도 마찬가지입니다. 자신이 추구하 는 분야에 일인자가 되겠다는 생각을 가지면 그 일에 매진하게 됩

니다. 자연스럽게 전문적인 지식을 습득하게 됩니다.

그렇게 자기 분야에 집중하며 몰입을 하다가 보니 일인자가 되는 것입니다. 남을 모방하여 따라가면 2등 밖에 못합니다. 자신이 하나님께 기도하여 자신만의 전문성을 개발해야 일인자가 되는 것입니다. 일인자가 되기 위해서는 무엇보다 10년을 내다보면서 천직의식이 중요합니다. 천직의식을 가지고 하나하나 연구하고 적용해가다가 보니 자연스럽게 일인자가 되는 것입니다. 처음 생각과 습관이 굉장하게 중요한 것입니다. TV에 나오는 달인을 생각하면 맞습니다. 한 분야에 천직의식을 가지고 10년 이상 몰입 집중하다가 보니 달인이 된 것입니다. 지금은 인생백세 시대입니다. 무엇보다도 자기 분야에 전문가가 되려는 의식이 중요한 시대입니다. 늙도록 일을 하고 싶다면 모든 사람들에게 필요한데 아무나 할 수 없는 일을 선택하여 천직의식을 가지고 하면 집중하면 될 것입니다.

3. 자신의 마음과 생각의 관리를 잘 하여야 합니다. 마음과 생각을 예수님의 생각과 마음으로 바꾸어야 합니다.

1) 마음을 잘 관리해야합니다. 하나님은 "무릇 지킬만한 것보다 더욱 네 마음을 지키라 생명의 근원이 이에서 남이니라"(잠4:23). 우리 마음을 지켜야 하는 것은 먼저는 세상 죄악이 들어 오려하므로 울타리를 잘해야 하는데 이 울타리는 하나님의 말씀이요 기도입니다. 또한 마귀란 놈이 늘 우리마음을 노리고 있기 때문에 늘 깨어 지켜야 합니다.

2) 생각을 잘 관리해야 합니다. "마귀가 벌써 시몬의 아들 가룟

유다의 마음에 예수를 팔려는 생각을 넣었더라."(요 13:2). 마음의 생각은 곧 그 사람입니다. 누구나 그 사람이 하루 동안 무슨 생각을 하면서 사는지 그 생각의 총량은 곧 그 사람이 어떠한 사람인가를 나타냅니다. 선한 생각을 가진 사람이 선한 사람이요, 악한 생각을 품은 이는 악한 사람입니다. 정결한 생각이 그 마음을 지배하면 그는 정결한 사람이요, 불결한 생각이 그 마음에 가득하면 그는 불결한 사람입니다. 그 뿐만이 아닙니다. 마음에 가득한 생각은 결국은 밖으로 나타납니다. 그 말과 행실로 나타납니다. 그러므로 의로운 생각을 하는 이는 의로운 말을 하고, 불결한 생각으로 가득한 이는 온갖 불결한 행실로 나타냅니다. "선한 사람은 마음의 쌓은 선에서 선을 내고 악한 자는 그 쌓은 악에서 악을 내나니 이는 마음의 가득한 것을 입으로 말함이니라."(눅6:45)

그것만이 아닙니다. 마음의 가득한 생각은 결국은 그의 장래를 지배하게 됩니다. 바른 생각은 성공과 행복으로 그를 인도하고 악하고 그릇된 생각은 결국은 실패와 멸망으로 인도하고야 맙니다. 그러므로 생각의 올바른 관리가 중요합니다. 성공과 행복으로 인도하는 생각이 있고 실패와 사망으로 인도하는 생각이 있습니다. 그러므로 인생을 성공적으로 살아가려면 신앙생활을 바르게 하려면, 우리 자신의 마음과 생각을 먼저 잘 관리할 줄 알아야 합니다.

4. 오늘 해야 되는 일을 내일로 미루지 말아야 합니다. 필자의 인생의 철칙입니다. 오늘일은 오늘 끝내라는 것입니다. 끝내지 못했다면 잠을 자지 말고 끝내라는 것입니다. 이것이 되지 않으면 혼

자서도 잘살 수가 없는 것입니다. "오늘 할 일을 내일로 미루지 마라!" 저는 군대에서 장교로 22년을 근무했습니다. 군대생활하면서 제가 가장 중요한 재산이 얻었다면 "오늘 할 일을 내일로 미루지 마라!"입니다. 이 정신을 가지고 지금 목회를 하고 있습니다. 이 정신이 아니었다면 아마 책을 한 권도 집필하지 못했을 것입니다. 오늘이 없는 내일은 있을 수가 없습니다. 오늘 할 일을 내일로 미루면 그 만큼의 시간과 노력이 더 들어가게 됩니다. 일을 끝마치지 못하고 다음날 시작을 하려면 한 참을 기도해야 영감이 떠오르기 시작하는 것입니다. 또한 오늘 일을 내일로 미루었을 때 스스로의 마음이 편치 않았던 경험들이 있을 것입니다. 오늘일은 오늘로 마무리 하고 내일엔 새로운 내일의 일을 매진해야 합니다. "오늘 할 일을 내일로 미루지 마라!" 습관이 되었다면 인생은 반드시 혼자서도 성공할 것입니다.

5. 자립심, 독립심을 길러야 합니다. 독립심이란 남에게 기대지 않고 제힘으로 살아가려는 마음을 말합니다. 하나님께서는 "스스로 있는 자"이십니다. 하나님은 예수를 믿고 성령으로 거듭난 성도들이 독립심이 강한 자들이 되기를 원하십니다. 성경에 보면 요셉이나 다윗이나 모두 어려서부터 부모님과 떨어져서 지내도록 역사하셨습니다. 모두 인척이란 아무도 없는 광야에서 혹독한 고통을 당하면서 하나님을 찾고 찾으면서 "스스로 있는 자" 하나님을 닮아가며 독립하며 살아가도록 하시려는 깊은 뜻입니다. 하나님은 하나님을 닮은 사람들을 통하여 세상을 하나님의 나라가 되게 하

십니다. 세상에서 살아가면서 하나님의 뜻을 이루는 사람이 되게 하기 위하여 광야로 불러내어 "스스로 있는 자"로 독립하는 자로 훈련하시는 것입니다. 세상 조사에서도 65세 이상 되시는 분들이 스스로 모든 것을 해결하는 독립심이 강한 분들이 건강하고 장수한다는 통계가 있습니다. 하나님은 어려서부터 독립심을 가진 사람이 되기를 소원하십니다. 어려서부터 자기 일을 스스로 하면 독립심을 기를 수 있다고 합니다. 필자는 어려서부터 부모와 떨어져 혼자 살다시피 하여 독립심이 강한 편입니다. 독립심을 기릅시다.

6. 돈은 벌어드린 만큼만 사용해야 합니다. 돈에 쪼들리면 혼자서도 잘 살수가 없습니다. 돈을 많이 가지기 위해선 돈을 얼마를 버는가는 필수조건이 아닙니다. 물론 적정수준의 돈을 버는 것이 중요한 포인트이긴 하지만 그게 전부는 아니라는 것입니다. 가장 중요한 것은 벌어들인 수입을 어떻게 관리하느냐는 것입니다. 혹자들은 이렇게 생각을 합니다. 벌어봤자 한 달에 끽해봐야 300만원 정도인데 이 돈으로 생활비에 애들 교육비 등등 차 떼고 포 떼면 남는 게 뭐있다고 돈 관리를 하냐. 그냥 남는 돈으로 적당히 적금만 들면 그게 돈 관리 아니냐. 결론부터 이야기 하자면 아닙니다. 오히려 수익이 적고 나가는 돈이 많으신 분들일수록 돈 관리를 더욱더 철저히 하셔야 빠르게 목돈을 모으고 다시 그 목돈으로 무엇인가를 할 수 있는 것입니다.

7. 충동구매하지 말아야 합니다. 한마디로 과소비 하지 말라는

것입니다. 값이 싸다는 이유로 원하지도 않는 물건을 구입하지 않는 것입니다. 충동구매는 정신병의 한 종류로 지나치게 쇼핑에 집착하는 증세를 말합니다. 소비 생활이 정신병으로 분류되는 것이 의아할 수 있지만 경제적으로 많은 어려움을 줍니다. 감당할 여력이 된다면 굳이 치료까지는 안 해도 되겠지만 여력이 되지 않는 경우에는 치명적인 경제적 파탄을 초래할 수 있습니다. 강박적 구매로도 불리는 쇼핑중독은 쇼핑, 구매에 대한 부적합하고 과도한 충동이나 집착이 있어, 분별없이 필요하지 않은 물건을 구매하거나, 자신의 경제력보다 더 많은 금액의 물건을 구매하는 경우가 빈번히 나타나는 질환입니다. 단순히 쇼핑을 많이 하는 병이라기보다는 쇼핑의 충동을 스스로 조절하지 못해 자신이나 식구들이나 타인에게 해가 되는 병이라고 할 수 있습니다. 한편 조울증의 조증기에 필요 없는 물건을 지나치게 많이 구매하는 경우가 있는데, 이는 쇼핑중독과는 구분되는 현상입니다.

8. 자만하지 말아야 합니다. 자만하지 말아야 혼자서도 잘살 수가 있습니다. 자만은 허기, 갈증, 추위보다도 더 많은 대가를 요구합니다. 자신감과 긍지가 넘치는 건 좋지만, 그게 지나쳐 자만 감이 되는 일이 없도록 해야 하겠습니다. 자신감과는 엄연히 다릅니다. 자신감의 경우는 자신을 믿고 자신을 사랑하고 물론 타인에게도 자신감을 주고 서로 존중하는 것입니다. 다만 자만의 경우는 다릅니다. 자신만 높다고만 늘 항상 자신보다 약한 타인을 함부로 깔보거나 무시 하는 게 바로 자만입니다. 자만은 자신만 해치는 게 아니라 타인에게도 상처나 갈등들도 만듭니다. 꼭

드러내고 뽐내지 않아도 자신을 낮추지도 않고 겸손을 모르는 사람에게 쓰기도 합니다. 자만은 다른 사람을 무시하는 자신을 망하게 하는 좋지못한 버릇입니다. 찾아서 바꾸고 고쳐야 합니다.

9. 음식을 적당히 먹는 습관을 들여야 합니다. 식욕이 지나칠 때 육신을 해롭게 하고, 마음을 둔하게 합니다. 절식은 육신을 해롭게 하는 것 같으나 영을 새롭게 하고, 몸의 세포를 새롭게 합니다. 요즈음 우리나라 사람들의 질병 중에 못 먹어서 걸리는 병보다는 너무 먹어서 걸리는 병이 대부분입니다. 사실 식욕의 관리는 건강관리의 아주 중요한 요소입니다. 우리가 하루사이 섭취량을 보통 2000Kcal로 생각을 합니다. 연구 결과에 의하면 2000Kcal에서 200Kcal 덜어낸 1800Kcal를 섭취할 때가 혈관 건강에 가장 좋다고 합니다. 따라서 하루 세 끼 먹는 것을 기준으로 했을 때는 밥공기에서 밥 두 숟가락 정도만 덜어내 먹으면 딱 1800Kcal 맞추기가 쉽습니다. 그렇게 식사량은 정해주면 되겠습니다. 실제 연구 결과를 살펴보면 하루에 600Kcal 적게 섭취한 그룹보다 200Kcal 적게 섭취한 그룹에서 동맥 경화가 크게 개선된 걸 확인할 수 있었습니다. 하루 200 칼로리만 줄이는 것이 혈관 건강에 도움이 된다는 것입니다. 하루 세 끼 기준으로 평소 먹던 밥에서 끼니 당 두 세 숟가락씩만 줄여주기만 하면 하루 200 Kcal를 줄일 수 있습니다. 음식은 적당하게 먹어야 건강에 유익합니다.

10. 낙관적인 태도를 가집니다. '낙관적'이라는 것은 미래에 벌어질 일들에 대해서 희망적으로 바라본다는 뜻입니다. 예수님을 믿고 성령으로 거듭난 사람들의 필수입니다. 이유 없는 안일함이

아니라 이유 있는 긍정의 힘으로 우리의 내면은 더욱 강인해집니다. "낙관적인 사람은 고난에서 기회를 보고 비관적인 사람은 기회에서 고난을 본다." 윈스턴 처칠

낙관적인 생각을 가지고 살아가는 사람이 심장이 안정되어 정신건강에 아주 좋다고 합니다. 그래서 낙관적인 사고방식이 정신건강을 증진시킨다고 전문가들이 말하는 것입니다. 똑같은 일도 긍정적인 부분에 초점을 맞추려 노력하면 자신감과 적극적인 태도를 가질 수 있기 때문입니다. 미래에 대한 불안이나 과거에 대한 후회로 밤잠을 설치는 일도 줄어듭니다. 비관적으로 생각했다면 포기했을 일에 도전해 유의미한 성취를 얻는 경우도 있습니다. 낙관주의의 건강상 효과는 정신건강에 국한되지 않습니다. 낙관적인 삶의 태도가 우리 몸의 영-혼-육체의 전반적인 건강에 까지 영향을 미친다고 보아야 합니다. 실제로 낙관주의자들의 신체가 비관주의자들보다 건강하다는 연구 결과까지 나온 바 있습니다. 과거 미국 일리노이대학교 연구팀은 45~84세인 성인 5,000여 명의 심장과 정신건강, 체질량지수(BMI) 등을 분석한 결과, 낙관주의와 심장 건강 간의 연관성을 발견했습니다. 낙관적인 그룹이 비관적인 그룹보다 건강한 심장을 갖고 있을 확률이 약 2배 높았던 것입니다. 참가자들의 나이, 인종, 수입 등의 변수를 감안하더라도 결과는 달라지지 않았습니다. 신체 전반의 건강도 낙관주의 그룹이 뛰어났다고 합니다. 낙관적인 그룹의 혈당과 콜레스테롤 수치가 비관적인 그룹보다 양호했던 것입니다. 육체적 활동성 역시 낙관적인 그룹이 뛰어났다고 합니다. 담배를 피우는 비율도 낙관주의 그룹이 더

적었습니다. 연구팀은 "이 같은 심장 건강의 차이는 사망률로 연결될 수도 있다"며 "이번 연구는 국가가 국민들의 심장 건강을 개선하려면 심리적인 만족감을 주는 정책에 대해 신경 써야 한다는 점을 보여주고 있다"고 밝혔습니다. 낙관적인 사람이 되어야 혼자서도 잘 살수가 있다는 것입니다.

11. 일을 즐기면서 살아갑니다. 일을 즐기지 못하면 혼자서도 잘 살수가 없습니다. 어떤 목표를 세우고 항상 실패하는 사람들의 특징 중에는 그 일을 즐기지 못하는 한계점이 있다는 것입니다. 호흡을 하면서 일을 한다는 것이 즐거운 것입니다. 건강하기 때문에 일을 할 수 있으니 즐거운 것입니다. 필자는 즐겁게 일을 합니다. 무슨 일을 하든 꾸준히 즐기면서 하는 무엇 하나만 있어도 좋은 것 같습니다. 그러한 것이 자신을 살아가게 하는 힘찬 원동력이 되기 때문입니다. 무엇이든 노력을 하다보면 결과는 나오게 됩니다. 하지만 무조건 결과가 목적이 되면 삶이 너무나 피곤하고 치열해 지게 됩니다. 그런 삶이 습관이 되면 그것이 그 사람의 인생이 되는데 그런 삶이 바르게 살아가는 모습은 아니라는 것입니다. 그런 분들의 삶에는 여유가 없고 만남의 자리를 가져도 긴장을 풀지 못하고 항상 바쁘게만 살아갑니다. 각자 살아가는 삶의 방식에 대해 무어라 할 수는 없으나 인생을 바쁘게만 긴박하게 살아 온 주위 사람들이 나이 들어서 하는 말씀 중에는 "주위 좀 돌아보고 살았을 걸"이라는 후회를 가장 많이 합니다. 주위 사람들이 공간 안에 편하게 들어올 수 있는 그런 빈 자리는 비워 두었으면 좋겠습니다.

12. 시작보다는 마무리를 잘하는 습관이 중요합니다. 마무리를

잘하는 사람이 되어야 혼자서도 잘 살수가 있는 것입니다. 필자가 군 생활을 하면서 체험한 바로는 중간에 낙오하는 장교들은 마무리를 못하는 장교들이었습니다. 시작은 하는데 마무리를 못합니다. 1년이 지나도 결과물을 내놓지 못합니다. 그러면 자연스럽게 동기들에게 뒤처지는 것입니다. 누구나 할 것 없이 새해가 되면 새로운 다이어리를 장만하고 거창한 계획을 세우게 됩니다.

그러나 큰 맘 먹고 세운 계획이 작심삼일이 되어버리 곤 합니다. 왜 그럴까요? 계획은 세웠으나 자신의 현실에 맞지 않는 보여주기 위한 계획이기 때문입니다. 계획을 세우되 지금 자신에게 가장 필요한 사항인지 먼저 파악하고 세워야 합니다. 그 다음은 두말할 필요 없이 끝까지 가는 실천입니다. 시작하기보다는 어떻게 끝까지 마무리 할 수 있는가를 먼저 생각해보면 좀 더 알찬 계획을 세우고 실천할 수 있는 것입니다. 또한 계획은 결코 장미 빛 아름다움이 아닌 땀과 노력의 결과로 얻어져야 한다는 것을 염두에 두어야 합니다.

결론적으로 혼자서도 잘사는 습관이 중요합니다. 어려서부터 습관이 되어야 합니다. 이렇게 하려면 어려서부터 중요성을 인식해야 합니다. 혼자서도 잘하는 것은 자기 자신이 실천해 나가야 하는 일이기 때문입니다. 성령님의 지배와 인도를 받으면서 스스로 터득하며 적용하며 실천해야 합니다. 누가 시킨다고 하고 시키지 않는 다고 하지 않는 과업이 아닙니다. 저자는 이 책에서 혼자서도 잘 살아가는 방법에 대하여 일부분 밖에 제시하지 못합니다. 세상에서 일을 하시면서 더 많은 것들을 깨달으시고 인생을 건강하고 성공적으로 살아가시기를 예수님의 이름으로 축원합니다.

3장 공생애 예수님은 대부분 혼자 지냈다.

(마14:23)"무리를 보내신 후에 기도하러 따로 산에 올라
가시니라 저물매 거기 혼자 계시더니"

예수님께서는 공생애 기간 동안 혼자계시는 경우가 많았습니다. 마태복음 14장 23절 말씀에 "무리를 보내신 후에 기도하러 따로 산에 올라가시니라 저물매 거기 혼자 계시더라"고 말씀하셨습니다. 예수님은 자주 기도하러 산에 올라가실 때 혼자 가시기도 하고 제자들과 같이 가시기도 합니다. 그런데 또 혼자 계실 때도 많이 있습니다. 저는 오늘 '혼자계시더라'는 말씀에 주목하고자 합니다. 예수님이 가시는 곳곳마다 참 수많은 사람들이 따라다녔습니다.

보통 사람으로서는 감당할 수 없을 만큼 많은 무리들이 예수님께 나아와 온갖 문제를 해결해 달라고 부탁을 합니다. 이때마다 예수님은 다 고쳐주고 해결해주었습니다. 그럴수록 사람들은 더 많이 몰려들었습니다.

하지만 예수님은 결코 두 가지는 지속적으로 꼭 자기 관리를 해오셨습니다. 예수님께서 그것은 다름 아닌 하나님께 늘 기도하는 것과 자기를 돌아보기 위하여 혼자계시는 일, 이 두 가지를 늘 해오셨습니다. 사람들 속에 들어가면 혼자스스로 자기관리를 하실 수가 없음으로 혼자 계신 시간이 많으신 것입니다. 혼자로서 하나님과 대면하며 스스로 홀로서시는 것을 우리에게 본을 보이기 위

해서 그리하신 것입니다.

예수님은 대다수의 시간을 혼자 계셨습니다. (막 4:34)"비유가 아니면 말씀하지 아니하시고 다만 혼자 계실 때에 그 제자들에게 모든 것을 해석하시더라." (요 6:15) "그러므로 예수께서 그들이 와서 자기를 억지로 붙들어 임금으로 삼으려는 줄 아시고 다시 혼자 산으로 떠나가시니라." (요 8:29)"나를 보내신 이가 나와 함께 하시도다 나는 항상 그가 기뻐하시는 일을 행하므로 나를 혼자 두지 아니하셨느니라."

이렇게 예수님께서도 공생애기간동안 대부분의 시간을 혼자지내셨습니다. 하나님께서 자기관리와 건강이 어떠하셨는지 알아보려면 예수님의 공생애의 자기관리와 건강을 생각하면 됩니다. 예수님의 체력과 건강은 어떠했을까요? 그분은 한 번도 앓아누운 적이 없습니다. 우리가 우리 주님, 우리 하나님으로 믿고 의지하는 예수 그리스도, 그분은 얼마나 건강하였을까요? 오늘날 누구나 건강과 웰빙을 추구하는 시대에 우리는 살고 있습니다. 그러면서 정작 예수 그리스도, 우리 주님은 얼마나 건강하게 사셨을까 묻지도 않고 그냥 하나님의 아들이시니 막강한 체력으로 살았을 것으로 여깁니다.

우리가 4복음서를 읽어보면, 예수님은 한 번도 앓아누우셨다는 기록이 없습니다. 인간으로 말하면, 대단한 체력의 소유자입니다. 그분은 많은 병든 자들을 일으키시고, 수많은 귀신 들린 자들에게서 귀신을 몰아내고, 가시는 곳마다 거룩한 하나님의 영광을 드러내셨습니다.

어디 그뿐인가요. 그분은 밥 먹을 사이도 없이 분주하게 복음을 전하셨고, 때로는 사역 후 한적한 곳에 가셔서 홀로 밤이 맞도록 기도를 하셨습니다. 사도들을 세우는 일과 같은 중대한 일을 앞두고 철야기도를 하셨습니다. 그리고 아침마다 새벽기도를 하셨습니다. 그분은 이것을 습관으로 삼았다고 성경에 기록되어 있습니다.

제자들은 예수님이 곁에 안 계실 때, 그들은 곧 그분을 찾을 수 있었습니다. 그분이 가는 곳은 빤했기 때문입니다. 홀로 기도하러 한적한 곳에 가셨던 것입니다. 하나님의 아들, 예수 그리스도, 그분은 세상에 계실 때, 심한 통곡과 눈물로 전능하신 하나님께 나아가서 호소하셨다고 기록되어 있습니다.

그분이 그처럼 왕성한 체력을 가지고 전도활동을 하신 힘과 지혜는 어디에서 얻었을까요. 혼자 있으면서 하나님과 기도하며 대화하며 체력과 건강과 지혜를 얻으셨습니다. 그분은 정규적인 학교도 제대로 다니지 않은 무학자로 알려져 있습니다. 그러나 하늘과 땅의 이치를 다 통달하고 전능하신 하나님의 아들로 인정을 받았습니다. 그분은 하늘과 땅의 모든 권세를 받고 우리에게 세계복음화의 사명을 주셨습니다. 그분의 체력과 한없는 생명력은 어디에서 왔을까요. 그분도 우리와 똑같이 육체로 세상에 계셨기에 배고프고 피곤하고 목마른 시간을 보냈음이 틀림없습니다. 그러나 그분에게 무엇이 그렇게 강력한 힘과 능력을 갖고 살게 하셨을까요. 그분은 특별히 영양이 많은 음식을 먹었다는 기록이 없습니다. 잠을 충분히 주무셨다는 기록도 없습니다. 건강을 위해 규칙적으로 운동을 했다는 기록도 없습니다. 그러나 그분은 늘 병들지 않고 건강한 몸으로 하나님의 나라를 선포하셨습니다.

예수님께서는 사람들에게 건강과 평안과 완전한 품성과 영원한 생명을 회복시켜주시고자 이 땅에 오셨습니다. 그분께서는 인간의 모든 필요를 채워주기 위하여 지칠 줄 모르는 종으로 봉사의 생애를 사셨습니다. 한사람, 한사람을 내면세계를 안정시켜서 하늘나라를 증명하시는 삶을 사셨습니다. "여우도 굴이 있고 공중의 나는 새도 집이 있으되 인자는 머리 둘 곳이 없다"라고 할 정도로 주님은 자신을 아주 빈털터리로 묘사하셨습니다.

이렇게 가난한 중에 지칠 줄 모르는 봉사의 생애를 사신 예수님이시지만 성경 어느 곳을 찾아보아도 예수님이 과로로 병드셨다거나 예수님이 너무 가난하고 스트레스를 많이 받아서 우울증이나 신경쇠약증에 걸리셨다는 기록이 아무데도 없습니다. 참으로 예수님은 영적으로는 물론이요, 육체적, 정신적으로도 흠 없는 하나님의 어린양으로 건강한 삶을 사셨습니다.

일상생활 속에서 발견될 수 있는 사소한 경험이나 환경이나 물건들을 의미 없이 지나치지 않았습니다. 그것들은 인간들의 생존을 위한 당연한 하나의 도구나 환경이려니 하는 생각으로 가볍게 넘기지 않았습니다. 예수님은 깊은 통찰력과 그 내면에 숨겨진 비밀스런 의미를 놓치지 않았습니다. 예를 들면 한 여인이 잃어버린 동전 한 닢(눅 15:8)을 바라보면서 그 여인의 애닲은 마음을 읽었습니다. 그 마음속에서 곧바로 잃어버린 인생들을 찾는 성부 하나님의 추적하시는 사랑을 연상시킬 수 있었습니다. 말 아래 놓인 등불(막4:21)을 보시고 이상히 여기셨습니다. 등불이란 모든 곳을 환하게 비추도록 하기 위해서 켜두는 것인데, 그것을 숨겨지도록 말 아래 둔다면 무슨 의미가 있는가? 저 어리석음이 바로 깨우침이 없는 무심한 인생들의 행위로구나, 라는 것을 갈파했습니다. 예수님은 이들의 어리석음을 깨우치기 위한 성부 하나님의 사명을 새롭게 인식했을 것입니다.

마을 광장에서 피리를 불며 춤을 추는 어린이들과 또 애곡하는 모습(마 11:17)을 보셨습니다. 피리를 부는 것은 즐거움의 표현이요, 애곡하는 것은 슬픔의 표현입니다. 그런데 사람들은 이미 그러한 흥이나 슬픔의 자연스럽게 표현할 수 없을 만큼 정서적으로나 영적으로 피폐해진 그들의 마음을 보고 예수님은 가슴 아파 하셨습니다. 마음으로의 느낌은 곧 하나님에게로의 기도요 불쌍히 여기는 중보의 기도였습니다. 잘 못 기워진 옷(막 2:21)을 보고, 부대를 잘 못 선택해서 터져 버린 포도주의 부대(막 2:21)를 보고도 예수님은 영적인 진리를 찾아내었습니다. 지금 예수님은 새로운 시대가 도래하고 있다고 선포하고 있습니다. 하늘나라가 가까이 왔으니 회개하라고 외치고 있었습니다. 그러나 사람들은 형식과 위선으로 가득한 관습적인 행위에 매달려 있는 것을 보시고 가슴 아파 하셨습니다. 그 가슴 아픈 일들이 하나님 아버지께 드리는 기도입니다. 일상적으로 들려지고 보여지고 느껴지는 모든 것이 예수님에게는 영성적인 진리요 하나님과의 교제의 순간이었습니다. 그렇다면 과연 예수님의 자기관리와 건강 비결은 무엇일까요? 우리도 어떻게 하면 예수님처럼 건강하게 살 수 있을까요?

1. 예수님의 혼자로서 건강관리 원칙: 예수님께서 건강하게 지내신 것은 혼자스스로 자기관리를 잘하셨기 때문입니다. 세상을 살아가는 우리들에게 스승으로서 기본을 보이기 위해서 그리하신 것입니다. 또 하나님께서 원하시는 것이기 때문입니다. 하나님께서 정한 건강 법칙을 준수하셨다는 것입니다. 예수님은 항상 하나님께 집중하면서 사셨기 때문에 강건한 삶을 사신 것입니다.

첫째로 하나님께 집중하는 삶을 사셨다. 하나님께 집중하고 뜻을 알기 위하여 기도하셨습니다. 성령으로 충만하여 마음에 세상이 침입을 하지 못하도록 관리를 하셨습니다. 성령으로 기도하면서 내면을 하나님으로 채우셨습니다. 전인격이 성령의 지배와 장악이 되고 성령의 이끌림을 받는 삶을 살아가려고 하셨습니다. 세상을 살아가는 우리들에게 본이 되도록 전인격을 관리하셨습니다. 예수님은 아버지 하나님을 전적으로 신뢰하고 아버지의 뜻을 이루는 삶을 사심으로 마음에 하늘의 평강을 누리셨습니다.

둘째로 음식물을 구별하여 드셨다. 예수님께서는 아름다운 에덴 동산에 아담과 하와를 창조하시고 "내가 온 지면의 씨맺는 모든 채소와 씨가진 열매 맺는 모든 나무를 너희에게 주노니 너희 식물이 되리라"(창 1:29)고 말씀하셨습니다. 그러므로 인간에게 가장 이상적인 음식물은 육식이 아니라 채식입니다.

예수님께서 제자들과 함께 생선을 잡수셨다는 기록이 나옵니다만, 그 당시 갈릴리 호수는 오염이 없이 깨끗하였고, 그 생선은 비늘 있는 깨끗한 생선이었을 것임에 틀림없습니다. 일생을 가난하게 사신 예수님께서는 주로 채식을 하셨을 것이고, 부정하고 가증하다고 선언하신 돼지고기나 비늘 없는 생선은 일체 입에 대지 않으셨을 것임을 확신합니다. 예수님은 언행일치 하는 삶을 사신 분이시기 때문입니다. 예수님께서 선지자들을 통해 부정하고 가증하다고 선언하신 고기들은 콜레스테롤이 높고 알레르기를 일으키고 불결하고 인체에 해로운 것들임이 의학적으로 증명되고 있습니다.

셋째로 운동하는 것을 즐기셨다. 예수님은 보행건강학의 표본이십니다. 갈릴리와 유대와 사마리아를 두루 걸어 다니시며 복음을 전파하셨습니다. 우리가 매일 1시간씩 이상 걷는다면 혈액순환이 왕성해지고, 뼈와 근육도 튼튼해지고 소화도 잘 되며, 정신이 건강해지고, 당뇨병 고혈압, 우울증, 비만증, 불면증에 놀라운 치료 효과를 볼 것이며 암을 예방하는 데도 도움이 될 것입니다.

캘리포니아 샌프란시스코에 살았던 '래리'라는 할아버지는 100세가 넘도록 30분가량 걸리는 직장에 매일 걸어서 출퇴근 하였는데 건강이 양호하였고, 103세 생일날 자녀, 손 자녀, 증손, 고손들 앞에서 100미터를 17초 3에 달리고, "다음 해 생일에는 이 기록을 깨겠노라"고 말했다고 합니다. 우리도 예수님의 모본 따라 날마다 즐겁게 걸으며 건강하게 사십시다.

넷째로 생수(물)를 마셨다.요한복음 4장에 보면 예수님이 사마리아 우물가에서 만난 여인에게 "물 좀 달라"고 요청하시는 장면이 나옵니다. 예수님은 커피나 알코올을 마시지 않으시고 생수를 충분히 마시셨습니다. 충분한 생수를 마실 때 노폐물을 신속히 배출해 냄으로 피가 깨끗해지고 콩팥도 튼튼해집니다. 우리도 하루 8컵 생수를 마셔 피를 깨끗하게 하십시다.

다섯째로 햇볕을 쪼이셨다. 예수님은 자신의 봉사 생애 동안 대부분의 시간을 옥외에서 전도하시고 환자들을 치료하시며 충분한 일광욕을 하셨습니다. 햇빛에는 살균 작용이 있고, 피부를 튼튼하게 하며, 비타민 D를 생성하고, 혈압과 혈당을 내려주며, 엔도르핀을 분비하여 기분을 상쾌하게 하는 놀라운 치료 효과가 있습니다.

여섯째로 절제의 삶을 사셨다. 예수님께서는 "이기기를 다투는 자마다 모든 일에 절제하나니 저희는 썩을 면류관을 얻고자 하되 우리는 썩지 아니할 것을 얻고자 하노라"(고전 9:25)고 말씀하셨습니다. 예수님은 술이나 담배나 마약은 물로 어떤 종류의 약이라도 남용하지 않으셨습니다. 술은 간경화증을 일으키고, 뇌세포를 파괴하며, 담배는 구강암, 후두암, 폐암, 방광암의 원인이 됩니다.

일곱째로 신선한 공기를 마셨다. 예수님은 새벽 미명에 맑은 공기를 호흡하시며 기도하시려고 산으로 올라가셨고, 맑은 공기를 호흡하시며 걸으셨습니다. 깨끗한 공기를 깊이 들이마시면 폐가 충분한 산소로 가득 채워지고 피는 깨끗해집니다. 신선한 공기는 신경을 안정시키고, 자율신경을 조절해주고, 식욕을 증진시키며, 소화를 원활하게 해주며, 잠을 잘 자도록 도와줍니다.

여덟째로 휴식시간을 갖았다. 몸을 무리하지 않았다는 것입니다. 예수님은 인류 역사상 가장 할 일이 많으신 분이셨지만, 아무리 할 일이 많아도 기도와 휴식 시간은 반드시 확보한다는 원칙을 철두철미하게 지키신 분이셨습니다. 예수님은 한적한 곳을 찾아 홀로 대자연 속에서 명상하고 기도하며 하나님 아버지와 교통하심으로 스트레스를 해소하고, 안식일마다 회당에 나가(눅 4:16) 하나님 아버지를 만나 뵙고 새로운 활력을 얻으셨습니다.

오늘날 주말을 지나고 나면 휴식은 커녕 심신이 더욱 피곤해지는 월요병에 시달리는 현대인들을 향하여 사랑의 주님께서는 "수고하고 무거운 짐진자들아 다 내게로 오라 내가 너희를 쉬게 하리라"(마 11:28)고 초청하십니다. 오늘날 현대인들이 앓고 있는 질병의 70% 이상이 마음에서 온다고들 합니다. 마음에 스트레스가 쌓이고 분노와 낙심과 불안과 공포와 근심, 걱정이 쌓일 때, 신경성 위장병, 신경성 고혈압이 생기고, 당뇨병, 관절염, 천식, 알레르기 등이 악화되며, 심지어 암도 발병하게 된다는 것입니다.

그러나 우리의 마음에 하나님께서 주시는 믿음과 소망과 기쁨과 감사와 찬양이 가득할 때, 치유의 엔도르핀이 넘쳐흐르고, 우리의 육체와 정신은 새롭게 소생되며, 여러 가지 병들도 신속히 치유됩니다. 하나님 아버지를 완전히 신뢰하고, 믿음, 소망, 사랑의 삶, 감사와 찬양과 순종의 생애를 살아가신 것이야말로 예수님의 최대의 건강비결이었습니다.

2. 하나님과 더 깊은 대화로 들어가시곤 했습니다. 예수님은 당신의 제자들을 선택하시는 일이나 십자가를 지셔야 하는 등의 중대한 결정을 내리려고 할 때에 밤을 지새워 기도하시곤 했습니다. 그 뿐만이 아닙니다. 이미 큰 역사를 이루신 후에도 한적한 곳에 나아가 기도하시는 것을 잊지 않으셨습니다. 예를 들자면 가르치시고 병을 고치시고(막 1:32-34) 난 후에 한적한 곳으로 나아가 기도하셨습니다. 오천 명을 먹이신 사건을 베푸시고 난 후(마 14:23)

에도 예수님은 무리를 떠나 홀로 산에 오르시어 성부 하나님께 기도하셨습니다. 이 때는 무슨 기도를 하셨을까요? 추측컨대 이미 행한 이 일에 대한 하나님의 마음을 물으셨을 것이며, 동시에 이 엄청난 사건을 치루신 후의 성령으로 충만하기 위하여 당신의 마음 자세를 살피시고 지나간 일을 되풀이하여 기억하고 음미하며 반추하셨을 것입니다. 그리고 겸손히 성부 하나님께 영광을 돌리셨을 것입니다. 예수님은 이제 예루살렘을 오르시면서 다가올 예루살렘의 멸망을 바라보셨습니다. 돌아와야 할 품으로 돌아오지 않고 멸망하게 될 그 성을 바라보면서 예수님은 어머니의 심정으로 통한의 눈물을 흘리셨습니다. "예루살렘아 예루살렘아 선지자들을 죽이고 네게 파송된 자들로 돌로 치는 자여 암탉이 그 새끼를 날개 아래 모음같이 내가 네 자녀를 모으려 한 일이 몇 번이냐 그러나 너희는 원치 아니하였도다."(마 23:37). 누가 복음에 보면 이 성을 보고 우시며 "너는 오늘 평화에 관한 일을 알았더면 좋을 뻔하였거니와 지금 네 눈에 숨기웠도다."(19:41-42). 민족을 향한 뼈아픈 기도였습니다.

3.예수님은 자주 홀로 한적한 곳을 찾으시기를 좋아하셨습니다.
성경은 오병이어의 기적을 일으키신 예수님 이야기를 기록합니다. "다 배불리 먹고 남은 떡 조각과 물고기를 열두 바구니에 차게 거두었으며 떡을 먹은 남자가 오천 명이었더라."(막 6:42-44). 그런데 오병이어의 기적을 행하신 예수님, 그분은 사람들이 자신을 왕으로 삼으려는 줄 아시고 혼자 산으로 떠나십니다. 예수님은 자신의 사명이 무엇인지를 잘 아셨습니다.

그래서 오병이어의 기적을 보고 자신을 임금 삼으려고 하자 산으로 떠나신 것입니다. "그러므로 예수께서 저희가 와서 자기를 억지로 잡아 임금 삼으려는 줄을 아시고 다시 혼자 산으로 떠나가시니라."(요6:15). 우리는 제자들을 먼저 보내시고 기도하러 가신 예수님을 기억하고, 무엇보다 자신의 사명을 생각하며 기도에 힘쓰는 자가 되어야 할 것입니다. "예수께서 즉시 제자들을 재촉하사 자기가 무리를 보내는 동안에 배 타고 앞서 건너편 벳새다로 가게 하시고."(막 6:45).

특출한 예로는 예수님께서 광야로 나가신 사건입니다. 광야로 나가 40주야를 금식하시며 기도하셨습니다. 그 기도는 가히 치열한 싸움이요 전쟁이었습니다. 모든 죄악된 인생들의 심령 속에 내재된 불타는 욕망을 몸소 체험하신 것입니다. 그리고 그것으로부터 벗어나는 법을 몸소 보여 주셨습니다. 지독히 끈적거리도록 붙어 다니는 물질의 욕망, 권력의 욕망, 명예에 대한 욕망 등을 성부 하나님의 말씀 앞에서 무력화 하는 영성생활이 바로 40주야의 금식기도였습니다. 그 때 성부 하나님은 부재중에 그곳에 임재하고 계셨습니다. 마침내 그 싸움은 승리로 끝났음을 마 4:11절은 말하고 있습니다. "이에 마귀는 예수를 떠나고 천사들이 나와서 수종드니라"고 했습니다. 예수님은 이러한 내면의 싸움들을 하는 동안 언제든지 이미 주어진 성부 하나님의 말씀을 마음에 두셨습니다. 그 말씀은 내면의 싸움을 이기는 무기였으며 동시에 기도의 참 소재였습니다.

예수님이 이와 같이 광야를 찾고 한적한 곳을 찾으신 것은 바로 소란스런 이 세상에서 승리하기 위한 작전이요 준비였습니다. 현대의 가장 위대한 영성가 중의 하나인 토마스 머튼 (Thomas Merton)은 "그대가 내적인 고요함을 획득하면 그것을 세상 어느 곳이라도 지니고 다니면서 아무데서나 기도할 수 있다. 그러나 구체적이고도 외적인 고행이 없이는 내적인 금욕 생활이 이루어질 수 없듯이, 외적인 고요함도 없는데 내적인 고요함을 논하는 것은 극히 어리석은 일이다."라고 했습니다. 예수님은 참으로 복잡하고 논란이 많은 당시의 현실 속에서 흔들림이 없이 하나님의 뜻대로 대처하고, 복음의 메시지를 확신 있게 전하기 위해서 늘 내적인 고요함과 평화가 필요했습니다. 실제로 예수님은 아무리 과격한 논쟁 속에서도 의연하게 그 일들을 감당하셨습니다. 그것은 바로 한적한 기도의 훈련 속에서 얻은 항구적인 평화요 성부 하나님과의 친밀한 관계 속에서 얻어진 것입니다.

진실로 예수님은 모든 세상이 성부 하나님이 허락하신 아름다움이요 신비였습니다. 그 분의 성품과 흔적이 가득히 담긴 풍요로운 곳이 이 세상입니다. 그런데 인생들이 그 내면에 숨겨진 신비의 세계를 깨닫지 못하고 피조물만 오용하고 탐하기에 세상이 혼란케 된 것입니다. 그런데 예수님은 바로 이러한 평범한 세상 속에서 진리를 발견하시고 그것을 통하여 하나님과 대화하시고 교제하셨습니다. 그래서 그는 이 혼란한 세상 한 가운데에서도 성부 하나님을 아빠(abba)라고 부를 만큼 친밀한 관계를 유지할 수 있었습니다. 그것이 바로 예수님께서 세상을 이긴 비결이었습니다.

우리는 진리는 가까이에 있다는 소리를 자주 듣습니다. 사실 과거의 많은 과학적인 진리가 바로 평범한 삶 속에서 발견되었습니다. 누구나 경험하고 대수롭지 않게 스쳐 지나가는 그러한 것들 속에 영원한 진리가 숨겨져 있습니다. 만유인력의 법칙도, 물의 부력의 법칙도, 증기기관차의 원리등도 누구나 경험하는 사소한 일들 가운데에서 발견되어진 진리였습니다.

우리는 세상에서 자연을 대하되 자연을 지으신 분의 눈으로 자연을 관조하고, 사람을 대하되 사람을 지으신 분의 마음으로 교제하고, 사건을 대하되 그 안에 숨겨진 하나님의 비밀을 보려는 깨어 있는 통찰력을 키울 때 어느 곳에서나 하나님과의 깊은 교제는 일어나게 됩니다. 그리고 온 만물에 충만하신 하나님의 성령을 곳곳에서 들이쉬게 됩니다. 그럼으로 사도 바울이 권고한대로 누구나 쉬지 않고 기도하며 살 수 있는 예수님의 보물이 될 수 있습니다.

결론입니다. 우리는 예수님의 자기관리와 영성관리, 건강관리를 본받아야 합니다. 예수님은 많은 시간을 홀로 계시면서 자기관리를 하셨습니다. 홀로 산에 가셔서 하나님께 기도하시면서 지친 영-혼-육체의 피로를 푸셨습니다. 필자가 이제 와서 깨닫고 보니 예수님은 우리 성도들이 어떻게 살아야 하는 지를 공생애기간동안 완벽하게 보여주셨습니다. 왕성한 체력을 가지고 전도활동을 하신 힘과 지혜는 혼자 있으면서 하나님과 기도하며 대화하며 체력과 건강과 지혜를 얻으셨습니다. 혼자있는 시간을 많이 가지셨다는 것입니다. 혼자 있을 때 자신의 진면모가 보이기 때문입니다.

4장 하나님은 독신에 관해 뭐라 말씀하실까?

(창 2:20-23)"아담이 모든 가축과 공중의 새와 들의 모든 짐승에게 이름을 주니라 아담이 돕는 배필이 없으므로 (21) 여호와 하나님이 아담을 깊이 잠들게 하시니 잠들매 그가 그 갈빗대 하나를 취하고 살로 대신 채우시고 (22) 여호와 하나님이 아담에게서 취하신 그 갈빗대로 여자를 만드시고 그를 아담에게로 이끌어 오시니 (23) 아담이 이르되 이는 내 뼈 중의 뼈요 살 중의 살이라 이것을 남자에게서 취하였은즉 여자라 부르리라 하니라."

결혼은 하나님이 인간을 위해 제정하신 제도입니다. 하나님이 여자와 남자를 만드셔서 결혼하게 하시고 가정을 허락해 주셨습니다. 결혼을 통해 꾸려진 가정은 인간의 기본 공동체이며, 이상적이고 안정적인 모델입니다. 하나님은 사람의 독처하는 것이 좋지 못하다며 사람을 위하여 돕는 배필을 지으셨습니다. 그러니 결혼해야 합니다. 사람은 홀로 살 때 외로움과 고독감을 크게 느끼며 인생에 어려움을 겪게 됩니다. 정신건강에도 좋지못합니다. 그래서 결혼해야 합니다. 결론은 결혼해야 합니다. 결혼하십시오.

결혼이 남자와 여자의 결합을 위해 하나님이 제정하신 제도이고, 남녀가 만나 결혼하고 자식을 낳고 가정을 꾸려 나간다는 것, 좋습니다. 하지만 모든 사람이 다 결혼하는 것도 아니고, 모든 결혼 생활이 다 완벽하고 행복하지도 않습니다. 행복한 결혼도 있고,

불행한 결혼도 있습니다. 사회가 변화되고 복잡해지면서 삶의 방식도 다양해지고 있습니다. 이런저런 이유로 결혼하지 못하는 사람, 결혼 안 하는 사람, 이혼한 사람이 점점 많아지고 있습니다. 이들에게 이상적인 결혼에 대한 메시지, 결혼은 듣기 거북한 설교일 것입니다.

하나님이 결혼 제도를 만드셨다는데, 그리스도인이지만 하나님이 만드신 결혼 제도 내에 속하지 않은 사람들은 어찌해야 하나요. 고민스럽습니다. 많은 싱글이 기독교 결혼관 때문에 힘들어하는 이유는, 하나님이 만드신 결혼 제도와 이상적인 가정 모델이 현재 자신의 현실과 상황에 적용되지 않는 데 있습니다. 하나님이 만드신 결혼과 가정을 독려하는 원론적인 이야기는 결혼하지 않고 사는 사람들 삶을 격하해 열등하고 무언가 부족한 것으로 보게 만듭니다. 이는 고쳐져야 할 문제라고 생각합니다.

기독교 결혼관이 팽배한 교회에서 싱글들은 삶을 이해받지 못하고, 결혼하지 않음으로 면박당하고, 있는 그대로의 자신을 존중받지 못할 때가 많습니다. 이러한 환경에서 현재 결혼 상태에 있지 않은 사람들이 교회 공동체에서 자존감을 갖고 자신을 드러내며 살기는 쉽지 않습니다. 이런 분위기에서 내가 구태여 교회 가서 이런 대접을 받으며 신앙생활을 해야 하는가 자괴감이 듭니다.

하나님은 당신의 형상으로 여성과 남성을 만드시고 이 세상에서 함께 살도록 축복해 주셨습니다. 결혼은 여성과 남성이 가족을 만들고 함께 어울려 사는 하나의 삶의 방식이지만, 유일한 존재 방식은 아닙니다. 그것은 현재 사람들의 삶의 모습을 살펴보면 금방 드러납니다. 결혼한 사람, 이혼한 사람, 사별한 사람, 결혼하지 않은 사람이 다 함께 교회 공동체에 어울려 살고 있습니다. 교회에서 사람들의 삶에 좀 더 마음을 열고, 다양한 사람들의 삶을 이해하고 배려했으면 좋겠습니다.

성경에는 고아와 과부, 곧 사회적 약자의 삶을 배려하라고 요청합니다. 왜 고아와 과부를 배려하라고 요청할까 다시 생각해 보니, 사람들이 가족과 결혼 제도에서 소외된 고아와 과부를 무례히 대했기 때문이란 생각이 듭니다. 사람들이 고아와 과부를 알아서 잘 존중해 주고 함께 어울려 살았다면, 성경에서 굳이 이들을 보호하라고 명하지 않았을 것입니다.

교회에서 결혼을 언급할 때 구약성경 창세기의 아담과 하와 이야기를 자주 인용합니다. 신약성경에는 예수님이 등장합니다. 예수님은 아담 이후 새로운 인간을 대표하는 분으로 하나님이 세상에 보내신 하나님의 아들입니다. 하나님이 예수님이 홀로 계시는 것을 보고 외로워 보인다고, 예수님께 배우자를 만들어 주어야겠다고 말씀하시지 않았습니다. 하나님은 홀로 있는 예수님을 그대로 사랑하고 기뻐한다고 말씀하셨습니다(마 3:17).

마태복음 19장 11-12절은 싱글로 사는 사람들에 관해 언급하고 있습니다. "예수께서 이르시되 사람마다 이 말을 받지 못하고 오직 타고난 자라야 할지니라 (12) 어머니의 태로부터 된 고자도 있고 사람이 만든 고자도 있고 천국을 위하여 스스로 된 고자도 있도다 이 말을 받을 만한 자는 받을지어다"(마 19:11-12). 12절에 '고자'라는 말이 세 번 나오는데, 이는 독신으로 사는 사람들을 의미합니다. <싱글? 하나님의 뜻>(서로사랑) 부록에 실린 인터뷰에서 존 스토트는 이 말씀을 이렇게 설명합니다.

[예수님은 사람들이 결혼하지 않는 이유를 세 가지로 열거하십니다. 첫째, 어떤 사람들은 '처음부터 결혼하지 못할 몸으로 태어났기' 때문에 그렇게 한다는 거지요. 여기에는 신체적인 결함이나 동성애 성향을 가진 사람이 포함될 수 있다고 봅니다. (중략) 둘째, '사람의 손으로 그렇게 된' 사람들도 있지요. 여기에는 강제로 거세를 시키는 끔찍한 고대의 풍습으로 희생된 사람들이 포함될 수 있습니다. 또한 오늘날에도 어떤 강제나 외부적인 환경으로 말미암아 싱글로 남아 있는 모든 사람들이 여기에 포함될 것입니다. 연로한 부모님이나 중한 병중에 계시는 부모님을 돌보기 위하여 결혼을 포기할 수밖에 없다는 의무감을 느끼는 딸을 생각해 볼 수도 있을 것입니다. 셋째, 예수님께서는 '하늘나라를 위하여 스스로 결혼하지 않는 사람도 있다'고 말씀하세요. 이러한 부류는 안팎으로 아무런 압력도 받지 있고 않지만, 자원하는 마음으로 일시적으로든 영구적으로든 결혼을 내려놓고, 한결같은 헌신을 요구하는 하나님나라를 위해 어떤 일을 감당하는 사람들이지요.]

예수님은 사람들이 다양한 이유로 결혼하지 않고 살 수 있다고 말씀하시며, 싱글의 삶을 긍정하십니다. 예수님은 하나님나라를 위해, 하나님의 뜻을 이루기 위해 싱글로 사신 분입니다. 사람들은 예수님과 같이 싱글로 사는 제자들이 결혼하지 않았다며 모욕적인 언행을 했을 것이고, 예수님은 그런 말들을 들으셨을 것입니다. 하지만 예수님은 유대 전통을 넘어서 제자들에게 독신 생활을 받아들일 수 있다면 그렇게 사는 것도 좋다고 두둔하셨습니다.

바울은 어떻습니까? 바울도 싱글로 살았습니다. 사람들이 바울이 혼자라서 외롭다고, 사역을 제대로 할 수 없다고 판단했습니까. 바울 자신이 혼자라서 하나님의 일을 하기 힘들다고 고백했습니까? 오히려 바울은 혼자이기 때문에 마음이 나뉘지 않고, 전적으로 하나님의 일에 헌신할 수 있다고 말했습니다. 그는 고린도전서 7장 7-9절에서 이렇게 말합니다. "나는 모든 사람이 나와 같기를 원하노라 그러나 각각 하나님께 받은 자기의 은사가 있으니 이 사람은 이러하고 저 사람은 저러하니라. (8) 내가 결혼하지 아니한 자들과 과부들에게 이르노니 나와 같이 그냥 지내는 것이 좋으니라. (9) 만일 절제할 수 없거든 결혼하라 정욕이 불 같이 타는 것보다 결혼하는 것이 나으니라"

이 말씀을 살펴보면, 바울도 싱글로 사는 것을 좋게 여기고, 그리스도인 각자가 하나님이 부르신 상황과 환경에 그대로 머물러 있는 것에 거부감이 없음을 보게 됩니다. 바울이 살던 시대와 현대의 사회 문화적 여건이 많이 다르고, 삶의 변수도 많습니다. 각 사람이 처한 상황과 환경에서 현재 싱글의 삶이 탈피해야 하는 삶이 아니며, 하나님이 내게 주신 귀한 시간이자 선물임을 깨닫게 하고, 자족하며 사는 법을 알려 주는 것이 중요합니다.

어떤 사람은 독신으로 살려면 독신의 은사가 있어야 한다고 말하기도 합니다. 싱글들에게 "독신의 은사를 받았느냐"고 묻기도 합니다. 독신의 은사를 받은 사람은 혼자서 잘 살 수 있지만, 그렇지 않은 사람은 홀로 살 때 외로움과 고독감을 느끼며 인생에 어려움을 겪게 된다고 주장합니다. 그러니 독신의 은사를 받은 사람을 제외하고는 모두 결혼해야 한다는 것입니다.

결혼하지 않은 사람들은 이런 이야기를 들을 때 참으로 난감합니다. 딱히 독신의 은사를 받은 것 같지도 않은 경우, '도대체 그럼 나는 뭐지?' 하는 생각이 들기도 합니다.

필자도 개인적으로 독신의 은사를 받아서 혼자 사는 것이 아닙니다. 마땅한 결혼을 했지만 중간에 사모가 떠나서 혼자살고 있습니다. 필자가 충만한 교회 목회를 하는 기간 동안 혼자 지내기로 했습니다. 그런데 일부 교역자들이 결혼 상대자를 만나지 못했고, 스펙 등을 쌓기 위하여 자신을 준비하다가 보니 결혼을 하지 못했고, 결혼을 꼭 해야 한다는 생각도 하지 않았다는 것입니다. 그러다 보니 자연스레 결혼하지 않고 현재에 이르렀다는 것입니다. 독신의 은사가 있어서 싱글로 사는 것이 아니라, 현재 결혼하지 않았기에 주어진 삶을 열심히 살아갈 뿐이라는 것입니다.

독신의 은사를 받았느냐, 받지 않았느냐는 싱글 라이프에서 중요한 문제가 아닙니다. 싱글의 삶은 현재 내 삶의 존재 방식일 뿐입니다. 독신의 은사를 받은 사람만 싱글로 사는 것이 아니라, 많은 사람이 다양한 이유로 싱글로 살고 있습니다. 지금 세상에 나가 보면 의외로 혼자 사는 사람이 많습니다. 그러므로 '나는 독신의 은사를 받지 않았는데, 왜 혼자 살지?' 하는 고민은 할 필요가 없습니다. 독신의 은사와 상관없이 현재 나의 삶과 존재 방식인 싱글의 삶을 받아들이고 혼자로서 즐기며 잘 살아 내는 것이 필요합니다.

결혼한 사람이 모두 결혼에 은사가 있어서 결혼해서 사는 것은 아닙니다. 결혼의 은사가 있는 사람은(그런 게 있기는 하다면) 결혼 생활을 좀 더 원만하게 할 수 있을지는 모르겠습니다. 그러나 결혼의 은사와 상관없이, 결혼한 사람들도 결혼하면 결혼이 자신에게 잘 맞든 안 맞든 자신의 삶과 존재 방식인 결혼의 삶을 인정하고 잘 살아 내는 것이 필요합니다.

현재 싱글로 사는 사람들을 살펴보면 독신의 은사가 있어서 싱글로 사는 사람들은 그리 많지 않습니다. 사람들의 이야기를 들어 보면, 어쩌다 보니 싱글로 살고 있는 사람이 많습니다. 마땅한 사람을 찾지 못해서, 정신적·시간적 여유가 없어서, 경제적 능력이 없어서, 일을 하다 보니 등 자발적·비자발적 이유가 복잡하게 얽히고설켜 결혼을 못(안) 하게 된 것입니다. 싱글을 한 가지 유형으로 구별할 수도 없고, 그 이유를 무 자르듯 재단하기도 힘듭니다.

고등교육을 받고 경제력을 확보하는 여성이 늘어나면 자연스레 배우자를 향한 기대치도 높아집니다. 가부장적 결혼 문화가 지배하는 한국에서 여성들은 여전히 배우자를 찾을 때 교육, 경제력을 비롯한 모든 면에서 자신과 비슷하거나 조금 더 높은 스펙을 갖춘 배우자를 선호하는 경향이 있습니다. 거기다, 그리스도인들은 결혼 조건으로 신앙인을 찾습니다. 현실적으로 그런 화려한 스펙을 갖춘 남성은 제한되어 있고, 신앙까지 갖춘 남자를 찾기란 더더욱 쉽지 않습니다. 당연히 그리스도인 여성들은 마땅한 배우자를 찾는 데 더 어려움을 겪습니다.

그렇다고 배우자를 향한 기대를 낮춘다고만 해서 결혼하기가 더 쉬워지는 것도 아닙니다. 우리 사회에서는 연애로 만난 사이가 아니라면, 결혼 조건에서 남성들은 자신보다 고학력인 여성을 부담스러워하고, 자신보다 어리거나 비슷한 여성을 결혼 배우자로 선호하는 경향이 있습니다. 남성에 비해 여성의 배우자 선택 폭이 좁은 것이 현실입니다.

이런 여러 복합적 문제가 얽혀 싱글의 증가에 기여했습니다. 독신의 은사가 있는 사람들만 싱글로 사는 것이 아니라, 다양한 배경과 이유를 가진 사람들이 싱글로 살아갑니다. 싱글들에게 독신의 은사가 없으면 빨리 결혼하라는 말은 싱글들이 처한 삶의 상황에 대한 몰이해에서 비롯됩니다. 따라서 싱글들은 자신에게 독신의 은사가 없음에도 싱글로 사는 것을 이상하게 생각하거나 부담스러워할 필요가 전혀 없습니다.

예수님은 공생애 기간 동안 혼자 사셨습니다. 그러나 예수님을 따르는 사람들에게 결혼할 것을 말씀하셨습니다. 요즈음 결혼하고 헤어지는 사람들이 많습니다. 그래서 교회에도 이혼한 사람들이 많이 있습니다. 솔직하게 필자도 주일날 설교할 때 조심스러운 경우가 있습니다. 이러면 안 되는 데 하도 이혼하신 분들이 다수가 있다가 보니까, 의식이 됩니다.

요즘 미국 교회에서 설교할 수 없는 것 두 가지가 있다고 합니다. 하나는 이혼에 관한 설교이고, 또 하나는 동성애에 관한 설교라고 합니다. 미국에서는 이혼이 너무 흔하다보니 교인들이 이혼에 관한 설교를 듣는 것을 아주 싫어합니다. 또 목사님이 동성애를 반대하는 설교를 하게 되면 법원에서 벌금을 물립니다.

하루는 바리새인들이 예수님을 시험하려고 이혼문제를 들고 나왔습니다. 2절을 보겠습니다. "바리새인들이 예수께 나아와 그를 시험하여 묻되 사람이 아내를 버리는 것이 옳으니이까?" 율법을 해석하는데 있어서 이스라엘에는 두 학파가 있었는데 샴마이 학파는 보수학파였고, 힐렐 학파는 진보학파였습니다. 진보학파인 힐렐 학파는 다음과 같은 경우에는 이혼을 할 수 있다고 주장했습니다. 아내가 밥을 태웠을 때, 반찬이 맛이 없을 때, 집안 청소를 잘 안 해 지저분할 때, 남편에게 말대꾸할 때, 다른 남자를 함부로 쳐다보았을 때…. 등등입니다.

그런데 희한하게도 남자의 잘 못에 대해서는 한 마디의 언급도 없습니다. 예를 든다면 남자가 화를 잘 내는 경우, 술을 밥 먹듯이 먹어 알코올 중독이 된 경우, 폭력을 휘두르는 경우, 도박을 하여 재산을 탕진하는 경우, 무능한 경우, 바람을 피우는 경우…. 등등에 대해서는 한 마디의 언급도 없습니다. 모든 게 남자에게만 유리합니다. 이에 반하여 보수학파인 샴마이 학파는 상대방의 부정 외에는 남자든 여자든 이혼을 해서는 안 된다고 가르쳤습니다. 바리새인들의 시험에 대해 예수님은 모세가 너희에게 어떻게 가르쳤는지를 되물었습니다. 그러자 그들은 모세가 이혼 증서를 써주는 것을 허락했다고 대답했습니다. 즉 모세도 이혼을 허락했다는 것입니다.

이에 대해 예수님은 5절에서 이렇게 대답하십니다. "예수께서 그들에게 이르시되 너희 마음이 완악함으로 말미암아 이 명령을 기록하였거니와" "너희 마음이 완악함으로 말미암아…." 이것이 이혼제도가 생겨나게 된 동기입니다. '완악함'이란 무엇일까요? 모세가 바로 왕에게 나가 당신이 부당하게 노예로 삼은 이스라엘 백성들을 해방시키라고 요구했습니다. 그러나 바로왕은 한 마디로 거절했습니다.

이때 하나님은 바로 왕을 깨우치기 위해 애굽 땅에 재앙을 내리셨는데 바로왕은 전혀 듣지를 않았습니다. 하나님은 두 번째, 세 번째, 네 번째 재앙을 내리시면서 뒤로 갈수록 재앙의 강도를 점점 더 강하게 하셨는데도 불구하고 바로왕은 굽히지를 않았습니다. 결국 바로왕은 하나님께서 준비하신 열 가지 재앙을 다 맞고 두 손을 들었습니다. 이것이 완악함입니다. 재앙은 그저 한두 가지만 맞고 빨리 돌이키는 사람이 지혜로운 사람입니다.

예수님의 말씀은 사람들이 이혼을 할 때도 이와 비슷한 심리가 작용한다는 겁니다. 결혼에 대한 하나님의 뜻을 모르는 사람은 아무도 없습니다. 그런데도 결혼을 한 후에 "내가 좋아하는 사람과 다시 살아보겠다."고 고집을 부립니다. "이혼하고 좋아하는 사람과 재혼하여 살아보겠다." 반려자가 상처를 받던 말든, 자녀들이 절망에 빠지든 말든 내가 살고 싶은 대로 살겠다는 거예요. 이것이 완악함입니다.

이에 예수님은 창세기2:24의 말씀을 인용하여 '결혼이란 무엇인가'를 깨우쳐주십니다. 막10장 6절~9절을 보겠습니다. "창조 때로부터 사람을 남자와 여자로 지으셨으니 이러므로 사람이 그 부모를 떠나서 그 둘이 한 몸이 될지니라. 이러한즉 이제 둘이 아니요 한 몸이니 그러므로 하나님이 짝지어 주신 것을 사람이 나누지 못할지니라 하시더라."

첫째는 막10:7절을 보면 '부모를 떠나서'라는 말이 있습니다. 부모를 모시지 말라는 뜻이 아닙니다. 물질적으로, 정신적으로 독립하라는 말씀입니다. 즉 부모에게 의지하지 말고 '자립하라'는 뜻입니다. 짐승들은 젖이 떨어지면 자립을 하고, 공중의 새들은 날개짓을 하기 시작하면 자립을 합니다. 유대인들이 강한 이유가 있습니다. 그들은 13살이면 성인식을 하고, 18살이 넘으면 자립할만한 능력을 갖습니다. 그런데 우리는 서른 살이 넘도록 부모가 끼고 사는 경우가 얼마나 많은지 모릅니다.

둘째는 막10:8절 '그 둘이 한 몸이 될지니라.' 입니다. 결혼식은 30분 만에 끝나지만 '온전한 하나'가 되기까지는 오랜 세월이 걸립니다. 왜 그럴까요? 이혼하는 사람들 보면 성격이 안 맞아서 이혼한다고 그럽니다. 서로 성격이 안 맞는데 어떻게 결혼을 했을까요? 이상하지 않습니까? 가정학을 연구하는 학자들이 조사해보니까 반대 성격에 매력을 느껴서 결혼하는 경우가 대부분이더라는 거예요. 그런데 왜 성격이 안 맞아 이혼한다고 말할까요? 성격이 안 맞는 게 아니라 서로 성장해온 '문화'가 안 맞아서 서로 티격태격 싸운다는 사실을 알아냈습니다.

서로 성장해온 문화가 달라요. 이 다른 문화를 서로 결합시켜 놓았으니 얼마나 갈등이 심해지겠습니까? 서로 다른 문화를 융합되게 하려면 결국은 오랜 세월이 흘러야만 합니다. 어떤 부부는 10년, 어떤 부부는 20년, 어떤 부부는 30년이 걸립니다. 이혼하는 부부들의 공통점은 어떻게 하면 상대방의 문화를 내 문화로 바꿀까 고집을 부리는데 있습니다. 상대방의 문화를 내 문화를 바꾸려면 결국은 상대를 내 앞에 굴종시키는 방법 외에는 없습니다. 이러니 깨질 수밖에 없습니다.

내 몸에서 태어난 자식도 내 마음대로 안 되는데 어떻게 다른 문화에서 태어난 사람을 내 마음에 맞게 바꿀 수 있겠습니까? 이 세상에서 제일 어려운 일은 사람을 바꾸는 것입니다. 그런데 바꾸는 것이 불가능할 때는 어떻게 해야 할까요? 그냥 용납하고 살아야 합니다. 이런 사실을 깨닫고 실천하는 사람이 있다면 그 사람은 100% 좋은 결혼생활을 할 수 있는 사람입니다.

'하나님이 짝을 지어주셨다' 이것이 성경이 말하는 결혼관입니다. 왜 짝지어 주셨습니까? 창2:20에 그 해답이 나옵니다. "아담이 모든 가축과 공중의 새와 들의 모든 짐승에게 이름을 주니라 아담이 돕는 배필이 없으므로" 여기 '돕는 배필'이란 말이 나옵니다. '바라는 배필'이 아닙니다. 나의 배필이 이래주었으면 좋겠다고 바랄 때 갈등과 다툼을 일으키게 됩니다. '돕는 배필'이 되라는 것이 하나님의 뜻입니다. 돕는 배필이 되려면 '사랑'은 필수가 됩니다. 오늘부터 "내가 어떻게 돕는 배필이 될까?"를 연구하시기 바랍니다. 틀림없이 좋은 가정을 만들게 됩니다.

모 언론사에서 요즘 젊은 부부들을 대상으로 설문조사를 했는데 결과는 이랬습니다. "반려자를 바꾸어 보았으면 좋겠다."라고 응답한 사람이 70%였습니다. 그 중에 실재로 이혼을 하고 바꾸어 본 사람들도 있었습니다. 그래서 행복해졌느냐? 결국은 똑같더라는 거예요. 호기심으로 끝나고 말았습니다. 그러나 그 호기심은 자신과 자녀들에게 혹독한 결과를 치르게 만들었습니다.

산전수전을 다 겪은 어떤 할머니가 이렇게 말했습니다. "그 놈이 다 그 놈이여~." 정확하고 체험적인 대답입니다.

필자가 이혼을 3번하고 또 이혼을 생각하는 여성분과 상담을 한적이 있습니다. 필자가 궁금하여 3사람 중에 어떤 사람이 제일 좋아습니까? 했더니 아이러니 하게도 첫번째라고 대답을 했습니다. 이혼을 거듭할 수록 자꾸 나빠지더라는 거입니다.

집에 있을 때에 제자들이 이혼에 대해 예수님께 다시 물었습니다. 막10:10절~12절을 보겠습니다. "집에서 제자들이 다시 이 일을 물으니, 이르시되 누구든지 그 아내를 버리고 다른 데에 장가드는 자는 본처에게 간음을 행함이요 또 아내가 남편을 버리고 다른 데로 시집가면 간음을 행함이니라" 11절에 보면 '버리고'라는 말이 있습니다. 왜 버릴까요? 바꾸고 싶은 탐욕 때문이지요. 예수님은 상대방을 버리고 다른 사람에게 가는 것은 간음죄라고 하셨습니다. 좋은 결혼생활을 유지하려면 '어떤 조건'을 달지 말아야 합니다. 조건을 따지기 시작하면 불만이 쌓이고, 불만이 쌓이면 결국은 깨지고 맙니다. 좋은 결혼생활을 유지하려면 그냥 받아들이고 살아야 해요. 왜 그리해야 할까요? 하나님과 사람들 앞에서 약속을 했기 때문입니다. 이혼은 하나님께 짓는 범죄이긴 하지만 용서 받지 못하는 죄는 아닙니다. 수가 성 우물가의 여인은 이혼 경력이 다섯 번이나 있었지만 예수님께 다 용서받았습니다. 그렇다고 "나도 그렇게 한번 살아볼까" 그러지는 마십시오.

미국인들에게 존경을 받는 대통령 중에 루즈벨트 대통령은 유일 무일 하게 4선을 했던 대통령입니다. 그의 아내 엘레나는 남편이 무명인사 시절에 궁색한 가정을 꾸려가면서도 6명의 자녀들을 키웠는데 얼마나 궁색했던지 그 중 한 아이는 영양실조로 죽었습니다. 그래도 남편을 원망하지 않았습니다.

더군다나 남편의 다리가 마르기 시작하면서 결국은 다리를 못 쓰는 불구자가 되고 말았는데 그때 친척들이 "불구자 하고 어떻게 사냐. 이혼해라"고 했습니다. 그러나 엘레나는 "내가 사랑한 것은 남편의 다리가 아니에요. 나는 남편과 결혼을 했기 때문에 남편의 다리가 어떻게 되느냐는 것은 나랑 아무런 상관이 없어요"라고 그랬습니다. 불구자가 된 남편에 대해 아내로서 책임을 다한 거예요. 얼마나 신실(信實)한 여성입니까? 서로 돕는 배필로서 결혼을 했다는 것, 그리고 결혼을 했으면 서로 책임을 져야한다는 것을 잊으면 안 됩니다.

결론적으로 결혼을 했더라도 결국은 혼자가 됩니다. 부부가 영원하게 같이 살수가 없습니다. 결혼하여 살다가 이혼할 수도 있습니다. 이런 저런 이유 때문에 결혼하지 못하고 혼자 살수도 있습니다. 비혼 주의자도 있습니다. 예수님과 같이 사명을 감당하기 위하여 결혼하지 않고 독신으로 살아갈 수가 있습니다. 모두 잘못되었다고 질책할 수가 없고 죄책감을 가질 필요가 없다고 생각합니다. 결론은 모두 혼자로서 잘 살아가야 한다는 것입니다. 혼자서도 잘 사는 방법을 터득하여 영원한 천국에 갈 때까지 하나님의 영광을 나타내면서 살아가야 합니다.

5장 의존적인 사람은 혼자 살지 못한다.

> (창 12:1)"여호와께서 아브람에게 이르시되 너는 너의 고향과 친척과 아버지의 집을 떠나 내가 네게 보여 줄 땅으로 가라."

아무나 혼자서도 잘 살수가 없습니다. 의존적인 사람은 혼자 살지 못합니다. 스스로 자기관리를 하면서 살아갈 수가 있어야 혼자서도 잘 살수가 있는 것입니다. 하나님께서 제일 싫어하는 사람이 보이는 사람에게 기대며 의존적인 사람입니다. 오늘 본문에서 하나님은 "너는 너의 고향과 친척과 아버지의 집을 떠나 내가 네게 보여 줄 땅으로 가라."고 말씀하셨습니다. 일부 성도들은 보이는 사람을 하나님보다 더 의식하며 살아가는 경우를 봅니다. (잠 29:25)"사람을 두려워하면 올무에 걸리게 되거니와 여호와를 의지하는 자는 안전하리라" 말씀 하셨습니다. (렘17:5)"여호와께서 이와 같이 말씀하시니라 무릇 사람을 믿으며 육신으로 그의 힘을 삼고 마음이 여호와에게서 떠난 그 사람은 저주를 받을 것이라" 경고하고 계십니다. 사랑하는 여러분 보이지 않지만 살아계시는 하나님을 주인으로 모시고 살아가시기를 축원합니다.

사람들은 누구나 다른 사람으로부터 칭찬과 인정을 받고 싶어합니다. 타인의 공감과 인정, 존경 등은 살아가는데 필요충분의 자양분이 되기 때문입니다. 그런 면에서 보면 사람은 누구나 의존적인 존재입니다. 그러나 자기 생존에 필요한 것은 어느 정도 스스로 해결해 나갈 수 있어야 합니다. 이렇게 자기 삶을 살아가기 위해 스스로 자신의 삶을 돌아보는 동시에 자기 심리상태를 객관적으로 꿰뚫어보고 돌아보아야 합니다.

자신이 살아가는 데 필요한 것들의 대부분을 타인에게 의존하여 얻으려고 하면 병적인 의존상태가 되기 때문입니다. 이런 사람은 혼자서도 잘 사는 사람이 되기 쉽지 않을 것입니다. 심리학적 측면에서 보면 자기 일을 다른 사람에게 의존하여 해결하려는 상태를 유아기에서 벗어나지 못한 상태로, 의존성 성격장애에 해당한다고 이야기합니다. 의존성 성격장애를 정신질환이라고 진단하는 DSM-5에서 의존성 성격장애를 진단하는 대표적인 8가지 항목을 살펴보면 다음과 같습니다.

1.다른 사람으로부터 상담, 충고 또는 확신 없이는 매일매일 결정 내리는 일을 하지 못한다. 한마디로 자기 스스로 독립하지 못하고 주변 사람에게 의존적이라는 것입니다. 스스로 결정을 내리고 행동하지 못한다는 것입니다.

2.자기 인생에 있어서 매우 중요한 영역까지도 대신 책임져 줄 수 있는 타인을 필요로 한다. 주변에 자기를 돌보아 주는 사람이 없이는 아무것도 못한다는 것입니다.

3.지지와 칭찬을 상실할까 봐 두려워 타인의 의견에 반대하지 못한다(단, 현실적인 보복은 포함되지 않는다). 한마디로 직장에서나 가정에서 자기존재감이 없이 타인에 의존적인 투명인간으로 살아간다는 것입니다.

4.스스로 어떤 일을 시작하거나 수행하기 어렵다(동기나 활력이

부족해서가 아니라 판단과 능력에 자신이 없기 때문이다). 독립심이 없어서 혼자서는 아무 일도 시도하지 못한다는 것입니다.

5.타인의 보살핌과 지지를 얻기 위하여 불쾌한 일까지 자원해서 한다. 의존적인 사람은 다른 사람에게 인정받고 사랑받기 위하여 하기 싫은 일까지 자청해서 하면서 살아간다는 것입니다.

6.스스로는 잘해나갈 수 없다는 과도한 공포로 인하여 혼자 있으면 불편하거나 무기력하게 느낀다. 의존적인 사람은 사람들이 많은 곳에 가야 마음에 안정을 찾으나 사람들로 하여금 왕따를 당하거나 상처를 받게 됩니다.

7.친밀한 사이가 끝나면 보살핌과 지지를 얻기 위하여 다른 관계를 애타게 찾는다. 의존적인 사람은 한마디로 다른 사람의 보살핌이 없이는 혼자 스스로 삶을 살아갈 수가 없다는 것입니다. 보이지 않는 하나님과 교통하며 살아갈 수가 없는 것입니다. 보이는 사람을 의존하는 사람으로 고착되어 있기 때문입니다.

8.자기 스스로가 자신을 돌봐야 하는 상황에 남겨질 것이라는 두려움에 비현실적으로 집착한다. 의존적인 사람은 혼자 살아가는 것을 극히 두려워하여 친숙한 사람이라면 이상할 정도로 집착하여 혼자되지 않으려고 합니다. 이런 사람은 혼자로도 잘 살수가 없는 것을 불을 보는 것과 같이 환한 것입니다. 하나님은 독립적이 되기를 원하십니다.

위의 8가지 증상들 가운데 5가지 이상에 해당하면 의존성 성격장애라고 할 수 있습니다. 물론 이것들을 기준으로 쉽게 진단을 내릴 수 있는 것은 아닙니다. 당연히 다른 상황적인 면들이나 행동관

찰 등도 함께 이루어져야 정확하게 진단할 수 있습니다.

요즘 사람들 가운데 이러한 의존적 성격장애 증상을 보이는 경우가 많습니다. 이들의 대부분은 자기 자신은 별 볼 일 없는 사람이라고 생각하는 경우가 많습니다. 다른 사람이 지도하고 관리감독해 주지 않으면 일상적인 일조차 할 수 없다고 생각하는 경우가 많습니다. 자신에게는 그러한 일들을 감당할 만한 능력이 없다고 생각하기 때문입니다.

이들은 자발적인 도전 경험이 거의 없거나 턱없이 부족합니다. 자기 스스로 어떤 목표를 정하고, 구체적인 계획을 세우는 기회를 거의 갖지 못하거나 않았습니다. 의지를 키워가며 자신의 삶을 개척해 나가야 하는데 그러지 못하는 것입니다. 어릴 때부터 스스로 선택하고 주도적으로 무엇을 해나간 경험이 거의 전무하기 때문에 혼자 하는 일 대부분에 서툰 것입니다.

물론 이들이 처음부터 그랬던 것은 아닙니다. 자신의 뜻과 상관없이 누군가 주로 주 양육자인 부모가 주도하는 삶을 그저 따라갈 수밖에 없었을 가능성이 큰 것입니다. 처음에는 이런 환경이 화가 나서 나름 반항을 해보았지만, 소용없는 일임을 몸소 체험하면서 스스로 포기하게 되었을 것입니다. 시간이 지날수록 이런 삶에 익숙해지면서 누군가가 제시하거나 세워놓은 목표를 그저 묵묵히 따라가거나, 이미 잘 닦아놓은 길을 따라 가기만 하면 되니 타협하기 시작했을 것입니다. 어떻게 보면 그 길은 너무나도 편안하고 안전이 보장되기 때문에 쉽게 타협해버리고 말았을 것입니다.

그래서 이들은 자기 자신이 책임지는 자리에 적합하다고 생각하지 않기에 승진이나 승급 등을 거부하는 경우도 종종 있습니다. 자신은 다른 사람의 보호와 지지가 필요한 사람이라고 스스로 생각하기 때문에 책임지는 자리는 부담스러워 피하게 되고, 그런 자리에 억지로 앉게 되었을 경우 불안에 휩싸여 스스로 위축되고 그 결과 제 능력을 발휘하지 못하고 초조해하며 실수를 연발하는 경우가 많습니다.

스스로의 삶을 주체적으로 살아가지 못하고 어정쩡하게 주어진 하루하루를 보내면서 삶의 의욕을 잃어버리는 경우가 많습니다. 삶 자체가 허무하고 무기력하여 문제 상황에 놓이면 곧바로 좌절하고 앞으로 나아가기를 쉽게 포기하고 말게 됩니다. 다른 사람들과도 적극적인 관계를 맺지 못하고 누군가가 먼저 다가와 손 내밀어주기만을 기다리는 수동적인 성격이 되고 맙니다. 설사 타인이 친절하게 먼저 다가와도 스스로 눈치를 보며 위축되어 어찌할 바를 모르고 어색한 행동을 하게 됩니다.

쉽게 예를 든다면 여기 한 사람이 있습니다. [자기는 아내와 자식들을 너무 사랑하는데 아내가 자기를 떠났다고 울부짖었습니다. 마치 미칠 것 같다고, 죽고 싶다고 좀 도와달라고 했습니다. 며칠 뒤 그 사람을 다시 만났습니다. 전혀 새 사람이 된 것처럼 활기차고 건강해보였습니다. 아내가 다시 돌아왔느냐고, 가정문제는 다 해결이 되었느냐고 물었습니다. 하지만 답은 그게 아니었습니다. 새로운 여자를 만났다는 것입니다. 자기를 끔찍이 사랑해주는 너무나 멋진 여자를 만났다는 것입니다. 그래서 이제는 더할 나위 없이 행복하다고 웃으면서 말합니다. 자기를 사랑해주는 사람이 없

이는 한시도 살아갈 수가 없는 사람이란 말입니다.]

정신의학자 스캇펙 박사는 이런 경우를 수동성 의존적 성격장애라고 합니다. 수동성이라 함은 자기가 먼저 사랑할 수 없고 사랑을 받기만을 원한다는 뜻이고, 의존적이라 함은 자기 힘이 아닌 전적으로 외적인 힘 있는 대상이 있어야만 한다는 뜻입니다. 신경증과 성격장애는 명확하게 구분되는데, 신경증 즉 노이로제는 모든 것을 자기 탓으로 돌리며 지나친 죄책감에 사로잡혀 있는 것이 특징이고, 성격장애는 모든 것을 남 탓으로 돌리며 자기는 전혀 잘못이 없다고 큰소리치는 것입니다.

수동성 의존적 성격장애자들은 자기의 불행이나 슬픔, 그리고 아픔의 모든 탓을 자기에게 전폭적인 지지와 사랑을 주지 못하는 상대에게 돌리는 사람들입니다. 이런 사람들은 어릴 때 부모에게서 사랑을 받아보지 못한, 그래서 결핍된 구석이 많기 때문이라 합니다. 그럼에도 불구하고 스스로는 사랑이 많은 사람이라고 생각합니다. 가족을 너무 사랑하고 지극히도 사랑받고 있다고 생각합니다. 그래서 행복하다고 믿고 있기까지도 한다고 합니다.

의존성의 특징은, 자신의 영양섭취에만 관심이 있다는 것입니다. 자신의 만족과 행복을 갈망하지만, 성장과 그에 수반되는 불행과 고독, 그리고 고통은 견디려 하지 않습니다. 자기들의 의존상대인 다른 사람들의 정신적 성장에는 아무런 관심이 없습니다. 오로지 관심이 있는 것은 상대방이 자신을 만족시켜주기 위해 곁에 머물도록 하는 것입니다.

스카펫 박사는 말합니다. 수동성 의존적 성격장애자들은 사랑을 하는 사람들이 아닙니다. 그들은 기생충입니다. 기생충의 삶, 기생충의 생활을 살아가고 있는 사람들이라고 그는 단언하고 있습니다. 그러면서도 그들은 자기를 모르는 것이 특징입니다. 자기는 가족을 정말 사랑을 한다고, 그래서 너무나 행복하다고, 그렇게 생각합니다.

사랑의 결핍, 필요할 때 받아야 할 적절한 사랑을 받지 못하면 평생 이렇게 허덕이고 만다는 것이 무섭습니다. 스카펫 박사의 표현에 따르면, 바닥없는 웅덩이, 절대로 충분히 채워짐을 느끼지 못하는 웅덩입니다. 예레미야서에도 나옵니다. "터진 웅덩이, 물을 저축치 못할 터진 웅덩이."(예레미야 2:13). 진정한 사랑을 받을 수 있는 유일한 길은, 자기 자신이 사랑받을 가치가 있는 사람이 되는 것, 그것뿐인데, 그것을 모르고 수동적으로 사랑받고 싶은 것만이 목적이라면 당신은 절대로 사랑받을 가치가 있는 사람이 될 수 없다고 하는 스카펫 박사의 말이 귓전을 때립니다.

왜 의존적인 사람은 혼자 살지 못하겠습니까? 이는 필자가 설명하지 않아도 잘 아실 것입니다. 굳이 설명한다면 이렇기 때문입니다. 어른이 되면 삶의 방향을 스스로 결정해야 하지만 부모가 만든 의존적 상황에서 쉽게 벗어나지 못하는 사람도 있습니다. 그들은 '의존적 어른'으로 부모가 원하는 것이면 뭐든 다 하려는 행동을 보입니다. 잘못된 상황이 반복되어도 자신과 가족을 분리하지 못하고 스스로를 더 불행하게 만들기도 합니다. 가족이라 어쩔 수 없다고 여기며 상황을 내버려 두는 것입니다. 의존적 어른의 특징을 살펴보며 교훈을 얻고, '의존적 어른'의 관계에서 건강한 거리를 유지하는 방법을 알아보시기를 바랍니다. 이는 책 [내 문제가 아닌데 내가 죽겠습니다]에서 참고하여 정리하고 편집한 내용입니다.

1. 싫다는 말을 못 한다. 의존성이 높은 사람은 대체로 싫다는 말을 잘 못 합니다. 상대방을 언짢게 하면 혹시나 버림받지 않을까 걱정하며 끊임없이 자신을 포기합니다. 어떤 상황에서도 상대방과 원하는 바를 일치시키려는 성향이 지나치게 커진 탓입니다. 독립하거나 거리를 두려는 사실을 부모에게 분명히 알리는 것도 극도로 어려워합니다.

2. 책임감을 과도하게 느낀다. 자식을 강하게 통제하는 무섭고 엄격한 부모 밑에서 자란 경우가 많습니다. 상대와의 관계가 위험해질 수 있는 일을 전혀 하지 않으며 가족을 위해 할 수 있는 모든 것을 다하려 합니다. 자신의 정신적 생존을 위해 상대를 추종하는 식이며 자신의 존재를 잃어가면서도 희생하고 양보합니다. 책임감을 과도하게 느끼며 계속 도움이 되려고 마음을 씁니다.

3. 모든 것을 공유하려 한다. 가족 구성원이 긴밀하게 연락하는 환경에서 자란 경우가 많습니다. 자식에 대한 과도한 걱정과 집착으로 사생활 침해가 잦고 정서적 욕구 충족을 요구합니다. 가혹하다 싶을 정도로 솔직한 이야기를 주고받고 자신에게 있었던 일을 일일이 알리며 공유합니다. 혼자서 무엇을 한다는 것에 죄책감을 느끼며 가족과 관련된 것이면 뭐든지 미화하려는 태도를 보이기도 합니다.

4. 끊임없이 허락을 구한다. 자신이 어떤 일을 시작하는데 주변 사람의 자문이 떨어지지 않으면 스스로 아무것도 시도하지 못합니

다. 겉보기엔 직업도 있고 사회적 의무를 다하며 자립한 것처럼 보여도 실제로는 전혀 독립하지 못한 사람도 있습니다. 부모의 조언 없이 어떤 일도 스스로 하지 못하는 사람입니다. 자신을 믿는 것이 두려워 모든 문제에 대한 허락을 구하는 것이다. 예순이 넘어서도 부모 몰래 담배를 피우거나 술을 마시는 사람도 있습니다.

5. 극심한 죄책감을 느낀다. 결정과 실행을 미루는 수동적인 자세로 무기력 상태를 이어가다 보면 신경증적 죄책감까지 시달릴 수 있습니다. 객관적인 잘못을 저지르지 않아도 죄책감을 느끼는 것입니다. 의존적일 때는 자신을 부정한다는 죄책감을 느끼고 의존적 관계를 벗어나고자 할 땐 불안을 느낍니다. 자신감 결여로 자신만 늘 제자리에 헛돌고 지지부진하다는 느낌이 들게 됩니다.

6. 선물 받는 것을 불편해한다. 다른 사람에게 선물 주는 것은 괜찮아도 받는 것은 불편해합니다. 자신은 받을 자격이 없다고 생각합니다. 선물할 때도 값싼 물건으로는 의미 있는 선물을 해줄 수 없다고 생각해 자신이 감당할 수 없는 금액의 선물을 하려 하기도 합니다. 관계에 신뢰를 쌓지 못해 일상에서의 고통이 크며 그러는 틈에 상대의 요구에 무조건 응하는 사람이 되어버리기도 합니다.

7. 버려진 기분을 자주 느낀다. 가족에게는 경계를 완전히 허물지만 가족 이외의 사람들에게는 경계심과 두려움이 강합니다. 모르는 사람에게 아주 냉정하고 가까이하기 어려운 사람이 되기도 합니다. 공감 능력이 부족해 무관심이나 적대감으로 벽을 만들지만 혼자가 되거나 다른 사람과 멀리 떨어지기만 해도 허탈감을 느낍니다. 버려진 기분을 자주 느끼며 보상 상실이 심하면 의존성 우

울증이 될 수 있습니다.

8. 상반된 감정을 느낀다. 자신도 모르게 의존적 관계를 수용하고 관계를 지속하는 역할을 합니다. 문제행동을 바로 잡지 않고 계속 자신을 괴롭히도록 내버려 두는 것입니다. 타인에게 애정을 갈구하지만 진정한 관계를 맺을 능력은 없습니다. 관계가 만족스럽지 않아도 관계를 쉽게 끊지 못합니다. 관계를 끝낼 생각을 하면 극심하게 두렵습니다. 애정과 미움을 함께 느낍니다. 타인과 진정한 관계를 맺기 어려워하고 자기 자신과의 관계도 피상적이고 불완전합니다.

9. 역할을 최소화 한다. 일상에서 많은 부분 자신이 해야 하는 최소한의 역할도 하지 않으려 합니다. 지식과 기술을 거부하기도 합니다. 활동적이고 높은 수준의 지식과 기술을 가진 사람도 자신의 능력 발휘를 거부하기도 합니다. 지식과 기술 자체가 싫은 것이 아니라 자신이 무언가를 아는 만큼 행동해야 하는 상황을 피하고자 하는 것입니다. 자신이 열등한 자세를 취하는 것을 끊임없이 정당화하며 스스로 아무것도 아닌 존재가 되려 합니다.

10. 독점하려 한다. 주변 사람에게 관심과 애정을 차지하기 위한 극단적인 현상으로 자신의 감정을 지나치게 솔직히 드러내고, 필요 이상의 개인적인 모습을 드러내기도 합니다. 수치심이 부족한 경우도 많습니다. 소지품을 여기저기 늘어놓거나 문을 덜 닫는 어떻게든 자신의 세계를 제한 없이 열어두고 주변에서도 똑같이 해주기를 바랍니다. 공간부터 물건, 돈까지도 모두 공유하길 바랍니다. 자녀의 자립을 거부하는 일부 엄마들에게서도 나타나는 증

상입니다.

11. 영원한 손님이라 생각한다. 자신이 누구인지 알지 못하고 공허함을 느끼며 어디에서도 자신의 자리를 찾지 못합니다. 자신만의 세계와 망상에 자주 빠져있습니다. 정도의 차이는 있지만 자신이 사회 안에서 가진 자리를 부인하기도 합니다. 자신의 존재가 드러나는 것을 거부하고 애써 외진 곳을 찾으며 최소한으로 존재하려 합니다. 어디에도 명백히 소속되어 있지 않고 영원한 손님으로 머물러야 할 것 같다고 느낍니다.

12. 실제 나이를 두려워한다. 자신의 성장과 책임을 어떻게든 부정하고 거부하기 때문에 마흔에서 쉰 사이에 자신의 실제 나이를 부정할 수 없는 최후의 순간을 두려워합니다. 신체 능력 저하와 같은 증상이 뚜렷해지고 성인이라는 걸 인정할 수밖에 없는 상황을 겁을 겁을 냅니다. 자신이 오래 살지 못할 거라 여기기도 합니다.

13. 연민을 느끼지 못한다. 의존적 상황에 오래 머문 사람은 연민이 고갈됩니다. 감정적 피로감이 커져서 공감과 자비를 베푸는 능력이 둔해지는 것입니다. 자신을 향한 연민의 감정이 약해지고 상대의 고통마저 이해하지 못하는 상태가 되기도 합니다. 연민이 고갈되면 매사 초연해지며 흥미를 잃고 냉소주의적 성향이 강해집니다. 무감각한 상태로 관용이 줄어듭니다.

14. 가장 중요한 건 내적인 사생활. 의존적 어른은 스스로 내적인 사생활을 만들어가는 것이 가장 중요합니다. 가족에게 모든 것을 말하지 않고 자기 생각과 겪은 일을 자신만 아는 것입니다. 사

소해 보여도 의존성이 심하면 가족을 배신하고 홀로 남겨졌다고 느끼며 괴로워할 수 있습니다. 자신과 타인의 경계를 분명히 하는 것에 익숙해져야 합니다. 일기 쓰기나 친목 모임에서 다른 사람에게 마음을 열면 도움이 됩니다. 진정한 성장을 하려면 가족의 기대를 저버리더라도 자신이 원하는 것을 알리고 자신의 자리를 찾을 수 있어야 합니다. 지나친 권위와 보호로부터 자발적으로 벗어나야 합니다.

결론적으로 날로 심해지는 경쟁사회에서 리더십 있는 사람이 되려면 독립심이 필요합니다. 독립심이 부족하면 새로운 상황을 만났을 때 스스로 결정하고 대처하기보다는 누군가에게 의지하려 하고, 결국 경쟁사회에서 뒤떨어질 수밖에 없기 때문입니다. 독립심이 없으면 혼자서 살아갈 수가 없습니다. 21세기의 주인공으로 키워주는 독립심, 어떻게 하면 우리 아이에게 심어줄 수 있을까요. 독립심을 없애는 원인은 과잉보호입니다. 아이들은 자라면서 끊임없이 선택의 상황에 직면합니다. 이 장난감을 갖고 놀까, 저 장난감을 갖고 놀까 하는 작은 선택부터 때로는 인생이 걸린 중요한 선택까지 크고 작은 수많은 선택들이 우리를 따라다닙니다.

따라서 적절한 때에 얼마나 바람직한 선택을 하느냐는 곧 인생의 성패를 좌우하는 열쇠가 됩니다. 그러기에 새로운 상황에도 당황하지 않고 지혜롭게 선택하고 대처하는 힘을 기르는 것은 매우 중요합니다.

독립심을 키우는 것은 누군가에게 의존하지 않고 스스로 생각해 결정하는 힘을 기르는 것입니다. 독립심이 부족하면 스스로 문제를 해결하려 하기 보다는 자신의 문제를 대신 해결해줄 사람을 찾거나 문제를 피해 도망치려고 하기 쉽습니다. 그러다보면 인간관계에서 소극적이고, 자신감도 떨어지게 됩니다. 의존성이 지나친 경우 의존성 성격장애가 되기도 합니다.

요즘은 자녀를 하나 또는 둘만 낳는 가정이 늘다 보니 과잉보호 경향이 많아지고 있습니다. 이는 독립심을 줄이는 중요한 원인입니다. 사회교육에 중점을 두기보다는 "공부만 잘하면 나머지는 엄마가 다 알아서 해줄게"라는 성적 위주의 자세도 마찬가지입니다.

자신의 삶은 아무도 대신해주지 않는 것입니다. 경쟁사회에서 리더십 있는 사람이 되려면 먼저 자신부터 챙길 줄 아는 것이 우선되어야 합니다. 즉 21세기의 성공요인은 바로 독립심이라는 것입니다. 일상생활을 수행함에 있어서 독립적으로 결정하고 실천하지 못하면 결코 혼자로서 잘 살아가지 못합니다. 혼자로서 잘살아가려면 일상생활에서 독립심을 기르는 일은 참으로 중요합니다. 혼자 되어도 잘 살 수 있다고 생각하는 사람은 자기 자신이 일상생활을 독립적으로 수행이 가능한가 부터 정확하게 깨달아야 할 것입니다. 일상생활을 독립적으로 수행이 불가하다고 생각하는 사람은 혼자살려고 하기보다 먼저 독립심을 길러야 합니다.

6장 혼자 살려면 에고[ego]를 정리해야 한다.

(잠 14:15)"어리석은 자는 온갖 말을 믿으나 슬기로운 자는 자기의 행동을 삼가느니라."

에고란 정화되지 않은 자신의 타락한 아담의 죄악 된 생각이자, 귀신이 주는 생각을 따라가는 것입니다. 한마디로 자신의 삶과 가족의 삶이 망하는 귀신의 생각을 따르는 것입니다. 에고란 자신의 무의식의 상처로부터 나오는 생각을 말하고 행동하여 자신의 인생을 망칠 수가 있습니다. 에고를 따라 살면 절대로 혼자로도 잘 살수가 없습니다. 쉽게 설명하면 이렇습니다. 하나님께서 이스라엘 백성들을 가네스 바네아에 와서 12두목을 택하여 가나안 땅을 정찰하고 와서 각각 본 대로 느낀 대로 보고를 하라고 하셨습니다. 10지파 사람들은 자기의 생각과 귀신의 생각을 보고하였습니다. 결과 그 보고에 동조한 사람들까지 포함하여 가나안에 들어가지 못하고 광야에서 엎드려져 죽었습니다. 그러나 여호수아와 갈렙은 성령의 생각 하나님의 생각대로 보고를 하고 행동을 하여 가나안 땅에 들어가서 장수하며 하나님의 복을 받은 것입니다.

오늘 본문에 "어리석은 자는 온갖 말을 믿으나 슬기로운 자는 자기의 행동을 삼가느니라."(잠 14:15). 하셨습니다. 성령의 역사로 에고를 정화시키고 온전한 성령의 생각을 따라야 혼자서도 잘 살 수가 있는 것입니다. 우리가 예수를 믿고 성령으로 세례를 받고 성령 안에서 온몸기도하면서 성령으로 충만 받으면서 거듭나야 하는 이유가 바로 성령의 생각을 따라가기 위한 것입니다.

인간의 진화 즉 인간의 성숙, 발전과 기독교의 궁극적 목표는 Ego가 사라지고 성령의 생각이 드러나는 것이며, 결국에는 성령을 주인으로 모시고 살아가게 되는 것입니다. 이러한 사실은 상징이나 비유, 공허한 이론이나 관념이 아니라 생생하게 살아 숨 쉬는 현실 속의 성령의 소리입니다.

자기중심성이 지속적으로 줄어드는 것이 인간의 발달, 성숙 및 진화이자 기독교의 목표이며 이것이 바로 에고의 소멸입니다. 그러나 정통 종교 및 대부분의 영적단체와 일반인의 인격, 교양 등의 내용을 포함해서 대부분 인류의 관심과 초점은 그러한 자기 자신의 에고(Ego)만 쏙 빠져 있고, 모두 그 나머지만을 다룹니다. 그래서 수십 년씩 믿음 생활을 해도 대부분 자기의 생각이 거의 변하지 않기에 여전하게 에고를 따르면서 인생을 망치면서 후회하며 실망하며 살아갑니다. 에고는 총체적인 허위의식이자, 자기기만이며 몽상이고 그것이 에고의 본질적인 속성이자 술책입니다. 그런데 우리는 그러한 사실을 인식조차 하지 못하고 인식하더라도 무시됩니다. 에고가 정리되지 않고는 혼자로서 잘 살 수가 없습니다.

성령으로 전하는 복음의 가르침의 몇몇 지점에 우리가 듣기에 살벌하다고 느껴지는 지침이 들어가 있는 것은 그런 이유에서 입니다. 그래서 하나님은 (시 49:20)"존귀하나 깨닫지 못하는 사람은 멸망하는 짐승 같도다." 예수님은 "무리와 제자들을 불러 이르시되 누구든지 나를 따라오려거든 자기를 부인하고 자기 십자가를 지고 나를 따를 것이니라."(막 8:34). 하시는 가르침도 같은 맥락입니다.

에고가 사라진 자, 즉 내 뜻은 사라지고 당신(예수님)의 뜻만 남은 자, 내가 사는 것이 아니고 내 안의 하나님이 사는 자가 되는 것이 복음의 가르침의 핵심 내용입니다. 그리고 그것이 본질적이라 너희는 먼저 그 나라와 그 의를 구하라고 합니다. 그러면 나머지 것들은 모두 거기에 덧붙여질 것이라고 합니다.

하나님의 나라는 에고가 사라진 세상입니다. 그러나 우리는 그 사소하고도 하찮은 "덧붙여지는 것"들만 구하고 있습니다. 에고의 소멸만이 성숙이자 공부이며 기독교 복음이자 궁극인데, 세상에서는 에고만 쏙 빠져있는 것입니다. 세상 모든 것을 알아도 자기를 모르면 아무 것도 모르는 것이고, 아무 것도 것도 몰라도 자기를 알면 세상 모든 것을 아는 것입니다. 그래서 소크라테스는 너 자신을 알라고 하는 것입니다. 필자도 세상에서 제일 복을 받은 사람이 자기 자신을 정확하게 볼 줄 아는 사람이라고 말하는 것입니다. 혼자서도 잘살아가려면 성령으로 자신을 정확하게 볼 줄 아는 눈이 열려야 합니다.

에고가 없어진 자리에 남아 있는 것이 진리이자 복음이자 실재입니다. 에고의 본성이 어떤 것인지도 알지 못하면서 그보다 앞선 주제들을 연구한다는 것은 어리석은 일입니다. 모든 기독교 영적 수행은 우리가 그것을 가지고 작업하는 재료인 에고에 대한 기본적인 이해로부터 출발할 필요가 있습니다. 반복해 말하자면, 문제는 세상의 모든 영적 수련과 종교, 철학, 인격, 교양의 함양 등에서 자신의 에고만은 쏙 빠져있고, 모두 나머지 것들만 다루기에 수십 년씩 믿음 생활해도 거의 변화가 없다는 것입니다.

우리가 하는 집중온몸치유기도란 자기를 끝까지 들여다보아 내가 얼마나, 그리고 어떻게 나를 속이고 있는지 알아보려는 시도임을 기억해야 합니다. 문제는 에고의 지각 안에서는 현상 세계가 매우 실제적이며 압도적이고 단단하다는데 있으며 기적수업에서는 이것을 "에고의 관료체계로부터 벗어나는 것"이라고 말합니다. 우리가 현실에 너무나 사로잡혀 있어서 어디 다른 곳을 바라볼 여유가 없다고 할 때 그것이 정확하게 에고의 관료체계 중 하나입니다. 이런 체계가 알 수 없는 영역까지 펼쳐져 있다는 것을 이해해야 합니다. 이런 에고의 관료체계의 작동원리는 자기방어입니다.

본성적으로 에고는 어떤 종류의 손상도 경계하는데 우리 마음속에서는 기준이 되는 틀을 복구시키기 위해 자동 에고 수선 장치가 항상 작동합니다. 예를 들어 누군가 나를 비난하고 나무랄 때, 에고에게 그것은 자기 존재의 손상입니다. 이런 상황에서 에고는 정당화와 방어와 맞서서 비난에 나섭니다. 그렇게 함으로써 손상된 자기 존재감을 수선하기 위해 즉각적으로 혈기 내며 분노하며 뛰어듭니다. 상대방이 옳은가 그른가는 에고에게는 상관할 바가 아닙니다. 에고는 진실보다 자기 보존에 훨씬 더 관심이 크며 이것이 "나"라고 하는 마음속 형상의 보존입니다. 그래서 성령의 역사로 무의식을 정화해야 바른 인격으로 변화된 삶을 살아갈 수가 있는 것입니다. 그래서 집중온몸치유기도를 오래 동안 월-화-금-토요일에 하는 것입니다.

길을 가다가 다른 운전자가 당신에게 뭐라고 소리를 지르면 되

받아서 무엇인가를 소리치는 것과 같은 일은 꽤나 정상적으로 여겨지지만, 그것 역시 자동적이고 무의식적인 에고 수선 장치입니다. 가장 흔한 에고 수선 장치 중 하나는 혈기 내고 분내고 화를 내는 일이고 이것은 일시적이지만 에고를 거대하게 부풀게 하는 원인이 되기도 합니다. 무의식이 현재의식을 사로 잡이 나타나는 현상입니다. 그래서 무의식을 성령으로 오랫동안 기도하면서 정화해야 에고가 정리되고 성령의 생각을 따라갈 수가 있는 것입니다.

모든 수선 장치는 에고에게 완전한 느낌을 주지만, 실제로는 기능장애 적입니다. 기능장애에서 가장 극단적인 것이 신체적인 폭력, 과장된 환상의 형태로 자기를 속이는 일 같은 것들입니다. 이런 행위는 자기방어를 넘어서 자기공격의 단계로 들어선 것이라 우리가 겨우 극단적인 것을 알 수 있습니다. 에고를 정리하여 "상처받기 쉬운 상태"를 벗어나면 우리는 불안, 두려움과 함께 해방감, 자유로움도 느낄 수 있는데 그 지점이 바로 중요한 이해의 영역입니다. 성령으로 깨달아야 이해할 수가 있습니다.

만약 해본 적이 없다면, 이것을 실험해 보기를 권합니다. 예를 들어 누군가 나를 비난하고 문제를 내 탓으로 돌리고 험담을 늘어놓을 때, 즉각적으로 응수하거나 자신을 방어하지 말고, 뭔가 하는 것이 아니라 아무것도 하지 않는 것입니다. 자신의 마음을 정리하며 자신의 이미지가 손상되도록 허용하고, 그것이 내면 깊은 곳에서 어떤 느낌인지 지켜보는 겁니다. 사람의 현상에 따라서, 그리고 연습 정도에 따라서 아예 불가능한 수준에서 아무렇지도 않은 상태로 스펙트럼이 펼쳐질 것입니다. 어쨌든 허용하고 지켜봅니다.

아주 낮지도 높지도 않은 수준을 가정한다면, 나는 몇 초 동안은 불편함을 느낄지 모릅니다. 마치 자신의 크기가 줄어드는 것처럼 느껴집니다. 그러다가 나는 강렬하게 살아 있음을 느끼는 하나의 내면 공간을 자각할지도 모릅니다. 만약 이 상황에서 허용을 통해 어떤 느낌이 온다면, 나는 전혀 손상당하지 않은 것은 물론이고 오히려 확장된 것입니다. 이것은 경우에 따라서는 놀라운 경험이자 깨달음입니다. 방어하지 않았는데 더 강해졌고 사수하지 않았는데 더 넓어진 경험입니다.

어떤 면에서는 손상당한 것처럼 보이고 철저히 무반응으로 머물러 있었지만 외부적으로만이 아니라 내부적으로도 실제로 어떤 것도 손상되지 않았다는 것을 알게 됩니다. 방어를 포기하고 공격을 허용하면 작아질 것이라고 생각했는데 정 반대로 더 커졌다는 것을 깨닫게 됩니다. 더 이상 자신을 방어하거나 마음이 만들어 낸 허구의 형상을 강화하려고 시도하지 않을 때, 우리는 자신의 형상과 동일시하는 상태, 즉 마음속 자기 이미지로부터 걸어 나올 수 있습니다. 에고의 측면에서 더 작아짐으로써 사실 성령의 생각이 더 넓어지며 진정한 존재인 실재가 앞으로 나올 공간을 만든 겁니다. 자기방어 포기, 상처받기 쉬운 상태, 공격에 대한 무반응… 이런 용어들에게 뭔가 억울하고 피해를 받는 느낌을 받는다면, 제대로 잘 이해한 겁니다. 바로 그 느낌이 상처받기 쉬운 느낌입니다. 이런 용어들만 보고 "수행이란 것이 그냥 당하고 참는 건가요?"라고 묻는 경우가 있습니다.

오해할 필요는 없습니다. 과일을 한 입 베어 물었는데 썩은 냄새와 맛이 풍기면, 수용한답시고 그것을 삼킬 필요는 없습니다. 욕설과 학대를 끝없이 참고, 자신이 무의식적인 사람들의 희생자가 되도록 내버려 두라는 의미가 아닙니다. 때로 상황에 따라 누군가에게 딱 잘라서 그만두라고 말할 필요가 있습니다. 에고의 방어 없이도 그럴 때는 우리가 하는 말에는 힘이 생깁니다. 필요하다면 누군가에게 확실하고 분명하게 "No"라고 말할 수 있습니다. 이런 것들은 썩은 과일을 먹지 않는 비유처럼, 그것을 경험하되 부정적인 감정으로부터 자유로운 상태입니다.

에고를 관찰하고 이해하고 "작업"해서 내려놓는 영적인 길은 우리가 사는 이 시대가 가치를 인정하고 그렇게 되는 것입니다. 자신의 내면을 관리하고 마음과 정신을 성령으로 정리하여 건강한 영-혼-육체가 되는 것입니다. 에고의 자기방어 포기를 잘 이해하고 적용할 때 우리는 참된 의미에서 승리할 수 있습니다. 하나님께서 "여호와의 말씀이니라. 너희를 향한 나의 생각을 내가 아나니 평안이요 재앙이 아니니라. 너희에게 미래와 희망을 주는 것이니라." (렘 29:11) 말씀하시는 것입니다.

에고의 자기방어를 포기하는 방식으로 우리는 전체성인 실재를 회복하게 됩니다. 성령으로 충만하여 마음이 평안하면 천하의 모든 하나님의 것이 내안에서 자신에게 흘러나옵니다. 신약 성경(눅 14:10-11)의 "청함을 받았을 때에 차라리 가서 끝자리에 앉으라. 그러면 너를 청한 자가 와서 너더러 벗이여 올라앉으라 하리니 그 때에야 함께 앉은 모든 사람 앞에서 영광이 있으리라 (11) 무릇 자기를 높이는 자는 낮아지고 자기를 낮추는 자는 높아지리라 끝자리에 앉아있으면, 주인이 와서 가장 높은 자리에 올라 앉으라고 할 것이다."라는 의미, 높이는 자는 낮아지고 낮추는 자는 높아질 것이라는 의미의 참 뜻입니다.

에고를 이해하고 약화시키는 영적 수행의 또 다른 측면은 자신을 드러내고, 돋보이고, 특별하게 보이고, 깊은 인상을 심어 주거나 주목을 집중시킴으로써 자기 존재감을 크게 만들려는 시도를 멈추는 일입니다. 자기방어의 반대적 측면 자기주장을 철회하는 것입니다. 이따금 모든 사람이 의견을 내세울 때 자신의 의견을 말하는 것을 자제하고, 그때 그것이 어떤 느낌인가를 관찰하는 것이 여기에 포함됩니다. 그럼 어떻게 해야 성령의 생각을 따라가는 사람이 될 수가 있겠습니까? 예수를 믿고 성령으로 세례를 받고 성령으로 기도하며 성령으로 충만해야 합니다. 자신 안에 형성된 무의식을 정리해야 합니다. 시간이 걸리는 문제입니다. 쉽게 말해서 새 생명으로 다시 태어나야 합니다.

1.예수를 믿어야 합니다. 예수를 믿고 성령으로 거듭나야 에고를 따르지 않게 됩니다. 하나님은 모든 크리스천들이 예수 안에서 새 생명으로 살아가기를 원하십니다. 새 생명으로 다시 태어나 하나님의 영광을 나타내며 살아가는 것이 하나님의 뜻입니다. 그런데 예수를 믿었는데 새 생명으로 살아가지 못하는 것일까요? 예수를 믿을 때 자신이 죽지 않았기 때문입니다. 예수를 믿고 성령으로 거듭났으면 이제부터 장례식 치르고 다시 산다고 생각하고 살아보기 바랍니다.

어떤 상황에도 어떤 사람 앞에서도 "나는 죽었습니다!" "나는 죽었습니다!" 노래하며 살아 보기 바랍니다. 시험될 일도 낙심할 일도 없습니다. 비로소 살아계신 부활의 주님으로 사는 역사를 체험하게 됩니다. 나는 예수 믿을 때 죽었습니다. "내가 그리스도와 함께 십자가에 못 박혔나니……." 성도는 예수님을 자신의 구주로 믿을 때, 우리의 옛 사람은 죽은 것입니다. 죄와 허물에 대해서 죽은 것입니다. 율법의 정죄에 대해서 죽은 것입니다.

그리기에 우리는 이제 새로운 피조물입니다. "그런즉 누구든지 그리스도 안에 있으면 새로운 피조물이라 이전 것은 지나갔으니 보라 새것이 되었도다(고후5:17)" 예수님을 구주로 믿고 죄와 허물로 죽었던 나는 이제 그리스도와 함께 새 생명으로 살아났습니다. 이제 우리는 진노의 자녀가 아닙니다. 이제 우리는 과거의 죄인이 아닙니다. 이제 우리는 하나님의 보배롭고 존귀한 자녀입니다. 옛 사람이 아니라, 그리스도 안에서 새로운 피조물입니다. 이것이 영적인 실제입니다. 우리는 이 영적인 사실(실제)를 받아들여야 합니다.

2. 성경말씀에 익숙해져야 합니다. 성령의 지배하에 성경을 많이 읽고 성경말씀에 익숙해져야 합니다. 이것이 기본입니다. 한 90 퍼센트 이상 분별력은 성경에서 나옵니다. 성경을 많이 읽어서 스펀지가 물을 흡수하는 것처럼 여러분의 생각과 머리가 성경으로 젖고 배어야 합니다. 필자가 성경을 열심히 읽을 때는 하루에 다섯 시간에서 일곱 시간을 매일, 여러 해를 읽었습니다.

성경은 몇 번 읽었느냐가 문제가 아니고 몇 시간을 읽었느냐가 중요합니다. 우리는 성경을 읽는데 시간을 투자해야 합니다. 말씀을 다 몰라도 성경을 문자적으로라도 알아야 합니다. 하나님의 말씀에 아주 익숙해져야 합니다.

그래야 분별력이 생겨서 에고를 따라가지 않습니다. 이 과정을 사람들이 무시하기 때문에 탈선하는 것입니다. 하나님의 음성을 잘 들으려면 성경 말씀으로 머리가 채색이 되어야 합니다. 이것이 하루아침에 되는 것은 아닙니다. 계시가 임하는 사람일수록 성경을 신물 날 정도로 봐야 합니다. 성경을 기준으로 주셨기 때문에 성경에 익숙해지지 않으면 영분별의 은사로는 절대 분별 못합니다. 영분별의 은사는 성경을 대체하는 것이 아닙니다. 성경이 주는 분별이 따로 있고, 영분별의 은사가 주는 분별이 따로 있는데 성경이 주는 분별의 기초 위에서 영분별의 은사가 있는 것이지 성경이 주는 분별이 없는 데서의 영분별의 은사는 어둠입니다. 그것은 절대로 못 믿습니다. 말씀에 반드시 익숙해져야 합니다.

3. 자기 생각을 죽여서 하나님 앞에 철저하게 겸손해져야 합니다. 자기 지혜가, 머리가 아무것도 아님을 알아야 합니다. 자기 판단력과 분별력을 도저히 신뢰할 수 없음을 인식해야 합니다. 주님이 자기의 전부가 되어야 하고 그래서 주님 앞에 자기 마음이 녹을 수밖에 없는 사람이 되어야 합니다. 그래서 전심으로 주님을 향할 수밖에 없고 전적으로 주님께 매달려 기도할 수밖에 없는 사람이 되어야 합니다. 이런 겸손이 없으면 주님의 음성을 정확하게 들을

수 없습니다. 이런 겸손이 없으면, 내 생각을 부정하지 않았기 때문에 내 생각이 살아나서 주님이 말하는 것처럼 하면서 다 자기 생각이 말하게 됩니다. 내 생각과 지혜와 판단력이 아무것도 아님을 깨달아서 이것을 부정하지 않으면 성경 읽고 깨닫는다 하면서도 실은 주님이 말씀하시는 것이 아니고 전부 자기 생각만 나옵니다. 그런데 설교자들은 그것이 주님의 음성인 줄로 착각합니다. 내 생각과 판단력을 완전히 부정해서 무(無)로 내려가지 않으면 꿈을 꿔도 환상을 봐도 내 생각이 꿈과 환상을 만들어냅니다. 자기를 완전히 불신해야 자기 생각이 죽어가지고 성경을 볼 때 자기 생각이 말하지 않고 하나님이 말씀하게 됩니다. 왜 이게 중요하냐 하면 생각이 무엇인지 알아야 합니다.

생각은 세 가지 중에 하나인데, 첫 번째는 내가 나한테 말하는 것입니다. 두 번째는 마귀가 나한테 속삭이는 것입니다. 마귀가 가룟 유다의 마음 속에 예수님을 팔려는 생각을 집어넣었잖아요. 세 번째는 하나님이 나에게 말씀하시는 것입니다. "성령이 오시면 그가 생각나게 하시리라"고 말씀하셨습니다. 성령이 내게 말하고 싶은 것이 있으면 내게 생각나게 하십니다. 거의 대부분 90퍼센트 이상의 성령의 음성은 마음의 생각으로 들립니다. 내 생각이 안 죽으면 하나님이 말씀하시는 것으로 위장해서 생각으로 말합니다. 내 생각이 완전히 죽어야 성경을 봐도 내가 성경에 대해서 말하는 것이 아니라 성령이 성경에 대해서 가르치는 것을 들을 수 있습니다.

그것이 진정한 말씀의 은사입니다. 진정한 말씀의 은사는 내 생각이 죽어야 오는 것입니다. 그러므로 겸손하지 않은 사람은 주님의 음성을 들을 수 없습니다. 겸손하지 않는 자는 늘 자기의 음성을 듣는 것입니다.

4. 성령으로 세례를 받아야 합니다. 하나님은 성도들이 성령으로 세례를 받아 영적으로 변하기를 소원하십니다. 성령으로 세례를 받아야 전인격이 하나님을 따를 수 있기 때문입니다. 지혜와 계시의 영이신 성령이 충만해야 합니다. 그래야 에고를 정리할 수가 있습니다. 목회자나 성도나 할 것 없이 성령의 불 받기를 사모합니다. 그러나 성령의 세례를 받아야 성령의 불로 세례를 체험할 수가 있습니다. 저의 개인적인 견해로는 성령의 세례가 없이 성령의 불세례를 받을 수가 없습니다. 성령의 불세례를 받으려면 먼저 성령의 세례를 체험해야 합니다. 성령의 세례를 받으려면 세례를 받을 수 있는 영육의 상태가 되어야 합니다. 성령의 세례를 받으려면 먼저 마음을 열어야 합니다. 성령은 사람의 영 안에서 역사하십니다. 영은 사람의 마음 안에 있습니다. 그래서 마음을 열어야 영 안에 계신 성령이 역사하는 것입니다. 성령이 역사해야 사람이 영적인 상태가 되는 것입니다. 영적인 상태가 되어야 하나님과 교통할 수가 있는 것입니다. 그러므로 우리는 회개의 세례인 물세례로 만족하지 않고 다음은 성령의 세례를 받아야 합니다.

세례요한은 "나는 너희로 회개하게 하기 위하여 물로 세례를 베풀거니와 내 뒤에 오시는 이는 나보다 능력이 많으시니 나는 그의 신을 들기도 감당하지 못하겠노라 그는 성령과 불로 너희에게 세례를 베푸실 것이요"(마 3:11)라고 말씀한대로 물세례를 받기 이전이든지 이후든지 성령의 세례를 반드시 받아야 합니다.

　어떤 성도들은 성령의 세례 받으면 물세례를 안 받아도 되느냐 묻는 사람이 있는데 그것은 잘못된 것입니다. 예수님께서도 세례요한에게 직접 물세례를 받았습니다. 세례를 행하므로 하나님께 의를 이루는 것임으로 성도는 물세례를 받아야 합니다. 그렇지만 물세례로 만족하지 말고 성령의 세례를 사모해야 합니다. 사모해야 성령으로 세례를 받을 수가 있습니다. 우리는 성경에 성령의 세례는 받으라는 명령이 없는 사실과, 한 번 성령의 세례를 받았던 사람이 다시 받았던 예도 없었던 사실을 통해, 성령의 세례가 하나님의 주권성과 단회성을 가지고 있음을 알게 됩니다.

5. 주님과 친밀해져야 합니다. 성령 안에서 주님과 깊이 교제하는 것입니다. 온몸집중기도 생활 통해서 마음의 정결함을 통해서 하나님의 얼굴을 구하는 것을 통해서 하나님께 가까이 나아가는 것을 통해서 하나님과 친밀해지는 것입니다. 주님께서 그 종 선지자들에게, 바꿔 말해서 친구들에게 비밀을 알리지 않고는 행하심이 없다고 말씀하셨습니다. 주님의 음성 듣는 것에 우리의 모든 성공과 실패가 달려있습니다. 앞으로 하나님께서 세우실 진정한 사도, 선지자, 복음 전하는 자, 목사, 교사의 특징은 주님의 음성을 정확하게 듣는 사람이라는 것입니다. 주님의 음성을 정확하게 듣고 사역할 때 사도, 선지자, 복음 전하는 자, 목사, 교사의 사역에 압승이 주어질 것입니다. 주님의 음성을 정확하게 듣고 일하게 될 때 성도 운동에서 쓰임 받는 사람들은 압승을 거두게 될 것입니다.

성도 한 명이 수천 명, 수만 명, 수십만 명, 심지어 수백만 명을 하나님께로 이끄는 일들이 있을 것입니다. 이와 같은 일이 여러분의 사업 분야에서도 이뤄져서 아주 압승을 거둘 것입니다. 성령의 역사로 물질을 얻는 능력이 역사할 것입니다. 그것을 대 부흥과 대 추수를 위해서, 열방과 도시와 뭇 영혼들을 위해서 하나님의 전으로 가져오게 될 것입니다.

하나님과 자신과 이웃과 성경을 사랑하고 성경에 익숙해져야 합니다. 성경으로 머리를, 두뇌를 마음을 채색해야 합니다. 하나님 앞에 철저하게 겸손해져서 자기 지혜와 판단력을 부정하고 생각이 죽어버려야 합니다. 그래야 성경을 읽을 때나 꿈을 꿀 때나 환상을 볼 때나 예언을 할 때 자기 생각이 섞이지 않습니다. 그래야 정확한 주님의 음성을 들을 수 있습니다. 지혜와 계시의 영이신 성령님을 구하여 세례 받고 충만 받으시기 바랍니다. 주님께서 얼굴을 가리면 주님의 음성을 들을 수 없습니다. 주님과 친밀해져야 주님의 음성을 들을 수 있습니다. 그래야 에고를 따라가지 않을 수가 있습니다. 에고는 자신이 죽어 없어져야 소멸이 됩니다. 이것이 마지막 때 우리가 주님의 영광을 위해서 쓰임 받을 수 있는 비결인 것입니다. 성령의 생각을 따라가 혼자서도 잘살기 위하여 성령으로 세례를 받고 성령의 불을 받으며 성령으로 충만 받으시기를 바랍니다.

성령 세례를 받고 성령의 불을 받으려면 온몸으로 기도해야 합니다. 온몸기도에 대해서는 **"성령으로 온몸기도 하는 법"**과 **"기도 쉽게 바르게 하는 방법"** 책을 참고하시기를 바랍니다.

7장 혼자서도 잘살려면 자립심이 필수이다.

(출 3:14)"하나님이 모세에게 이르시되 나는 스스로 있
는 자이니라 또 이르시되 너는 이스라엘 자손에게 이같이
이르기를 스스로 있는 자가 나를 너희에게 보내셨다 하라"

하나님은 자립심을 기르기 위하여 일정한 시가가 되면 부모에게
서 떨어지게 하십니다. 왜냐하면 하나님께서는 순종하는 하나님의
사람을 통하여 이 땅에 하나님의 나라를 건설하시기 때문입니다.
하나님의 사람을 통하여 하나님의 나라를 건설하려면 하나님의 뜻
과 마음과 하나님과 같은 담대함이 있어야 가능하기 때문에 하나
님께서 직접 훈련하시기 위하여 광야로 불러내시는 것입니다. 이
는 아브라함, 야곱, 요셉, 모세, 다윗 등을 통해 깨달을 수가 있습니
다. 하나님은 "하나님이 모세에게 이르시되 나는 스스로 있는 자이
니라 또 이르시되 너는 이스라엘 자손에게 이같이 이르기를 스스
로 있는 자가 나를 너희에게 보내셨다 하라."(출3:14). 모세가 사
십 년 동안 미디안 광야에서 도망자로 살고 있을 때, 하나님께서
호렙 산에서 모세를 불러, 애굽으로 돌아가 이스라엘 민족을 인도
해 나오라고 명하십니다. 이에 모세는 이스라엘 장로들이 자기를
보낸 하나님의 이름이 무엇이냐고 물으면 무엇이라고 대답해야 하
냐고 질문합니다. 이 질문에 대해 하나님께서 모세에게 주신 대답
이 "나는 스스로 있는 자이니라." 라는 말씀입니다.

구약 성경 중 가장 뜻깊은 구절 가운데 하나는 출 3:14절로써 이는 하나님께서 인간에게 당신의 성호를 친히 나타내신 구절입니다. 여기서 하나님은 당신 자신을 '스스로 있는 자'로 표현하십니다. 애굽에서 고통당하는 이스라엘 백성은 다신교 숭배가 만연한 애굽에서 430년을 지내는 동안 '우리를 이끌어 내겠다는 그 신의 이름이 무엇이냐'(출3:13절)고 물을 정도로 하나님을 알지 못하고 잡심들을 섬김으로 영적인 수준이 낮아졌습니다. 그래서 모세가 그들 앞에 서고 그들이 물을 때 '하나님을 어떻게 소개해야 합니까'라고 물은 것입니다. 이에 하나님은 '스스로 있는 자'(14절)라고 자신의 이름을 알려주십니다. '스스로 있는 자'를 히브리어로 직역하면 '나는 있는 자다' 또는 '나는 나인 존재다'라는 뜻입니다.

이는 영원부터 영원까지 언제나 존재하시는 하나님의 영원성과 아무 것에도 의존하지 않고 스스로 만물의 근원되시는 하나님의 절대성을 나타내는 표현입니다. 하나님 자신에 대한 소개는 하나님께서 인간의 모든 사고와 상상을 초월하여 존재하시며 인간 역사는 오직 당신의 뜻과 의지에 의해서만 움직여질 수 있다는 사실을 나타냅니다. 그 하나님께서 그들의 조상 아브라함, 이삭, 야곱을 인도했노라고 말씀하십니다(15절). 우리도 애굽 같은 세상에 살면서 자기 소견에 옳은 대로 행하느라 하나님이 어떤 분이신지 잊고 살 때가 많습니다. 그러나 하나님은 이런 우리에게 늘 말씀으로 찾아와 당신이 누구이며 어떤 분이신지를 알려주십니다. 그러므로 우리는 날마다 말씀을 묵상하며 하나님이 어떤 분이신지를 알아가는 것이 중요합니다.

'스스로 있는 자'이신 하나님께서 모세에게 애굽의 바로에게 가서 무엇을 행하고 말할지를 구체적으로 알려주십니다. 하나님은 이스라엘 자손의 조상에게 하신 약속대로 애굽의 고난에서 그들을 인도하여 '젖과 꿀이 흐르는 가나안 땅'으로 올라가게 하겠다고 말씀하십니다(출3:16~17절). 이 젖과 꿀이 흐르는 가나안 땅은 자연적으로 풍성한 결실의 땅일 뿐만 아니라 구원받은 성도들이 장차 들어가게 될 영원한 천국의 모형으로 모든 믿은 자들의 소망인 동시에 영원한 약속의 땅입니다.

하나님은 창조주로서 누군가가 그 이름을 지어줄 수 있는 분이 아니십니다. 누구의 도움도 필요가 없으신 분입니다. 그래서 그 이름이 있을 수 없는 분이기 때문에 "스스로 있는 자"라고 먼저 자신을 소개하신 것입니다. 말하자면, 당신은 누군가가 자신의 정체성 곧, 그 이름을 부여해서 존재하게 된 존재가 아니라, 스스로 존재하는 창조주라는 말씀을 하신 것입니다. 그렇지만, 이스라엘 백성들이 이해할 수 있도록 그들의 눈높이에 맞춰서 '아브라함, 이삭, 야곱의 하나님'이 너를 보냈다고 말하라 명하십니다. 그리고 이 이름으로 자신을 기억하라고 말씀하십니다.

하나님이 완성하신 천국 나라에는 오직 자신과 같은 심령을 닮은 사람들과 그에 준하는 만물들이 영원 무궁히 하나님과 함께 하게 됩니다. 그러므로 그의 형상을 닮은 자녀들로 태어난 사람들이 가장 최우선적으로 취하여야 할 것은 바로 하나님과 같은 기품, 곧 하나님의 뜻에 맞는 자녀들이 되어야만 비로소 사람의 영혼과 육신이 바라고 꿈꾸던 천국 같은 나라가 땅에서도 하늘에서도 완성될 수 있을 뿐입니다. 사람의 영육이 하나님과 같은 그러한 상태가 되지 않고 추악한 상태에 이르게 되면 결코 그 같은 천국이 땅과 하늘에서도 주어질 수 없다는 것을 깨달아야 합니다.

그래서 하나님은 때가 되면 불러내어 광야훈련을 시키시면서 하나님을 닮은 "스스로 있는자"로 하나님과 같이 독립심이 있는 사람으로 훈련을 시키시기 위해서입니다. 하나님 안에서 독립심을 기르기 위해서 광야로 불러내어 혹독한 시련을 통과하며 홀로설수 있는 자를 만드시는 것입니다. 자기관리를 못하는 사람은 광야에서 살아남지 못합니다. 하나님은 광야훈련을 통하여 자기를 관리하여 살아남은 사람을 통하여 세상에 하나님의 나라를 건설하십니다. 하나님은 자신의 육신도 내 것 아닌 성령의 전이라고 말씀하십니다. 하나님은 예수를 믿는 모든 사람들이 성령 안에서 독립하는 훈련을 하여 하나님을 닮은 사람이 되기를 원하십니다. 광야에서 하나님만 바라보면서 홀로서 도록 훈련하시는 것입니다. 독립하도록 하신다는 말입니다.

사람이 늘어 가면 갈수록 혼자가 되는 것입니다. 친구들도 앞서거니 뒤서거니 하면서 세상을 떠납니다. 부부도 앞서거니 뒤서거니 하면서 혼자가 됩니다. 자꾸 "스스로 있는 자" 홀로서는 자가 되어가는 것입니다. 그래서 하나님은 사랑하는 성도들을 광야로 불러내어 독립훈련 "스스로 있는 자" 홀로서는 훈련을 시키시는 것입니다. 이는 세상 연구에서 밝혀진 것입니다. 65세 이상 노인들은 삶의 질을 결정하는 핵심 요인으로 일상 활동에서의 원활한 독립적으로 수행하며 스스로가 느끼는 주관적 건강상태를 가장 중요한 요소로 꼽는 것으로 나타났다고 합니다. "스스로 있는 자"로 독립할 수 있는 분들이 건강하게 장수한다는 것입니다.

전홍준 건국대병원 정신건강의학과 교수 연구팀은 질병관리본부의 국민건강영양조사 자료를 활용해 65세 이상 노인 4,317명을 대상으로 조사한 결과 "일상 활동의 독립적 수행"이라는 결론을 도출했다고 2023년 9월 11일 밝혔습니다. 연구팀은 건강과 관련된 삶의 질을 평가하는 평가도구 'EQ-5D'를 사용했습니다. 이 평가도구는 운동, 자기관리, 일상 활동, 통증과 불편 감, 우울과 불안 등 5가지 요소로 구성됐다고 합니다. 연구팀은 EQ-5D의 각 요소를 네트워크 분석방식으로 분석했습니다. 그 결과 노인의 삶의 질을 평가하는 가장 핵심 요소는 "일상 활동의 독립적 수행"으로 꼽혔습니다. 네트워크 분석은 각 요소를 '노드'라고 정한 뒤 노드들 간의 연결망에서 어떤 요소가 가장 중심 되는 요인인지를 평가하는 방식입니다. 분석 결과 일상 활동이 가장 중심성이 높은 노드로 나타났습니다.

연구팀이 각 노드들 간의 연결 상태를 분석한 결과 삶의 질에 영향을 미치는 다양한 외부 요인 중 '스스로가 느끼는 주관적 건강상태'가 가장 큰 영향력을 미치는 것으로 나타났다고 합니다. 자신의 건강상태에 대한 스스로의 평가가 고혈압이나 당뇨 등 만성질환의 수, 경제적 수준, 교육 수준, 음주나 흡연, 운동, 스트레스 등보다 삶의 질에 더 큰 영향을 미친다는 것입니다.

전 교수는 "이번 연구 결과는 노인의 삶의 다른 요소들이 일상 활동의 독립적 수행이 얼마나 원활한가에 영향을 많이 받는다는 것을 의미한다."며 "노인이 일상생활을 스스로 수행할 수 있도록 돕는 것이 전체적인 삶의 질을 향상시키는 가장 효율적인 방법이라는 점을 시사한다."고 설명했습니다. 연구 결과는 국제학술지 '영국왕립정신의학회지' 8월호에 게재됐습니다.

이를 세부적으로 분리하여 설명하면 이렇습니다. 나이가 많을수록 다른 사람의 잔소리나 도움이 없이 "스스로 있는 자"로 독립하며 자기관리를 할 수 있어야 건강하게 살아갈 수가 있다는 것입니다. 스스로 걸어 다니면서 운동을 해야 건강하게 지낼 수가 있습니다. 어떤 사람들을 보면 혼자서는 밖에도 나가지 못하는 의존적인 사람이 있습니다. 이런 유형의 사람들은 빨리 혼자서도 밖에 나가서 걸으면서 지내는 훈련을 해야 건강하게 독립할 수가 있다는 것입니다. 이는 누가 알려주어서가 아니라 자기 자신 스스로 깨닫고 행동하려고 해야 합니다. 스스로 자기관리하며 독립하는 것이 무엇보다도 중요합니다. 어떤 분들은 사지가 멀쩡하고 걸어 다니는데 아무런 문제가 없는데 병원이나 시장이나 미장원이나 이발소나 가려면 꼭 보호자를 대동하고 가야 마음이 놓이는 분들이 있습니다. 지금부터라도 혼자 다니면서 해결하는 습관을 길러야 생활면에서 독립할 수가 있습니다.

스스로 자기관리하지 못하는 분들이 어떻게 자신의 건강상태에 대한 스스로 평가할 수가 있겠습니까? 자신의 건강을 자신이 책임을 져야 합니다. 누구도 자기 건강을 책임져 줄 수가 없는 것입니다. 자신이 자신의 건강상태를 알고 스스로 돌보아야 합니다. "하늘은 스스로 돕는 자를 돕는다."고 했습니다. 자기가 스스로 있는 자가 되려고 해야 홀로서서 건강하게 지낼 수가 있다는 것입니다. 자신이 스스로 있는 자가 되려고 하지 않으면 하나님도 주변 사람들도 어찌할 수가 없는 것입니다. 필자는 65세 이상 된 분들이 일을 하면 이제 그만 쉬세요. 하는 자녀들이 있는데 이는 그만 사세요. 그만 재산 상속하고 그만죽으세요. 하는 말과 같다고 생각합니다. 일을 스스로 계속 할 수 있도록 응원하고 도와야 합니다. 그래야 그분이 "스스로 있는 자"가 되어 건강하게 삶을 살아갈 수가 있는 것입니다. 손과 발을 움직이며 일을 할 수 있을 때까지 하도록 해야합니다.

매사를 스스로 하는 습관을 들여야 합니다. 어떤 사람들은 자신이 충분하게 할 수 있는 일인데 주변 다른 약한 사람에게 시키면서 잘못하면 소리를 지르고 질책을 하면서 괴롭히는 사람이 있습니다. 이런 사람은 어떤 일을 당한 다면 스스로 할 수 없는 사람이 됩니다. 다시 말해서 시키기는 잘하는데 스스로 하지는 못한다는 것입니다. 필자가 군대에 있을 때 보면 시키기는 잘하는데 스스로 일을 할 수가 없으니 전역해도 반건달이 되어 주변사람에게 덕이 되지 못하고 피해만 끼치면서 잠만 되어 사라가는 분들이 됩니다. 스스로 일을 잘하는 사람을 "맥가이버" 라고 합니다. "어디서든 무엇이든 척척 해내는" 사람이 되어야 세상을 살아갈 수가 있습니다. 자신이 할 수 있는 일은 자신이 스스로 하는 습관이 중요합니다. 이는 어려서부터 습관이 되어야 합니다.

하나님을 반역한 마귀 같은 자들은 이와는 정반대로 남들이 나에게 최선을 다하여야만 자신도 남들에게 그럴 수 있다고 요구할 뿐, 하나님처럼 먼저 솔선수범해 보이지 않습니다. 즉 '스스로 있는 자'가 되려 하지 않고 '남들이 잘해 주어여만 자신도 남들에게 잘할 수 있다.'고 합니다. 하나님(예수님)처럼 자기 자신이 먼저 '스스로 있는 자'가 되어야 합니다. 어느 누구로부터 먼저 칙사 대접받아야만 자신도 그 같은 칙사 대접으로 가족들과 이웃들과 나라 국민들을 대접하겠다는 속임수를 버리고, 다만 하나님을 믿는 믿음으로 자신이 솔선수범하여 '스스로 있는 자'가 되어야 합니다. 즉 자기 자신이 먼저 하나님의 자녀로 대접을 받았으니 마땅히 자기 자신도 하나님과 이웃들을 대접하는 일로 보답하여야 합니다.

중년이나 노년에 혼자 된 남성은 불쌍합니다. 필자가 70에 홀아비가 되어보니 절실하게 느낍니다. 뭐 하나 스스로 할 수 있는 것이 별로 없었기 때문입니다. 밥하고 빨래하고 청소하는 것까지는 그렇다고 칩시다. 자신의 옷가지 하나 제대로 챙겨 입을 줄 모르는 사람도 숱할 것입니다. 그러니 혼자되는 것을 견딜 수 없습니다. 아직 아이들이 어린 경우 그들을 뒷바라지하는 일도 막막하고, 아이들이 이미 출가했더라도 아들·며느리를 계속 불러들일 수 없는 노릇입니다. 홀로 된 남성이 삶의 새 희망을 찾기는커녕 기력마저 찾기 어려운 처지에 빠지는 것은 순식간의 일입니다.

자~ 지금부터 살림살이를 아내에게만 맡기지 말자는 것입니다. 결혼 당시부터 부부가 공동으로 의식주를 해결하는 것입니다. 남편들은 청소와 설거지 돕는 일부터 시작해 하나하나 익혀 가면 됩니다. 특히 전기밥솥·인덕션·김치냉장고·전자레인지·진공청소기·세탁기 등 가전제품의 작동법을 배워 두면 유용합니다. 빨래도 스스로 할 수가 있어야 합니다. 가정 살림하는 이것저것을 배우고 부인과 함께하는 습관이 중요합니다. 중년 남성들은 무엇부터 먼저 숙달할지 본인을 위해서 결정하고 실행해야 합니다.

밥을 짓고 간단한 반찬을 장만하는 방법을 젊어서 배우자는 것입니다. 요즘 반찬 가게에 가면 김치·젓갈·국은 물론 온갖 포장된 반찬을 사다 먹을 수가 있습니다. 찌개도 물을 부어 끓인 다음 함께 포장된 양념을 털어 넣으면 되도록 상품화돼 있으니 굳이 요리법까지 익힐 필요는 없을 것입니다. 밥도 컵 밥이 있습니다. 전자레인지 돌리는 법만 읽히면 식사는 스스로 해결할 수가 있습니다. 이 정도가 되면 다음은 본인의 취미와 능력에 따라 아내 이상의 수준으로 높일 수 있습니다. 세탁기 돌리는 법을 읽혀서 빨래 등 다른 집안일도 그렇게 익혀 가야 합니다. 공과금 내는 것도 스스로 해볼 필요가 있습니다. 요즘은 온라인 뱅킹이 자리 잡은 만큼 한두 번만 해 보면 다음부터는 무난하게 일을 처리할 수 있습니다.

물론 이는 "스스로 있는 자"가 되고 홀로서기의 방편입니다. 그러나 아내가 옆에 있더라도 이를 배우고 익혀 솔선수범해 보라는 것입니다. 당장 부부 금실부터 달라질 것입니다. 우선 아내가 외출해 늦거나 여행을 가고 없어도 두렵지 않습니다. 아내는 그런 남편에게 얼마나 잘하겠습니까? 아내와 남편의 역할을 놓고 이해를 나누다 보면 이런 이점도 있습니다. 지금 좋고, 나중에도 편리하고…. 남녀 공히 생리적인 문제를 스스로 해결할 수 있는 방도를 찾으라는 것입니다. 남자나 여자나 모두 생리적인 문제로 인하여 질병(우울증·전립선문제)이 발생하기도 하기 때문입니다.

노년에 준비해둔 재산도 없고 건강하지도 못하면 가족에게 버림받고 쓸쓸한 노후를 보낼 수 있다는 생각을 해야 합니다. 혼자서도 생활할 수 있는 돈이 있어야 홀로서기를 할 수가 있습니다. 전통적 효의 가치관을 굳게 믿고 준비하지 않거나 정부의 노인복지대책만 믿고 있다가는 노인거지가 되기 십상입니다. 30~50대에 어떻게 준비할 것인가에 대한 해답은 바로 여기에 있습니다. 젊어서부터 노후를 즐길 수 있는 재산을 만들어야 하는 것입니다.

돈을 버는 일은 중년의 생애에서 대단히 중요합니다. 재정적 독립은 중년 이후 자존심의 원천이며 사회 구성원들 사이에서 인정받는 것은 물론 좋은 관계를 형성해 나갈 수 있는 기본이 됩니다. '스스로 있는 자' 홀로 서며 살기를 위해 가장 먼저 필요한 것은 노후 생활자금 마련입니다. 최근 많은 사람이 금융기관의 연금신탁이나 보험에 가입해 은퇴 이후를 대비합니다. 주택연금이라는 것도 생각해볼 수가 있습니다. 자녀들이 노후를 책임져줄 수가 없습니다. 다들 자기 살아가기가 버겁기 때문입니다.

　요즈음 자녀들이 부모를 대상으로 유산 상속 소송했다는 말도 매스컴에서 종종 들립니다. 노후 생활하기가 버거우므로 좀 더 여유가 있을 때 안정적 재테크를 통해 자산을 관리하는 것이 적극적인 노후 준비가 될 것입니다. 자산의 증식에 지나친 관심을 갖다 보면 가장 중요한 안정적 자산관리를 소홀히 해 회복 불능의 상태로 비참한 노후를 맞을 수 있기 때문입니다.

　필자는 장남입니다. 그래서 아버님이 중병에 걸려서 초등학교 3학년 때부터 아버지 병수발을 했습니다. 지긋지긋하게 가난하여 밥을 굶는 것을 먹는 것과 같이 살았습니다. 지금 생각하면 왜 산골인 외가 옆에 집을 지어 살았는지 이해가 되지 않습니다. 도시에서 터를 잡았더라면 필자가 여러 일을 해서라도 그렇게 굶으면서 살지는 않았을 것입니다. 필자의 어머니는 부자 집 큰딸이라 돈을 쓸 줄만 알았지 벌 줄을 모르는 분이었습니다. 필자가 자연스럽게 집안의 모든 잔심부름을 하면서 자랐습니다. 면사무소에 구호양곡을 타러 다니고, 보건소에서 주는 약을 타러 ○○이라는 곳에서 삼례까지 갔습니다. 차비도 주지 않고 갔다가 오라고 하니, 그냥 순종하고 공차(당시기차)를 타고 갔습니다. 한번은 공차를 타고 오다가 차장에게 걸려서 중간 역전에서 내려서 역원에게 벌을 받고 청소를 해주고 풀려나서 기차가 없어서 집까지 50리(20KM)를 걸어서 밤 11시가 넘어서 집에 왔습니다. 아버지가 저를 붙들고 미안하다고 하시면서 우셨습니다.

필자는 이렇게 어렸을 때부터 독립훈련을 많이 받았습니다. 아버지가 돌아가시고 17살에 가장이 되었습니다. 학교를 다니면서 틈틈이 일해서 식구들을 먹여 살려야 했습니다. 지금 와서 생각하니 하나님께서 어려서부터 "스스로 있는 자" 즉, 독립하는 훈련을 시키셨다는 것입니다. 그래서 지금 독립하며 잘 지내고 있는 것입니다. 독립심은 어려서부터 길러야 한다는 것입니다. 시간이 흐름에 따라 아이들은 무엇인가를 스스로 해결하고자 하는 독립심을 갖게 됩니다. 그런데 부모의 통제적인 양육 방식은 아이들의 독립심 향상에 장애물이 되며, 처음에는 스스로 하려고 시도하던 아이들도 점차 부모가 대신 해주는 것에 익숙해질 수 있습니다.

그리고 이런 아이들은 성인이 되어서도 독립심이 부족하고 부모에게 의존적일 가능성이 큽니다. 때문에 지금부터 올바른 초등교육으로 아이들이 독립심을 기를 수 있도록 도움을 줘야 합니다. 아이들의 독립심을 기르기 위해서 이렇게 해보시기를 바랍니다.

칭찬은 아이의 독립심을 높이는 대표적인 초등교육 방법입니다. 아이가 성장해가며 본격적인 단체생활이 시작되고 공부에 대한 학습이 시작되면서 부모는 칭찬에 인색해지기 쉬운데요, 부모에게서 칭찬을 받은 아이는 스스로의 행동과 결과에 대해 자신감을 갖고 비슷한 상황이 다시 찾아왔을 때 스스로 해결할 수 있는 힘을 지니게 됩니다. 따라서 평소 다른 아이와 비교하기보다는 아이의 행동이나 생각 자체를 칭찬해줄 필요가 있습니다.

아이는 모든 것에 대해 기준이 명확하지 않기 때문에 과자 하나를 사더라도 어떤 것을 고를 지 한참 고민하는 경우가 많은데요. 답답한 마음에 그냥 아무거나 먹으라고 하거나 부모가 직접 과자를 고르는 행동은 아이의 독립심 향상에 방해가 될 수 있습니다. 때문에 작은 것부터 스스로 기준을 세워 선택할 수 있는 권한을 주는 초등교육 훈련이 필요하며, 자신의 선택에 대한 책임 또한 자신에게 있다는 것을 알게 할 필요가 있습니다.

자녀에게 스스로 할 수 있는 작은 임무를 주라는 것입니다. 집안 일을 같이하는 등 아이에게 작은 임무를 주는 것은 아이의 독립심을 키우는 데 큰 도움이 초등교육 방법입니다. 간단한 빨랫감을 함께 개거나 밥상을 차릴 때 아이가 반찬을 옮기고 수저를 놓는 것을 스스로 하게 두는 것도 좋은 방법이 될 수 있습니다.

부모가 명령형으로 말하면 아이는 위압감을 갖게 될 수 있습니다. 아이가 스스로 행동을 하다가 실수를 한다면 "그렇게 하면 안 돼. 이렇게 해야지."라고 말하기보다 "잘했는데, 이렇게 하면 더 좋을 것 같아."라고 표현해주세요. 권유하는 표현을 사용하면 아이의 자존감을 낮추지 않고 자연스럽게 독립심을 키울 수 있답니다. 독립심을 키워준다고 무조건 방치하는 것은 올바른 초등교육법이 아닙니다. 독립심을 올바르게 키워주기 위해서는 아이가 어떤 행동을 하고 있을 때 엄마가 한 발짝 물러나 지켜 봐주다가 도움이 필요하다 싶으면 다가서서 도와주는 것이 좋습니다. 이런 과정이 반복되면서 아이는 부모에 대한 믿음이 생기고 동시에 독립심도 키울 수 있습니다.

어려서부터 독립심을 길러야 합니다. 미국은 갓 태어난 아기를 아기방 아기침대에서 따로 재우는 것을 당연하게 여겨 왔습니다. 어린 아이들을 따로 재우는 이유는 아이의 독립심을 기르기 위해서라고 합니다. 미국에서는 학교도 아이들에게 혼자 힘으로 연습할 수 있는 기회를 수없이 제공합니다. 미국 학교의 학예회나 작품 전시회에 가보면 우리 눈에는 너무나 장난 같은 작품들이 버젓이 발표되는 것도 이 때문입니다. 이 시기는 결과보다 과정을 배우는 시기이기 때문에 어른의 도움이 들어가 완성도가 높아진 작품보다는 아이들의 수준에서 서투른 노력이 엿보이는 작품들이 더 당당하게 여겨집니다.

우리 부모들도 아이에게 독립심을 길러 주길 원합니다. 그러나 과정이 중요한 때조차도 결과에 집착합니다. 과외에 바쁜 아이들을 위해 부모가 인터넷을 뒤지며 숙제를 해주고, 심지어 봉사활동도 대신 해줍니다. 초등학생들의 과제물은 부모님들의 실력겨루기 경연이 된지 이미 오래입니다. 이렇게 혼자 힘으로 연습하는 과정을 거치지 않고 자라난 아이들이 갑자기 자립하기란 쉽지 않습니다. 러시아의 심리학자 비고스키는 교육에서 부모의 역할을 강조했습니다. 비고스키에 따르면 아이들이 혼자서는 문제를 해결하지는 못하지만 거의 해결하기 일보 직전까지 와 있을 때가 있습니다. 이때 부모가 약간의 힌트만을 주면 아이는 문제를 해결할 수 있고 다음에는 혼자서도 문제해결이 가능해진다고 합니다. 이 때 아이가 도약할 수 있도록 발판을 만들어 주는 것이 어른의 역할입니다. 아이를 대신하여 요리를 해주기보다 마지막의 한 방울로 아이의 요리를 완성시키는 참기름과 같은 존재가 부모의 역할이 아닐까요? 독립심을 길러주려면 스스로 생각하고 배우며 행동하도록 도와만 주어야 합니다. 과보호는 나약하고 의존적인 인간을 만듭니다. 아이들을 지나치게 사랑한 나머지 아이들이 원하는 것이 있으면 무엇이든지 충족시켜 주고 있습니다. 이미 기성세대들은 경제적으로 궁핍했던 시절이였기에 풍족함이 그때는 자신감의 표상이요, 꿈을 꿀 수 있는 재료이기도 했었습니다.

또는 아이들을 보호한다는 구실로 아이들의 행동을 일일이 간섭하고 통제를 하게 됩니다. 의존적 성격은 결코 선천적이 아니며 어린 시절에 어떤 교육을 받았느냐에 따라서 결정된다고 합니다. 아이들은 4-5살 때에 독립심이 왕성하게 싹트기 시작한다고 합니다. 물론 이때의 독립심은 혼자 살 수 있는 것을 의미하는 것이 아니고, 부모에게 의존해야 할 수 있었던 일들 즉, 일어나 걷기부터… 혼자서 밥 먹기… 대소변 가리기… 옷 입기 등등을 스스로 해보는 것을 의미합니다. 이때는 잘하는 것이 목적이 아니기 때문에 자녀가 스스로 하도록 기회를 주는 것입니다.

그리고 혼자 해냈다는 경험이 중요하므로 잘못했다고 야단치거나 똑바로 하라고 충고는 하지 말아야 도전에 대한 두려움이 생기지 않습니다. 아이들은 어려운 일을 혼자 해냈을 때 자신감이 생기고 독립심이 크게 강화되는 것입니다. 누구나 넘어지면서 일어서는 법을 배우고 다치면서 조심하는 법을 배우는 과정을 거치면서 육체적으로나 정신적으로 건전하게 성장할 수 있습니다.

2부 건강 적으로 혼자서도 잘사는 법

8장 온몸이 건강해야 혼자서도 잘산다.

(잠 4:22) "그것은 얻는 자에게 생명이 되며 그의 온 육
체의 건강이 됨이니라."

온몸이 건강하지 못하면 절대로 혼자서도 잘 지낼 수가 없습니다. 온몸이 건강해야 한다는 말입니다. 병원에 가면 벽에 이런 액자가 걸려 있습니다. "돈을 잃으면 조금 잃은 것이요, 명예를 잃으면 많이 잃은 것이요, 건강을 잃으면 모든 것을 잃는 것이다." 라고 말입니다. 그만큼 건강이 중요하다는 뜻입니다. 하나님의 소원도 모든 성도들이 무병하며 120살까지 장수하는 것입니다.

오늘의 말씀을 요약하면 하나님의 말씀을 주의 깊게 듣고 마음 속에 지키게 되면 그것이 생명이 되고 그 말씀을 받는 자의 온 육체가 건강하게 된다는 말씀입니다. 그래서 말씀을 받아서 잘 지키는 일을 담당하는 역할을 하는 마음을 잘 지켜야 한다고 했습니다. 왜냐하면 마음에서부터 모든 것이 나오기 때문입니다. 사람으로 살아가면서 누리는 모든 것은 결국에는 마음에서부터 나오기 때문입니다.

예수님은 마음에서 나오는 모든 것은 악한 생각과 음란과…. 라고 했습니다. 돈도 마음에서 나옵니다. 지식도 마음에서 나옵니다. 성공도 마음에서 나옵니다. 건강도 마음에서 나옵니다. 믿음도 마

음에서부터 나옵니다. 혼자사도 잘살아가는 것도 마음에서 나옵니다. 그 외에도 온갖 좋은 것들이 다 마음에서부터 나옵니다. 반대로 나쁜 것들도 다 마음에서 나옵니다. 가난과 실패와 질병과 사고와 슬픔과 불행과 온갖 나쁘고 고통스러운 것들도 다 마음에서 나옵니다. 단도직입적으로 말하면 여러분이 지금 누리고 경험하고 있는 모든 것은 여러분의 마음에서부터 나온 것입니다. 여러분이 기쁘고 행복합니까? 그렇다면 그것은 여러분의 마음에서 나온 것입니다. 부요하고 형통하고 건강하십니까? 그것도 여러분의 마음에서 나온 것입니다. 아니면 가난하고 슬프고 우울하고 불행하고 사는 것이 힘들고 죽을 맛입니까? 그것도 여러분의 마음에서 나오는 것입니다. 일상생활을 독립적으로 수행하려고 생각하는 것도 마음에서 나오는 것입니다.

우리는 그리스도 안에 거듭난 새로운 피조물이며 진리의 성령의 가르침과 생각나게 하심을 받고 있는 그리스도인입니다. 혼자서도 잘 살려면 무엇보다도 온몸이 건강해야 합니다. 건강하지 못하면 혼자서 잘 살아갈 수가 없습니다. 우리 몸이 건강하지 못하면 혼자서 살아가기가 어렵습니다. 다른 사람에게 의존하여 살아갈 수밖에 없는 것입니다. 각자 집에서 기르는 애완동물을 생각하여 보시기를 바랍니다. 스스로 먹이를 먹지 못하면 죽지만 사람이 돌보면 살지 않습니까? 사람도 마찬가지입니다. 스스로 먹지 못하고 움직이지 못하면 다른 사람의 돌봄을 받아야 살수가 있는 것입니다.

쾌적한 환경에서 건강한 생활 습관을 가지는 것이 건강관리에서 가장 중요합니다. 이러한 건강을 이루는 3요소들을 환경 요인(자연 환경, 생활환경), 유전적 요인과 생활 습관으로 꼽을 수 있습니다. 그중에서도 우리들 스스로가 가장 각별히 신경 써야 할 부분은 생활습관이 아닐까요? 유전적 요인이나 환경 자체는 자신이 어떻게 하기 힘든 문제이지만 생활 습관은 자신이 노력하면 얼마든지 개선할 수 있기 때문입니다.

많은 질병에 있어서 유전적 요인이 결정적인 인자로 작용하긴 하지만, 설령 유전적인 요인을 안고 태어난 사람이라도 노력과 의지로 좋은 습관을 들이면 각종 질병에 걸릴 확률을 최대한 낮출 수 있습니다. 우리가 예수님을 믿으면 예수로 죽고 다시사신 예수님으로 태어나 예수님의 인생을 사는 것입니다. 유전적인 요인은 성령의 역사로 바뀌는 것입니다. 그러니까 마음가짐도 절제를 바탕으로 최대한 긍정적으로, 유연성 있게 처신하도록 해야 합니다.

지나치게 체력을 낭비하면서 몸을 챙기지 않는 짓을 삼가는 것도 중요하며, 특히 충분한 수면 시간이 있어야 건강에게 뒤통수를 후려 맞지 않을 확률이 올라가게 됩니다. 특히 한국 사회는 사당오락을 신봉하는 것에서 알 수 있듯 잠을 혐오하는 대표적 사회이며, 이 때문에 수면의 중요성이 쉽게 무시당하곤 합니다. 그러나 수면 문제는 건강에 있어 식습관 이상으로 중요한 요소인데, 일단 대장암 등 주요 암이 수면 문제와 큰 연관성을 가진 것으로 알려져 있으며, 불면증 등의 수면장애를 앓는 사람은 잠이 오지 않을 때 수면제 및 술에 의존하기 쉬워지므로 약물 중독과 알코올 의존 증 같이 무서운 중독에 쉽게 노출됩니다. 또한 수면장애는 필연적으로 스트레스를 유발하며 이는 정신병과도 직결됩니다.

건강의 유지는 자기 자신과의 싸움이기도 합니다. 당장 해로운 습관을 가지고 있다 해서 바로 질병에 걸리는 경우는 거의 없습니다. 20대가 거리낌 없이 폭음을 하고, 담배를 마구 태워대도 30대에 폐암, 위암 등 죽을 병에 걸리는 경우는 거의 없습니다. 몇 년 정도 과로를 한다 해서 사람이 바로 죽거나 죽을 병에 걸리지는 않으며, 술과 폭식을 즐기는 비만 환자라도 바로 내일모레 성인병에 걸려 돌연사하지는 않습니다. 사람의 몸은 의외로 튼튼하고 항상성을 유지하려는 성질을 가지고 있어 안 좋은 짓 좀 한다고 바로 몸에 큰 티가 안 납니다.

그러나 이것이 수년 이상 쌓이기 시작하면, 특히 20대가 지나 회복력이 꺾이기 시작하면 엄청나게 위험해집니다. 좋지 못한 생활 습관은 몸의 회복력을 지속적으로 깎아내리며, 이것이 점차 누적되며 결국 돌이킬 수 없는 지경에 이르게 됩니다. 가령 당뇨나 통풍 같은 경우 일단 발현되면 끝장입니다. 콩팥이 망가지면 평생 투석기 달고 죽을 때까지 살아야 합니다. 물론 그때라도 몸 관리를 시작하면 증상이야 완화되겠지만 평생 약을 먹어야 하는 신세가 됩니다. 이렇듯 좋지 못한 습관으로 인해 누적된 것을 몸이 더이상 버티지 못하면 바로 몸은 주저앉고 이는 돌이킬 수 없습니다. 심하면 사망하게 됩니다. 흔히 "30~50대에 밤잠을 설 처가며 고생하며 돈~돈~돈~하면서 돈에 마음을 빼앗겨 살면서 돈을 벌어서 좀 살만해졌다 싶더니 병들어 얼마 못 살고 죽더라."가 바로 그런 케이스로, 젊을 때 고생하면서 자기관리로 휴식, 식습관, 수면 등 모든 것을 못 챙긴 여파가 한꺼번에 들이닥쳐 중년이 되자마자 사망하는 것입니다. 자기 건강관리를 잘해야 건강하고 행복하게 후회 없이 장수하는 것입니다.

당장 강철과 금속으로 만들어진 튼튼한 기계만 해도 수년 동안 아무 관리도 하지 않으면 망가집니다. 당연하지만 사람 몸은 기계보다 연약합니다. 건강에 좋은 습관을 풀이하자면 정기적으로 기계를 닦고 조이며 기름치는 것과 같다고 볼 수 있습니다. 하지만 나쁜 습관으로 인한 건강의 악영향이 늦게 발현되듯 좋은 습관으로 인한 건강 개선도 느리고 완만한 상승세를 보입니다. 10대에 관리한 건강은 20대에 나타나고, 20대에 관리한 건강은 30대에 나타난다고 볼 수 있습니다. 건강이 주는 공감적인 문제가 살짝 있는데, 평소 건강하던 사람이 병에 걸리면 치료되는 속도는 빠릅니다. 그러나 그걸 타인에게 전염시켰거나, 같은 병에 걸린 사람을 보게 되면 자신의 경우와 겹쳐보면서 그 병의 증상이 어느 정도인지 상관없이 과거의 자신을 기준으로 삼아서 공감을 못하는 경우가 있습니다.

○ 건강의 필수요소들은 이렇습니다. 양호한 환경, 정기 건강검진, 적절한 식사와 운동, 충분한 수면, 절주와 금연, 체중조절, 편안한 심리 상태, 위험한 스포츠나 행동 자제, 적절한 체온 유지와 두뇌 활동, 건전하고 깨끗한 성생활(자위 포함), 건전한 스트레스 해소, 젊음, 깨끗한 공기 등입니다. 물론 이 모든 조건을 갖추는 건 현실적으로 불가능합니다. 이미 늙은 사람의 경우 젊어지는 건 불가능하며, 깨끗한 공기를 마시는 건 매연과 미세먼지로 오염된 도시에서는 마스크를 써도 해결이 안 되며, 이미 술과 담배를 하는 사람은 절주와 금연이 매우 어렵고, 하루 30분씩 운동하는 사람도 드

물며 시간이 없어서 못하는 사람도 많습니다. 그러니 건강해지기 위해서라면 여기 있는 모두를 이룰 생각은 과욕이라 생각하고 이룰 수 있는 것만 지켜나가도 됩니다.

1.육체건강관리: WHO와 같이 보건관련기구에서는 건강이라는 카테고리 안에 정신과 신체는 물론 사회적 상황까지 포함하는 경우가 많지만, 일반적으로 "건강관리"라 하면 신체적 건강만을 가리키는 경우가 많습니다.

신체의 관리는 모든 관리의 기본입니다. 몸이 건강해야 각종 작업을 수행할 수 있는 것은 물론이거니와, 신체의 건강이 곧 정신의 건강으로도 이어지기 때문입니다. 몸이 건강하지 않으면 저절로 우울해지며 자신감이 감소하고, 웃음이 줄어들게 됩니다. 몸이 힘들면 마음도 당연히 힘들어집니다. 반대로 신체가 건강해지면 사람이 밝아지고 생기가 돌게 됩니다. 생각도 부정적인 방향보다는 긍정적인 방향으로 옮겨가게 됩니다. 또한, 규칙적인 운동과 체중관리는 건강 뿐만아니라, 외모관리의 일환이기도 합니다. 운동을 하면 여유가 생기고 대인관계나 자신의 삶에 자신감이 생기기 마련입니다. 따라서 규칙적인 건강관리는 자신의 건강을 향한 욕구를 충족시키는 동시에 정신적으로도 행복하게 만듭니다. 명심해야 합니다. 명예나 돈은 잃어도 회복할 수 있지만 건강을 잃으면 모든 것을 잃게 되는 것입니다. 나이에 상관없이 건강을 위해 지켜야할 3대 생활수칙은 다음과 같습니다.

① 적절한 수면시간 유지: 바쁘게 사는 현대 사회에서 과학에 무

지한 사람들이 잠을 자는 것을 나태와 연결 짓는 경우가 있지만, 잠을 자는 것은 신체는 물론, 정신적인 건강을 위해서도 필수적인 요소입니다. 보건기구의 방침에 따르면 성인남녀는 7~8시간 정도의 수면시간을 확보하는 것이 중요하며, 청소년의 경우 그 이상의 수면시간이 요구된다고 합니다. 특히, 성인과 수면패턴이 다르기 때문에 아침잠을 자는 것은 청소년의 매우 기본적인 청소년의 수면패턴이므로 이를 지켜주는 것이 뇌 발달과 정신건강을 위해 중요하다는 연구결과가 있습니다. 교육청이 할 일이 없어서 중고등학교의 등교시간을 뒤로 미룬 것이 아닙니다.

② 규칙적인 운동과 적정 체중유지: 일주일의 3번 이상 규칙적인 운동을 해주는 것이 좋습니다. 자신의 체형에 맞는 운동법을 알고 진행하는 것이 좋습니다. 비만도 다 같은 비만이 아니라 피하지방형 비만과 내장 지방형 비만으로 나뉘며 피하지방과 내장지방이 같이 있는 경우가 있습니다. 반대로 마른 사람의 경우에도 옷을 입었을 때 날씬하다고 안심하면 안 됩니다. 겉으로 보기엔 괜찮아 보일지 몰라도 체지방률이 높아 마른 비만의 체형일 수도 있습니다. 비만에 가깝거나 비만이라면 급하게 살을 빼야할 상황을 제외하고서 유산소운동만 하는 것은 그다지 바람직하지 않습니다. 대게 일반인들은 적정 운동량이 지켜지지 않은 채로 비만이 되는 경우가 많기 때문에 무산소 운동을 함께 병행하면서 근육량을 늘리고 기초대사량을 증가시키는 방향으로 발전해나가는 것이 장기적으로 훨씬 좋습니다.

③ 적당한 음주와 금연: 우리사회에서 음주는 사회생활에 큰

영향을 미치기 때문에 완전히 끊기는 힘들 수 있습니다. 하지만 고위험음주는 되도록 이면 피해야 합니다. 담배는 폐, 구강, 식도, 위, 심장, 심혈관계 뇌 혈관질환 등 건강에 악영향을 미치지 않는 곳을 찾는 것이 더 힘들 정도입니다. 이보다 백해무익하다는 말이 어울리는 것이 있을까요? 가능한 빨리 금연 할수록 건강 면에서 이득입니다.

④ 아침식사를 매일 할 것 : 아침을 먹는 사람은 비만일 가능성이 낮고 혈당치가 정상일 가능성이 높습니다. 또한 두뇌 회전이 잘 되고 일의 능률을 높여주게 됩니다. 지방의 비율은 낮고 탄수화물, 단백질, 비타민이 풍부한 음식들을 먹어 주는 것이 좋습니다. 아침으로 먹는 대표적인 음식으로는 시리얼, 요구르트, 과일, 계란, 커피, 샐러드 등이 있습니다. 앞서 언급한 충분한 수면시간이 지켜진다면 아침 식욕을 돋우게 되는 건강 시너지 효과도 얻을 수 있으니 참고하기 바랍니다.

⑤ 건강한 식단 실천 : 녹색야채와 콩과 같은 곡류의 섭취를 가능한 많이 하는 것이 좋으며 매일 사과 1개 혹은 귤 2개 정도를 섭취해주면 좋습니다. 여기에 근육량 증가를 목적으로 운동을 하는 사람들은 식단에 닭 가슴살과 같은 고단백 식품을 추가해주면 됩니다. 다만 모든 끼니마다 식단을 적용하는 것은 쉽지 않습니다. 아침, 점심 정도는 식단으로 해결하고 저녁은 일반식으로 먹어서 저녁 때 무너지더라도 다음날 정신 차리고 다시 식단을 실천할 수 있게 하는 식으로 자신만의 규칙을 만드는 것을 추천합니다. 설탕이 많이 들어있는 청량음료, 과자 등은 비만으로 가는 지름길이니

가능한 피하는 게 좋습니다. 탄수화물 비중이 굉장히 높은 라면 같은 식품도 마찬가지입니다.

⑥ 예방접종 꼭 하기 : 예방접종을 하게 되면 항체가 생겨서 전염성 질병에 걸려도 심해지는 걸 막을 수 있습니다. 예방접종을 한 날에는 무리하지 말고 푹 쉬어야 합니다. 계절인플루엔자는 매년마다 접종하며 코로나바이러스감염증19는 2021년부터 신설되었습니다.

⑦ 건강검진 꼭 받기 : 건강검진은 무증상의 숨은 질병을 빨리 찾아서 빨리 치료로 이어지게 하는 예방의학의 종류로 만 20세부터 국민건강보험공단에서 국가건강검진 받으라고 통지서가 날아옵니다. 직장가입자 사무직, 직장피부양자, 지역가입자, 지역세대원은 홀/짝수년생으로 대상자가 갈리며 직장비사무직은 매년마다 대상자가 됩니다. 국가암 검진의 경우 만 20세 여성은 자궁경부암 검사, 만 50세부터 대장암 검사, 만 54세 이상 만 74세 이하의 남·여 中 폐암 발생 고위험군은 폐암검사, 만 40세 부터의 여성은 유방암, 만 40세 이상 남녀 간암발생고위험군 (간경변증이나 B형 간염 바이러스 항원 또는 C형 간염바이러스 항체 양성으로 확인된 자)은 간암 검사 대상자가 됩니다. 다만 직장가입자는 건강검진 미필 시 산업보건안전법에 따라 페널티인 과태료가 부과되며 직장피부양자, 지역가입자, 지역세대원은 페널티가 없습니다. 다만 암 검진 안 받으면 보건소에서 저소득층에게 주는 암 치료비 지원 대상에서 빠지게 됩니다. 다만 개인적으로 검진센터에서 실시하는 종합건강검진도 받을 것을 권합니다. 혼자서도 잘 살려면 정기적인

건강검진은 참으로 중요합니다. 꼭 챙겨야만 합니다.

　2. 연령별 건강관리방법: 건장한 성인이라면 몸이 거의 다 완성된 단계이기 때문에 면역력과 골밀도, 근력 모두 청소년에 비해 강합니다. 따라서 규칙적인 생활과 식습관을 유지해준다면 건강관리가 수월합니다. 그러나 어른이 되면 해야 할 일과 수많은 책임과 부담을 지게 됩니다. 더불어 현대에 들면서 자연스레 생활 패턴이 깨지고 게으른 성격과 우울한 마음과 정신을 갖게 되기도 합니다. 일이 바쁜 직장인이라면 주말만이라도 밖에 나와 규칙적인 운동과 야외활동을 하고 무엇보다 햇빛을 많이 쐬주는 것이 좋습니다. 태양빛을 받으면 세로토닌 물질이 더 많이 분비 되 기분을 좋게 만듭니다. 탈 없이 기쁘거나 즐거운 기분이 드는 것은 바로 이 세로토닌이라는 물질 때문입니다. 또한 세로토닌은 수면을 유도하는 특성이 있습니다. 주중에 바깥에서 활동하다 들어오면 피곤한 느낌이 드는 이유는 우울증 환자나 수면장애, 주침 야활을 하는 사람들의 특징이 세로토닌이 부족하기 때문입니다. 세로토닌은 사람의 감정을 긍정적으로 만들고 활동적이게 만드므로 주중 해빛을 쬐이며 야외활동은 건강에 큰 도움이 됩니다. 당연한 이야기지만 술, 기호식품은 적당히, 그리고 절대금연을 해야 합니다.

　반면 아직 몸이 완성되지 않은 아동, 청소년이라면 면역력에 더욱 신경써야 합니다. 어릴 때부터 다양한 질병을 예방할 예방접종은 필수이며, 아이들이 건강하고 바르게 자랄 수 있게끔 부모들의 관심과 룰을 정해두어 일정량의 통제도 필요합니다. 무엇보다 음식을 골고루 먹는 습관을 이때부터 들이는 것이 좋습니다. 면역력이 성인에 비해 약하기 때문에 면역력이 저하될만한 습관(ex. 늦잠, 편식, 게임 및 인터넷 중독, 위생관리 등한시)은 일찍 바로 잡아줘야 합니다. 그리고 아직 성장판이 열려있는 만큼 건강식품과 운동도 필요합니다. 어릴 적 동네에서 뛰어놀면서 크는 아이들 특성상 놀이와 교우관계를 통해 몸과 마음을 가꿔나가는 것입니다. 무엇보다 성조숙증을 막기 위해 이때부터 비만관리를 철저히 하는 것이 중요합니다. 어려서부터 자극적인 식습관(ex. 패스트푸드, 짜고 맵고 기름지고 단 음식)은 피하도록 합니다.

사춘기에 접어들고 성인이 될 관문에 들어서는 청소년기에는 신체와 호르몬의 급격한 변화로 인해 성격도 거칠어지고 막무가내인 성격이 되기도 합니다. 몸은 거의 어른이지만 두뇌는 아직 아이인 청소년들은 담배, 술 같은 유혹에 빠져들기 쉬운데, 청소년기 흡연, 음주는 성인보다 암 발병률이 압도적으로 높으며, 성인이 된 이후 후유증은 상상을 초월합니다. 무슨 일이 있어도 청소년의 흡연과 음주는 금지되어야 할 올바르지 못한 행위이며 자신의 건강과 인생을 망치는 지름길입니다.

나이가 들어 몸이 쇠약해진 중노년층은 골밀도와 근육량이 노화로 자연스레 쇠퇴합니다. 이때부터 체력과 운동신경, 면역력도 퇴보하기 때문에 부상이나 질병에 걸릴 위험이 높아집니다. 몸이 둔한 노인이라면 서두르는 것보단 느긋하게 여유를 갖고 행동하는 것이 좋습니다. 운동도 걷기나 조깅, 산책, 등산 같은 가벼운 운동이 좋습니다. 단, 관절이 약한 고령층은 무작정 오래 걷는 것은 도움이 안 됩니다. 관절에 무리가 가기 때문. 가벼운 스트레칭이나 산책, 홈트레이닝이 안정적입니다. 그리고 노인이 되면 미각이 쇠퇴하여 맛을 잘 느끼지 못하게 되며, 이로인해 음식을 자극적이게 먹는 경향이 있습니다. 간을 맞추기 위해 소금이나 후추, 고춧가루 등을 적절량을 넘겨 노인의 입맛에는 간이 맞을 수 있지만 젊은이들 입맛엔 꽤나 짜게 느껴집니다. 골격이 약한 노인이 고칼슘, 고나트륨 섭취로 인해 골다공증이라도 걸린다면 매우 치명적입니다. 또한 겨울철에는 혈압이 올라 겨울철에는 더더욱 조심해야 합니다. 혈압에 약한 중노년층 특성 상 겨울에는 최대한 몸을 따뜻하게 해야 합니다. 뼈가 약하므로 빙판길에는 넘어지지 않도록 더욱 조심해야합니다. 노인들은 부상을 입으면 청년들에 비해 회복력이 많이 떨어지기 때문에 젊을 적에 규칙적으로 먹고, 자고, 운동하면 노년이 되어도 습관이 되어 건강을 보장받을 수 있습니다.

3. 적절한 식사와 운동이 건강필수: 적절한 식사와 운동이 건강의 필수입니다. 우리 모두가 건강한 삶을 추구하고 있지만, 실제로 건강한 삶을 살고 있는 사람은 많지 않습니다. 건강한 삶을 살기 위해서는 적절한 식사와 운동의 조화가 필요합니다. 이 글에서는 건강한 삶을 위한 적절한 식사와 운동의 조화에 대해 알아보겠습니다.

　1)식사: 건강한 삶을 살기 위해서는 먼저 적절한 식사가 필요합니다. 적절한 식사란 양질의 영양소를 충분히 섭취하면서도 과도한 칼로리나 나쁜 영양소를 섭취하지 않는 것을 말합니다. 적절한 식사를 위해서는 다음과 같은 것들을 고려해야 합니다.

① 균형 잡힌 식사: 균형 잡힌 식사란 탄수화물, 단백질, 지방 등의 영양소를 적절히 섭취하는 것을 말합니다. 이를 위해서는 식사에서 탄수화물, 단백질, 지방의 비율을 적절히 조절해야 합니다. 일반적으로는 탄수화물 50%, 단백질 20%, 지방 30%의 비율로 섭취하는 것이 좋습니다.

② 과일과 채소의 섭취: 과일과 채소는 우리 몸에 필요한 비타민, 미네랄, 식이섬유 등의 영양소를 충분히 제공합니다. 따라서 식사에서 과일과 채소를 충분히 섭취하는 것이 좋습니다. 또한, 과일과 채소를 다양하게 먹는 것이 좋습니다.

③ 음식의 종류와 양: 음식의 종류와 양도 건강에 큰 영향을 미칩니다. 고칼로리 음식이나 지방이 많은 음식, 당분이 많은 음식 등은 건강에 해로울 뿐 아니라 비만, 당뇨병, 고혈압 등의 질병을 유발할 수 있습니다. 따라서 음식의 종류와 양을 적절히 조절해야 합니다. 과식은 절대로 하지 말아야 합니다.

2)운동: 식사만으로는 건강한 삶을 유지하기에는 한계가 있습니다. 따라서 운동도 건강한 삶을 유지하기 위해서 필수적인 요소 중 하나입니다. 움직여야 한다는 말입니다. 운동을 통해 건강한 삶을 유지하는 방법은 이렇습니다.

① 꾸준한 운동: 건강한 삶을 유지하기 위해서는 꾸준한 운동이 필수적입니다. 운동을 꾸준히 하면 체력과 근력이 향상되어 건강한 삶을 유지하는 데 도움이 됩니다. 또한, 꾸준한 운동은 우울증, 스트레스, 불안 등의 정신적인 문제를 예방하는 데도 도움이 됩니다. 운동은 정신질환을 치료하는 중요한 역할을 합니다.

② 유산소 운동: 유산소 운동은 심혈관 질환 예방, 체중 감량, 체지방 감량 등의 효과가 있습니다. 유산소 운동은 걷기, 뛰기, 수영, 자전거 타기, 줄넘기 등 다양한 방법으로 할 수 있습니다.

③ 근력 운동: 근력 운동은 근육을 강화하여 체형을 유지하고, 뼈 건강을 유지하는 데 도움이 됩니다. 근력 운동은 레그프레스, 데드리프트, 벤치프레스, 풀업 등의 운동으로 할 수 있습니다.

결론입니다. 일상생활을 독립적으로 수행하며 혼자서 잘 살아가려면 육체가 건강해야 함으로 자신의 건강이 최우선입니다. 자신의 건강은 자신이 챙겨야 합니다. 건강한 삶을 위해서는 적절한 식사와 운동의 조화가 필수적입니다. 식사에서는 균형 잡힌 식사, 과일과 채소의 섭취, 음식의 종류와 양을 적절히 조절해야 하며, 운동에서는 꾸준한 운동, 유산소 운동, 근력 운동을 함께 해야 합니다. 이를 통해 우리는 건강한 삶을 유지할 수 있습니다.

건강은 그냥 거저 되지 않습니다. 예수님을 믿었다고 하나님께서 건강하게 하시며 건강을 책임져 주시지 못합니다. 어떤 분들은 예수님을 열심히 믿으면, 하나님의 일을 열심히 하면 하나님께서 자기 건강을 책임져 주신다고 방심합니다. 이는 절대로 오해이고 근거없는 말입니다. 자기 몸은 자기가 관리해야 합니다. 어려서부터 자기 몸을 사랑하면서 관리하는 습관이 중요합니다. 과로하지 않고 자기 몸은 하나님께서 예수님의 피로 값을 치르고 사신 몸이니 하나님의 보물로 여기고 관리를 잘하시기를 바랍니다. 세상에서 천국을 누리며 살다가 영원한 천국에 가셔서 면류관을 받으시기를 축원합니다.

9장 육체가 건강해야 혼자서도 잘산다.

(시 103:2-5)"내 영마음아 여호와를 송축하며 그의 모든 은택을 잊지 말지어다 (3) 그가 네 모든 죄악을 사하시며 네 모든 병을 고치시며 (4) 네 생명을 파멸에서 속량하시고 인자와 긍휼로 관을 씌우시며 (5) 좋은 것으로 네 소원을 만족하게 하사 네 청춘을 독수리 같이 새롭게 하시는 도다."

혼자서도 잘 살려면 육체가 건강해야 합니다. 육체가 건강하지 못하면 혼자 잘살지 못합니다. 육체가 건강하지 못하면 면역력이 약해져서 각종질병에 취약합니다. 육체가 건강하지 못하면 자신을 돕는 사람이 필요하게 됩니다. 자연스럽게 혼자 잘살지 못하게 되는 것입니다. 혼자서도 잘 지내려면 육체의 건강은 필수가 되는 것입니다. 그러기에 자신의 건강을 위하여 자신이 관심을 가져야 합니다. 하나님께서 자신의 몸을 자신에게 맡겨 주신 것입니다. 자신이 관리해야 합니다. 하나님께 자신의 질병의 치유를 위하여 기도해야 합니다. 주변 사람들에게 자신의 질병을 숨길 것이 아니라, 자신의 상태를 거리낌 없이 자랑하듯 이야기를 하여 사람의 말을 통하여 역사하시는 하나님의 뜻(계시)을 찾아야 합니다. 하나님은 주변 사람들의 지나가는 말을 통해서도 음성을 들려주시기 때문입니다. 그렇게 함으로 하나님의 뜻을 알아낼 수가 있습니다. 하나님은 절대로 믿는 자가 병으로 죽으라고 하시지를 않습니다. 병 걸려서 죽는 다면 세상에 병원을 만들어 놓을 이유가 없는 것입니다.

불치의 질병 중에서도 하나님의 역사하심으로 질병을 기적적으로 치유를 받아 하나님의 살아계심을 나타내시면서 체험하며 하나님의 살아계신다는 것을 믿도록 역사하십니다. 필자는 개인적으로 질병도 하나님께서 살아계신다는 것을 체험하며 하나님의 사람으로 성장하게 하기 위하여 잠시 허락하신 것일 수 있다라고 믿습니다. 세상 의사들이 말하는 불치의 질병이라도 하나님께 기도하여 기적적으로 치유를 받음으로 하나님의 살아계심을 직접 체험함으로 믿으니 하나님의 형상으로 바뀌기 때문입니다. 하나님은 "사람이 감당할 시험 밖에는 너희가 당한 것이 없나니 오직 하나님은 미쁘사 너희가 감당하지 못할 시험 당함을 허락하지 아니하시고 시험 당할 즈음에 또한 피할 길을 내사 너희로 능히 감당하게 하시느니라"(고전 10:13). 말씀하심으로 시험을 당하더라도 피할 길을 주셔서 살게 하신다고 말씀을 하십니다. 성경을 잘 읽어보시고 교훈을 깨달으시기를 바랍니다.

병이 들어 죽은 사람들은 하나님께 기도하지 아니하고 먼저 전문 의사를 찾은 사람들이 죽었습니다. 대표적인 사람이 아사 왕입니다. 아사왕은 처음 믿음은 아주 좋았습니다. 그러나 태평성대가 계속되니 그만 하나님을 잊었습니다. "아사가 왕이 된 지 삼십구 년에 그의 발이 병들어 매우 위독했으나 병이 있을 때에 그가 여호와께 구하지 아니하고 의원들에게 구하였더라 (13) 아사가 왕위에 있은 지 사십일 년 후에 죽어 그의 조상들과 함께 누우매"(대하 16:12-13). 그렇기 때문에 성도나 목회자가 병이 들었다고 하나님께 저주를 받은 것이 아닙니다. 육체를 가지고 있기 때문에 병이

들 수가 있는 것입니다. 또 병을 통하여 하나님의 살아계심을 체험하게 하시려는 하나님의 섭리 일수가 있는 것입니다. 병이 들었다고 낙심하고 죄의식을 가지고 병을 숨기려고 급급하지 말고 하나님께 기도하고, 주변 동료들에게 자신의 질병을 말하기를 즐겨해야 합니다. 세상에 이런 말이 있습니다. '병은 자랑해야 산다.' 맞는 말입니다. 그런데 병을 숨기다 병을 키우는 사람들이 있습니다. 참으로 어리석은 자들입니다. 병을 자랑해야 도울 자가 있게 됩니다. 세상 방법으로는 유능한 의사를 소개받게 될 것이고, 하나님을 믿는 우리는 '여호와 라파', 즉 치료의 하나님을 만나게 될 것입니다.

나아만 장군의 이야기입니다. 그는 아람 왕 벤하닷의 군대장관으로 외향은 멋있었지만 속은 썩어 가는 문둥병환자였습니다. 그는 병을 자랑했습니다. 그래서 그의 이스라엘 몸종이 이를 알고 이스라엘의 선지자 엘리사를 소개한 것입니다. 더욱이 아람 왕에게까지 병에 대해 말하자 왕은 이스라엘 왕에게 친서를 써주며 치료를 부탁했습니다. 나아만 장군은 그 말을 듣고 자존심을 버렸습니다. 그가 요단 강물에 일곱 번 몸을 담그니 살이 깨끗해졌습니다.

나아만은 병을 자랑하는 것까지는 좋았으나 목적을 위하여 자존심을 버리는 일을 어려워했습니다. 대개 교회의 직분 자들이 이런 경우가 많습니다. '내가 주의 종인데 어떻게 병이 들었다는 말을 하나? 남들이 뭐라고 할까?' '내가 이 교회 장론데 체면이 있지 어떻게 대놓고 안수를 받을 수 있담?' 그래서 쉬쉬하다 호미로 막을 병을 가래로도 막지 못하는 경우를 봅니다. 체면이 중요합니까? 목숨이 귀합니까? 목숨이 끊기면 자존심도 같이 죽는 겁니다. 그러나 자존심을 버리고 주 앞에 아뢰면 가장 귀한 생명을 얻게 되는 것입니다.

병을 죄악시하고 숨기면 하나님의 치유의 방법이나 세상에 수많은 전문 병원들의 지원을 하나도 받을 수가 없어서 결국에 아사왕과 같이 병으로 죽을 수밖에 없는 것입니다. 왜 죽었습니까? 병을 하나님께 아뢰기를 꺼려했기 때문에 하나님께서 가지고 계시는 수많은 병을 치유할 수 있는 자원을 하나도 이용할 수 없어서 죽은 것입니다. 우리가 바르게 알아야 할 것은 세상의 모든 병원이나 전문 의사나 모두 하나님께서 하나님의 사람들을 치유하여 건강하게 120년 동안 살면서 하나님의 살아계심을 증명하라고 만들어 놓은 것입니다. 그런데 자신이 자신의 힘으로 해결하려고 하나님께 아뢰지 아니하고 주변에 동료들에게 자랑하지 아니하니까, 세상에 그 많은 치료의 수단을 이용하지 못하고 결국 죽는 것입니다.

하나님은 찾지 않고 아뢰지 아니하면 말씀하시지 않습니다. 찾고 질문하는 자녀에게 대답해주십니다. 때로는 꿈으로, 때로는 음성으로, 때로는 환상으로, 때로는 주변에 나타나는 환경의 역사로, 때로는 주변의 동료들의 지나가는 말로 등등 하나님께 매달리는 자녀를 살리기 위하여 여러 가지 방법을 통해서 깨달아 알게 하여 순종하므로 죽지 않고 살아서 하나님의 행사를 선포하게 하십니다. "내가 죽지 않고 살아서 여호와께서 하시는 일을 선포하리로다."(시 118:17). 예수를 믿고 성령의 인도를 받는 성도라도 질병이 걸릴 수가 있습니다. 절대로 병에 결렸다고 하나님의 저주를 받은 것이 아닙니다. 하나님께 기도하면 하나님께서 성령의 인도를 받는 치유를 전문으로 하는 목회자를 통하여 성령으로 오래 기도하여 마음의 상처와 맺힌 응어리와 몸속의 독소를 배출하면서 영-마음-육체의 기능을 정상으로 회복되어 불치병을 치유하실 수가 있습니다. 아니면 영-마음-육체의 질병이 발생하는 원인을 잘 아는 내면세계를 전문으로 다루는 목회자를 통하여 치유하시기도 하고, 전문병원의 전문 의사를 안내 받아서 치유를 받게 하실 수도 있습니다. 하나님의 치유방법은 여러 가지 이기 때문에 절대 한 가지 치유방법에 몰입하면 안 됩니다. 꼭 예수님의 이름과 말씀과 성령의 역사에 의한 영적치유만을 고집하면 안 됩니다.

영적치유도 있고, 전문병원을 통한 마음과 육체치유의 방법도 여러 가지가 있습니다. 지금 전문병원에 전문 의료 장비가 많습니다. 전문장비를 다룰 수 있는 전문의사가 많습니다. 몸속을 투시하여 밝히 볼 수 있는 장비가 X-ray, MRI, CT, PET-CT, 뼈 스캔, 초음파, 위와 장내시경, 심혈관CT 등등 다양한 장비가 있어서 몸속을 투시하며 보면서 결함을 발견할 수가 있는 것입니다.

거기다가 피 속의 상태를 정확하게 볼 수 있도록 혈액검사를 할 수가 있습니다. 정기적인 검사는 물론이고 자신의 신체에 이상이 생기면 정밀 검사를 받는 것이 좋습니다. 많은 성도들이 신체에 이상이 생기면 영적인 문제라고 우기면서 병원 정밀검사를 받지 않는 경우가 많습니다. 사람은 생명체이기 때문에 육체에 문제가 생기면 자신의 몸이 알고 경고하는 것입니다. 이때 종합병원에 가서 정확한 검사가 필요한 시기입니다.

그렇기 때문에 암이나 중한 병이 있는 분들은 다종의 장비를 갖추고 있는 종합병원에 입원하여 진료를 받는 것이 자신의 생명을 연장할 수 있는 적극적인 활동입니다. 자신에게 중한 병이 있을 때 일반 병원에 입원을 하면 의사들의 심리가 자신의 병원에 전문장비가 없다면 그 장비가 별로라고 말하거나 그 장비로 치유를 받고 잘 못된 경우만 이야기함으로 자기네 병원이 최고라고 우겨서 결국 환자를 죽게 하는 경우가 많기 때문에 주의하지 않으면 안 됩니다. 교회에서도 마찬가지입니다. 다른 전문 목회자를 만나면 쉽게 치유하여 건강하게 하나님의 영광을 드러낼수가 있는 대도 전문성이 없는 자신의 교회에서 알려주는 방법만 고집함으로 시간이 점점 경과되어 나중에는 병이 깊어지고 악화되어 치유할 수가 없는 지경에 처하기도 합니다.

그렇기 때문에 병이 있다고 죄악시하여 주변사람들에게 말하기를 꺼려한다거나 한 가지 방법만 고집하지 말고 세상의 수많은 교회와 목회자와 병원 의사를 통하여 치유 받으려는 넓은 마음을 가지고 수소문하여 자신의 병을 치유 받는 것이 하나님의 뜻입니다. 병원도 마찬가지입니다. 세상의 수많은 병원의 전문적인 자원을 이용하여 자신의 병을 치유가능한 곳을 찾는 것입니다. 성경에 보면 하나님은 자신에게 맞는 사람을 만나 치유 받게 했다는 것을 알아야 합니다. 그렇기 때문에 자신의 불치병을 치유할 수 있는 사람을 만나야 합니다. 사람을 만나기 위하여 질병을 자랑하는 것이 중요합니다. 책을 읽는 독자도 사람을 잘 만나는 축복이 함께 하여 건강하게 오래살며 행복하기를 바랍니다.

날씨가 서서히 추워지고 있습니다. 무엇보다 체온에 관심을 가져야할 계절입니다. 마음의 상처 스트레스는 혈관의 적입니다. 혈관은 온도 차이만큼 스트레스에 민감합니다. 일상생활에서 긴장된 상태가 지속되거나 스트레스를 많이 받으면 교감신경에 작용해 혈관이 수축됩니다. 스트레스는 혈전 생성을 빠르게 합니다. 고로 마음의 상처 스트레스는 말씀과 성령의 역사로 매일매일 정화하며 해소하며 부교감신경을 강화하면서 살아야 합니다.

이렇게 마음의 상처는 혈관에 영향을 끼칩니다. 마음의 상처와 스트레스가 혈관에 노폐물이 끼이게 하고, 림프에 노폐물이 끼이게 하여 혈액과 물이 온몸으로 순환하는데 지장을 초래하기 때문입니다. 혈액순환이 잘되지 않으면 정상체온을 유지하는데 방해요소로 작용을 합니다. 마음의 상처와 스트레스가 쌓이면 얼굴이 화끈거리고 입으로는 열이 나오는 데 아랫배와 손발을 차갑게 됩니다. 이것을 울화라고 합니다. 체온은 건강에 밀접한 관계가 있습니다. 35℃ 이하 저체온 증상 때 암세포 증식 가장 많아진다고 합니다. 저 체온일 때 암세포가 빨리 증식한다는 연구 결과가 있습니다. 물론 염증이 활발하게 발생합니다. 저 체온은 암세포에게 대사작용을 활발하게 해주는 좋은 환경입니다. 암이나 류머티즘 관절염, 각종 관절염, 폐질환, 심장질환, 뇌질환, 혈액순환장애, 소화기장애, 생식기(자궁·난소·전립선) 질병에 걸리지 않으려면 항상 정상 체온을 유지하는 것이 예방법입니다. 정상체온을 유지하기 위하여 온몸기도를 하는 것입니다.

"혈관이 건강해야 노년이 행복하다"는 말이 있습니다. 혈관이 손상되면 치매·황반변성·심혈관질환과 같은 대표적인 노인성 질환이 찾아오기 때문입니다. 하지만 요즘 같은 겨울철은 혈관 건강이 가장 취약한 시기입니다. 차가운 기온 탓에 혈관이 갑자기 수축하고 혈압이 급격히 상승해 심뇌혈관질환의 발생률이 높아지게 됩니다. 심뇌혈관질환은 전 세계적인 주요 사망 원인이며, 우리나라에서도 뇌혈관질환과 심장질환이 2004년 이후 지속적으로 각각 사망 원인의 2위와 3위를 차지하고 있습니다. 나이가 들수록 혈액 순환과 혈관 관리에 각별히 신경 써야 하는 이유입니다.

혈관과 관련된 질환은 무려 100가지가 넘습니다. 혈관이 건강하면 심장과 뇌는 물론 온몸이 건강하다는 말이 과언은 아닙니다. 마음의 상처와 스트레스, 노화, 고혈압, 당뇨, 비만, 스트레스, 흡연, 음주 등으로 혈관이 손상되면 혈관벽이 두꺼워집니다. 혈관벽이 두꺼워지면 혈관이 좁고 딱딱해져 혈압이나 온도 변화 같은 변화에 쉽게 막히고 터져 각종 질환을 유발합니다.

노년층이 제일 두려워하는 질환인 치매도 혈관 건강과 연관이 있습니다. 혈관성 치매는 뇌에 피를 보내는 혈관이 딱딱해지거나 노폐물이 쌓여 발생합니다. 영양분이 혈관을 통해 뇌에 제대로 전달되지 않아 뇌세포가 죽기 때문입니다. 치매를 예방하려면 말씀과 성령으로 마음의 상처를 정화하여 혈관을 깨끗하게 해야 합니다. 보약도 먹어서 체력과 면역력을 높여야 합니다. 성령안에서 온몸기도를 지속적으로 하면 치매가 예방되고 지연시킬 수가 있습니다. 동시에 뇌세포에 제대로 영양을 공급해야 합니다. 이는 필자가 임상적으로 체험한 사실입니다. 우리 교회에 97세된 권사님이 정정하게 잘지내고 계십니다.

혈관질환은 마음의 상처, 스트레스, 콜레스테롤, 당뇨, 과도한 음주나 흡연, 잘못된 식습관, 운동부족 등 다양한 원인으로 인해 발생할 수 있습니다. 평소 혈관 건강을 지키려면 영과 진리로 예배하며 성령 안에서 성령으로 온몸 기도하며 유산소 운동으로 혈액 속 노폐물 생성을 막고, 기름진 식습관을 피하며 불포화지방산이 풍부한 아보카도, 견과류 등을 섭취하는 것이 좋습니다. 성령의 인도가운데 60분 이상 복식호흡하며 마음으로 온몸기도하고, 하루 30분 이상 꾸준히 산책이나 운동하면 정상보다 약간 높은 37℃ 유지하면 노폐물 방출 활발하고 혈액도 정화가 된다는 것입니다.

인간은 온혈(溫血)동물입니다. 주위가 아무리 추워도 우리 몸은 일정한 온도(섭씨 36~37도)를 유지합니다. 우리 몸의 온기(溫氣)는 유일한 에너지 공급원인 음식의 소화를 통해 대부분 얻게 됩니다. 몸에서 만들어진 온기는 20%가 간으로 가고, 약 20%는 근육으로 가게 됩니다. 일이나 마음으로 기도하며 운동을 하게 되면 근육에 더 많은 온기가 갑니다. 온기 중 45%까지는 주위의 차가운 물건으로 모두 방사됩니다. 그래서 성령으로 온몸 기도하고 주기적으로 운동해야 합니다. 몸을 따뜻하게 하는 음식을 섭취해야 합니다.

우리 몸의 온도는 신체기관의 활동을 보장해주는 효소작용이 바로 37~37.5도에서 일어나기 때문에 일정하게 유지됩니다. 만약 우리 몸의 온기를 만들어내는 핵(오장육부가 몰려 있는 부위) 온도가 3~4도 이상 벗어난다면 인간은 육체적, 정신적인 능력이 현저하게 떨어지게 됩니다. 높아도 안 되고 낮아도 안 되는 것입니다. 저 체온 증은 마음의 상처 스트레스가 쌓여있을 때와 운동 부족할 때 잘 생기게 됩니다. 일반적으로 체온이 36~37도일 때 정상 체온이라고 합니다. 저체온은 기본적으로 혈액이 제대로 순환되지 못하거나 신진대사에 장애가 있을 때 발생합니다. 몸이 차갑다는 말은 정상적인 신진대사가 이뤄지지 않고 있다는 것을 의미합니다. 마음의 상처가 쌓여서 신진 대사가 안 된다는 것입니다.

저체온(Hypothermia)의 가장 큰 원인은 운동량 부족과 마음의 상처 스트레스일 경우가 많습니다. 마음의 상처 스트레스가 쌓이는 것은 성령 충만하지 못한 경우입니다. 성령으로 기도하며 마음을 정화하고 유산소운동을 하면 근육에서 열이 만들어지고 이들 열에너지는 혈액에 의해 온몸의 세포 곳곳에 분배됩니다. 특히 거룩한 산 제물이 되어 영과 진리로 예배를 드리면서 성령으로 기도하면 영-마음-육체가 정상적인 기능을 유지함으로 혈액순환과 림프의 물 순환과 산소공급이 정상적으로 되도록 성령께서 오장육부 기능을 지배하십니다. 자연스럽게 노폐물이 끼이지 않고 건강하게 되는 것입니다. 거기다가 운동은 몸이 움직이면서 산소를 취하여 노폐물인 이산화탄소와 일산화탄소, 휘발성 유해물을 폐에서 방출합니다. 또 산소는 지방, 콜레스테롤, 불필요한 노폐물 등을 태워버리고 혈액을 정화시켜 암과 같은 질병을 예방합니다.

이런 점에서 거룩한 산 제물이 되어 영과 진리로 예배를 드리면서 성령으로 온몸 기도를 하여 마음을 정화하며 하루 30분씩 일주일에 5일 이상 꾸준히 운동할 것을 권유합니다. 하지만 현대인들은 운동하는 시간보다 컴퓨터나 텔레비전 앞에 앉아 있는 시간이 더 많습니다. 움직이지 않고 오랫동안 앉아 있으면 신진대사 율이 떨어져 열량이 몸에 비축되고 이는 비만으로 이어지기 쉽습니다.

이는 혈액순환 방해로 이어져 저체온의 원인이 됩니다.

저체온 증은 추운 곳에서 오랫동안 서 있어도 나타납니다. 우리 몸은 추위에 노출되면 체온을 높이기 위해 각종 신체반응이 일어나게 됩니다. 그러나 몸을 움직이지 않거나 반응이 일어나지 않으면 핵의 온도가 떨어지기 시작하고 결국 몸이 얼게 되어 저체온증이 생깁니다. 저체온이 되지 않도록 몸을 움직여야 합니다. 이와 함께 세포 조직에 산소가 부족한 산소 결핍이 생기게 되고 근육이 딱딱하게 굳게 됩니다. 혈압이 떨어지고 심장박동이 약해집니다. 가장 많은 손상을 입는 것은 뇌로 감각이 없어지고 잠이 옵니다. 그리고 마치 따뜻하고 덥다는 환상이 생깁니다. 이 같은 현상이 계속 진행되면 뇌부종이 생기고 숨이 멈추면서 죽음을 맞게 되는 것입니다. 그래서 노인들에게 겨울에는 방한모자를 쓰고 다니라고 조언하는 것입니다.

성령 안에서 온몸기도하며 말씀과 성령으로 마음의 상처를 치유하면서 혈행(피의순환)에 도움이 되는 영양소를 규칙적으로 섭취하는 것도 중요합니다. 육체의 건강을 위하여 때때로 보약을 복용하는 것도 좋습니다. 그것도 젊어서 보약을 복용해야 합니다. 마음의 상처 스트레스가 무의식에 쌓이지 않도록 해야 합니다. 이는 영과 진리로 예배를 드리면서 걸어 다니는 성전이 되어 항상 마음으로 하나님을 찾으면서 성령 충만하게 지내야 합니다. 그렇게 하여 마음에 상처와 스트레스가 쌓이지 않게 해야 합니다. 필자는 성도님들에게 자신의 영-마음-육체의 관리에 관심을 가지면서 지내시기를 권면 드립니다. 관심을 가져야 건강하게 지낼 수가 있습니다.

10장 정신이 건강해야 혼자서도 잘산다.

(왕상 19:1-14) "(4) 자기 자신은 광야로 들어가 하룻길
쯤 가서 한 로뎀 나무 아래에 앉아서 자기가 죽기를 원하여
이르되 여호와여 넉넉하오니 지금 내 생명을 거두시옵소서
나는 내 조상들보다 낫지 못하니이다 하고"

혼자서도 잘 살려면 정신이 건강해야 합니다. 정신건강(精神健康)은 정신면에서의 건강을 의미합니다. 정신 건강이라는 말에 대해 마음의 상태가 좋지 않다는 부정적인 이미지를 가지고 있는 분도 있을 것입니다. 하지만 실제로는 아닙니다. 최근에는 '심신 모두 건강한 상태를 지향한다.'는 의미로 사용되는 경우도 늘고 있지만, 본래는 '마음의 건강'이라는 의미입니다. 번역하면 멘탈은 '정신적인', 헬스는 '건강'을 의미합니다. 스트레스를 느끼기 쉬운 현대에서는 정신 건강이 더 친숙한 화제가 될 것입니다. 육체가 건강해야 정신이 건강할 수가 있습니다.

정신이 건강하지 못한 분들이 정신을 집중하지 못하고 산란하기 때문에 마음이 안정적이지 못합니다. 따라서 마음이 평안하지 못하니 주변 사람들을 힘들게 하는 것이 보통입니다. 쉽게 말해서 주변에 있는 부모나 형제나 친척이나 친구들을 편안하게 하지 못합니다. 까칠한 성격이라고 말하면 쉽게 이해할 수가 있을 것입니다. 보통사람들은 쉽게 이해하고 지나칠 일인데도 정신이 건강하지 못한 사람들은 그냥 넘어가지 못하고 주변사람들에게 질문하고 따지

면서 힘들게 하는 경우가 많습니다. 자꾸 자신의 정신과 마음을 쉬지 못하게 대처하는 것입니다. 자신이 자신의 정신과 마음에 상처와 스트레스를 만드는 것입니다. 그래서 정신이 건강하지 못한 사람 옆에 있는 것조차 힘이 드는 것입니다. 옆에 있는 사람들을 편안하게 하지 못하고 자꾸 질문하고 투사하여 힘들게 한다는 것입니다. 아무것도 아닌 일인데 무슨 큰일이나 생긴 것같이 주변사람들에게 질문을 하는 것입니다. 쉽게 말해서 옆에 있는 사람을 피곤하게 한다는 말입니다. 그런데 정신적으로 건강하지 못한 사람은 자신의 행동이 주변 사람들을 힘들게 하는 줄을 모르는 것입니다. 자꾸 자신의 상태를 주변사람들에게 질문하면서 답을 얻으려고 만합니다. 한마디로 사람을 통하여 자신을 치료하려고 하는데 자신의 정신을 치유하여 안정되게 하시는 분은 성령님이시니 자신의 상태를 성령님께 질문하여 치유 받으려는 습관을 들여야 합니다. 성령께서 알려주신 대로 순종하며 성령 안에서 온몸으로 오래기도하는 습관을 들이면 정신면에서 건강하게 지낼 수가 있습니다.

우리가 알아야 할 것은 주변사람을 편안하게 하는 사람은 정신과 마음이 편안한 사람입니다. 반대로 주변사람들을 피곤하게 하는 사람은 자신의 정신과 마음이 편안하지 못하다는 것입니다. 자신이 편안하지 못하니 주변사람에게 자신의 상태를 물어보고 투사하며 짜증을 내는 것입니다. 정신과 마음에 문제가 있는 사람 옆에 있는 것조차 힘이 드는 것입니다. 정신적으로 마음 적으로 편안하지 못한 사람은 주변 사람을 통해서 자신의 불안과 두려움과 짜증나는 문제를 해결하려고 하지만 주변 사람을 통해서 해결할 수가 없는 것입니다. 성령치유를 전문으로 하는 목사도, 정신건강의학과 의사도 자신의 상태를 해결할 수가 없고, 한의사도 해결할 수가 없습니다. 일시적으로 안정은 취하게 할 수는 있을지 몰라도 완전치유는 불가능하다는 것을 인식해야 온전하게 치유하여 자유 할 수가 있는 것입니다. 자신의 정신과 마음을 안정시키고 온전하게 치료할 분은 자신의 주인이신 예수님만이 치료하실 수가 있는 것입니다. 정신과 마음의 문제로 고통을 당하는 분들은 반드시 예수님을 믿고 성령으로 세례를 받아 성령의 역사로 온몸이 지배되고 장악이 되어야 정상적인 삶을 살아갈 수가 있다는 것을 알고 믿고 순종해야 합니다.

1.정신건강이 좋지 않아 보이는 주요 증상: 정신 건강이 좋지 않은 상태에 빠지면 다양한 증상이 심신에 나타납니다. 여기에서는 정신 건강 상태가 좋지 않아 나타나는 주요 증상에 대해 다음과 같이 해설합니다.

1)몸의 증상: 정신 건강에 좋지 않으면 몸에 영향을 미칩니다. 몸에 나타나는 주요 증상은 다음과 같습니다. ○두통이나 요통, 어깨 결림을 느낀다. ○설사나 변비가 생기기 쉬워진다. ○밤중에 눈을 뜬다. ○잠이 잘 오지 않는다. ○어지럼증이나 이명이 있다. ○식욕부진이나 과식이 된다. 이러한 몸의 사인이 나와 있는 것을 알게 되면 빨리 대처하는 것이 중요합니다. 이는 상처와 스트레스로 인하여 자율신경이 조절이 안되기 때문입니다. 정신 건강이 좋지 않다는 것을 빨리 깨닫기 위해서는 이러한 사인을 파악해 둡시다.

2)마음의 증상: 정신 건강 상태가 좋지 않은 것은 마음에도 지장을 초래합니다. 주로 다음과 같은 증상이 나타나기 쉬울 것입니다. ○짜증이 나기 쉬워진다. ○눈물이 많아진다. ○사소한 일로 놀라게 된다. ○기분이 우울해지고, 매사에 무기력해진다. ○교제에 부담을 느끼게 된다. ○조그마한 충경에도 쉽게 잘 놀라게 된다. 이처럼 마음이 불안정한 상태가 지속되는 경우는 과도한 스트레스를 느끼고 있을 가능성이 있습니다. 가족이나 친구, 치유 목회자나 성령치유 전문가나 정신건강의학과 전문의사 등에게 빨리 이야기하여 근본적인 치유를 받으며 혼자 스트레스를 받지 않도록 합시다.

3)정신건강 상태가 좋지 않음을 나타내는 3가지 수준: 스트레스에 의한 정신 건강의 부진에는, 「경고기」「저항기」「피곤기」의 3가지 단계가 있습니다. 여기서는 스트레스에 대한 몸과 마음의 변화에 대해 알아보겠습니다.

①경고반응기: 처음 찾아오는 경고 반응기에서는 컨디션 불량을 느끼기 시작하는 경우가 많을 것입니다. 스트레스를 자각하지 못한 상태에서도 몸에는 스트레스 사인이 나타납니다. 어깨 결림이나 집중력의 결여와 같은 상태가 눈에 띄는 시기입니다.

②저항기: 다음에 찾아오는 것이 저항기입니다. 지금까지 받고 있던 스트레스에 대해 몸이 저항합니다. 일시적으로 심신이 활동적이기 때문에 언뜻 보면 스트레스를 해소한 것처럼 느껴질 것입니다. 그러나 실제로는 몸에 상당한 부담이 있는 상태이며 병이 나기 전 단계라고 할 수 있습니다.

③피로기: 저항기가 지나면 피로기가 됩니다. 피로기에는 지친

상태이기 때문에 자력으로 회복하는 것은 어려울 것입니다. 교회에 나와서 성령 안에서 온몸기도를 하며 성령으로 치유를 하거나 성령치유 전문가에 의한 적절한 치료를 필요로 하는 시기입니다.

4)정신건강 셀프케어 방법: 스트레스를 느껴 정신 건강이 좋지 않을 때에는 스스로 관리하는 것도 가능합니다. 최대한 빠른 단계에서 셀프케어를 할 수 있으면 좋겠습니다. 다음과 같은 방법으로 셀프케어 하는 것을 추천합니다. ○성령 안에서 온몸으로 기도를 한다. ○적당한 운동을 한다. ○복식호흡을 한다. ○충분한 수면시간을 확보한다. ○마음을 안정시키는 효과가 있는 잔잔한 음악을 듣는다. 등등의 적극적인 활동으로 셀프케어를 하면 좋습니다.

성령 안에서 집중온몸기도를 하는 것이 좋습니다. 우리 충만한 교회에서 매주하는 성령 안에서 집중적인 온몸기도를 하면 성령의 역사로 온몸이 성령 충만한 상태가 되면서 세상에서 받은 상처와 스트레스가 정화되면서 온몸이 안정되게 됩니다. 잠간 잠간하는 것으로는 효과가 나타나지 않고 매일 2시간 이상해야 쌓인 스트레스가 정화됩니다. 운동을 하면 기분 전환이 가능하고 심신이 편안해지기 때문에 수면 리듬을 조절하는 효과를 기대할 수 있습니다. 격렬한 운동이 아니라 가벼운 달리기나 산책 등 유산소 운동도 효과적입니다. 스트레스를 느껴 호흡이 얕고 빨라질 때에는 복식 호흡을 하는 것이 좋습니다. 코로 숨을 들이쉬고 내쉬면서 배가 움푹패 일 때까지 숨을 제대로 내쉬고 배가 부풀도록 숨을 들이마시는 것이 포인트입니다.

또한 제대로 잠을 자는 것으로 피로회복과 스트레스 해소 효과를 기대할 수 있습니다. 적절한 수면 시간은 개인차가 있지만, 현대인의 평균 수면 시간인 7시간을 기준으로 하면 좋을 것입니다. 깊은 잠에 들기 위해서는 자기 전에 휴식을 취하는 것이 중요합니다. 피아노나 자연의 파도 소리 등 마음이 차분해지는 음악을 듣는 것을 추천합니다.

5)정신건강을 관리하여 심신건강을 유지하자. 지금 세상에는 28%가 정신적인 문제로 고생을 한다고 합니다. 스트레스 사회의 현대에서는 정신 건강에 관심이 쏠리고 있습니다. 정신 건강 상태가 좋지 않은 것은 빠른 단계에서 대처하는 것이 중요한 포인트입니다. 그러나 스트레스보다 몸 상태가 좋지 않다는 것을 먼저 자각하는 사람도 많을 것입니다. 따라서 자신의 스트레스 사인을 알고 일찍 셀프케어를 하는 것이 중요합니다. 셀프케어에는 성령 안에서 온몸으로 기도하고, 적당한 운동과 충분한 수면, 복식호흡, 심신의 휴식 등이 있습니다. 자신에게 맞는 방법으로 정신건강을 관리하고 건강한 심신을 유지합시다.

보건복지부에서 제시한 정신건강을 위한 10가지 수칙에 대해 자세하게 알아보도록 하겠습니다. 정신 건강 문제는 전 세계 질병의 사회적 경제적 부담의 주요 원인 중 하나입니다. 우울증은 전 세계 장애의 두 번째 주요 원인으로 간주되고 있으며 허혈성 심장질환의 주요 원인이기도 합니다.

1. 감사하는 마음으로 산다. 정신건강을 위한 10가지 수칙 첫 번째! 우리의 하루 생활을 돌이켜 보면 우린 참으로 많은 사람들의 고마운 손길에 쌓여 있음을 알 수 있다. 밤새 무사히 잘 수 있었다

는 것도 경비 아저씨가, 경찰이, 그리고 멀리 있는 군인들이 우리를 잘 지켜주었기 때문이 아닐까? 대문에 배달된 우유, 신문도 새벽길을 달려온 고마운 손길 덕분이다. 버스가 나를 데려다준 것도 정비사가 밤새 기름 묻은 손으로 정비를 잘해주었기 때문이다.

내가 입은 옷, 신발 등등 끝이 없다. 이 모든 분들에게 진정 감사한 기분이 들지 않는가? 감사하는 순간, 우리 마음속엔 한없는 은혜로움과 편안한 물결이 일어난다. 감사하는 순간은 어느 누구도 미워할 수 없다. 마음이 편안해져 참으로 행복한 기분에 젖어 든다. 스트레스 홍수시대를 사는 지혜 중 하나가 매사에 감사하는 마음으로 사는 것인지도 모른다.

2. 긍정적으로 세상을 본다. 정신건강을 위한 10가지 수칙 두 번째! 마음이 어둡고 걱정이 있는 날, 길을 나서면 온통 세상이 잿빛으로 보인다. 어깨가 늘어지고 의욕이 떨어진다. 무엇을 해도 될 것 같지 않다. 실제로 이런 기분에선 될 일도 안 되기 마련이다. 세상살이가 쉽지 않다. 힘들고 어려운 일도 많이 닥친다. 그래서들 쉽게 좌절하지만 그럴수록 세상을 긍정적으로 봐야 한다. 동전에 양면이 있듯이, 어두운 면이 있는가 하면 밝은 면도 있다. 밝은 쪽을 보자는 것이다. 그러는 순간 중추신경이 밝은 무드로 바뀌면서 조화로운 상태로 되면 온몸에 활력이 넘치게 된다. 어렵게 생각되던 일에도 도전해 볼 용기가 생기고 실제로 길이 열리게 된다. 사람을 만나도 짜증은커녕 여유가 생기고 친절하게 된다. 어떤 난관에도 긍정적으로 생각하는 것만큼 강력한 힘은 없는 것이다.

3. 약속시간엔 여유 있게 가서 기다린다. 정신건강을 위한 10가

지 수칙 세 번째! 시간에 쫓기는 것만큼 우리 신경을 피곤하게 하는 것도 없다. 이것이 가장 악질적인 스트레스가 된다. 길은 막히고, 약속시간은 다 되어가고, 그 초조함을 우리 모두가 한 번쯤은 경험한 바 있다. 그러나 이와 같은 순간 자신의 심장은 엄청난 부담을 안게 되며 치명타가 될 수도 있다. 신호등 아래에서 더 큰 사고가 나는 것도 쫓기는 심리 상태 때문에 그런 것이다. 걷든, 차를 몰든 '다음 신호등에서 건넌다.'는 원칙 하나만 지킬 수 있어도 스트레스로 인한 각종 질병 예방에 결정적 도움이 된다. 출근 시간에 쫓긴다면, 30분만 일찍 일어나자. 여유 있는 아침식사, 버스에 앉아 갈 수 있고, 그리고 그 시간에 책을 읽는다면, 그게 쌓여 자신의 운명이 달라질 수 있다. 비즈니스에서 약속시간의 준수 여부는 신용의 척도가 되며, 약속시간을 잘 지키는 것이 곧 성공의 밑천이 되는 것이다.

4. 반가운 마음이 담긴 인사를 한다. 정신건강을 위한 10가지 수칙 네 번째! 만나는 이웃, 동료, 누구에게나 반갑게 인사를 하자. 찾아오는 고객이나 거래처 지인을 만날 때에도 마음이 담긴 인사를 하도록 하자. 이 모든 고마운 이웃들 덕분에 내 생활이 가능한 게 아닐까? 인사는 인간만사의 기본이다. 누구를 보아도 밝은 미소로 인사를 잘하면 항상 인정받을 수 있고, 사람의 기본 도리를 아는 사람으로 여겨져 사회적으로도 성공할 확률이 높다. 인사하는 것만 보아도 가문의 내력, 가정교육, 그 사람의 품성까지 파악 할 수 있다. 정중하고 예의 바른 인사, 진심이 담긴 인사는 사람을 감동시키는 강한 힘이 있으며, 반가운 인사를 주고받으면 내 마음까

지 밝고 따뜻하게 되는 걸 느낄 수 있다. 성공한 사람들은 밝은 미소를 성공의 첫째로 꼽는다. 옛말에 '웃는 얼굴에 침 뱉으랴'라는 속담처럼 인사를 잘하면 상대방에게 긍정적인 모습으로 다가갈 수 있기 때문이다.

5. 누구라도 칭찬한다. 정신건강을 위한 10가지 수칙 다섯 번째! 우리는 칭찬에 인색한 편이다. 질투가 나서, 자존심이 상해서, 아부하는 것 같아서 등등 칭찬을 안 하는 이유는 사람마다 다르다. 그러나 칭찬만큼 훌륭한 윤활제도 없다. 칭찬한다는 건 그만큼 자신이 있다는 뜻이다. 칭찬하고 부러워한다는 건 나를 격하시키는 게 아니고 오히려 상대방을 올려주는 일이다.

자신 없는 사람일수록 칭찬에 인색하다. 그들은 오히려 빈정거리거나 상대방을 낮추려고 험담을 하곤 한다. 하지만, 세상에 누가 이런 사람을 좋아하겠는가? 결국 그는 사람들로부터 소외당하고 만다. 칭찬은 남을 위해서 하는 것이 아니다. 사실, 나를 위해서 하는 것이다. 칭찬 한마디가 씨앗이 되어 나중엔 큰 보상으로 내게 돌아오기 때문이다.

6. 원칙대로 정직하게 산다. 정신건강을 위한 10가지 수칙 여섯 번째! 요즘 세상에 원칙을 지켜 정직하게 살다간 밥 굶는다고들 한다. 거짓말하거나 법규를 어기면 당장 편리한 건 사실이다. 그러나 문제는 마음이 편치 않다는 사실이다. 행여 들통이 나랴, 행여 걸리지나 않을까, 늘 가슴이 조마조마 한다. 누가 노크를 해도, 전화벨만 울려도 가슴이 철렁 내려앉는다. 침이 마르기도 하고, 소화가 잘될 리도 없다. 이것이 스트레스 병의 결정적 원인이 되는 것

이다. 하늘을 우러러 한 점 거리낌이 없어야 마음이 편하다. 물론, 원칙을 지켜 정직하게 살기란 쉽지 않다. 하지만, 그게 결국 이기는 길이다. 목표를 세워 꾸준히 가자. 사실, 우린 그런 사람을 신임하고 존경한다. 탈세도 뇌물도 없는 회사란 소문이 나면 그 회사는 성공의 반열에 확실히 올라서게 된다. 세무감사에 밤잠을 설쳐야 하는 사람과 대조가 되지 않는가? 정직이 돈, 건강, 성공을 가져다준다. 정직하게 살아야 마음이 평안하여 정신이 건강해진다.

7. 일부러라도 웃는 표정을 짓는다. 정신건강을 위한 10가지 수칙 일곱 번째! 원래 감정은 자신의 의지대로 잘 조절되지 않는다. 슬플 때는 누가 뭐래도 슬프다. 아무리 기쁜 마음을 먹으려고 노력해도 되질 않는다. 그런데, 참으로 신기하게도 웃는 표정을 지으면 그 순간 기분이 밝아진다는 사실이다. 이것은 안면의 웃음 근육이나 신경이 중추의 웃는 신경 영역을 자극하기 때문이다. 실험적으로 당장 한번 해 보자. 즉시 느낄 수 있을 것이다. 한국인은 표정이 굳어있다고들 한다. 그런 속에 밝은 미소를 짓고 선 사람을 보는 순간, 내 기분도 한결 밝아지는 걸 느낄 수 있게 된다. 누구도 우거지상은 싫어한다. 밝은 사람을 좋아하기 마련이다. 밝은 웃음을 짓는 순간, 내 기분도 좋아지고 동시에 주위 사람까지 밝게 할 수 있다. 이것이 웃음이 주는 신통한 효과이다. 그리고 이것은 우리의 노력으로 가능한 일이라니 얼마나 다행인가? 화가 날 때도 돌아서세 번 심호흡을 하자. 그리고 웃으면서 대화를 다시 시도해 보자. 신통하게 일이 잘 풀리는 것을 발견하게 될 것이다.

8. 집착하지 않는다. 정신건강을 위한 10가지 수칙 여덟 번째!

집착은 어떤 것에 대해 마음이 늘 쏠려서 잊지 못하고 매달리며, 집착하는 대상 이외의 것은 소홀히 대하거나 배척하는 정신적 행위라 할 수 있다. 몰두하는 대상뿐만이 아니라, 그 이외의 것에 대해서도 성실하며, 관대한 집중과는 비슷한 듯 보이나, 그 결과에 있어서는 엄청난 차이가 난다. 예컨대, 집착하는 사랑과 집중하는 사랑은 큰 차이를 지닌다. 집착은 내 안으로 굽어드는 마음이나, 집중은 나를 여는 마음이다. 집착하는 사랑은 아드레날린을 만들고, 집중하는 사랑은 엔도르핀을 만든다. 집착은 습도가 높은 흐린 여름날 같이 칙칙하고, 집중은 푸른 가을 하늘같이 넉넉하고 상쾌하다. 집착은 파멸로 이어지나 집중은 성과로 이어진다.

9. 때론 손해 볼 줄도 알아야 한다. 정신건강을 위한 10가지 수칙 아홉 번째! 땅도 좁고 워낙 코앞에 닥친 불끄기에 급급해서 일까? 우린 작은 일에 핏대를 세우는 일이 많다. 특히, 눈앞에 작은 이익에 연연하다 그만 큰 걸 놓치는 우를 범하고 있는 경우가 많다. 소탐대실, 우리 선현들이 그렇게 경고했건만 오늘도 우리는 작은 이익에 연연해 핏대를 올리며 아웅다웅하고 있다. 양보도 좀처럼 하지 않는다. 서로가 끝까지 밀어붙이니 교통사고가 나지 않을 수가 없다. 양보하고 나면 상대가 손을 흔들어 감사 인사로 답하고, 얼마나 즐거운 나들이가 될까? 남을 도와주는 일, 봉사에도 인색한 것이 우리이다. 이것은 남을 기쁘게 해주는 일이 자신에게 얼마나 큰 기쁨과 자부심을 준다는 걸 모르기 때문이다. 병실 환자가 확실히 좋아지는 때는 다른 환자를 도와주는 순간부터라고 한다. 때론 손해 볼 줄도 알아야 내 마음이 편하고 그게 언젠가는 큰 보

상으로 내게 돌아온다.

10. 상대방의 입장에서 생각해본다. 정신건강을 위한 10가지 수칙 열 번째! "내가 약속을 어기면 사람이 그럴 수도 있는 거고, 남이 약속을 어기면 사람이 그럴 수가 없는 거고"라든지 "남이 하면 스캔들, 내가 하면 로맨스"라는 식으로 사람은 누구나 대인관계에서 자기중심적으로 생각하기 쉽다. 그러기에 서운한 생각도 들고 화가 치밀고 상대방이 밉기도 하고 때론 다툼으로 번질 수도 있다. 그러나 잠시 생각을 돌려 상대방의 입장에서 한번 생각해보자. 그러면 왜 그 사람이 그런 말을 했으며, 또 왜 그런 행동을 했을까 이해할 수 있게 된다. 내가 너무 내 생각만 했구나, 후회도 되고 상대를 용서할 수도 있게 된다. 분노가 화해로 바뀌어 편안한 기분이 된다. 때론, 먼저 사과할 수도 있다. 그런 당신을 상대방은 존경할 것이며, 신뢰가 쌓이면 둘은 참으로 좋은 사이가 될 수 있을 것이다.

결론적으로 정신이 건강한 사람의 특징은 ① 인생의 목표가 분명합니다. ② 타인에게 의존하지 않습니다. ③ 현실을 있는 그대로 보면서 어려움 잘 극복합니다. ④ 처지에 맞게 행동합니다. ⑤ 남의 입장을 잘 이해합니다. ⑥ 맡은 일을 지속적으로 꾸준히 합니다. ⑦ 인생의 즐거움을 여러 곳에서 얻으면서 살아갑니다. ⑧ 자신의 한계를 인정하고 받아들입니다. 우리 모두 정신 건강에 관심을 가져서 혼자서도 잘 살아갑시다.

11장 하체와 관절이 건강해야 혼자 잘산다.

(왕상 19:8)"이에 일어나 먹고 마시고 그 음식물의 힘을 의
지하여 사십 주 사십 야를 가서 하나님의 산 호렙에 이르니라."

하나님은 건강하게 살아가기 위하여 하체와 무릎관리를 습관화
하라고 말씀하십니다. 하체와 무릎이 건강해야 혼자서도 잘 살아
갈 수가 있기 때문입니다. 통계에 의하면 90세 이상 장수하시는 분
들은 어려서부터 잘 걸어 다녔다고 합니다. 필자도 어려서부터 새
벽부터 하루 종일 산을 올라가서 살다가 시피하고 군대에서는 특
전사에 들어가서 천리행군을 13번을 했습니다. 1년에 천리행군을
2번해도 문제가 없을 정도로 허벅지와 다리가 튼튼했습니다. 물론
70인 지금도 걷는 데에는 문제가 없고 건강합니다. 지금도 하루에
1만보이상 걸으면서 하체와 허벅지 근육을 단련하고 있습니다.

사람이 늙도록 잘 걷는 것은 축복 중에 축복입니다. 누구든지 걷
지 못하면 기저귀를 차야합니다. 더 심해지면 요양원에서 영원한
천국에 갈 때까지 지내야 합니다. 하체와 허벅지 근육이 튼튼해야
합니다. 허벅지 근육이 튼튼하면 무릎이 튼튼해져서 천국에 갈 때
까지 잘 걸으며 하나님께 영광을 돌릴 수가 있습니다.

열왕기상 19장에 보면 엘리야가 갈멜산에서 영적인 전투를 하
느라, 체력이 고갈된 상태에 있었는데 아합의 처 이세벨의 편지에
두려움이 찾아와 우울증에 걸려서 "로뎀 나무 아래에 누워 자더니
천사가 그를 어루만지며 그에게 이르되 일어나서 먹으라 하는지라

(6) 본즉 머리맡에 숯불에 구운 떡과 한 병 물이 있더라 이에 먹고 마시고 다시 누웠더니 (7) 여호와의 천사가 또 다시 와서 어루만지며 이르되 일어나 먹으라 네가 갈 길을 다 가지 못할까 하노라 하는지라 (8) 이에 일어나 먹고 마시고 그 음식물의 힘을 의지하여 사십 주 사십 야를 가서 하나님의 산 호렙에 이르니라."(왕상 19:5-8). 사십 주 사십 야를 걸어가니까 우울증이 치유되었습니다. 걷는 것은 모든 육체와 정신과 영적인 건강에 보약입니다.

우리 몸의 70% 근육이 하체에 몰려있습니다. 다시 말해 하체 근육이 장수의 지표인 셈입니다. 하체 근육이 부족하진 않은지 어떻게 확인할 수 있을까요? 하체 근육이 부족하면 여러 가지 증상이 나타납니다. 뼈와 관절에 이상이 생기는 것은 물론, 혈액순환도 잘 안되기 때문입니다. 대표적으로 ○아무리 바지를 올려 입어도 엉덩이 부분이 헐렁해집니다. ○딱딱한 의자에 앉으면 엉덩이가 아픕니다. ○걸을 때 일직선으로 걸으려 하면 나도 모르게 비틀거립니다. ○다리가 시리거나 저리기도 합니다. ○한 달 이상 성욕이 없습니다. ○걷는 거리가 급격히 줄어듭니다. ○괄약근이 약해져 소변이 샐 때가 있습니다. ○전립선 질환이 생깁니다. ○발기와 사정이 잘 안됩니다. ○정액의 양이 주는 등의 증상이 생깁니다.

골반 근육까지 부족해지면 변비가 생기고, 방귀를 참기 어려워지고, 재채기할 때 방귀나 소변이 새는 증상이 생기기도 합니다. 의자에 앉았다 일어서는 것으로도 근육이 부족한지 알 수 있습니다. 유럽노인병학회에서 발표한 '근감소증 새로운 진단 기준'에는 앉았다 일어서기 속도가 포함됩니다. 의자에서 앉았다 일어서기 5

회를 15초 안에 할 수 있어야 합니다. 노인은 보행속도로도 확인할 수 있는데, 걷는 속도가 초당 0.8m 이하이거나 400m를 걷는 데 6분 이상 걸린다면 심각하게 근육이 부족한 것이므로 하체 근육을 강화하는 운동을 반드시 해야 합니다. 하체 근육 단련 운동으로 하체와 무릎, 허벅지 관리하는 방법들입니다.

1. 스쿼트와 런지: 하체 근육 단련 운동으로는 스쿼트와 런지가 권장됩니다. 스쿼트는 양발을 어깨너비로 벌리고 서서 무릎이 발가락보다 앞으로 나오지 않도록 엉덩이와 허벅지 힘을 사용해 앉는 동작입니다. 무릎 각도가 최대 90도를 넘지 않도록 합니다. 런지는 똑바로 서서 한쪽 다리를 앞으로 내디딘 다음에 허벅지가 바닥에 평행이 될 때까지 낮추는 운동법입니다. 매일 스쿼트 15개, 런지 양발 20개를 3세트 반복하면 하체 근육을 단련할 수 있습니다. 한 번에 해당 횟수를 채우기 어렵다면, 조금씩 할 수 있는 동작 횟수를 늘려가는 게 먼저입니다. 한편, 효과적으로 근육을 기르기 위해서는 근육 형성을 돕는 유산소 운동도 병행하는 게 좋습니다. 하체 근력을 강화할 수 있는 유산소 운동으로는 자전거 타기가 있습니다. 자전거 페달을 돌리면 하체 근육이 반복적으로 수축·이완됩니다.

2. 발뒤꿈치 들기 운동: 발뒤꿈치 들기 운동은 현대인들의 건강과 웰빙에 매우 중요한 역할을 합니다. 이 운동은 간단하면서도 놀라운 효과를 가지고 있으며, 무릎 통증 완화, 균형감각 향상, 낙상

예방, 하지정맥 도움, 체형 교정, 힙업 효과 등 다양한 이점을 제공합니다.

발뒤꿈치 들기 운동은 종아리 근육을 강화하여 발목을 안정적으로 지지하는데 도움을 줍니다. 또한 균형감각을 향상시켜 넘어지지 않도록 도와줍니다.

발뒤꿈치 들기 운동은 기립성 저혈압 예방해줍니다. 기립성 저혈압은 일어나거나 일어설 때 머리가 어지러워지는 증상을 말합니다. 발뒤꿈치 들기 운동은 종아리 근육을 강화시켜 혈액순환이 원활하게 이루어지도록 도와줍니다.

발뒤꿈치 들기 운동은 하체의 근력을 향상시킴으로써 균형을 잡는 능력을 향상시켜줍니다. 이는 낙상 사고를 예방하는 데에 큰 도움이 됩니다.

까치발 운동은 하지정맥류를 예방하거나 완화하는 데에도 효과적입니다. 종아리 근육의 수축과 이완을 통해 혈액순환이 원활하게 이루어지므로 하지정맥건강에 도움을 줍니다.

발뒤꿈치 들기 운동은 체형 교정에도 도움을 줍니다. 까치발을 유지하면서 몸의 중심을 교정해주기 때문에 체형이 바르게 되고 엉덩이에도 힘이 들어가게 됩니다.

무릎 통증을 겪는 분들에게 뒤꿈치 들기 운동은 큰 도움이 됩니다. 이 운동은 대퇴사두근을 강화시킴으로써 무릎 통증을 완화시킬 수 있습니다. 특히 계단 오르내릴 때 무릎이 아픈 분들은 뒤꿈치를 들어오르면서 불필요한 압력을 줄일 수 있습니다.

이렇듯 발뒤꿈치 들기 운동은 다양한 효과를 가지고 있으며 현대인들의 건강과 웰빙에 큰 도움을 주는 운동입니다. 특히 일상생활에 적용하기 쉽고 어디서든 할 수 있는 운동이기 때문에 매일 꾸준히 실천하여 건강한 삶을 영위하는 데에 도움이 될 것입니다.

3. 걷기운동: 걷기는 가벼운 유산소 운동으로 분류됩니다. 유산소 운동은 심장과 폐 기능을 강화하고 체지방을 태우는데 효과적입니다. 특히, 걷기는 관절을 부상시키지 않으면서도 근력을 향상시키는데 도움이 됩니다.

걷기는 일상생활에서 쉽게 할 수 있는 운동이기 때문에 꾸준히 하기에 적합합니다. 30분 정도의 걷기로 약 150-200kcal를 소모할 수 있습니다. 만약, 체중을 감량하려면 일주일에 5일 이상 걷기를 실천하는 것이 이상적입니다.

걷기를 할 때는 먼저 적절한 자세를 유지해야 합니다. 머리와 목을 곧게 세우고 양 어깨를 펴고 팔을 자연스럽게 흔들면서 걸어야 합니다. 등은 곧게 펴고 복부를 당기는 자세를 유지하세요.

걷는 속도는 적당히 빠르게 하되 숨이 조금씩 가파르게 나와야 합니다. 걷기의 핵심은 발을 민첩하게 헤아려야 하므로 발뒤꿈치에서 발끝까지 완전한 발육을 이루어야 합니다. 또한, 팔을 앞뒤로 흔들면서 걷는 것도 좋은 방법입니다. 이렇게 걷기운동을 하면 다이어트에 매우 효과적입니다. 걸으면서 음악을 들거나 친구와 함께 걷기도 좋습니다. 꾸준한 걷기운동을 통해 건강한 신체와 더 나은 다이어트 결과를 얻길 바랍니다.

걷기운동을 시작하기 전에는 근육을 준비하는 워밍업을, 운동을 마친 후에는 심장 및 근육에 부여된 스트레스를 완화시키는 쿨 다운을 꼭 해야 합니다. 워밍업과 쿨 다운에 적절한 스트레칭을 포함하는 것이 좋습니다.

걷기운동은 꾸준하게 실천해야 효과를 볼 수 있습니다. 일주일에 최소 150분 이상의 걷기운동을 실천하는 것이 좋습니다. 매일 조금씩 걷기를 하거나 일주일에 몇 번씩 집중적으로 걷기를 할 수도 있습니다.

거리와 시간을 달리하여 다양한 코스를 선택해 걷기를 즐길 수 있습니다. 도심 지역이라면 근처 공원이나 강변 등을 이용해 쾌적한 환경에서 걷기를 즐길 수 있습니다. 또한, 산책로나 자연 보호 구역도 좋은 선택지입니다.

걷기를 지루하지 않게 하기 위해서 동기부여 요소를 추가할 수 있습니다. 음악을 듣거나 설교를 청취하며 걷기를 하거나 걷기 동기를 주는 목표를 설정할 수도 있습니다. 또한, 걷기 기록을 작성하여 나아가는 과정을 시각적으로 확인하는 것도 좋은 방법입니다. 걷기운동은 간단하지만 매우 효과적인 다이어트 운동입니다. 올바른 자세와 적절한 걷는 속도를 유지하며 꾸준하게 실천해보세요. 걷기는 누구에게나 쉽게 접근할 수 있는 운동이므로 누구든지 시작할 수 있습니다.

사람이 태어나고 살아가면서 가장 많이 하게 되는 신체활동이 바로 걷기입니다. 지금이야 걷기운동이라는 용어를 많이 쓰고 있지만 예전만해도 걷기는 운동이 아니라 생존에 가까운 활동이었습니다. 자동차가 거의 없는 시절에는 걸어서 학교를 다니고, 시장에 가고, 직장을 다녔습니다. 굳이 걸으라고 하지 않아도 걷고, 또 걸어야했습니다. 하지만 지금은 기술의 발달로 대부분의 사람들이 자동차를 이용합니다. 하루 3~4km를 걸으라면 손사래 치는 사람이 많을 것입니다. 그만큼 편리함에 익숙해졌고, 걷기는 일상적인 활동에서 운동으로 변했습니다.

그렇다면 걷기는 운동으로써 효과가 있을까요? 있다면 구체적으로 얼마나 걸어야하고 어떤 효과가 있을까요? 라는 의문이 듭니다. 조선 최고의 명의이셨던 허준 선생의 동의보감에는 '좋은 약을 먹는 것보다 좋은 음식을 먹는 것이 낫고, 좋은 음식을 먹는 것보다 걷는 것이 좋다'라는 내용이 있습니다. 걷기효능에 대해 간단하지만 명료하게 정의한 글이라고 생각합니다.

최근 미국 메사추셋츠대 팔루치 교수 연구팀의 연구결과를 보면 매일 7천보이상 걷는 사람은 그렇지 않은 사람보다 조기 사망률이 50~70% 감소했습니다. 그리고 심장마비, 뇌졸중 등 예방에 도움이 되며, 실제 관상동맥심장병 위험을 약 19% 낮출 수 있다고 합니다. 또한 혈당을 낮추고 관절염 예방과 면역기능 향상에도 많은 효과가 있으며, 인지기능과 창의력 향상 등 정신건강에도 큰 도움이 된다고 합니다.

이처럼 걷기는 언제나 우리의 건강을 이롭게 합니다. 바야흐로 가을입니다. 서늘한 날씨와 아름다운 단풍이 들고 꽃이 피는 걷기 좋은 계절입니다. 멋진 산책길을 걸어도 좋고, 가까운 공원을 걸어도 좋고, 도심을 걸어도 좋습니다. 걸어 보시기를 바랍니다. 그러면 당신의 건강은 놀랍게 변할 것입니다. 걷기 운동의 놀라운 효과는 이렇습니다.

① 심혈관 건강: 정기적인 걷기는 심박수를 증가시켜 심혈관 건강을 향상시킵니다. 운동을 했을 때에 심박수가 증가하면 심장은 더 많은 혈액을 몸 전체로 펌핑하게 됩니다. 이러한 심혈관의 활동은 심혈관을 강화하고 혈액순환을 개선시킵니다.

산소와 영양소의 공급의 개선시킵니다. 운동을 통해서 심장은 더 강력하게 수축하고 혈액을 몸 전체로 더 효율적으로 분배합니다. 이로 인해 혈액 내의 산소와 영양소가 조직과 기관으로 더 잘 공급이 되게 됩니다. 산소와 영양소는 세포의 기능과 회복을 지원하면서 신체의 건강을 유지하는 데 중요한 역할을 합니다.

또한 동맥경화, 심근경색, 고혈압 같은 심혈관 질환의 위험을 감소시킵니다. 걷기는 혈압을 조절하고 혈중 콜레스테롤 수치를 개선하는 데 도움이 됩니다. 이는 심혈관 질환을 예방하고 건강을 유지하는 데 도움을 줍니다.

② 체중 조절: 걷기는 체중조절에 매우 효과적인 운동입니다. 꾸준하게 걷는 것은 에너지 소비를 증가시켜서 체지방을 감소하는 데 큰 도움을 줍니다. 걷기는 에너지를 사용하는 유산소 운동으로 일상적인 활동이지만 일정한 강도로 꾸준하게 운동을 해주게 된다면 더 많은 칼로리를 소모합니다. 걷기는 운동 강도를 본인의 체력에 맞게 조절할 수 있으므로, 초보자부터 운동능력자까지 다양한 수준에서 실천할 수 있습니다. 걷기 운동은 에너지 소비가 증가가 되면서 체지방을 태우는 데 효과적입니다. 일상적인 걷기를 꾸준하게 실천을 해준다면 신체의 지방 연소가 촉진되고, 체지방의 감

소와 신체 구성의 개선을 도모합니다. 비만 예방과 관리에 큰 도움을 줍니다. 꾸준한 걷기 습관은 체중을 조절하고 비만의 위험을 감소시키는 데 도움이 됩니다. 또한, 걷기는 식욕을 억제하고 대사를 촉진시키는 데 도움을 줄 수 있습니다.

걷기는 돈이 들지 않고 체력이 약한 분들도 접근하기 쉬운 운동이므로 거의 모든 사람이 실천할 수 있습니다. 하루에 목표 걸음수를 설정하고 꾸준히 걷기 습관을 가질 수 있도록 노력해보시면 체중 조절과 건강 개선을 위해 걷기 운동을 유지해 나가면서 단계적으로 거리나 속도를 늘려나가시면 됩니다.

③ 근력 강화: 걷기 운동은 근력을 강화하는 데 매우 효과적인 운동입니다. 다양한 근육을 활용하면서 걷기를 해줌으로 다음과 같은 근력 향상의 이점을 얻을 수 있습니다. 걷기는 다리 근육을 강화하는 데 큰 도움이 됩니다. 종아리, 대퇴사두근, 햄스트링, 대둔근 등 다리의 근육들이 활발히 사용되기 때문입니다. 근력이 향상되면 걷기 동작의 효율성과 안정성이 향상되며, 보다 빠르고 효과적으로 걷기 운동을 할 수 있습니다.

엉덩이 근육 그룹을 활용하여 근력을 강화하는 데 도움을 줍니다. 엉덩이 근육은 걸음을 밀어주는 동장에 중요한 역할을 합니다. 꾸준하게 걷기 운동을 해주면서 엉덩이 근육을 강화하면 보다 안정적이고 강력한 보행 패턴을 개발할 수 있습니다.

복부 근육을 자연스럽게 사용할 수 있습니다. 허리와 복부 근육은 걷기 동작의 안정성과 균형을 유지하는 데 중요한 역할을 합니다. 정확한 자세와 복부 근력의 개선은 허리 통증 예방과 향상된 자세 제어를 도와줍니다.

걷기는 균형과 안정성을 향상시키는 데 도움이 됩니다. 걷는 동안에 다양한 근육 그룹을 조절하면서 몸의 균형을 유지하는 능력을 향상시킵니다. 균형과 안정성이 향상되면 일상생활에서 부상과 낙상 위험을 줄일 수 있습니다. 또한 근력이 향상되면 관절과 인대를 보호해서 부상의 위험을 감소시키기도 합니다.

저부담이면서 다양한 연력과 체력의 사람들이 하기 좋다보니 정기적이고 꾸준한 걷기는 근력을 향상시키는 데 도움이 되며, 일상생활 동작을 수행하는 데 필수적인 근력을 발전시킵니다. 이를 통해 스트레스와 관련된 부상 및 통증을 예방하고, 더 건강하고 활동적인 삶을 즐길 수 있습니다.

④ 정신 건강 향상: 걷기는 스트레스 감소와 정신 건강 향상에 매우 유용한 운동입니다. 다음은 걷기가 우리의 정신 건강에 미치는 긍정적인 영향입니다. 걷기는 운동으로 우리의 신경체계의 긍정적인 영향을 미칩니다. 운동은 체내에서 내분비 시스템을 조절하고 스트레스 호르몬인 코르티솔의 분비를 감소시킵니다. 이로 인해 신체적인 긴장이 풀리고, 정신적인 스트레스가 감소됩니다.

체내에서 엔도르핀과 세로토닌 같은 쾌락 호르몬이 분비를 촉진시킵니다. 쾌락 호르몬은 우리의 기분을 개선시켜서 우리를 행복하고 긍정적인 상태로 만들어줍니다. 정기적인 걷기는 우울감과 불안을 줄이고, 정서적인 안정을 촉진시킵니다.

두뇌 활동을 촉진시켜 정신 집중력을 향상시킵니다. 특히 자연 환경에서 걷는 것이 매우 효과적입니다. 자연 속에서 걷는 것은 마음의 평화를 찾고 집중력을 회복하는 데 도움을 주면, 창의적인 아이디어 유입을 촉진시킵니다.

걷기는 목표 달성과 자기 개발에 도움을 줍니다. 걷는 동안에 명확한 목표를 세우고 진전을 경험할 수 있습니다. 걷기를 통해서 우리는 자신에게 도전하고 극복할 수 있는 자신감을 얻을 수 있습니다. 친구나 가족 등 누군가와 함께 걷는 건 사회적 연결과 지지감을 제공하고 정서적인 안정을 촉진시키기도 합니다.

정리하자면, 걷기는 스트레스 감소와 정신 건강 향상을 위한 효과적인 운동입니다. 정기적인 걷기는 우리 신경 체계를 조저하고 스트레스를 완화시키며, 긍정적인 기분과 안정적인 정서를 유지하는 데 도움을 줍니다. 또한, 걷기는 집중력 향상, 자기 성취감, 사회적인 연결 등의 장점을 제공합니다.

걷기운동을 시작하려면 큰 준비가 필요하지 않습니다. 하지만 몇 가지 팁을 따르면 효과를 더욱 극대화할 수 있습니다. 하루에 목표 걸음 수를 설정하고 천천히 달성해보세요. 친구나 가족과 함께 걷기를 즐기면 더욱 재미있고 동기부여가 됩니다. 자연이나 공원을 찾아 걷는 것이 심리적인 안정과 행복을 더해줄 수 있습니다. 걷기운동은 우리에게 쉽게 접근 가능한 보물 같은 활동입니다. 걷는 동안의 시간을 효율적으로 활용하며 건강과 행복을 동시에 얻어 보시기를 바랍니다. 꾸준한 걷기 습관을 형성하면 건강한 삶을 즐길 수 있을 것입니다. 걸음 한 걸음이 삶의 질을 한층 높여주는 작은 행복으로 하체와 허벅지 근육을 늘리고 무릎을 강하게 하시기를 바랍니다.

4. 뒤로 걷기: 동네 공원에 보면 가끔 뒤로 걷는 사람들이 있습니다. 어디서 나온 말인지 노년층들 사이에선 '뒤로 걷는 것이 건강에 좋다'는 게 통설로 퍼져있는데, 다른 사람이랑 부딪치는 것은 제외하더라도 뒤로 걷는 행위는 의학적으로 다리에 매우 위험한 행위입니다. 인류는 앞으로 걷는 것에 최적화되어 발달해 뒤로 걷는 것은 고려사항이 아닙니다. 때문에 앞으로 걸을 때보다 뒤로 걸을 때 다리에 2배 이상의 부하가 걸립니다. 뒤로 걷는 것을 오래해서 익숙해지면 뒤로 걸어도 앞으로 걷는 것과 비슷한 부하가 걸리지 않을까? 라는 생각을 하는 사람들도 있는데 이것은 숙련도의 문제가 아니라 DNA 단위에 각인되어 있는 인류 진화의 역사, 그에 따른 결과물인 인체 구조의 문제입니다. 심지어 하이힐을 신고 앞으로 걸을 때보다 운동화를 신고 뒤로 걷는 것의 부하가 더 높습니다. 뒤로 걷는 것은 다리에 관절염 및 부상을 입힐 확률을 높일 뿐만 아니라 길에 있는 시설물이나 맞은편에서 오는 자전거 등에 부상당할 위험이 큽니다.

다만, 등산 같은 경우 하산할 때 뒤로 걷는 사람을 종종 목격할 수 있습니다. 이것이 경사 때문도 있지만 확실히 앞으로 걸을 때 쓰는 근육과 뒤로 걸을 때 쓰는 근육이 달라서 다리가 덜 아프도록 할 수 있기 때문입니다. 이처럼 장시간 앞으로만 걸어서 다리가 아플 경우, 잠깐 뒤로 걸으며 다른 근육을 이용하는 것이 하나의 팁이 될 수 있습니다. 다만 뒤는 잘 보고 걸어야 합니다.

5. 파워 워킹: 걷기와 달리기의 단점을 보완해 만든 운동으로, 시속 6~8km로 빠르게 걷는 운동을 말합니다. 달리기만큼 칼로리를 소모하지는 못하지만 일반 걷기보다는 많은 칼로리를 소모합니다. 일반 걷기와의 차이점은 팔이 아닌 하체 동작입니다. 즉, 허벅지 뒤쪽과 엉덩이 근육을 쓰면서 걷는 것입니다. 파워 워킹이 팔만 힘차게 흔들며 걸으면 되는 줄 아는 사람들이 있는데 그러다가 괜히 주변 사람만 팔로 치게 됩니다.

당연히 평범한 속도로 걷는 것보다 근육에 무리가 더 많이 가고 운동 효과도 더 높습니다. 때문에 달리기가 부담되거나 시간이 많다면 빨리 걷기를 하는 것도 괜찮은 방법입니다. 빨리 걸으면 테니스 단식 운동만큼 고강도 운동이 됩니다. 관절염에도 도움이 됩니다. 무릎이 좋지 않다면 달리기, 계단 오르기 같은 운동은 하지 않는 게 좋고, 실내 자전거나 평지 걷기를 권장합니다.

6. 맨발걷기: 맨발걷기를 할 때 땅속 음전하를 띤 자유전자가 몸 안으로 올라와 우리의 생리적 작용들을 최적화 합니다. 맨발걷기의 효과는 놀랍습니다.

① 항산화효과: 양전하를 띤 활성산소를 중화시켜 암 고혈압 신장염 치매 등 각종 만성질환을 예방하고 치유합니다.

② 혈액희석효과: 혈액 속 적혈구의 제타전위를 높여 혈액을 묽고 맑게 해 각종 심혈관, 뇌질환을 예방하고 치유합니다.

③ ATP 생성촉진효과 활력충전과 항노화의 묘약을 제공합니다.

④ 천연의 신경안정효과: 스트레스 호르몬인 코르티솔 분비를

안정화시켜 천연의 신경안정제 작용을 합니다.

⑤ 염증 및 통증의 완화: 세포 속 짝 잃은 전자에게 짝을 찾아주어 염증과 통증을 치유합니다.

⑥ 면역계의 정상작동효과: 면역력을 높여 감기, 코로나를 예방하고 각종 자가 면역질환을 예방하고 치유합니다.

⑦ 발가락의 부채살 효과: 맨 발 걷기 시 신발 속에 갇혀 있던 발가락들이 부채살처럼 퍼지면서 꺽쇠처럼 작동하여 정자세유지, 혈류를 촉진하며 각종 근골격계질환들과 치매, 알츠하이머, 파킨슨병 등의 원인을 해소합니다.

결론적으로 하체와 허벅지 근육이 튼튼해야 합니다. 하체와 허벅지 근육이 튼튼하려면 어렸을 때부터 걷는 것을 즐겨해야 합니다. 어렸을 때부터 잘 걷는 사람이 90세 이상 장수한다는 것입니다. 하체와 허벅지 근육이 튼튼하니 무릎이 건강하기 때문입니다. 습관적으로 걸어야 합니다. 걷는 것을 습관화해야 합니다. 될 수 있는 대로 자가용을 뒤로하고 대중교통을 이용하시기를 바랍니다. 통계적으로 대중교통을 이용하시는 분들이 하체와 허벅지 근육이 튼튼하다고 합니다. 건강은 건강할 때 지켜야 합니다. 50-60대에 병원에 장기 입원하신 분들이 후회하는 것이 무엇인지 아십니까? 건강할 때 자기 자신을 돌보지 못한 것입니다. 필자가 3년 동안(월화수목금:09:00-16:30) 병원에 능력전도 다니면서 대화를 해보니 돈을 못 벌었다고 후회하시는 분은 한분도 없었습니다. 모두 젊어서 자기관리와 면역관리를 잘못한 것을 후회하셨습니다. 우리 모두 건강할 때 건강관리를 잘하시기를 소원합니다.

12장 마음이 건강해야 혼자서도 잘산다.

(잠 16:21) "마음이 지혜로운 자는 명철하다 일컬음을
받고 입이 선한 자는 남의 학식을 더하게 하느니라."

혼자서도 잘 살아가려면 마음이 건강하고 평안해야 합니다. 우리의 삶은 수많은 마음의 상처와 정신적인 고통과 육체적 아픔, 생활의 슬픔 등 헤아릴 수 없는 불행의 쓰나미가 항상 다가옵니다. 우리는 이와 같은 고난을 이겨내고 행복하게 살아야 되는 것입니다. 삶은 한 번의 기회밖에 없습니다. 그 한 번의 기회에 울고 탄식하고 부정적으로 살아도 일생을 살고 모든 운명과 환경을 극복하고 기쁘고 행복하게 살아도 일생을 사는 것입니다. 환경은 언제나 똑같이 다가오는 것입니다. 그것을 극복 못하고 사는 사람은 슬프게 살고 극복하고 사는 사람은 기쁘게 살 수 있는 것입니다. 우리가 환경을 다스리기 위해서 어떻게 해야 될까요? 환경을 다스리기 전에 우리 마음을 다스려야 되는 것입니다. 마음을 다스리면 환경을 다스리는 능력이 나타나게 되는 것입니다.

잠언 16장 32절처럼 "노하기를 더디 하는 자는 용사보다 낫고 자기의 마음을 다스리는 자는 성을 빼앗는 자보다 나으니라" 성을 빼앗는 것이 쉽습니까? 성을 지키고 있는 군대들이 안에서 끊임없이 저항을 하는데 성 빼앗는 것이 얼마나 어려운 것입니까? 그러나 마음을 다스리는 자가 성을 빼앗는 자보다 더 위대하다고 말하는 것은 마음을 다스리면 그 마음에 다스리는 능력이 나아가서 성을

무너뜨리고 마는 것입니다. 성을 빼앗으려고 하기 전에 마음을 다스리면 성이 무너진다는 말은 우리 마음을 다스리는 자는 환경과 운명의 성을 다스릴 수 있다는 것을 말하는 것입니다.

잠언서 4장 23절에 "모든 지킬 만한 것 중에 더욱 네 마음을 지키라 생명의 근원이 이에서 남이니라" 생명의 근원을 찾아 동서남북으로 방황하지 말고 내 마음에 바로 생명의 근원이 있기 때문에 마음을 다스리라고 말하는 것입니다. 잠언 25장 28절에 "자기의 마음을 제어하지 아니하는 자는 성읍이 무너지고 성벽이 없는 것과 같으니라" 성읍이 무너지고 성벽이 없으면 도둑놈들이 마음대로 들락날락하고 약탈꾼들이 와서 도둑질하고 죽이고 멸망시키는 것입니다. 마음을 제어하지 못하면 바로 그와 같다는 것입니다.

우리의 삶은 우리가 어떤 마음과 생각을 가졌느냐에 따라 좌우됩니다. 그러므로 우리가 어려움을 이기고 행복하게 살기 위해서는 무엇보다도 먼저 마음을 다스려야 되는 것입니다. 마음이 정리정돈되면 환경이 따라서 정리정돈이 되는 것입니다. 마음이 어지러우면 환경을 아무리 애를 쓰고 힘을 쓰고 정리정돈해도 안 되는 것입니다. 오늘날 많은 사람들이 자기 마음은 그대로 내버려 놓고 우리 집을 다스려야 되겠다. 직장을 다스려야 되겠다. 환경을 다스려야 되겠다고 노력을 하고 애를 쓰는데 안 되잖아요. 마음이 안 다스려지는데 됩니까? 성경에는 "무엇이든지 땅에서 매면 하늘에서 매일 것이요 땅에서 풀면 하늘에서 풀리리라"했는데 매고 푸는 것이 어디서 합니까? 마음에서 매고 푸는 것입니다. 마음에서 매고 푸는 데로 하늘은 그에 따라서 역사해 주시겠다고 말씀하신 것입니다. 그렇기 때문에 우리는 지킬만한 것보다 마음을 지키고 무엇보다도 먼저 마음을 다스리고 나아가야 할 것입니다. 하나님께서는 마음과 정신과 생각이 성령으로 건강한 사람을 통하여 일하십니다. 그러면 마음과 정신과 생각을 어떻게 다스리느냐.

1. 마음을 청소하고 정리하라. 집안을 다스리려면 집안을 청소하고 정리해야 되는 것처럼 마음을 청소하고 다스려야 되는 것입니다. 성령 안에서 온몸기도하며 정신적으로 미움, 분노, 시기, 질투, 교만, 탐욕 같은 쓰레기더미를 씻어내고 양심에 고통스런 죄책을 다 회개하고 예수님의 보혈로 씻어야 마음을 다스릴 수가 있는 것입니다. 마음에 쓰레기가 잔뜩 쌓여있고 마음이 완전히 불완전하게 흩어져서 정신을 차릴 수 없는데 다스려집니까?

마가복음 7장 21절로 23절에 "속에서 곧 사람의 마음에서 나오는 것은 악한 생각 곧 음란과 도둑질과 살인과 간음과 탐욕과 악독과 속임과 음탕과 질투와 비방과 교만과 우매함이니 이 모든 악한 것이 다 속에서 나와서 사람을 더럽게 하느니라." 우리 속에는 쓰레기더미가 있습니다. 너나 할 것 없이 우리 가슴을 활짝 펴고 들여다보면 쓰레기더미가 다 있어요. 남에게만 쓰레기더미가 있다고 손가락질하지 말 것은 내 속에 쓰레기더미가 있는 것입니다. 그러므로 이것을 청산해야 돼요. 쓰레기더미를 어떻게 청산합니까? 우리가 성령의 지배가운데 기도를 통해서 청산할 수 있는 것입니다. 요한일서 1장 9절에 "만일 우리가 우리 죄를 자백하면 그는 미쁘시고 의로우사 우리 죄를 사하시며 우리를 모든 불의에서 깨끗하게 하실 것이요"라고 말씀한 것입니다.

우리가 죄를 하나님 앞에 고백하면 깨끗하게 해주세요. 입으로 그냥 고백해서 고백이 잘 안되거든 종이를 가지고 죄를 하나, 둘 적으십시오. 적어서 그 죄 항목을 읽고 난 다음에 주님 앞에서 쫙 쫙 찢어서 쓰레기통에 집어넣으세요. 그리고 마음속에 죄 다 청산 했다. 그러면 더 확신이 마음에 다가오는 것입니다.

베드로전서 1장 18절로 19절에 "너희가 알거니와 너희 조상이 물려 준 헛된 행실에서 대속함을 받은 것은 은이나 금 같이 없어질 것으로 된 것이 아니요 오직 흠 없고 점 없는 어린 양 같은 그리스도의 보배로운 피로 된 것이니라" "샘물과 같은 보혈은 임마누엘 피로다. 이 샘에 죄를 씻으면 정하게 되겠네." 세상 사람이 알지 못하는 샘물이 있습니다. 세상 사람은 물질적으로 넘쳐나는 물로써 때는 씻지만 마음은 못 씻는데 우리는 마음을 씻는 그리스도의 십자가 보혈과 성령이 우리에게 주어진 것입니다. 우리는 갈보리 산에 매달려 있는 예수 그리스도의 고통을 통해서 흘리신 피를 믿고 받아들이므로 우리 죄가 다 용서함 받을 수가 있는 것입니다. 우리 마음속에 더러운 죄만 자복할 뿐 아니라 부정적인 생각을 정리해야 되는 것입니다. 마음에 염려, 근심, 불안, 초조, 절망, 시기, 분노, 우울한 마음, 살고 싶지 않은 부정적인 생각, 이런 생각을 성령의 장악과 지배 가운데 다 정화하고 쫓아내야 되는 것입니다.

그래서 필자가 독자들에게 나는 행복하다. 나는 기쁘다. 나는 즐겁다. 나는 평안하다. 나는 만사형통하다. 이 말을 하라는 이유는 부정적인 생각을 쫓아내는 방법으로 그렇게 하는 것입니다. 많은 사람이 저보고 그런 질문을 해요. 행복하지도 않은데 왜 자꾸 행복하다고 그럽니까? 그래서 내가 하는 말은 행복 안하기 때문에 행복하다고 말하라. 행복한 사람은 행복한데 뭐라고 행복하다고 말할 필요 없지 않느냐. 행복 안하니까 그것을 쫓아내기 위해서 나는 행복하다. 안 기쁘니까 슬프니까 나는 기쁘다. 평안하지 못하니까 나는 평안하다. 건강 안하니까 내가 건강하다. 그래서 부정적인 것을 쫓아내는 것입니다. 부정적인 것을 그냥 두고는 마음이 정리 정돈이 되지 않습니다.

로마서 8장 5절로 6절에 "육신을 따르는 자는 육신의 일을, 영을 따르는 자는 영의 일을 생각하나니 육신의 생각은 사망이요 영의 생각은 생명과 평안이니라" 육신을 따라서 여러 가지 부정적 생각이 마음을 꽉 점령하고 있을 때 우리는 영의 생각을 쫓아서 예수님 이름으로 긍정적인 시인을 하므로 이를 쫓아내는 것입니다.

리처드 칼슨은 심리학자로 오랜 기간 동안 심리치료 상담을 한 유명한 의사가 있는데 그가 이러한 일을 하게 된 것은, 아주 친했던 친구의 죽음을 보고 마음이 달라진 것입니다. 그 친구와 그는 열심히 인생을 살겠다고 아침에 일찍 일어나고 저녁에는 늦게 누우며 불필요한 손실을 아끼고 열심히 일을 했습니다. 그런데 그 친구가 결혼 날짜를 잡아 놓고 결혼하기 전에 덜컥 죽어 버렸어요. 거기에 굉장한 충격을 받았습니다. 아침에 일찍 일어나고 저녁에 늦게 누우며 그렇게 수고의 떡을 먹고 물을 마시며 고생했는데 순식간에 죽어버리고 헛되고 헛되며 모든 것이 헛된 것을 보았습니다. 그래서 "아~ 인생은 쉬지 않고 고생을 하며 노력만 한다고 사는 것이 아니구나. 여유를 가지고 살아야 되겠다." 그래서 그는 사는 방식을 완전히 바꿨습니다. 빨리빨리 대신에 삶의 속도를 늦추고 여유를 가지면서 오히려 예전보다 더 생산적이고 더 효과적으로 일할 수 있는 자신을 발견했다는 것입니다.

마음을 정리정돈 하고 여유를 가지고 천천히 살아도 마음속이 행복하면 환경이 행복한 환경으로 변화되는 것입니다. 먼저 버려야 할 사소한 생각으로는, 불행하다는 마음과 마음의 고통, 슬픔, 상처 등 주로 부정적인 것들을 다 몰아내야 합니다. 화, 불안, 분노, 비난 등 부정적인 감정들도 지금 당장 버리고 망설이고, 걱정하고, 불신하고, 갈등하고, 조급증, 적대감 등의 행동을 버릴 때 마음이 그런 것으로부터 해방되면 행복하게 된다는 것입니다. 우리가 성공적이고 행복한 삶을 살기 위해서는 무엇보다 먼저 우리의 생각과 감정과 행동 가운데 부정적이고 소극적인 쓰레기더미를 예수님의 보혈로 씻어내고 우리 마음을 십자가 구속의 은혜와 성령으로 채워야 하는 것입니다.

우리가 마음을 정리정돈하기 위해서 항상 죄를 회개하고 자복하고 보혈로 씻고 부정적인 생각을 긍정적인 생각으로 내어 쫓아야 돼요. 나는 행복하다. 나는 기쁘다. 나는 즐겁다. 울면서라도 나는 평안하다. 나는 건강하다. 나는 잘된다. 형통하다. 그렇게 하면은 그 생각이 우리 마음에 들어와서 반대적인 생각을 밀어내 주는 것이니까 마음에 그런 생각을 통해서 우리가 행복할 수가 있는 것입니다. 하나님께 기도할 때도 마음이 정리정돈 되어서 기도해야 힘 있게 기도가 상달되지 마음이 아주 쓰레기더미 같이 혼잡하게 되

있는 상태에서 기도해서는 기도응답이 오지 않는 것입니다. 우리가 항상 마음속에 기뻐하고 경배하며 즐거움으로 꽉 들어찬 마음을 가지고 살면 마음을 다스릴 수가 있습니다.

2. 말로써 마음을 다스려야 되는 것이다. 꿈과 믿음을 말로써 시인하면 꿈과 믿음이 마음을 점령하게 되는 것입니다. 말이 제일 중요한 것은 말을 통해서 생각하고 말을 통해서 바라보고 말을 통해서 믿고 말을 통해서 행동하게 되는 것입니다. 사람은 말에 대해서 깊이 생각 안하는데 말이 자신을 붙잡고서 좌우하는 것입니다. 믿는 것이 가만히 있으면 그 믿음이 아니지 않습니까? 나 믿습니다. 말로 하면 믿음이 나타나는 것입니다. 꿈도 마음속에 가만히 혼자서 어떻게 꿈꿉니까? 나는 꿈을 꾸고 있습니다. 무슨 꿈을 꾸느냐. 영혼이 잘됨같이 범사에 잘되며 강건한 꿈을 꾸고 있습니다. 말을 하면 그 꿈이 선명해진다 말입니다. 말을 하는 것입니다. 가만히 있으면 무엇인지 모르지만 나는 백화점에 가서 봄옷을 사 입겠습니다. 멋있는 봄옷을 사 입겠습니다. 말을 해보십시오. 그 꿈이 마음에 아주 확실하게 되지 않습니까? 그렇기 때문에 자꾸 말로써 나는 행복합니다. 나는 기쁘고 즐겁습니다. 하면 마음속에 꿈이 행복한 꿈과 즐거운 꿈이 마음속에 그려져요. 말을 안 하면 안 됩니다. 잠언서 18장 21절에 "죽고 사는 것이 혀의 힘에 달렸나니" 힘 있지요. 혀가 힘이 있습니다. "죽고 사는 것이 혀의 힘에 달렸나니 혀를 쓰기 좋아하는 자는 혀의 열매를 먹으리라" 그냥 말이 공중으로 날아가는 것이 아닙니다. 혀가 그 열매를 맺어서 자신에게 먹도

록 만들어 주는 것입니다. 야고보서 3장 2절에 "우리가 다 실수가 많으니 만일 말에 실수가 없는 자라면 곧 온전한 사람이라 능히 온 몸도 굴레 씌우리라" 말이 온 몸을 굴레 씌우는 것입니다. 그러므로 말이라는 자체가 얼마나 힘이 있는지 모릅니다. 말을 통해서 믿음의 분위기를 만들어야 됩니다.

마음속에 자신이 긍정적인 생각과 긍정적인 꿈과 긍정적인 믿음과 긍정적인 말을 해서 긍정적인 분위기를 만들어 놓으면 성령의 역사로 천사들이 날아옵니다. 분위기가 얼마나 중요한지 몰라요. 쓰레기통을 갖다 놓으면 쥐가 와요. 쥐가 오지 말라고 해도 쓰레기통을 갖다 놓으면 쥐가 오고 벌레들이 와요. 그러나 꽃을 갖다 놓으면 나비와 벌들이 와요. 마음에 어떠한 분위기를 만드느냐에 따라서 환경이 달라지는 것입니다. 그러므로 마음에 예수 그리스도의 보혈로 말미암아 영혼이 잘되고 범사에 잘되며 강건한 분위기를 만들어 놓으면 좋은 일이 한없이 생겨나요. 그런데 이 마음의 분위기를 잘 만드는데 가장 공로를 세우는 것이 말입니다.

로마서 10장 8절로 10절에 "말씀이 네게 가까워 네 입에 있으며 네 마음에 있다 하였으니 곧 우리가 전파하는 믿음의 말씀이라 네가 만일 네 입으로 예수를 주로 시인하며 또 하나님께서 그를 죽은 자 가운데서 살리신 것을 네 마음에 믿으면 구원을 받으리라 사람이 마음으로 믿어 의에 이르고 입으로 시인하여 구원에 이르느니라" 아무리 마음에 믿어도 말 안하면 구원에 이르지 않아요. 처음 믿는 사람 일어나서 기도를 따라하는 이유가 거기에 있는 것입니다. 믿음으로 일어났지요. 그러나 내 말을 따라해야 구원을 받는 것입니다. 말이 그렇게 중요해요. 마음의 긍정적인 분위기 속에 하나님께 집중적으로 기도하면 기도가 효과가 있는 것입니다. 마음이 부정적인데서 아무리 기도해봤자 기도가 하늘에 상달되지 못해요. 공중 권세 잡은 마귀에게 막히고 말아요. 마음에 긍정적인 분위기가 되어서 예수님 안에서 나는 할 수 있다 하면 된다 해 보자 주님이 살아계신다. 나를 도와주신다. 주님이 이루어 주실 아름다운 꿈을 꾸고 믿음으로 주님께 주여 하고 부르고 기도하면 기가 막히게 응답이 다가오게 되는 것입니다. 오늘 이 말씀을 읽고 난 다음에 성령의 감동에 따라 기도할 때 그때가 응답받는 시간인 것입니다. 마음에 분위기가 만들어졌으니까. 환경이 만들어졌으니까 기도가 하늘에 능력있게 상달되는 것입니다.

사도행전 10장 38절에 하나님께서 예수 그리스도에게 성령과 능력을 기름 붓듯 하셨으매 그가 두루 다니시며 선한 일을 행하시고 마귀에게 눌린 모든 사람을 고쳤다고 했습니다. 예수님은 고치는 하나님이신 것입니다. 영혼을 고치고 마음을 고치고 육체를 고치고 생활을 고치는 하나님이신 것입니다. 그러므로 그리스도를 통해서 내가 치료받고 고침 받고 변화 받는 모습을 상상하면 성령께서 그 길로 이끌어 주시는 것입니다. 꿈을 꾸어야 되는 것입니다. 생각과 꿈을 꾸어야 되는 것입니다. 그러면 그대로 되어요. 자꾸 못살고 안 되고 죽는 것을 생각하면 꿈이 자신을 못살고 안 되고 죽는 것으로 끌고 가는 것입니다. 주님이 주시는 새로운 삶을 꿈꾸고 심신의 병 대신 건강한 삶을 꿈꾸고 하나님이 복된 삶을 마음속에 꿈꿔야 되는 것입니다.

"아무 것도 염려하지 말고 다만 모든 일에 기도와 간구로, 너희 구할 것을 감사함으로 하나님께 아뢰라 그리하면 모든 지각에 뛰어난 하나님의 평강이 그리스도 예수 안에서 너희 마음과 생각을 지키시리라"(빌 4:6~7). 우리가 마음의 생각이 평강으로 꽉 들어차서 기도하면 모든 일이 다 이루어진다고 말씀해 주고 있는 것입니다.

3. 마음의 장애가 무엇인지 알아야 한다. 제일 큰 장애가 자기중심적인 삶의 악한 꾀인 것입니다. 아담과 하와가 타락한 것은 악한 꾀로 인하여 타락한 것입니다. 하나님을 믿고 순종하고 살도록 되어 있는데 자기를 믿고 자기 마음대로 하겠다는 것이 그들이 지은 죄인 것입니다. 오늘날도 자기중심으로 생각하고 자기중심으로 행동하는 그러한 것이 마음에 최악의 장애가 되는 것입니다. 부부간에 불화가 일어나서 제게 신앙상담 많이 오는 부부의 이야기를 들어보면 남편은 모든 면에 자기가 옳다고 말합니다. 부인보고 저 사람 때문에 내 인생 망쳤다고 말합니다. 그런데 또 부인은 말하기를 남자 때문에 내 생애를 망쳤다. 말하는 소리 들어보라고…. 저러니까 내가 살 수 있냐고…. 두 사람이 다 자기 중심적인 삶의 주장을 하고 모든 말하는 것이 자기중심에서 말하는 것입니다. 우리는 항상 나 혼자 살지 않고 이웃과 함께 살고 있습니다. 그러므로 내 주장만 하지 말고 다른 사람의 주장에 귀를 기울이는 역사가 있어야 되는 것입니다. 그 다음에 마음의 장애는 하나님의 말씀을 거역하는 죄인 것입니다.

시편 107편 10절로 11절에 "사람이 흑암과 사망의 그늘에 앉으며 곤고와 쇠사슬에 매임은 하나님의 말씀을 거역하며 지존자의 뜻을 멸시함이라" 하나님의 말씀을 거역하고 하나님의 뜻을 거역하고 편안한 채 하지만 그때부터 마음속에 불안의 씨앗이 심어지는 것입니다. 정죄가 들어오는 것입니다. 하나님 성령께서 마음에 정죄하는 것입니다. 하나님 법을 어기고 나면은 그 법이 마음속에서 끊임없이 정죄의 소리를 외치는 것입니다. 그러므로 우리가 하나님의 뜻을 거역하고 평안하게 살 수가 없습니다. 시편 119편 165절에도 "주의 법을 사랑하는 자에게는 큰 평안이 있으니 그들에게 장애물이 없으리이다"고 말씀한 것입니다.

우리가 가난하고 어렵게 살더라도 하나님 앞에 깨끗한 마음을 가지고 있으면 평안하게 살 수 있는 것입니다. 탐심과 욕심도 우리 마음에 큰 장애인 것입니다. 내 분수에 맞는 것을 원하지 아니하고 분수를 뛰어넘어 취하려고 하기 때문에 탐심과 욕심은 우리 마음속에 크나큰 고통을 가져오는 것입니다. 가족들 간에도 그렇습니다. 요사이 보면 부잣집 아들, 딸들이 서로 물고 찢고 싸우고 법원에 가서 고소, 고발하고 재산 때문에 재판하는 사건을 많이 보는데 한 아버지 밑에 자란 아들, 딸들이지만 아버지 재산을 나누는데 탐심과 욕심이 들어오니까 완전히 원수가 되는 것입니다. 서로 고소하고 고발하는 처지에 있게 되어서 불행을 가져오는 것입니다. 그 다음에는 교만과 오만입니다. 자기 정도 이상으로 자기를 높이 생각하는 것이 교만과 오만인 것입니다. 어깨에 힘주고 자기 정도 이상으로 대접을 받고 행세하려고 하는 교만과 오만은 정신적인 장애 중에 하나인 것입니다. 행복과 참된 기쁨과 평안을 갖고 사는 삶을 막는 장애들을 고쳐야 되는 것입니다.

4. 성령으로 발원한 강한 마음과 정신을 가져야 혼자서도 잘산다. 세상을 살아가다가 보면 참고 인내해야 될 일이 있고, 참아도 안 되는 일이 있습니다. 이때는 자기 마음과 생각을 '하나님과 성령님의 생각'으로 바꿔서 해야 되는 것입니다. 성령으로 충만한 정신력으로 주님의 일을 해야합니다. 성령충만하면 정신력도 강해지고 심장도 튼튼해지는 것입니다. 성령으로 거듭나지 못한 인간적인 '자기 자체적인 마음과 생각'으로 살면, 큰일도 못하고 '자기 주관권의 생각'으로만 하고 끝나게 되는 것입니다.

고로 '주님의 일'을 하려면, '성령하나님의 강한 마음과 생각과 정신'으로 충만하게 채워진 다음에 해야 되는 것입니다. '사람의 마음'을 강하게 하려면, '강한 것'을 보고 듣고 믿어야 강해집니다. 또한 '믿음이 강한 자'와 '마음과 생각이 뜨거운 자' '정신이 강한자'와 같이 해야 됩니다. 그러면 강해지는 것입니다. 그래서 하나님은 "너희는 마음을 강하게 하며 담대히 하고 앗수르 왕과 그를 따르는 온 무리로 말미암아 두려워하지 말며 놀라지 말라 우리와 함께 하시는 이가 그와 함께 하는 자보다 크니"(대하 32:7). 믿음이 강한 자'와 '마음과 생각이 뜨거운 자' '정신이 강한자'는 자신의 주인이신 성령하나님이십니다. 사람의 마음을 강하게 하는 분은 성령하나님이십니다. 성령으로 충만 받아야 마음과 정신이 강해지는 것입니다.

'자기 마음과 생각'을 강하게 하려면, 성령의 이끌림을 받는 훈련 '연단'이 필요합니다. 다윗은 전쟁을 겪으며 두려움과 공포를 다스리고 연단시켰습니다. 그리고 기도 생활을 수십 년간 하면서 강해졌습니다. 성령 안에서 기도하면, 하나님과 성령님의 마음이 느껴집니다. 감동이 되고, 뜨거워집니다. 이같이 된 다음에 행해야 됩니다. 아니 하나님께서는 이렇게 된자를 통해서 일하십니다. 택한자라도 불러서 그냥 일을 시키시는 것이 아니고 성령으로 훈련하여 믿음과 마음과 정신이 강하자로 만드시고 시험하여 합격하면 일을 맞기십니다.

'인간의 생각'은 '한계'가 있어서 못 하고, 또한 '하나님의 뜻과 의향'을 몰라서 못 하게 되는 것입니다. 하나님은 말씀하시기를 "이는 힘으로 되지 아니하며 능력으로 되지 아니하고 오직 나의 영으로 되느니라."(슥 4:6). 오직 전능하신 하나님의 영으로 만 할 수 있다고 하셨습니다. 고로 성령으로 충만해야 합니다. 성령의 지배와 인도를 받아야 '하나님의 뜻과 의향'을 알고 순종함으로 하나님의 일을 할 수가 있는 것입니다. 분명하게 하나님은 '하나님의 생각으로 하지 않은 것'은 '하나님의 뜻을 이룬 것'이라고 하지 않으십니다. 하나님의 뜻대로 해야 됩니다. 하나님은 하나님을 위해서 무엇을 열심있게 하는 사람을 좋아하지 않으십니다. 하나님의 말씀에 순종하는 사람을 통해 일하십니다. 성령하나님과 늘 함께 하시기를 바랍니다. 걸어 다니는 성전이 되어야 합니다. 그리하는 자는 마음과 정신이 담대해지고, 두려움도 죽음도 공포도 벗어나게 됩니다. 항상 하나님의 마음과 생각과 정신과 뜻을 가지고 하나님의 살아계심을 세상에 증명하게 됩니다.

13장 무의식이 건강해야 혼자서도 잘산다.

(히 12:14)"모든 사람과 더불어 화평함과 거룩함을 따르라 이것이 없이는 아무도 주를 보지 못하리라."

혼자서도 잘살려면 무의식을 정리해야 합니다. 무의식의 상처가 혼자서도 잘 사는 것을 방해합니다. 영적-정신적-육체적 질병이나 사건이 생기게 하여 혼자서도 잘 사는 것을 지극정성으로 방해합니다. 무의식이 정리되지 않으면 자기의 생각이나 귀신의 생각, 즉 에고를 따르게 하여 자기 인생을 망하게 하기 때문입니다. 무의식이 정리되지 않으면 무의식에 숨어있는 과거의 사건이 현재의 삶에 계속해서 수치심, 죄의식, 실패 감, 좌절감과 같은 나쁜 영향을 주는 것입니다. 결국 혼자서도 잘 살아가지 못하게 하는 것입니다.

아프고 부끄러운 상처일수록 깊이 묻혀 있고, 스스로 파내어서 치료받으려고 하지 않습니다. 상처가 크고 부끄러울수록 깊이 묻혀 있고, 깊이 묻혀 있는 만큼 인생에 깊이 영향을 미칩니다. 인간의 자아방어를 위한 심리적인 본능으로 이처럼 아픈 감정을 기억에서 잊게 하고 깊이 파묻게 하는 것은 우리의 자아를 상처로부터 보호하려는 하나님의 은총이십니다. 만일 인간이 아픈 감정을 모두 생생히 기억한다면 괴로워서 스스로 삶을 포기하게 됩니다. 인간은 고통의 기억보다 좋은 기억을 하게 되어 있습니다. 그러나 상처와 감정을 깊이 묻게 하는 것은 억제, 방어의 기능이지 치료의 기능은 아닙니다. 치료는 그리스도의 십자가의 보혈의 공로와 성령님의 도우심으로 과거의 상처를 억제된 부분에서 현실로 가지고 와서 무의식을 정리 정화하고 치유하는 것입니다.

1. 무의식의 정화와 치유는 성령께서 하시는 것이다. 나 스스로 치유하거나 변화될 수 없고, 다른 사람도 치유하거나 변화시킬 수 없습니다. 오직 성령님만이 하실 수 있습니다. 성령 안에서 온몸으로 기도하며 성령님의 도우심을 간구하십시오. 기도를 오래해야 합니다. 성령님의 역사는 마음을 감동시키심으로 나타납니다. 마음에 감동을 받으려 하십시오. 마음에 감동을 주려고 하십시오. 크리스천의 사역은 마음의 감동을 통한 사역입니다. 모든 일에 대하여 감동을 달라고 성령님에게 간구하십시오. 무의식을 정화하고 치유 하기 위한 기도에 성령님의 감동이 임하시게 하십시오. 그런 기도가 되게 하십시오. 자꾸 이러한 기도를 하십시오. 이러한 기도의 훈련을 하십시오. 머리에 손을 얹고 기도하고, 가슴에 손을 얹고 기도하십시오. 입술로 기도하고, 마음으로 기도하십시오. 성령의 감동이 임하시게 하십시오. 성령님이 앞서시게 하십시오. 내 감정이 앞서지 않게 하십시오. 나를 낮추면 성령님이 역사하십니다. 내가 높아지고 강해지면 성령님은 뒤로 들어가십니다.

2. 성령으로 찾아내서 치유해야할 무의식의 상처는 이렇다.
1) **유아 때에 잦은 질병으로 고통을 당한 경우.** 유아 때나 소년기에 잦은 질병으로 고생을 하신 분들이 어른이 되어 마음의 질병과 상처로 고통을 많이 당하는 것을 봅니다. 이런 분들을 내적 치

유하다가 성령님이 장악하면 병원에서 고통당하던 행동을 그대로 하는 경우를 많이 봅니다. 질병으로 으흐흥 으흐흥 하면서 알던 소리를 내는 경우가 많았습니다.

2) 이별로 인한 고아로 지낸 분들이 상처가 많다. 부모와 이별하여 친척집에서 자랐거나 고아원에서 자란 경우 무의식에 분노와 증오심이 많아서 내장 기관이 약한 경우가 많이 있습니다. 특히 심장이 약합니다. 그래서 심장과 연관된 내장기관의 질병이 많이 생깁니다. 필자는 부모가 죽거나 이혼하여 고아원과 친척집에서 자란 사람들이 상처로 인하여 위궤양과 과민성 대장염 등으로 고생하는 사람들을 많이 치유하여 보았습니다.

3) 부모와 떨어져서 지내도 상처를 받는다. 부모가 바쁜 생활로 다른 사람에 의해 길러졌다면 상처가 있을 수 있습니다. 미리 치유하여 예방 신앙을 하는 것이 좋습니다. 필자는 부모가 돈! 돈! 돈! 하면서 돈을 벌기 위하여 자식을 다른 사람에게 기르게 했는데 자식이 나중에 정신적인 질환으로 사람노릇을 못하는 것도 많이 치유하여 보았습니다.

4) 부모의 무관심 속에서 자라도 상처가 된다. 부모에 무관심 속에서 자라난 사람의 경우 부모에게 관심을 받으려고 노력을 많이 합니다. 가정에서는 부모에게 직장에서는 상사에게 아부를 잘하는 사람이 되어 항상 동료들로부터 왕따의 문제를 가지고 사는 사람

이 될 소지가 많습니다.

　5) 오랜 기간 스트레스를 받는 부정적인 환경에서 자라도 상처
가 된다. 자라면서 가정의 잦은 불화를 겪으면서 자랐다든지, 부
모에게 심한 잔소리를 들으면서 자랐다든지, 엄한 권위 밑에서 무
섭게 양육 받았다든지, 잔혹한 여러 형태의 압박을 받고 자랐다면
무의식에 상처가 자리를 잡고 있을 수 있습니다. 그래서 공격적이
고 반항적인 사람이 잘 됩니다.

　6) 어려서 부모로 부터의 잦은 거절을 당한 경우. 유아기에 부모
에게 잦은 거절을 당한 경우 상처가 무의식에 형성되어 있을 수가
있습니다. 왜냐하면 유아기는 자기중심적이기 때문에 부모로부터
받은 것 보다 받지 못한 것에 대하여 심각하게 생각하게 되고 상처
를 받게 되기 때문입니다. 그리고 부모가 유아 때부터 귀찮아하고
천덕꾸러기 취급을 했다면 천덕꾸러기 영이 붙어서 어디를 가나
천덕꾸러기가 되기 쉽습니다. 이렇게 되면 직장에서도 천덕꾸러기
가 되고 시댁에서도 천덕꾸러기가 되기 쉽습니다.

　7) 부모에게 받은 상처들. 자라면서 부모에게 구타나 폭행이나
무시나 차별대우를 받은 경우에 상처가 무의식에 잠겨 있습니다.
이런 분들이 분노영이 있어서 항상 윗사람들에게는 고분고분 잘
하지만 자기보다 약한 사람들에게는 분노를 발하는 경우가 많습
니다. 분노는 시한폭탄과 같습니다. 언제 터질지 자신도 모릅니다.

찾아서 치유해야 합니다. 자신의 무의식에 분노가 있으면 분노영이 역사하여 되는 것이 하나도 없을 수 있습니다. 상처는 만 가지 문제의 근원이 됩니다. 말씀과 성령으로 찾아서 치유합시다. 그리하여 예수를 믿으면서 하나님의 복을 받으면서 살아갑시다.

8) 자주 심한 질병으로 고통당하면서 사는 경우. 이는 태중에서나 유아 시절에 상처가 있었던 사람일 수가 있습니다. 필자가 지금까지 성령치유 사역을 하다가 보니 성장하면서 또는 어른이 되어 몸이 약하거나 심장에 문제가 있거나 난치병이 있거나 빈혈로 고생을 하거나 위장이나 대장질환으로 고생하는 분들을 치유하여 본 결과 모두 태아시절에 상처를 당한 분들이 많았습니다. 그리고 유아시절에 상처를 당한 분들도 다수가 되었습니다. 그러므로 자주 질병으로 고생을 한다면 예수를 믿고 내적치유를 받아야 건강하게 지낼 수가 있습니다. 절대로 현대 의술로는 치유가 불가능합니다.

9) 어려서 이별 사건을 당한 경우. 어려서 부모가 이혼했거나 죽었거나 이민을 갔거나 친척집에서 자랐거나 고아원에서 자란 경우에 무의식에 분노의 영이 자리하고 있습니다. 부모에게 버림을 당했거나 부모가 행방불명이 되어 고아원에서 자랐을 경우 부모를 향한 분노가 무의식에 자리 잡고 있어서 믿음 생활이나 사회생활을 제대로 못하는 분들이 있습니다. 필자가 십년이 넘도록 내적치유 사역을 하면서 상담하고 치유한 분들 중에 부모님을 향한 분노의 영이 무의식에 있어서 고통을 당하는 경우를 많이 봤습니다. 만

약에 책을 읽는분 중에 이런 분이 계시다면 미리 내적치유를 받는 것이 좋습니다.

10) **부모의 이성적인 부정사건을 경험하고 자란 경우.** 자라면서 부모님의 이성적인 부정 사건을 경험하고 자란 경우 의부증이나 의처증이 될 확률이 다른 사람보다 높습니다. 필자가 지금까지 내적치유 사역을 하면서 경험한 바로는 대부분의 의처증환자는 어린 시절 어머니가 이성적인 부정 사건을 저지르는 것을 보고 자란 경우가 많았습니다. 그리고 의부증 환자는 대부분 어린 시절 아버지가 이성적인 부정 사건을 저지르는 것을 많이 보고 자란 경우에 의부증 환자가 되는 경우가 많았습니다. 이는 남편이나 부인을 어머니나 아버지와 같은 동종으로 보기 때문입니다. 만약에 이렇게 부모님의 좋지 못한 면을 보고 자란 여성 성도님이라면 자신의 남편은 아버지와 절대로 같지 않다는 것을 알아야 합니다. 그리고 남성 성도님이라면 자신의 아내는 절대로 자신의 어머니와 같지 않다는 것을 알아야 합니다. 이렇게 자신의 아버지나 어머니와 같이 생각하고 보게 하는 마귀의 계략입니다. 속지 마시고 행복한 가정을 이루시기를 바랍니다. 행복한 가정을 이루기 위하여 자신의 부모님으로부터 받은 상처를 내적치유 받고 부모님을 용서하기를 바랍니다.

11) **어려서 가정불화를 많이 겪고 자라난 경우.** 어려서 부모님들의 부부싸움 하는 것을 많이 보고 자라난 성도가 불안과 두려움의 상처로 고생을 많이 하는 것을 봅니다. 이런 분들이 부모가 싸

울 때 무서워서 밖으로 도망을 가서 싸움이 끝날 때까지 기다리다가 추위에 떨고 두려움에 사로잡혀서 고생하는 분들이 있습니다. 이런 분들이 내적치유 할 때 성령으로 장악되면 그 때 밖에서 추위와 두려움에 떠는 모습 그대로 오그리며 떨고 있습니다. 필자는 내적치유 사역할 때 나이가 50이 되신 분들이 그런 모습을 하고 떨고 있으면 정말 마음이 아프고 그 때 당시의 상황을 이해 할 수가 있습니다. 만약에 이런 경우를 당하면서 자란 분이 계시다면 빨리 치유 받으시기를 바랍니다. 치유는 빠를수록 좋습니다. 어려서 물질로 고통을 당하면서 자란 분들은 돈! 돈! 돈! 하다가 어느 정도 형편이 풀리면 질병으로 고생을 하는 경우를 많이 봅니다. 이런 분들도 빨리 치유 받는 것이 자신의 건강을 위해서 좋습니다.

12) 어려서 물이나 불이나 교통사고, 천재지변을 당한 경우. 어려서 물이나 불이나 교통사고, 천재지변을 당한 경우에 상처가 무의식에 그대로 남아 있습니다. 많은 분들이 이렇게 사고를 당한 분들이 영적인 상처로 전환되어 영적인 문제로 고생하는 분들이 많습니다. 우울증이나 불면증이나 정신적인 문제로 고생하는 분들이 많습니다. 필자가 내적치유 하다가 어려서 물에 두 번 빠져서 사경을 헤매다가 구출되었고, 불속에서 한 번 구출된 경험이 있는 60세 된 목사님을 치유한 경험이 있습니다. 이 목사님이 불면증으로 2년을 고생하시다가 저의 충만한 교회 내적치유집회에 참석했습니다. 여러 곳을 다니면서 치유를 받으려고 했지만 불면증을 치유 받지 못하다가 국민일보 광고를 보고 참석하기 시작했습니다.

몇 개월 동안 열심히 다니면서 능력과 치유를 받았습니다. 그런데 어느날 아마 밖의 날씨가 영하 8도 정도 내려갈 때인데 집회를 마치고 집으로 가시려고 하는데 필자가 보니까 땀을 비가 내리듯이 흘리면서 몸을 가누지를 못하는 것이었습니다. 그래서 필자가 그냥 가시면 안 된다고 잠시 안정을 취하고 가시라고 의자에 앉게 했습니다. 그리고 머리에 손을 얹고 기도를 했습니다. 그러니까, 성령께서 이렇게 감동을 하시는 것이었습니다. 어려서 심하게 놀란 일이 있다. 본인에게 한번 물어보아라. 그래서 본인보고 어렸을 때 놀란 일이 있는지 생각하여 보라고 했습니다. 그랬더니 한 참을 눈을 감고 생각을 하더니 목사님 이제 생각이 났습니다.

제가 물에 두 번 빠져서 죽을 뻔 했는데 하나님의 은혜로 살아나왔습니다. 그리고 불에도 한번 들어가서 타죽을 뻔 했습니다. 그래서 제가 안수를 시작했습니다. 성령이여 임하소서. 성령이여 사로잡으소서. 불속에 집어넣고 물속에 집어넣어 죽이려고 했던 귀신아 내가 예수 이름으로 명하노니 정체를 밝히고 나와라. 정체를 밝히고 나와라. 하니까 막 벌벌 떨면서 발작을 하다가 울면서 귀신이 떠나갔습니다. 귀신을 쫓아내고 나서 2년 동안 고통당하던 불면증을 치유 받았습니다.

13) 학교에서 선생에게 체벌 받은 경우. 초등학교 다니던 어린 나이에 학교에서 성생님으로부터 체벌을 당한 경우 상처가 무의식에 잠겨 있습니다. 이 상처로 인하여 무의식적으로 권위자들에게 반항하는 습관이 있을 수 있습니다. 이 일로 인하여 믿음도 자라지를 않을 수 있습니다. 어느 여 집사님의 간증입니다. 이 집사님은

어려서 시집을 가서 시집살이가 너무 심하여 고생하다가 이웃의 전도로 교회를 다녔습니다. 한 교회에 13년을 다녔습니다. 그런데 이상하게 목사님의 말씀에 아멘하지 못하고 자신의 마음속에서 반항을 하는 것입니다. 목사님이 성도님들 이렇게 하십시오. 하시면 목사님은 그렇게 하십니까? 목사님이나 똑바로 하십시오. 왜 목사님은 하시지 않으면서 우리에게만 하라고 합니까? 이렇게 반항을 하니 믿음이 자라지를 않고 마음이 답답하고 기도가 되지 않고 믿음생활이 힘이 들었답니다. 그러던 어느 수요일 날 옆집에 사는 집사님이 옆 동네 교회에 부흥회를 하니 우리 가서 은혜를 받자고 하더랍니다. 그래서 자기 네 교회에 가보았자 은혜도 못 받으니 부흥회에 가서 은혜를 받자하고 가서 말씀을 듣는데 마침 강사 목사님이 내적치유를 전문으로 하는 목사님이 말씀을 전했답니다. 그런데 말씀을 듣다가 자신에게 문제가 있다는 것을 발견한 것입니다. 그래서 내적치유를 받아야 되겠다고 생각하고 내적치유를 받으려고 치유집회 날짜를 확인하고 여러 어려움을 극복하고 시부모님에게 승인을 받고 내적치유 집회에 참석하여 은혜를 많이 받았습니다. 수요일 날 무의식의 상처를 치유하는 말씀을 듣고 목사님의 안수를 받자 갑자기 두려움의 환상이 보이는 것입니다. 자신이 선생님에게 체벌을 당하는 것이 보이면서 두려움에 치가 떨리면서 악이 써지는 것이었습니다. 사역자의 안수를 받으면서 상처 뒤에서 역사하는 귀신을 축사했습니다. 그리고 평안을 찾았습니다. 왜 선생님에게 체벌을 받았는가, 시골에 있는 초등학교를 다녔는데 불우이웃돕기를 하려고 동전을 모으는 돼지 저금통이 없어진 것입니다. 당시 여 집사님은 초등학교 3학년 이었습니다. 선생님이 저금통을 누가 가져갔느냐고 학생들에게 물어보니 이 여 집사님이 가져갔다고 했답니다. 그러니까, 선생님이 여 집사님에게 물어보지도 않고 아무도 없는 교실에 끌고 가서 몽둥이로 엉덩이를 때렸다고 합니다. 이 때 두려움의 영이 침입하여 역사하므로 믿음이 자라지를 않고 권위자를 보면 순종하지 못하고 반항하는 것입니다. 이렇게 내적치유를 받고 집으로 돌아와 금요일 밤에 금요 심야예배에 참석하여 목사님의 말씀을 들으니 과거와 같이 반항하는 소리가 나오지 않고 아멘으로 화답을 하더랍니다. 이와 같이 선생님으로부터 체벌을 받은 경우 상처가 무의식에 잠겨서 고생을 할 수가 있습니다. 고로 미리 치유를 받는 것이 좋습니다.

14) **학교에서 친구들에게 따돌림 받은 경우.** 많은 분들이 학교에서 따돌림을 당하는 경우 따돌림을 하는 사람들에게 문제가 있는 것으로 생각하는 경향이 있습니다. 그런데 필자가 내적치유 사역을 하면서 경험한 바로는 따돌림 당하는 장본인에게 문제가 있는 것이었습니다. 장본인이 하는 행동이 부자연스러워 아이들에게 왕따 당하는 것이었습니다. 그러므로 만약에 왕따를 당하는 아이가 있다면 그 아이의 상처를 치유하는 것이 맞습니다. 세월을 아끼라고 했습니다. 하루라도 빨리 전문적인 치유를 받는 것이 좋습니다.

15) **어려서 시체에 놀란 경우.** 어느 남자 집사님이 토요일 날 퇴근하여 아파트 거실에서 쉬고 있는데 창밖으로 이불 같은 것이 떨어지더랍니다. 그래서 창문을 열고 아래를 내려다보니 사람이 떨

어져서 죽은 것이었습니다. 그런데 그 사건을 보는 순간 두려움이 엄습하여 밤에 잠을 자지 못하고 우울증에 다가 불면증으로 고생을 하다가 내적치유를 받으러 왔습니다. 그래서 머리에 손을 얹고 기도를 했습니다. 그러니 성령께서 감동하시기를 어려서 놀란 일이 있었다고 감동하시는 것입니다. 그래서 본인에게 어려서 놀란 일이 있는지 생각해보라고 했더니 이런 말을 하는 것입니다. 초등학교 2학년 때에 학교를 가는데 사람이 죽어서 거적으로 덮어놓았는데 발이 나온 것을 보고 소스라치게 놀랐다는 것입니다. 그래서 그때 들어온 놀람의 상처를 내적치유하고 귀신을 축사했더니 정상으로 회복되었습니다. 당신도 이렇게 과거 놀란 일이 있다면 미리 내적치유를 하는 것이 좋습니다.

16) **병원에 입원하여 수술한 경우.** 어느 여 집사님의 경우입니다. 이 집사님이 나아가 43세 이였습니다. 그런데 자궁에 질병이 생겨서 진단을 해보니 수술을 하지 않아도 견딜만한 질병 이었다고 합니다. 그런데 여러분들에게 물어보니, 자궁 수술을 해버리니까, 그렇게 시원하고 좋았다고 수술을 하라고 했다는 것입니다. 그래서 자궁을 수술하려고 수술실에 가기 전에 꼭 죽는 것 같은 두려움이 찾아왔다는 것입니다. 그래서 수술 전에 하는 마취 실에 들어가기도 전에 놀라서 기절을 했다는 것입니다. 그런데 수술 후 후유증으로 심장병(심장부정맥)에다, 우울증에다, 위장병에 불면증 등의 합병증이 생겨서 1년 동안 너무나 힘들고 사람 구실을 못해서 남편이 직장을 그만두고 병 수발을 했는데 두려움의 상처를 내적 치유 받고 완치된 것입니다. 내적치유는 이렇게 좋은 것입니다.

만약에 수술한 경험이 있다면 그 때 들어온 두려움의 상처를 내적 치유 받는 것이 좋습니다. 만약에 이런 분들이 내적치유를 받지 않으면 병원만 가면 가슴이 두근두근 하고, 병원치료를 하고 오면 상처가 뒤집어져서 고생을 할 수 있습니다. 어떤 분은 심장에 문제가 생겨 몸이 심하게 붓기도 합니다.

17) 군대에서의 상급자에게 심한 폭행을 당한 경우. 필자가 지금까지 내적치유 사역을 하다가 보니까, 군대에서 상급자들에게 얼차려나 폭행을 당할 때 생긴 상처로 인하여 고통을 당하는 성도들을 많이 보았습니다. 멀쩡한 사람이 사람 구실을 못하고 사는 경우가 많습니다. 필자가 군대에서 폭행을 당할 때 들어온 두려움의 영과 악한 영을 축사한 경우가 몇 번 있습니다. 그리고 군대에서 받은 상처로 정상적인 생활을 못하는 분들도 몇 명을 보았습니다. 만약에 군대에서 이와 같은 상처를 받았다면 속히 내적치유를 받는 것이 좋습니다. 신앙은 예방 신앙이어야 합니다. 상처가 노출되기 전에 미리 성령의 역사로 치유하는 것이 좋습니다.

결론적으로 무의식을 정화하여 건강해야 혼자서도 잘 살아갈 수가 있습니다. 무의식에 인생의 희노애락 모든 것이 숨어있기 때문입니다. 무의식의 정리야 말로 건강한 생활의 필수입니다. 이는 자신의 내면세계를 제대로 이해해야 무의식을 정리할 수가 있습니다. 무의식의 건강은 혼자서도 잘 지내는 데 필수입니다. 건강해야 혼자서도 잘 살수가 있기 때문입니다. 무의식의 치유에 대하여 관심이 있으신 분은 **"마음상처 투시와 완전치유"** 책을 참고하시기를 바랍니다.

3부 독립적 수행으로 혼자로도 잘사는 법

14장 혼자서도 잘 살려면 종교를 가져야 한다.

(요 8:29-30)"나를 보내신 이가 나와 함께 하시도다 나는 항상 그가 기뻐하시는 일을 행하므로 나를 혼자 두지 아니하셨느니라 (30) 이 말씀을 하시매 많은 사람이 믿더라."

혼자서도 잘살려면 반드시 종교를 가져야 합니다. 필자는 기독교인이기 때문에 혼자서도 잘 살려면 예수님을 믿고 예수님과 동행해야 합니다. 사람은 육적이면서 영적인 존재입니다. 사람은 고독할 때면 보이지 않는 신을 찾게 되어 있습니다. 이것은 누구나가 피해갈 수 없는 현실입니다. 이는 체험해 보면 깨달아 인정할 수가 있는 것입니다. 필자는 젊은 시절(40-50대) 병원에 능력전도를 많이 다녔습니다. 중병에 걸린 분들이 누구나 할 것 없이 의지가 약해져있다는 것입니다. 필자가 예수님을 소개하고 영접하라고 권면하면 열이면 다섯은 받아들입니다. 예수님을 영접시키고 기도하는 방법을 알려드립니다. 쉽게 알려드립니다. 코를 이용하여 아랫배로 호흡을 깊게 들이 쉬면서 예수님! 내쉬면서 사랑합니다. 이렇게 지속적으로 하면 마음에 예수님으로 충만하게 채워지면서 마음이 평안해지고 마음이 평안해 짐과 동시에 질병이 치유가 됩니다. 질병이 치유가 되지 않더라도 마음이 천국이 이루어지게 됩니다.

그래서 혼자서도 잘 살려면 항상 함께 하시는 예수님을 주인으로 영접해야 합니다. 영접하고 성령으로 세례를 받고 하나님께 영과 진리로 예배를 드리고, 성령 안에서 기도하면서 예수님과 동행하며 친밀하게 지내면 그 어디나 하늘나라가 됩니다.

(새 찬송가 438장). [①절. 내 영혼이 은총 입어 중한 죄짐 벗고 보니 슬픔 많은 이 세상도 천국으로 화하도다. 할렐루야 찬양하세 내 모든죄 사함 받고 주 예수와 동행하니 그 어디나 하늘나라

②절. 주의 얼굴 뵙기 전에 멀리 뵈던 하늘나라 내 맘속에 이뤄지니 날로날로 가깝도다. 할렐루야 찬양하세 내 모든죄 사함 받고 주 예수와 동행하니 그 어디나 하늘나라

③절. 높은 산이 거친 들이 초막이나 궁궐이나 내 주 예수 모신 곳이 그 어디나 하늘나라 할렐루야 찬양하세 내 모든 죄 사함 받고 주 예수와 동행하니 그 어디나 하늘나라]

혼자서도 잘 살려면 반드시 예수를 믿어야 합니다. 당신이 누구든지, 어디서 무엇 하든지, 어떤 처지 형편에 있든지, 젊든, 늙든, 건강하든, 병들었든, 부자든, 가난하든, 많이 배웠든, 못 배웠든, 잘 생겼든, 못생겼든, 직업이 있든, 없든, 직업이 좋든, 나쁘든, 잘 나가든, 못나가든, 유명하든, 무명하든, 누가 알아주든, 알아주지 않던, 바쁘든, 한가하든, 괴롭든, 평안하든, 미래가 있든, 없든, 꿈이 있든, 없든, 성공했든, 실패했든, 행복하든, 불행하든, 기쁘든, 슬프든, 당신은 오늘 지금 바로 여기서 예수 믿고 구원받아야 합니다. 그래야 먼 훗날 혼자 되었을 때 보이지 않지만 살아계신 예수님과

함께 동행하며 혼자서도 잘 살수가 있습니다.

　예수 믿으면 흰머리 검어지고, 아픈 몸 낫고, 모든 일 잘 돼 운수 대통 대박 횡재 대 재벌 되고, 쨍하고 해 뜰 날 돌아와 만사형통하고, 대중 인기 한 몸 받는 유명 인사 되고, 불행 끝 행복 쭉 꽃길만 걷는 것은 아닙니다. 그렇기 때문에, 그런다고, 그럴 수 있다고, 예수 믿으라, 권한다면 다 사기이며 가짜이고 중대한 거짓말입니다. 자신의 인생말미 혼자되었을 때 예수님의 은혜로 영혼의 건강과 고독을 이기기 위하여 한 살이라도 젊어서 예수님을 주인으로 영접해야 합니다. 세상 끝날까지 성령의 인도를 받아야 합니다.

　예수 믿어도 늙고, 병들고, 가난하고, 불행하고, 슬프고, 괴롭고, 답답해 속 터지는 일이 생길 수 있습니다. 아니 예수 믿으라, 해서 믿었는데 생각지도 못하게 아플 수 있고, 병은 낫지 않고, 사업은 펴지지 않고, 아이들은 속만 더 끓게 하고, 여전히 진로는 열리지 않고, 일이 잘 안 되고, 갑자기 사고로 다칠 수도 있고, 가정과 사업에 갑작스런 어려움이 생길 수가 있고, 잘되던 사업이 잘 되지 않을 수 있고, 재수 없는 일들이 갑자기 터질 수도 있습니다. 이런 증상들은 예수를 믿어서 생기는 증상이 아니라, 예수를 믿지 않았어도 생길 수가 있는 일상적이고 자연스런 증상인 것입니다. 이런 일들은 자신의 무의식의 상처로 생길 수도 있고, 자신과 가문이 하나님의 나라가 되기 전에 생기는 일시적인 현상입니다. 조금만 지나면 예수님의 역사로 점점하늘나라가 되어 천국이 되는 것입니다.

　이런 것 두려워하지 말고 꼭 예수를 믿어야 합니다. 왜 그렇습니까? 그 이유는 우리 모두는 예수가 필요한 자들이기 때문입니다. 예수를 구세주로 믿음으로 죄용서 받아야 할 자들이기 때문입니다. 예수님을 통해 죄 용서받고 구원받아 하나님 자녀 되어야 할 자들이기 때문입니다.

예수님의 손을 잡고 하나님 앞으로 이끌려 그분 자녀로서 그분 모시고 그분 뜻대로 살아야 할 자들이기 때문입니다. 이 땅에 머무는 동안 나와 한 몸 된 구세주 예수님 주인으로 믿고 섬기고 따라야할 자이기 때문입니다. 예수님을 주인으로 모셔야 영-마음-육체가 만족을 누려서 혼자서도 잘 살 수 있기 때문입니다. 예수님처럼 하나님 사랑하고 자신을 사랑하며 이웃을 내 몸같이 사랑하며 거룩하게 살아야 하기 때문입니다. 지금 살아서 천국을 누리다가 죽어 천국에 올라가 먼저 예수 믿고 거룩하게 된 자들과 함께 영원히 하나님을 섬기며 살아야 하기 때문입니다.

왜 죄 용서입니까?

왜 죄인입니까?

구원은 무엇입니까?

하나님 자녀가 된다는 말은 무엇입니까?

우리 모두는 하나님 앞에서 죄인이기 때문입니다. 하나님은 우리 창조자이십니다. 우리는 본래 우리 인생의 주인이신 하나님을 사랑하고 의지하며 그분 뜻대로 순종할 자들이었습니다. 그것이 바로 우리의 본분이며 존재 이유며 삶의 목적이며 행복이었습니다. 그러나 날 때부터 우리는 하나님 모르고 우리 마음대로 사는 자들 되었습니다. 우리 조상 아담의 죄 때문입니다. 아담은 하나님을 사랑하고 의지하며 순종하는 삶을 거절했습니다. 자기가 하나님이 되어 자기 마음대로 살고 싶어서 이었습니다. 그래서 하나님 말씀 불순종했습니다. 하나님 무시하고 독립을 선언했습니다. 하나님 필요 없어 하나님 없어도 행복할 수 있어 내가 하나님 될거야, 내 인생 내 맘대로 독립해서 살거야! 하며 반항하고 불순종을 한 것입니다. 하나님의 말씀을 거역한 것입니다. 성경은 바로 아담의 그 태도가 하나님 앞에서 죄로 성립된다고 말합니다. 본래의 자기 자리에서 이탈한 아담, 하나님 앞에서 자신이 가져야 할 마땅한 자세와 태도를 취하지 않은 그 마음과 행위를 잘못됐다 지적합니다. 옳지 못하다 불의하다 정죄합니다. 아담은 자신을 만물의 영장으로 창조하고 그의 안녕과 복지를 위해 갖가지 복을 베푸시고자 하시는 하나님의 지도와 보호와 인도를 모두 다 거절했습니다. 마치 자신이 창조자며 자기 인생의 필요한 모든 것 넘치게 공급할 수 있다 생각했습니다. 그래서 동산 한 가운데 있는 선악과나무 열매를 따 먹었습니다. 먹으면 죽으리라는 하나님의 명령을 헌신짝처럼 버렸습니다. "선악을 알게 하는 나무의 열매는 먹지 말라 네가 먹는 날에는 반드시 죽으리라 하시니라."(창 2:17). "여자가 그 나무를 본즉 먹음직도 하고 보암직도 하고 지혜롭게 할 만큼 탐스럽기도 한 나무인지라 여자가 그 열매를 따먹고 자기와 함께 있는 남편에게도 주매 그도 먹은지라."(창 3:6). 그 행동은 단지 열매를 따 먹었다는 일회성 죄 아닙니다. 이른바 왕위 쟁탈 죄입니다. 반역죄입니다. 하나님은 더 이상 나의 주인 아니다. 내가 사랑하고 섬길 자 아니다. 이딴 거추장스러운 제재나 명령 없이도 나는 행복하게 잘 살 수 있다는 독립선언입니다. 그의 마음과 삶에서 하나님을 몰아내버린 것입니다. 말하자면 쿠데타입니다. 하나님은 자신을 대하는 아담의 이 태도와 행동을 죄라 지적하셨습니다.

하나님과 바른 관계를 맺지 못하는 아담의 이 죄는 바로 우리 모두의 죄입니다. 우리는 날 때부터 하나님 모르고 그분 뜻 거절하며 사는 그 죄성 가지고 태어납니다. 그러므로 전 생애 동안 모든 일에 하나님 대적하며 그분의 뜻 거역하는 죄만 지으며 살게 되었습니다. 죄란 하나님을 모르고 내 마음대로 사는 삶입니다.

하나님께 대해 옳지 못한 태도를 취하는 것입니다. 그분의 뜻 어기고 생각하고 말하고 행동하는 모든 것입니다. 하나님께 방자하게 굴면서 생각과 말과 행동으로 무시하고 거절하고 조롱하는 것입니다. 우리 모두는 하나님 모르는 죄인으로 태어났기 때문에 하나님도 알지 못합니다. 그분의 뜻은 물론 그분의 창조목적도 알지 못한채 자기 마음대로 살며 죄만 짓는 것입니다. 죄를 짓고 살기 때문에 죄인이 아니라 죄인으로 태어났기 때문에 죄만 짓고 사는 것입니다. 죄 때문에 귀신의 종으로 온갖 고통을 당하면서 삽니다.

이 세상에 죄인 아닌 자 한 사람도 없습니다. 반역자 아담의 혈통으로 태어난 사람은 모두 죄인입니다. 하나님 앞에서 모두가 다 죄인입니다. 세상에서 아무리 착하고 훌륭하고 아름답고 향기가 나고 과연 위인이며 성현이라 할 정도로 뛰어나며 경탄할만한 삶을 사는 자라 할지라도 죄인입니다. 세상의 작은 법규 하나라도 어기지 않고 인간세상에서 손가락질 받을만한 짓 하나 하지 않았어도 죄인입니다. 정말 법 없이도 살 사람이라고 이구동성 모두가 인정할만한 성인군자라도 죄인입니다. 왜냐하면 이 세상 사람은 누구나 할 것 없이 다 하나님 모르고 태어나고 자기가 주인 되어 자신 자랑과 명예와 영광을 위해 자기 맘대로 사는 죄인이기 때문입니다. 그러므로 하나님의 심판을 피할 수 없습니다.

하나님은 자신께 범죄한 자들을 반드시 심판하십니다. 이 세상에서 지금 하나님을 모르고 사는 것이 바로 죄의 형벌입니다. 창조주 하나님을 떠나 하나님의 지도나 보호나 인도없이 나 좋을 대로 아무렇게나 살며 저지르는 온갖 죄악과 그 가운데서 겪는 온갖 고난과 악이 바로 죄의 형벌입니다. 하나님 없이 사는 인생은 수건 눈에 두른 채 지상낙원과 행복의 파랑새를 좇는 이와 다를 바 없습니다. 무지와 어리석음 가운데서 하나님 없이 살다 죽는 자들은 죽어 지옥에 가서도 영원히 하나님 없이 후회와 고통과 절망 가운데서 살게 될 것입니다. 그것이 바로 하나님을 모르고 사는 자들이 받을 미래의 형벌입니다. 이 세상에서의 삶은 그러므로 우리가 장차 겪게 될 오는 세상의 그림자입니다. 죽음은 지옥의 관문이며 지옥은 우리가 가야할 종착지입니다.

우리는 이 죄와 그 형벌에서 벗어나야 합니다. 구원 받아야 합니다. 하나님을 알고 그분의 지도와 인도와 보호 받아야 합니다. 하나님께서 죄인들을 구원할 길을 열어놓으셨습니다. 그 길이 바로 예수님이십니다. 죄악에서 벗어나려면 예수님을 믿는 것입니다. 예수님을 믿고 하나님의 창조목적대로 이 세상에서와 오는 세상에서 하나님을 사랑하고 그분 섬기며 순종하는 삶 살아야 합니다. 이 땅에서 저 하늘까지 하나님과 함께 사는 천국 삶 살아야 합니다. 하나님 사랑하고 이웃을 사랑하는 아름답고 향기 나고 기쁘고 감사가 넘치는 행복한 삶을 살아야 합니다.

우리 모두는 하나님 앞에서 죄인으로 태어나 죄를 짓고 살고 있습니다. 우리는 벌써 죽었으며 장차 죽을 것이며 영원히 죽을 것입니다. 죄 때문에 죽은 자로 태어나 하나님과 분리되었으며 따라서 하나님의 지도와 보호와 인도에서 벗어나 죽음의 삶을 살고 있습니다. 육체의 생명 거둬지는 날 영원히 하나님의 저주 가운데 놓이게 될 것입니다. 죽음 이외의 다른 방법 없다면, 지옥 가는 길 외 다른 방법 없다면, 우리는 어떻게 죄 용서받을 수 있을까요?

하나님이 그 구원의 길 마련하셨습니다. 하나님께서는 내가 죽지 않고서도 죽는 길, 죄 값을 치르고 죽었다 다시 사는 길 마련하셨습니다. 그것이 바로 큰 기쁨의 좋은 소식 복음입니다. 하나님이 우리 구세주로 예수님 보내셨습니다. 하나님이 우리를 살리시려고 우리 대리자 예수님 보내셨습니다. 하나님이 우리를 구원하시려고 우리 대신 죄 값 지고 죽을 자 예수님을 보냈습니다. 하나님이 우리를 자기 자녀 삼으시려고 죄 값 치르고 죽으신 예수님을 우리 대신 다시 살리셨습니다.

하나님이 우리를 새 사람 되어 새롭게 살게 하시려고 우리를 사랑하사 이 구원의 길을 마련하셨습니다. 하나님이 우리를 그분 뜻대로 살게 하시려고 우리가 죄용서 받는 길을 여신 것입니다. 하나님은 죄를 미워하고 그 죄 값을 반드시 묻는 공의의 하나님이십니다. 동시에 죄인을 사랑하고 용서하기 위해 그 대리자 예수님을 보내 죄 값 대신 치르게 하시는 사랑의 하나님이십니다.

이 예수님을 아는 것이 중요합니다.

이 예수님을 믿는 것이 중요합니다.

이 예수님을 주인으로 모시는 것이 중요합니다.

이 예수님을 사랑하는 것이 중요합니다.

이 예수님을 주인으로 섬기는 것이 중요합니다.

이 예수님을 뜻대로 사는 것이 중요합니다.

이 예수님에 대해 취했던 지난날의 잘못된 태도와 그릇된 자세를 버리고, 죄악된 삶을 버리고, 이 하나님이 우리들을 위해 예수님을 보내 하신 일을 믿고, 즉 기쁜 소식, 복음을 믿고, 남은 세월 그분을 사랑하고 의지하며 그분 뜻대로 살겠다고 결심하고 새롭게 살기로 작정하는 것이 바로 회개와 믿음입니다. 회개와 믿음은 인생 혁명이며 최대 사건이며 최고 결정이며 최상 선택입니다.

예수님을 믿으십시오.

예수님 없이 살아가는 삶을 버리십시오.

예수님 없이 제 마음대로 사는 죄악 된 삶을 청산하십시오.

예수님이 당신을 위해 하신 일을 믿으십시오.

예수님께서 당신을 용서하시기 원하십니다.

하나님이 보내신 구세주 예수님을 믿음으로 죄용서 받으십시오.

하나님께로 돌아 와 하나님을 모시고 새 삶을 사십시오.

하나님을 사랑하고 의지하며 순종하는 거룩한 삶을 사십시오.

더 이상 자신을 위해 살지 말고 하나님께 영광 돌리는 삶을 사십시오. 예수님을 닮아 하나님을 사랑하고 이웃을 사랑하는 새 삶을 사십시오.

이것이 오늘 지금 여기서 당신이 들어야 할 하나님 말씀입니다.

당신이 누구든지 어디에 있든지 어떠한 처지와 상황 가운데 있든지 당신이 꼭 듣고 믿어야 할 급한 소식 중한 소식 가장 기뻐할 큰 소식입니다.

예수님을 주인으로 영접하는 것이 병이 낫는 것보다. 오락예능 게임보다. 몸 짱되는 것보다. 명문대가는 것보다. 박사 되는 것보다. 전국수석보다. 사업대박보다. 부동산구입보다. 재벌 되는 것보다. 성공보다. 최고 명품차고 끼고 두르고 매는 것보다. 외국여행보다. 노후준비보다. 연애결혼보다. 아이 낳고 키우는 것보다. 취직 일류 회사 들어가는 것보다. 인기 최고 유명인 되는 것보다. 외제차 밴즈를 타는 것보다. 초호화 전원주택 갖는 것보다. 이 세상 그 무엇보다. 그 무엇을 갖는 것보다. 그 누구 가 되는 것보다. 그 어디를 가는 것보다. 훨씬 더 중요하고 급한 소식입니다. 인생에서 이보다 더 중요한 소식은 전혀 없습니다. 이것이 먼저입니다. 이것 없으면 다 없습니다. 이것 있으면 다 있습니다.

그러면 늙어도, 아파도, 외로워도, 고독해도, 속상해도, 억울해도, 따돌림 당해도, 일 안 풀려도, 인기 없어도, 누가 안 알아주고, 괄시해도, 재수 없어도, 사고 나고, 불나도, 괴롭고, 슬픈 일 뿐이어도, 가난해도, 불행해도, 못났어도, 실직하고, 실연해도, 절망 낙심할 것뿐이어도, 망해도 심지어 죽어도 좋습니다. 배고파도 배불러도, 성공했어도, 실패했어도, 이름 있어도, 이름 없어도, 잘났어도 못났어도, 대저택이든, 초가삼간이든, 많이 배웠어도, 못 배웠어도, 대통령이든, 일용직이든, 건강하든, 아프든, 젊든, 늙든, 그 어떤 처지 환경 상황여건 가운데 놓여있든지, 전혀 상관없습니다.

왜냐하면 예수님을 주인으로 영접하고 인생에서 가장 중요하고 시급한 죄 문제를 해결했기 때문에, 예수님 통해 죄용서 받았기 때문에, 하나님께로 인도되었기 때문에, 하나님을 주인으로 모시고 알았기에, 하나님 함께 하시기 때문에, 하나님 자녀이기 때문에, 이 세상에서나 저 세상에서나 하나님과 함께 영원히 살 것이기 때문에, 하나님께서 앉고 서고 눕고 잠자는 것 다 아시기 때문에, 하나님께서 죽고 사는 것 책임질 것이기 때문에, 이 세상 만물을 창조하고 다스리는 하나님의 손 안에 있기 때문에, 그분의 지혜와 능력으로 나를 그분 앞으로 기어코 이끄실 것이기 때문에, 이 세상에서 무엇을 위해 왜 어떻게 살아야 할 것을 알기 때문에, 하나님 사랑 이웃 사랑이 삶의 절대목적이며 최고가치인 것을 알기 때문에, 하나님이 보내신 예수님을 통해 하나님을 믿고 섬기고 사는 것 이것이 바로 세상에서 우리가 구할 가장 큰 복을 알기 때문입니다.

그러므로 설사 과거로 돌아가고 싶을 지라도, 옛날처럼 살고 싶더라도, 내 맘 내 뜻대로 아무렇게나 살고 싶더라도, 옛 생활의 그 유혹이 강하게 일어난다 할지라도, 죄 짓고 싶은 맘이 꿀떡 같을지라도, 무엇을 먹을까 마실까 입을까 염려하고 싶을지라도, 몇 백억 자산가가 되고 싶을 지라도, 유명 인사가 되어 자기자랑하고 싶을지라도, 사는 것이 아무리 힘들고 괴롭고 아플지라도, 흔들리지 않을 것입니다. 부러워하지 않을 것입니다. 넘어지지 않을 것입니다. 주저앉지 않을 것입니다. 뒤돌아서지 않을 것입니다. 오직 하나님만 바라볼 것입니다. 오직 구세주 예수님 믿고 그분을 주님으로 삼고 살 것입니다. 다시 오실 예수님 바라보며 저 천국을 소망하며 오늘 하나님자녀로 그분 뜻에 순종하며 살 것입니다.

왜냐하면 참복이 무엇인지 알기 때문에 예수님을 통해 그 하늘의 복 영적 복을 모두 소유한 자이기 때문에 온 세상 모든 것 다 주고도 살 수 없고 얻을 수 없는 절대 복 최고 복을 누리며 살고 있기 때문입니다. 예수 믿고 구원받은 것으로 하나님 자녀 된 것으로 만족하기 때문입니다. 하나님과 동행하며 그분의 지도와 보호와 인도를 받고 있기 때문입니다. 잠시 잠간 이 세상 머물다 저 영원한 천국에 들어갈 것이기 때문입니다.

450장 내 평생소원 이 것뿐을 불러봅시다.

①절. 내 평생소원 이것뿐 주의 일 하다가 이 세상 이별 하는 날 주 앞에 가리라

②절. 꿈같이 헛된 세상 일 취할 것 무어냐 이 수고 암만 하여도 헛된 것뿐일세!

③절. 불같은 시험 많으나 겁내지 맙시다. 구주의 권능 크시니 이기고 남겠네!

④절. 금보다 귀한 믿음은 참 보배 되도다. 이 진리 믿는 사람들 다 복을 받겠네!

⑤절. 살같이 빠른 광음을 주 위해 아끼세 온 몸과 맘을 바치고 힘써서 일하세. 아멘! 이 찬송가가 당신의 영원한 노래가 될 것입니다.

하나님이 보내신 예수님을 구세주로 믿고 죄용서 받음으로 하나님께로 돌아 와 하나님의 지도와 보호와 인도를 받고 사는 하나님의 자녀가 되고 싶지 않습니까? 하나님의 본래 뜻대로 하나님사랑

이웃사랑의 새로운 삶을 살지 않으시겠습니까?

환경과 처지 형편과 상황 여건에 좌우되지 않는 전천후 하늘기쁨 천국기쁨을 누리면서 저 천국을 바라보면서 이 땅에서도 그 천국 삶을 살지 않겠습니까?

혼자서도 잘 살아가려면 예수님을 믿어야 합니다. 그래야 예수님께서 동행하시며 난관에 봉착할 때마다 기도하면 지혜를 주셔서 순종하면 온갖 난관을 극복하는 것입니다. 우리는 예수님처럼 인생을 살아야 합니다. 예수님도 이 세상에 오신 것은, 예수님 자신의 뜻을 행하러 오신 것이 아니라, '나를 보내신 분의 뜻을 행하려 오셨다(요6:38)'고 하십니다. 그리고 십자가에서 "다 이루셨다"고 하시고 돌아가셨습니다. 우리도 하나님의 기뻐하시는 일을 하면, 하나님이 우리를 혼자 내버려두지 않으십니다. 기뻐하시는 일이란 예수님을 믿고 예수님의 뜻대로 사는 것을 말합니다.

사도바울 "내게 능력 주시는 자 안에서, 내가 모든 것을 할 수 있느니라"(빌4:13) 예수님께서 내게 능력을 주시는 데 못할 것이 어디 있어요? 요술방망이라는 것이 있습니다. "금 나와라 와라 뚝딱…. 금" "은 나와라 와라 뚝딱… 은" 믿어야 체험합니다. "너희가 내 안에 거하고 내 말이 너희 안에 거하면 무엇이든지 원하는 대로 구하라 그리하면 이루리라"(요15:7). "구하라 그리하면 주실 것이요 찾으라, 그리하면 찾을 것이요 문을 두드리라 그리하면 열릴 것이니"(마7:7). 그러므로 우리가 인생을 살면서 행복은 뭘까요? 솔직히 기도하면, 응답이 막 되고, 하는 일 마다 잘되고 기적이 일어나고, 그런데 성경이 그것을 말씀하잖아요? "나를 보내신 분을 기쁘시게 하면, 우리를 혼자 내버려두지 않으신다(요8:29-30)."는 것입니다. 우리를 보내신 분을 우리가 잘 알고, 그 분이 기뻐하시는 일을 하며 삽니다. 옛날 왜 우리가 제사를 그렇게 지극정성으로 드렸나요? 나를 낳고 길러주신 조상님들에 대한 예의였잖습니까? 우리를 만드시고 우리에게 성령을 주어서 보내신 그 분을 기쁘시게 하며 살아갈 때 그 분이 당신과 언제나 동행하실 것이고 무슨 일을 만나든지 만사형통하게 하실 것입니다.

우리는 예수님의 무엇을 본받으시겠습니까? 우리는 예수님처럼 "나를 보내신 분"을 먼저 잘 알아야 합니다. 그리고 "그 분이 왜 나를 보내셨느냐?" 나를 보내신 분의 사명이 있다 그 분을 기쁘게 해 드린다. 그러면 나를 혼자 버려두지 않으시고, 도와주시고, 형통케 하시고, 기적도 일어나고 하는 것입니다.

우리가 일상생활에서 독립적으로 수행하며 혼자서도 잘 살아가려면 반드시 예수님을 믿고 성령의 인도를 받으면서 신앙생활 열심히 잘해야 합니다. 기도도 뜨겁게 말씀 사모하면서 말씀대로 순종하며 살아가면 하나님이 늘 동행하시면서 도와주십니다. 내 맘대로 살고, 내 생각한대로 살면, 예수를 믿어도 외롭습니다. 세상 살아가는 것이 괴롭습니다. 그러나 주님의 사명을 충성 되이 감당하면서 살면, 성령님이 인도하시면서 도와주셔서, 행복과 기쁨이 넘치게 하시고 많은 사람에게 복 있는 사람이 됩니다. 다윗처럼 늙도록 부하고 존귀를 누리다가 가는 것입니다. 오늘 그런 복을 받는 날이 되시기를 예수 이름으로 축복합니다. 부디 당신을 천국에서 만나길 원합니다. 그럼 거기 천국에서 뵙겠습니다.

15장 독립적인 수행능력을 길러야 한다.

(창 39:2)"여호와께서 요셉과 함께 하시므로 그가 형통
한 자가 되어 그의 주인 애굽 사람의 집에 있으니"

혼자서도 잘 살아가려면 독립적인 수행능력을 길러야 합니다. 독립적인 수행능력이 있어야 혼자서도 잘 살수가 있습니다. 독립적인 수행능력이라고 하니까, 아담과 하와같이 하나님 없이 자신이 하나님과 같이 독립적이 되어야 한다고 이해하시면 절대로 오해입니다. 예수님 안에서 독립적이 되어야 한다는 말입니다. 절대로 사람은 하나님 없이 독립적으로 살아갈 수가 없습니다. 사람의 숫자는 6입니다. 6인 사람으로는 세상을 독립적으로 살아갈 수가 없습니다. 하나인 예수님 안에 들어와야 완전한 7이 되는 것입니다. 7이 되어 사람이 완전해져야 귀신으로부터 자유하게 되는 것입니다. 예수님 안에서 독립적인 수행능력이 극대화 됩니다

왜 그럴까요? 6인 아담의 후손은 귀신의 종이기 때문입니다. 귀신들이 사람을 독립적이 되지 못하게 합니다. 아주 지극정성으로 방해를 합니다. 쉽게 설명한다면 육체적인 질병이 생기고 정신적인 질병이 생기더라도 어떻게 해야 자유 함을 받을 수 있을까, 생각을 하지 못하고 육체적인 질병과 정신적인 질병을 끌어 앉고 살아가게 합니다. 귀신의 하수인노릇을 하면서 살아가게 한다는 것입니다. 주변에 육체적인 질병과 정신적인 질병으로 고통을 당하는 분들을 보시기를 바랍니다. 사람 노릇을 못하면서도 교회에 나

와서 예배를 드리지 못하게 하고 성령의 역사로 기도하지 못하게 하고 병원에 가서 진료를 받지 못하게 함으로 사람 노릇을 못하게 하는 것입니다. 이것이 바로 귀신이 그 사람을 지배한 증거입니다. 그래서 예수를 믿고 성령으로 기도를 하여 예수님 안에서 일상생활을 독립적으로 수행하여 혼자서도 잘 살아가야 합니다.

사람은 끊임없이 독립적인 존재이길 원합니다. 사단은 아담에게 너도 하나님처럼 독립적으로 될 수 있다는 가능성을 제기했습니다. 아담은 이 유혹을 받아들여 죄를 범했습니다. 그러나 하나님에게서는 독립했지만 사단의 하수인으로 넘어간 셈입니다. 성경은 사람이 결코 독립적인 존재가 될 수 없다고 말 합니다. 아담의 후손인 사람은 죄와 사단의 노예이거나 그리스도의 노예일 수밖에 없는 존재입니다. 중간지대는 없습니다. 거듭난다는 것은 사단의 노예에서 풀려나와 그리스도 안에서 자유하게 된다는 의미입니다. 어떤 신학자는 그리스도의 노예가 되는 것이라고 말하기도 합니다. 바울은 예수님의 종으로 자신을 소개했기 때문입니다(롬 1:1-25). 이것은 억지로 된 게 아니고 자원한 일입니다. 역설적으로 인간이 귀신에게서 참 자유를 누리려면 예수님의 종이 되는 길밖에 없습니다. 예수님의 제자가 될 때 참 자유를 누리게 됩니다.

하나님은 우리에게 자유를 주시려고 사단의 노예에서 구출하여 하나님의 손 안으로 들어오게 하셨습니다. "주 여호와의 신이 내게 임하셨으니 이는 여호와께서 내게 기름을 부으사 가난한 자에게 아름다운 소식을 전하게 하려 하심이라 나를 보내사 마음이 상한 자를 고치며 포로된 자에게 자유를, 갇힌 자에게 놓임을 전파하며” “그러므로 예수께서 자기를 믿은 유대인들에게 이르시되 너희가 내 말에 거하면 참 내 제자가 되고” “진리를 알찌니 진리가 너희를 자유케 하리라”(요 8:31,32). 주님 말씀에 따르면 자유가 말씀 곧 진리에 있음을 깨닫게 됩니다. 우리가 말씀 안에 거하면, 즉 말씀에 순종하면 자유케 됩니다. 예수님이 오직 하나님이 말씀하시는 바, 가르치시는 바만 세상에 전하고자 하셨듯이 우리 역시 주님이 말씀하시는 바, 가르치시는 바만 바라보고 따르고 전하면 되는 것입니다. 주님이 말씀하시는 바, 가르치시는 바가 무엇인가요?

“이제부터는 너희를 종이라 하지 아니하리니 종은 주인의 하는 것을 알지 못함이라 너희를 친구라 하였노니 내가 내 아버지께 들은 것을 다 너희에게 알게 하였음이니라.”(요15:15). “너희가 나를 택한 것이 아니요 내가 너희를 택하여 세웠나니 이는 너희로 가서 과실을 맺게 하고 또 너희 과실이 항상 있게 하여 내 이름으로 아버지께 무엇을 구하든지 다 받게 하려 함이니라”(요15:16). 죄의 종 되었던 우리가 오직 값없는 은혜로 구원받아 자유를 누리게 되었습니다. 사람은 결코 자신의 생각과 자신의 의지로 자유케 되지 못합니다. 자기의 생각, 자기의 의지는 자신을 더욱더 옭아맬 뿐입니다. 마음속 저 깊은 무의식까지 묶인바 되었던 것들을 풀어 주시는 것은 전적으로 하나님의 은혜뿐입니다. 진리가 우리가 자유케 하니 나의 기쁨과 나의 소망은 오직 예수님뿐입니다. 그래서 독립적인 생활수행 능력은 예수 안에서 누릴 수가 있는 것입니다.

독립적인 생활 수행능력이란 다른 사람의 간섭이나 도움 없이 스스로 일상생활을 찾아서 하는 것을 말합니다. 먼저 자고 일어나는 것을 스스로 할 수 있어야 합니다. 몸을 움직이고 활동하는 것입니다. 스스로 자기 건강을 위하여 걷고, 산책하는 것을 즐겨하는 것입니다. 다른 사람이 챙겨주지 않아도 식사를 스스로 챙겨서 먹을 수 있어야 합니다. 그것도 끼니를 거르지 않고 3때를 잘 챙겨먹는 것입니다. 몸을 씻고 건강관리를 스스로 하는 것입니다. 스스로 신앙생활을 하는 것도 포함이 됩니다. 자기가 믿고 있는 교회나 성당에 누구에게 이끌려서 나가는 것이 아니고 스스로 출석하여 예배를 드립니다. 자신의 마음과 정신의 건강을 위하여 복식호흡기도나 명상이나 성령 안에서 기도를 하는 것도 해당이 됩니다. 건강을 위하여 주기적으로 건강검진을 하여 자신을 잘 관리합니다. 자신의 온몸을 직접 스스로 관리합니다. 스스로 직장에 출근하여 일하는 것도 중요합니다. 누가 옆에서 시중을 들어주지 않아도 스스로 일어나 식사하고 직장에 출근하여 일을 할 수 있어야 합니다.

자신의 외모를 관리하고 계절에 따라 옷을 찾아 입고 살 수 있는 것도 중요한 독립적 생활 수행 능력이라고 볼 수가 있습니다. 질병이 있다면 병원에서 처방해준 약을 스스로 시간에 맞추어서 복용하는 것도 독립적인 생활 수행능력에 포함되는 것입니다.

늙어서도 일상생활을 독립적으로 수행할 수 있어야 혼자서도 잘살 수가 있습니다. 연구기관의 조사에 의하면 65세 이상 노인 삶의질은 "일상생활 독립 수행"에 달렸다고 합니다. 일상생활을 독립적으로 수행하려면 어려서부터 일상생활을 독립적으로 수행하는 습관이 되어야 합니다. 이는 하루아침에 되는 것이 아닙니다.

필자가 인생 70을 살면서 깨달은 것은 일상생활의 독립적 수행은 그냥 혼자되었다고 거저 되는 것이 아니더라는 것입니다. 어려서 아니 젊어서부터 혼자로서 독립적으로 살아보겠다는 의지가 있어야 가능한 일입니다. 어려서나 젊어서 의존성이 길러진 사람은 일상생활을 독립적으로 수행하는 것이 곤란할 것입니다. 습관이 되어야 합니다. 이 책에서 여러 번에 걸쳐서 거론을 했지만 어려서나 젊어서부터 독립적으로 살아가는 습관이 되지 못한 사람이 어찌 혼자되었다고 바로 적응하며 혼자로서 독립하며 살아갈 수가 있겠습니까? 심리학자들은 의존성이 강한 사람을 기생충이라합니다.

문제는 어려서부터 혼자 스스로 하게 해야 한다는 것입니다. 요즘 자녀들이 한 집에 1-2명이므로 부모들이 아이들을 과보호 하는 경향이 있습니다. 이렇게 과보호해서는 아이들을 자라서 혼자되었을 때 일상생활을 독립적으로 수행하면서 살아가자면 상당한 기간 동안 시행착오를 겪으면서 살아보아야 그때서야 적응을 할 수가 있을 것입니다. 잘못하다가는 혼자되어 일상생활을 독립적으로 수행하다가 포기하여 인생을 무의미하게 자신의 역량을 활용하지 못하고 마칠 수가 있습니다.

스스로 자고 일어나는 것부터 독립적으로 할 수가 있어야 합니다. 일찍 자고 일찍 일어나는 습관은 하루아침에 되지 않기 때문입니다. 일찍 자고 찍 일어나는 것이 되지 않으면 혼자서도 독립하며 살아갈 수가 없을 것입니다. 이렇게 어려서부터 혼자로서 일상생활을 할 수가 있어야 노인이 되어 혼자되어도 당황하지 않고 "자신의 건강상태에 대해 올바르게 평가하고, 관리하며 지낼 수"가 있을 것입니다. 일상생활을 독립적으로 수행할 수 있어야 자신의 건강에 대하여 건강관련 정보를 스스로 찾아 적용하며 자신의 건강관리 전략을 수립하여 적용하며 살아갈 수가 있을 것입니다.

어려서부터 스스로 할 수 있도록 돕는 것이 중요합니다. 이와 같이 독립적인 생활 수행능력은 참으로 중요합니다. 하나님은 스스로 하려고 하는 사람을 통해서 살아계심을 나타내시기 때문입니다. 그래서 [하늘은 스스로 돕는 자를 돕는다]=[Heaven helps those who help themselves.]고 말하는 것입니다.

하나님은 스스로 노력하는 자를 도와주십니다. "주는 나를 돕는 이시니"(히13:6). "The Lord is my helper." 하나님은 나를 돕는 자이십니다. 내가 스스로 수행하려고 노력하면서 기도하면 그때 하나님이 지혜로 도와주십니다. 내가 할 일은 내가 해야 합니다. 그 때 하나님께서 도와주십니다. 하나님께서 기회를 주십니다. 하나님이 길을 열어주십니다. "구하라 그리하면 너희에게 주실 것이요 찾으라. 그리하면 찾아낼 것이요, 문을 두드리라. 그리하면 너희에게 열릴 것이니 구하는 이마다 받을 것이요 찾는 이는 찾아낼 것이요 두드리는 이에게는 열릴 것이니라."(마7:7~8)

하나님께서는 자기 스스로 노력하지 않는 자는 하나님도 돕지 않습니다. 자기 스스로 하지 않으려는 사람은 하나님도 도와줄 수가 없습니다. 예를 든다면 소를 우물가에 끌고 갈수는 있습니다. 그러나 물을 먹일 수는 없습니다. 소가 스스로 물을 먹어야 한다는 말입니다. 하나님은 나를 돕는 자이십니다. 하나님이 대신 해주는 것이 아닙니다. 착각하지 말아야 합니다. 오해하지 말아야 합니다. 예수님만 믿으면 하나님께서 다 알아서 해주시겠지~. 이것은 착각이고 오해입니다. 하나님께서 해주시지 않으십니다. 자신이 스스로 일상생활을 독립적으로 수행하려고 해야 하나님께서 도와주시는 것입니다. 오해하지 말고 스스로 일상생활 독립적인 수행능력을 길러 혼자 되어도 잘 살아가려고 하시기를 바랍니다.

그럼 어떻게 하면 예수님 안에서 독립적인 생활능력이 길러지겠습니까? 아기가 태어나서부터 독립적인 수행능력을 길러야합니다.

독립적인 생활 수행능력은 태어나서 36개월간의 독립적인 생활 발전과정이 아주 중요하다고 합니다. 아이가 태어나 36개월간의 발전과정과 성장과정을 상세히 알려드리겠습니다. 이를 참고하여 아이를 지도하여 아이가 평생 살아가면서 독립적인 생활 수행을 잘하여 건강하고 행복하게 인생을 살도록 해야 합니다.

① 신체 발달: 아이의 신체적 발달은 태어나서 36개월이 되어가는 시기에 빠르게 진행됩니다. 손과 발의 움직임이 더 세밀해지고, 걸음걸이도 안정적으로 발달합니다. 근육 발달도 빠르게 이뤄지며, 공을 던지거나 잡는 등 미세한 동작을 수행할 수 있습니다.

② 언어 발달: 언어 발달은 태어나서 36개월이 되어가는 시기에 크게 발전합니다. 말하는 어휘가 늘어나고 문장을 조립하는 능력이 향상됩니다. 아버지가 어머니가 하는 말을 흉내 내면서 언어능력을 길러가는 시기입니다. 소리를 모방하며 이야기하는 능력이 개발되며, 간단한 질문에 대답할 수 있습니다.

③ 사회-정서 발달: 이 시기는 사회적인 상호작용과 정서 발달이 이뤄지는 시기입니다. 다른 아이들과 함께 놀고 대화하며 친구를 사귀기 시작합니다. 감정을 인식하고 표현하는 능력이 향상되

며, 감정에 따른 행동을 조절할 수 있게 됩니다.

④ 인지 발달: 인지 발달도 태어나서 36개월이 되어가는 시기에 많은 발전이 있습니다. 문제 해결 능력과 추론 능력이 향상되며, 논리적인 사고를 할 수 있습니다. 상상력과 창의력이 향상되며, 집중력과 기억력도 좋아집니다.

⑤ 독립성과 자립성: 태어나서 36개월이 되어가는 시기에는 독립적으로 일상생활을 수행하는 능력이 향상됩니다. 식사, 목욕, 옷 입기 등을 스스로 할 수 있게 됩니다. 또한, 자기 관리 및 빈틈없는 역할 수행 등의 자립적인 행동을 할 수 있습니다.

이처럼 태어나서 36개월간의 아이의 발전과정은 신체, 언어, 사회-정서, 인지 발달 등 다양한 영역에서 발전이 있습니다. 각 영역에서 아이의 능력이 향상되어 자립성을 갖추게 됩니다. 이러한 발달 단계를 이해하고 습득하여 아이의 성장을 도와주는 것이 중요합니다. 이때 아이는 세상을 혼자 스스로 살아가려는 독립심이 갖추어지는 시기입니다.

독립적인 사람이 되려면 몇 가지 중요한 단계와 습관을 고려해 보는 것이 도움이 될 수 있습니다. 다음은 독립적인 삶을 살기 위한 몇 가지 방법입니다.

1. 하나님만을 주인으로 모시고 살아야 합니다. 우리는 혼자로서 독립적인 생활수행능력을 기르기 위하여 하나님을 주인으로 모시고 살아야 합니다. 그래야 하나님께 집중하며 온몸에 하나님을 채울 수가 있습니다. 아브라함은 하나님께 집중하며 하나님을 주인으로 모시고 살았습니다. 함께 살던 조카 롯은 세상 부귀영화에

추구하며 살았습니다. 때가 되어 하나님은 조카 롯과 헤어질 것을 원하셨습니다. 헤어질 때 조카 롯은 소돔과 고모라를 선택하여 갔습니다. 아브라함은 하나님을 주인으로 모시고 헤어졌습니다. 결국 하나님을 주인으로 모시고 살던 아브라함은 광야에서도 하나님의 복을 받으면서 살았습니다. 세상 부귀영화를 따라 살던 롯은 소돔과 고모라가 멸망될 때 모든 것이 순식간에 날아갔습니다. 사랑하던 아내는 소금기둥이 되었습니다(창19:24-26). 우리는 하나님만을 주인으로 모시고 살아야 합니다. 아주 작정하고 실천해야 합니다. 그래야 하나님께서 주시는 지혜로 광야 같은 세상에서 하나님의 복을 받으면서 혼자서도 잘 살아갈 수가 있습니다.

2.자기 자신을 정확하게 볼 수 있어야 합니다. 소크라테스의 명언이라고 불리어지는 "너 자신을 알라"라는 말은 아무리 생각해도 진리중의 진리라고 생각 됩니다. 나를 안 다는 건 어떤 의미일까요? 나는 누구인가 라는 질문을 스스로에게 던져 본적이 있는 이가 얼마나 될까요? 평생을 이런 질문을 하지 않은 채 잘사는 사람들도 물론 있겠지만 자신의 내면을 객관적으로 파악하고 있는 사람은 그만큼 원하는 성공으로 가는 길을 전략적으로 사용할 수 있습니다. 먼저 자신을 이해하고 자신의 가치, 관심사, 강점, 약점을 파악해야 합니다. 이것은 어떤 방식으로 독립적인 삶을 추구할지 결정하는 기초입니다.

3.독립적으로 살겠다는 목적이 뚜렷해야 합니다. 스스로 살아가려는 독립적인 의지와 목적이 있어야 합니다. 자신의 의지와 목적에 따라 일생을 독립적으로 살 것인가 의존적으로 살아갈 것인가

가 결정되기 때문입니다. 어떤 목표와 꿈을 가지고 있는지 자신을 명확하게 정의하십시오. 이것은 당신의 삶을 이끌어갈 동기부여 요인이 될 것입니다.

4.의존성이 강한 사람은 독립적으로 살기 힘듭니다. 의존적인 사람은 통제자의 관계에서 만족을 느끼는 사람들로 혼자 스스로 살기 힘든 사람들입니다. 통제 자가 속이 꽉 차서 찌르는데도 의존적인 사람은 속이 비어서 아프다고 잘 느끼지 못 합니다.

의존적인 사람의 특성은 이렇습니다. 대부분 자기 정체성, 자아가 약한 사람인 경우가 많습니다. 자기의 생각과 감정보다는 강한 사람, 대세, 남에게 순응하거나 남의 마음에 듦으로써 자기 가치를 확인하는 사람입니다. 정서가 공허하고 우울한 경향을 가지고 있고 소외감을 견디지를 못하고 독립심을 발전시켜오지 못한 사람입니다. 타인에 의존 집착함으로써 소속. 존재감을 느끼며 보호받는다고 생각합니다. 또 뭔가 잘못되면 '아~ 내 잘못인가?' 자책하는 경향이 있습니다. 삶의 중심이 타인에 있어 타인이 무엇이 필요한지 고민하고 채워주려 노력합니다. 타인이 조금만 불편한 기색을 보여도 안절부절 못하여 맞추려 노력하는데 그만큼 돌려받지 못할 때 부정적 감정에 휘말립니다. 변화나 위험을 감수하는 일을 하지 않으려 하며 거절을 잘 못하고 늘 '네' 라고 말함으로써 내면의 무기력감을 키우며 살아갑니다.

자기가치를 최소화하고 타인가치를 최대화하여 자신의 욕구나 필요 감정은 무시합니다. 주목받는 상황을 견디기 힘들어하고 남에 눈에 띄기 싫어합니다. 관계에서 분명하게 자기를 보호하지 못하고 경계를 세우지 못해 남들이 함부로 대하곤 합니다. 통제자(학대하는 남편, 아내)로부터 약자인 아이들을 지키려들지 않습니다. 통제자 역시 타인을 지배함으로써 존재감을 얻고 피해자 역시 타인에 의존함으로써 존재감을 얻는 자존감이 낮은 사람들 입니다. 독립적으로 살아가려면 자신이 의존적인 사람이라는 것을 인식하고 고쳐야 합니다. 바뀌지 않으면 독립적으로 살아가지 못 합니다.

5.재정적으로 자립해야 합니다. 돈을 벌어야 한다는 말입니다. 젊어서부터 어떻게 하면 늙도록 돈을 벌수가 있을까 집중하며 생각해야 합니다. 직장 생활을 하든지 자영업을 하든지 돈을 벌어야 독립적으로 자립하며 살수가 있기 때문입니다. 돈을 벌지 못하면 독립적인 생활 수행이 될 수가 없는 것입니다. 나아가 저축을 하고 경제 상황을 관리하는 방법을 배우십시오. 예산을 세우고 지출을 관리하여 재정적 안정을 확보하는 것이 중요합니다. 절대로 돈이 없으면 독립적 생활을 할 수가 없습니다.

6.스스로 결정 능력이 있어야 합니다. 독립적인 사람은 스스로 결정을 내릴 능력이 있어야 합니다. 독립적인 사람에게 결정 능력은 아주 중요한 요소입니다. 자기 자신이 스스로 현명한 결정을 내리고 수행하려고 전진해야 합니다. 합리적인 판단력과 문제 해결 능력을 키워야 합니다. 문제에 직면하면 주변사람에게 의존해서 결정을 내리는 사람은 독립적인 사람이 될 수가 없습니다.

7.독립적으로 살아가려는 의지와 실천이 중요합니다. 혼자스스로 삶을 살아가려는 의지가 중요합니다. "하늘은 스스로 돕는 자를 돕는다"는 고사성어가 있습니다. 이와 마찬가지로 하나님은 스스

로 노력하는 자를 도와주십니다. 내가 스스로 노력하면 그때 하나님이 도와주십니다. 내가 할 일은 내가 해야 한다는 것입니다. 그때 하나님께서 도와주십니다. 다른 사람에게 의존하지 않고 스스로 일을 처리하고 문제를 해결할 수 있는 능력을 개발해야 합니다

8.경중완급을 판단하는 능력이 있어야 합니다. 수행하는 일의 우선순위 결정할 수 있어야 합니다. 시간을 효과적으로 관리하고 중요한 일을 우선 처리하는 방법을 익혀야 합니다. 이것은 독립적인 생활 수행능력을 개발하는데 아주 중요한 요소입니다.

9.자기 자신의 건강관리를 잘해야 합니다. "건강을 잃으면 모든 것을 잃는다." 너무도 많이 들어 귀에 익숙한 금언입니다. 건강은 독립적인 삶의 중요한 요소입니다. 건강이 곧 생명입니다. 건강해야 독립적으로 살 수 있습니다. 꾸준한 운동과 건강한 식사와 건강검진을 통해 몸과 마음을 건강하게 유지해야합니다.

10.꾸준한 공부로 전문성을 계발해야 합니다. 지금 21세기 세상을 전문화 시대입니다. 자신의 뇌가 노화도지 않도록 계속해서 학습하고 자기계발에 투자해야 합니다. 새로운 기술, 지식, 능력을 습득하면 자신의 가치가 높아집니다. 치매 예방에도 좋습니다.

11.어디서나 사람들과의 관계를 잘해야 합니다. 독립적이라고 해도 사회적 관계는 중요합니다. 다른 사람들과 강한 관계를 형성하고 유지하는 것은 우리 삶의 중요한 측면입니다. 그것이 가족, 친구, 직장 동료, 또는 지인들과의 관계든, 우리의 관계는 우리의 전반적인 행복과 행복에 중요한 영향을 미칩니다. 독립적으로 살아가려면 다른 사람들과 관계를 잘해야 합니다.

12.다른 사람들을 의식하지 말고 주관적이어야 합니다. 자기 독립적인 가치관이 확립되어 자신의 추구하는 방향이 확실해야 합니다. 다른 사람의 기대나 사회적 압력에 구애받지 않고 자신의 가치관과 의지를 중시하는 습관이 되어야 합니다. 다른 사람의 의견에 휘둘리는 사람은 독립적으로 살아갈 수가 없을 것입니다.

13.세상에서 상용할 수 있는 기술을 습득해야 합니다. 기술은 평생 자신의 독립적인 수행을 뒷받침합니다. 기술을 습득하되 모든 사람들에게 필요한데 아무나 터득하지 못하는 기술을 가지면 평생 늙도록 사용할 수가 있습니다. 될 수 있으면 늙도록 할 수 있는 일상생활에서 필요한 실용적인 기술을 익히세요. 예를 들어, 요리, 수리, 정비, 컴퓨터 기술 등을 젊어서 습득하는 것이 좋습니다.

14.상처와 스트레스를 관리해야 합니다. 독립적인 삶은 종종 스트레스를 동반할 수 있으므로 스트레스 관리 기술을 습득하고 일상적인 스트레스를 관리하는 방법을 찾아야 합니다. 이는 24장 복식호흡기도를 일어보시면 깨달을 수 있습니다.

15. 일을 시작했으면 끝을 보는 습관이 중요합니다. 일을 할 때 끝까지 해 내는 사람 즉 일에 끝을 보는 사람은 과업 지향성, 미래 지향성, 자신감, 자기 책임감, 모험성, 활동성이 높다고 합니다. 즉 일을 시작하면 끝까지 해 내는 사람은 ①내적 동기가 높고 ②자신의 실수를 기꺼이 인정하고 사과하며 ③자신에게 진실하고 ④ 어려움에 부딪쳐도 자신의 목적 달성을 위해서는 편한 길을 선택하지 않으며 ⑤ 늘 새로운 것을 탐색하며 배우기를 멈추지 않고 ⑥ 장애를 만났을 때 포기하지 않고 해결해 나가며 ⑦ 자신의 행동과

선택에 대해 다른 사람을 비난하지 않고 자신이 책임지고 ⑧ 정상에 이르기까지 자신이 노력해야 할 시간을 가져야 한다는 것을 알고 ⑨ 잘되는 일과 성공에 초점을 맞추며 ⑩ 성공과 실패를 객관적으로 관찰하고 이를 통해 배우는 사람이 된다고 합니다. 일을 시작하면 끝을 보는 습관은 개인의 삶의 질을 바꿀 수도 있습니다. 특별하게 독립적으로 살아가려는 사람은 끝을 보는 습관이 중요합니다. 어려서부터 일을 시작했으면 끝을 보는 습관이 중요합니다.

16. 해낼 수 있다, 할 수 있다는 자신감이 있어야 합니다. 우리가 생각을 어떻게 먹느냐에 따라 인생이 180도 달라지기 때문입니다. 그렇다면 비관적으로 생각하기 쉬운 사람은 어떻게 하면 좋을까요? 무엇보다 먼저 '사실'이라는 것이 무엇인지 정확히 알아둬야 합니다. 사람들은 사실을 '움직일 수 없는 어떤 확고한 것'이라고 생각을 합니다. 예를 들어 자신이 나이가 70이 되었다고 합시다. 이것은 '사실'입니다. 주민등록증이나 운전면허증에 같은 숫자가 적혀 있을 것입니다. 하지만 사실은 사실로서 존재할 뿐 그 이외의 아무것도 아닙니다. 그것을 어떻게 받아들이느냐에 따라 사실은 얼마든지 달라질 수 있습니다. 사실에 색을 입히는 것은 자기 자신입니다. 비관적인 성향이 강한 사람은 70이면 이미 인생이 황혼기라 생각해서 어두운 색을 칠합니다. 반대로 낙천적인 사람은 아직 70밖에 되지 않았다는 생각으로 밝은 색을 칠합니다.

여호수아 14:10-12절에 갈렙을 보겠습니다. 그는 85세가 되었지만 옛날 젊었을 때와 같이 내가 강건하니까 거친 헤브론 산지를 달라고 여호수아에게 간청을 합니다. 그 땅을 배분해 주면 내가 그

곳에 들어가 그 땅의 거민들을 물리치고 그 땅을 차지하겠다고 말합니다. "이제 보소서 여호와께서 이 말씀을 모세에게 이르신 때로부터 **이스라엘이 광야에서 방황한 이 사십오 년 동안을 여호와께서 말씀하신 대로 나를 생존하게 하셨나이다. 오늘 내가 팔십오 세로되 모세가 나를 보내던 날과 같이 오늘도 내가 여전히 강건하니 내 힘이 그 때나 지금이나 같아서 싸움에나 출입에 감당할 수 있으니 그 날에 여호와께서 말씀하신 이 산지를 지금 내게 주소서 당신도 그 날에 들으셨거니와 그 곳에는 아낙 사람이 있고 그 성읍들은 크고 견고할지라도 여호와께서 나와 함께 하시면 내가 여호와께서 말씀하신 대로 그들을 쫓아내리이다 하니**" 85세면 통상 이제 뒤로 물러나 쉴 나이입니다. 그런데 갈렙은 여전히 자기 자신이 늙었다고 생각하지 않았습니다. 할 수 있다고 생각합니다. 자신의 생물학적 나이에 밝은 색을 칠한 것입니다. 그 결과 그는 거친 헤브론 땅에 들어가 그 땅의 거민들을 물리치고 땅을 차지했습니다. 여호수아 14장 14절을 보면 **"헤브론이 그니스 사람 여분네의 아들 갈렙의 기업이 되어 오늘까지 이르렀으니 이는 그가 이스라엘의 하나님 여호와를 온전히 좇았음이라"** 어떤 일이나 할 수 있다는 자신감이 있어야 독립하여 혼자서도 잘 살수가 있는 것입니다.

결론적으로 독립적인 삶은 어려서부터 습관이 되어야 합니다. 나이가 들어서 독립적인 삶을 살아가려면 적응하는데 시간이 걸릴 수 있습니다. 인생의 결국은 누구나 혼자됩니다. 나이가 한살이라도 적을 때 일상생활을 독립적으로 수행하며 살아서 혼자되었을 때 삶을 일찍 대비하는 것이 좋습니다.

16장 독립적인 수행능력 방해 세력이 있다.

(롬 7:20) "만일 내가 원하지 아니하는 그것을 하면 이를
행하는 자는 내가 아니요 내 속에 거하는 죄니라."

독립적인 생활하며 일상의 수행을 혼자서 제대로 하며 살아갈
수 있어야 혼자서도 잘 살아갈 수가 있습니다. 독립적인 생활 수행
을 제대로 하지 못하도록 지극정성으로 방해하는 세력이 있습니
다. 이들은 바로 상처와 스트레스, 혈통에 흘러내려오는 보이지 않
는 영적인 존재 귀신들입니다. 이들은 무의식에 자리를 잡고 있으
면서 점령하고 있는 대상을 자신들의 의도대로 움직이도록 정신과
마음과 의지를 장악하고 역사합니다. 이들은 점령하고 있는 대상
속에서 쉬어야 하기 때문에 독립적으로 수행하면 괴롭기 때문에
점령하고 있는 대상이 독립적으로 수행을 하려고 하면 의지와 생
각대로 행동하지 못하도록 방해합니다. 예를 들어 설명하면 움직
이며 걸으려고 하면 걷지 말고 자동차 타고가라, 그것이 편하지 않
냐, 하며 생각을 주장하고 의지를 장악하여 가만히 앉아서 누워서
쉬게 한다는 것입니다. 귀신들은 부지런하게 규칙적으로 움직이는
것을 굉장하게 싫어합니다. 사람의 몸 안에서 편안하게 쉬어야 하
기 때문입니다. 나이가 들어서 걷지 못하고 누워서 지내게 하는 것
들은 모두 귀신들의 역사라고 생각하면 정확합니다. 귀신들은 음
식을 마구잡이로 먹어서 몸이 비대해지게 합니다. 폭식하게 는 것
들이 바로 귀신입니다. 폭음을 하게 합니다. 술을 계속 먹게 한다

는 것입니다. 술을 물 먹듯이 먹습니다. 알코올 중독자의 대부분이 귀신의 영향을 받는 사람들이라고 해도 과언은 아닙니다. 그러니까, 부모님이 알코올중독자 이었다가 돌아가시면, 반드시 자녀 중에 남녀불문하고 한명이 알코올 중독자가 되는 경우가 많습니다.

그렇기 때문에 혼자서 독립적으로 살아가려면 예수를 믿고 성령으로 기도하며 온몸을 성령하나님께서 지배하시도록 해야 귀신들이 떠남으로 혼자서도 독립하며 잘 살아갈 수가 있습니다. 혼자서 독립적인 수행을 하지 못하는 것은 상처와 스트레스 뒤에 역사하는 귀신의 영향이라는 것을 알고 대처해야 합니다.

지금 한국에 젊은이들의 독립심에 대하여 우려스러울 정도로서 3포 취업, 결혼, 출산을 포기한다는 것입니다. 우리 부모님들은 독립심이 없는 자녀들을 질책만 할 것이 아니고, 그들이 그렇게 할 수 밖에 없는 상처와 스트레스 뒤에 역사하는 귀신들을 처리할 수 있도록 방향을 전환해야 한다고 생각합니다. 이는 어려서부터 근본 문제인 무기력하게 하고 독립적으로 생활하지 못하게 방해하는 세력이 있다는 것을 깨닫고 어려서부터 해결해주어야 합니다.

귀신의 영향을 받으면 삶의 태도가 거칠어지고 천박해지기 시작합니다. 언어가 거칠고, 행동이 지저분해지며, 가치관에 속물적으로 변해서 교양이 없으며 식견이 좁고, 세속적인 명예나 이익을 추구하려는 성격을 지닙니다. 귀신의 영향은 그에게 다가와 있는 영의 존재의 직무가 무엇이냐에 따라서 다르게 나타날 수 있습니다. 더러운 귀신이 영향을 주기 시작하면 씻는 것을 싫어합니다. 주변을 정리하는 일에 게을러지고 주변이 더러워집니다. 치우지 않아도 불편함을 느끼지 못합니다. 서서히 불결해지기 시작하는 것입니다. 속이는 귀신의 영향을 받으면 뻔히 들통이 날 거짓말을 자기도 모르게 불쑥하게 되며, 하고 난 직후 후회하는 일이 거듭됩니다. 그러면서 차츰 거짓말에 익숙해지기 시작하고 양심이 무디어집니다. 이런 변화를 사람들은 단순한 습관이나 정서적 장애 정도로 보려고 하는 것은 세상이 귀신들 편이기 때문에 하나님은 물론이거니와 영적 존재 전체를 부인함으로써 귀신을 경계하지 못하게 하려는 마귀의 의도입니다.

가정 경제에 문제를 일으키는 귀신은 주변사람들을 동원하여 사기를 당하게 하거나 질병이 번갈아가면서 생기게 하여 물질이 새나가게 합니다. 자동차 사고가 나서 물질이 손해가 나게 하고, 전세나 부동산을 매매할 때 순간 속게 하여 사기를 당하게 합니다. 자녀들이 멀쩡하게 놀이터에서 놀다가 넘어져서 발목이나 다리를 다치기도 합니다. 이해하지 못할 일이 생겨서 물질이 새나가게 합니다. 문제를 해결할 때마다 돈을 빌리니 자꾸 채무가 늘어나게 됩니다. 높은 차원의 마귀는 세상의 학문을 장악해서 그들이 의도하는 방향으로 사람들을 몰아갑니다. 철저히 하나님을 부인하고 영의 세계를 부인하도록 하는 것입니다. 이런 사단의 의도에 다수의 사람들이 휘말려 영의 일에 깊이 관여하는 것을 두려워하게 됩니다.

귀신의 영향을 받는 사람은 자주 거짓 영적 경험들을 하게 됩니다. 그것을 성령께서 주시는 것으로 착각하고 분별하려고 하지 않고 그냥 받아들이게 됩니다. 성령의 나타나심과 악령의 영향을 구분하지 못하기 때문에 모든 영적 경험을 다 받아들이게 됩니다. 분별없이 받아들이니 귀신이 떠나가지 않고 같이 사는 것입니다. 성령 안에서 온몸으로 기도를 오래하면 귀신이 본색을 드러내기 시작합니다. 이런 귀신은 성령의 역사를 성령 안에서 온몸기도를 악착같이 거부합니다. 영적인 면에 무지하고 어리석게도 세상의 학문체계로 이해하려고 듭니다. 신경과민이나 스트레스 때문이라고 무시하게 되기 때문에 아주 간단하게 치유할 수 있는 시기를 놓치고 심각하게 귀신들려 일생을 망치는 사람들이 얼마나 많은지 모릅니다. 정말 안타까운 성도가 많습니다.

만성적 귀신들림은 본인에게는 육체적 피곤이나 무기력으로 나타납니다. 누워서 지내는 시간이 많아지는 것입니다. 만성질환에 걸리면 생기가 없고 의욕이 사라집니다. 뚜렷한 병명도 모르겠고 병원에서는 별 이상이 없다고 하는데 본인은 힘이 없고 무력해져서 사는 것이 즐겁지 못합니다. 매사가 시큰둥해지고 소망도 사라져 모든 것이 귀찮기만 합니다. 이것이 만성 질환의 특징입니다. 질병의 잠복기에 들어있으면서 증상이 구체적으로 나타나지 않고 신체의 특정 부분에 병증이 나타나지 않기 때문에 병원에서는 이런 병을 '신경성 질환'이라고 부릅니다. 상처와 스트레스로 인하여 영적인 문제가 결부된 것입니다. 안정을 취하고 과로하지 않으면 회복된다고 의사들은 말하지만 환자는 괴롭습니다. 이와 같이 귀신들림의 잠복기를 거치는 사람들에게는 가벼운 우울증 증상이 나타납니다. 몸이 피곤하고 힘이 없지만 뚜렷하게 어디가 아픈 것인지 본인도 모릅니다. 이는 모두 귀신의 영향이라고 보면 정확합니다.

귀신들림의 잠복기를 거치는 사람은 성령의 강한 능력을 가진 사람에게 가면 즉각적인 반응이 나타납니다. 몸에 진동이 일어나고 머리가 어지럽고 구역질이 나고 심하면 귀신의 소리가 들리며, 가슴이 답답하고 누군가가 짓누르는 것 같은 압박감을 느끼며, 숨이 가빠져 얼굴이 창백해지면서 기절하기도 합니다. 이런 증상을 때로는 성령의 능력을 가진 사람이 느끼지만, 귀신들린 사람은 전혀 느끼지 못하는 경우가 있습니다. 성령의 능력이 강한 사람에게 가면 귀신들린 사람에게 역사하는 귀신이 그 사람을 피하려고 합니다. 그래서 우리 교회도 보면 집중치유기도를 나오지 않는 사람이 있는 것입니다. 귀신이 의지를 잡았기 때문에 본인은 마음으로는 집중 기도를 해야 하겠다고 생각하지만 몸이 따라주지 않으니 나오지 못하는 것입니다. 성령의 강력한 능력을 가진 사람에게는 귀신이 먼저 알고 피해 달아나려고 하지만 억지로 라도 참석하여 기도하려고 하면 갖가지 위장술을 피웁니다. 강력한 능력을 지닌 사역자 앞에 귀신들린 사람이 오면 귀신은 괴롭고 어지럽고 두려워서 어쩔 줄을 몰라 합니다. 그렇기 때문에 성령의 역사가 강한 곳에 가지 않으려도 합니다. 가끔 와서 기도하면 성령의 역사로 귀신들이 괴롭기 때문에 이곳저곳을 아프게 합니다. 그래서 오지 않고 포기하게 만듭니다. 이러한 역사를 본인이 깨닫지 못하면 영원하게 독립적으로 생활하며 혼자서도 잘 살수가 없는 것입니다. 건강하지 못하고 몸이 이곳저곳이 아프고 거동을 제대로 하지 못하여 주변 사람들의 도움이 없이는 살아갈 수가 없는 것입니다. 쉽게 말하면 주변 식구들의 짐만 된다는 말입니다. 이를 알고 한 살이라도 적을 때 자신의 온몸을 성령하나님께서 지배하시게 해야 독립적인 수행을 하면서 혼자서도 잘 살수가 있는 것입니다.

그런데 주의해야 합니다. 귀신을 쫓는 사역자도 귀신들린 사람을 만나면 온몸으로 괴로운 증상들을 겪게 될 수가 있습니다. 이는 자신에게 역사하는 귀신들로 인해 겪는 것입니다. 처음 귀신 쫓는 능력을 받았을 때는 몸으로 모든 증상들을 느끼기 때문에 어디 가든지 소름이 끼치고, 살이 떨리고, 구역질이 나고, 머리가 어지럽고, 귀에서 이명 현상이 나타나고, 눈에 귀신이 보이고, 코에서는 시궁창 냄새가 나고, 몸이 흔들리고, 누군가가 자신을 잡아당기는 것 같은 힘을 느낍니다. 그래서 귀신 쫓는 일을 하고 싶지 않습니다.

그러나 이런 시기를 극복하고 성령님이 함께 하시면서 능력이 강해지면 이제는 반대로 귀신들이 그 고통을 견딜 수 없어서 정체를 드러냅니다. 멀쩡하게 생긴 분이 카리스마가 있는 사역자 앞에 오면 온 몸을 떨고 어지러워하다가 견디지 못하고 쓰러집니다. 알아야 할 것은 상처와 스트레스로 인하여 귀신들이 잠복하여 있는 사람들이 성령의 역사가 일어나면 성령의 역사가 더 강하게 잘 일어난다는 것입니다. 속지 말고 자신을 관리해야 합니다.

많은 사람들이 심하게 또는 약하게 귀신들려 있고 증상이 겉으로는 나타나지 않는 잠복기를 지내고 있습니다. 이런 사람들의 증상은, 기쁨이 거의 없으며, 사람들과 잘 어울리지 못하며, 영적인 일에 무관심하고, 신체적으로 무기력하고, 특별히 아픈 곳은 없지만 환자처럼 힘이 없고, 만성 두통을 가지고 있으며, 헛구역질을 하며, 자주 가위눌리고 헛것을 보며, 공포에 질려 두려워하며, 눈 앞에 수시로 검은 물체가 지나가는 것은 느끼게 됩니다.

예수를 믿었어도 하나님의 말씀에 대해서 별로 감동을 느끼지 못하고, 찬양하는데 감동이 없고, 특히 능력 있는 사역자를 두려워하며, 기도를 많이 하지 못하며, 형식적인 신앙생활을 하거나 반대로 극성적인 열정을 보이기도 합니다. 감정이 수시로 변하고, 변덕스럽습니다. 감정에 따라 행동하며 하루에도 여러 차례 극심한 감정의 변화를 경험합니다. 귀신역사에 대해서 전혀 알지 못하며 스스로 귀신을 쫓으려는 노력이 전혀 없습니다. 영적 지식이 거의 없고, 알려고도 하지 않습니다. 보이지 않고 나타나지 않기 때문입니다. 소망이 없고 부정적이며, 새로운 일이나 환경에 대해서 두려워합니다. 뜨거운 것을 싫어하고 밝고 사람들이 많은 곳을 멀리하려고 합니다. 거짓말을 잘하며, 과장하기도 합니다. 환상을 보거나 환청을 자주 듣습니다. 이런 경험을 하면서도 말하려고 하지 않고 혼자만 즐깁니다. 따라서 교만해지고 자신을 과신하게 되는 것입니다. 질병의 잠복기에 있다고 해서 모두 그 병에 걸리는 것이 아닌 것처럼, 귀신들림의 잠복기를 거치고 있지만, 심각한 중증으로 나타나는 것은 별개입니다. 여기에는 많은 조건과 절차가 맞아 떨어져야 하기 때문입니다. 그래서 한 번 들어간 귀신은 나오지 않으려고 온갖 수단을 다 쓰고 좀처럼 쉽게 나오지 않는 까닭이 그만큼 우리 육신을 점령하기가 쉽지 않기 때문입니다.

귀신은 자신도 모르는 사이에 우리 곁에 다가옵니다. 그리고 서서히 우리를 점령해 들어가지만 우리는 이 사실을 제대로 알지 못합니다. 그런데 성령으로 충만하고 경건한 무리에 속해서 함께 기도를 시작하면 귀신은 견디지 못하고 그 정체를 드러내기 시작합니다. 그러기 때문에 혼자서 독립적인 생활을 제대로 하지 못하여 낙오된 생활을 하는 분들은 성령의 역사가 강한 교회에 가서서 신앙생활을 해야 합니다. 우리 충만한교회와 같이 온몸집중치유기도를 하는 교회에서 신앙생활을 하면 쉽게 독립하며 혼자서 살아가는 사람이 될 수가 있을 것입니다. 혼자서 독립적으로 생활하지 못하는 것은 귀신의 영향이 큽니다. 이런 귀신은 성령의 강력한 능력을 갖춘 사역자가 있다면 즉각 알아차리게 됩니다. 그런 능력 있는 사역자가 없는 기도모임에서 성령이 역사하면 귀신은 그 사람에게서 슬금슬금 기어 나와 더 여러 가지 증상을 나타내기 시작합니다. 아무렇지도 않던 영적 삶에서 그 존재가 모습을 드러내기 시작하는 것입니다. 이상한 영적 현상들이 나타나고 앞에서 설명한 그런 전조 증상들이 표면에 나타나기 시작하는 것입니다. 이런 것을 경험하게 되면, 귀신이 자신에게 잠복되어 있었음을 깨닫고 전문 사역자와 함께 귀신을 예수의 이름으로 쫓아야 합니다.

그러나 조심할 것이 있습니다. 대부분의 사람들은 자신이 귀신의 영향을 받고 있다고 하면 굉장히 기분이 나빠합니다. 이것 역시 귀신의 영향을 받는 증거 중 하나입니다. 상처를 받게 되고 그로 인해서 축귀할 수 있는 기회를 잃게 되며, 마음의 문을 닫을 뿐만 아니라, 자신과의 관계마저 끊어버립니다. 귀신이 그렇게 하는 것이지요. 그러므로 섣불리 귀신의 영향을 받고 있다고 말을 해서는 안 됩니다. 이런 성도는 성령이 강하게 역사하는 기도모임에 참석하여 함께 말씀을 듣고 기도하면서 스스로 인정하게 해야 합니다. 자신이 영적인 문제가 있다고 인정이 되어야 축귀할 수가 있습니다. 지속적으로 집회에 참석하면서 안수를 받고 기도하면 귀신은 떠나가는 것입니다. 그 사람이 원하지 않거나 동의하지 않으면 피하는 것이 유익합니다. 본인이 거부하면 사역할 수 없습니다.

귀신이 접근해서 영향을 끼치는 경우 가장 먼저 영이 이 사실을 알게 됩니다. 그러나 일반적으로 영에 대한 지식이 부족하고 특히 영이 강하지 못한 사람에게는 이 느낌이 단순한 육체적 또는 정서적인 변화일 것으로 오인하고 대수롭지 않게 여길 수 있습니다. 특히 영적인 것에 거의 경험이나 지식이 없는 일부 목회자들에게 있어서 이런 현상은 정신적인 스트레스나 심리적인 강박감 때문이라고 생각합니다. 이런 사람들은 성경을 따르지 않고 세상이 만들어 놓은 심리학이나 정신분석학의 입장을 따라서 그렇게 생각하는 것입니다. 귀신의 영향을 받으면 우선 자신에게 영향을 주고 있는 귀신의 존재가 지니고 있는 독특한 영적 분위기가 전달되어옵니다. 그렇게 되면 영적 감각이 무디어지기 시작하는데, 귀신은 우리 몸을 점령해서 육신을 파괴하기 위한 목적이기 때문에 몸이 무력해지고 답답해지기 시작합니다. 귀신이 들어오는 것은 특별한 사람에게 일어나는 일이 아닙니다. 질병은 누구나 걸릴 수 있고 예방하기 위해서는 정기적으로 검진을 하고 적당한 운동을 계속해야 하는 것처럼, 영적인 건강을 위해서 성령으로 충만한 예배에 참석하여 영적인 진단을 받아야 하며, 주기적으로 축귀를 해야 합니다. 자기가 자기를 검진하는 기도를 해야 합니다. 귀신은 몰래 들어오는 존재입니다. 병 역시 몰래 우리 몸에 자리를 잡지 않습니까? 그래서 예방이 중요하고 정기적인 검진이 더 없이 필요하지 않습니까? 육신의 건강을 위해서 많은 신경을 쓰면서 영의 건강을 노략질 하려는 무서운 마귀와 귀신에 대해서 우리는 아무런 대비도 하지 않고 있었습니다. 이것은 의료시설이 터무니없이 부족했던 60-70 년대 이전처럼, 병이 걸리면 숙명으로 받아들이고 체념했던 그 시절처럼, 지금 우리 교계의 교회들의 영적 건강 상태가 그렇습니다. 수많은 성도가 마귀와 귀신에게 시달리고 있지만, 아무도 이 부분에 대해서 심각하게 받아들이려고 하지 않습니다. 마귀와 귀신의 일을 멸하는 첨단에 서는 사람이 바로 성령의 능력을 지닌 축귀 사역자들입니다. 교회가 이들을 얼마나 많이 세우냐에 따라서 우리의 영적 건강이 제대로 지켜질 수 있습니다. 이들은 영적 의사입니다. 의사가 없는 동내는 낙후된 마을인 것처럼 영적 사역자가 없는 교회는 벽촌이나 마찬가지입니다.

자신 안에 귀신이 숨어있는지 알아내는 절대적인 방법은 이것입니다. 성령 안에서 온몸으로 오랫동안 기도하여 귀신을 두렵게 해서 도망치게 하는 것입니다. 귀신이 두려워하는 존재는 성령의 역사 밖에 없습니다. 그러므로 숨을 코로 깊게 쉬면서 배에서 나오는 소리로 예수님을 전심으로 부르고, 열정적으로 강력하게 마음 안에서 성령의 권능이 흘러나오는 기도를 하면 됩니다. 그러나 열심히 하되 습관적인 관념적인 머리나 생각으로 목으로 하는 열심으로 기도해서는 되지 않습니다. 강력하게 호흡을 들이쉬고 내쉬면서 아랫배에서 나오는 소리로 주여! 주여! 를 하면서 주여! 소리에 집중 몰입해야 합니다. 다른 방법은 강력하게 사력을 다하여 아랫배가 불쑥 불숙하도록 호흡을 들이쉬고 내쉬면서 기도하는 것입니다.

즉, 아랫배에서 나오는 소리로 주여! 주여! 하면서 예수님을 불러야 성령이 역사하시기 시작합니다. 주여! 주여! 하면서 주여! 소리에 집중하면서 기도하면 성령님이 역사하신다는 것을 귀신들이 먼저 알고 있기에, 성령이 역사하는 기도를 하지 못하게 하려고 악랄하게 방해하는 것입니다. 귀신들의 기본적인 방해공작은 잡념을 넣어주는 것입니다. 강력한 기도를 하지 못하도록 귀신들이 방해하는 것은 환자 자신의 약점을 가지고 방해합니다. 예를 든다면 성대에 문제가 있는 사람은 "야~ 그렇게 소리를 지르면 성대가 망가진다."는 생각을 집어넣어서 기도를 강력하게 하지 못하게 합니다. 환자는 이에 동조하지 말고 열정으로 강력하게 혼 심을 다해 기도하면 드디어 귀신들이 도망치는 현상이 나타납니다. 귀신들은 주로 가슴과 배에 집을 짓고 살고 있기에, 가장 빠른 통로인 기도(식도)와 장(위장, 소장, 대장)을 자극하게 됩니다. 그래서 침, 가래, 하품, 기침, 트림, 헛구역질, 구토, 방귀가 나오는 것이 일반적인 현상입니다. 속이 메스껍고 소화가 잘 안되며, 목이 무엇이 걸린 것과 같이 답답하고 칼칼하며, 가슴이 답답하기도 합니다. 이런 현상은 귀신들이 공격한다기보다 한꺼번에 도망치려고 하다 보니, 몸의 장기를 자극해서 일어나는 현상이라고 생각하면 맞습니다. 이런 현상을 보이는 귀신들은 대부분 약한 놈들로 강한 놈은 이렇게 도망치지 않습니다. 도망치기보다 거꾸로 공격하는 놈들도 적지 않습니다. 공격하는 현상은 아주 다양하지만, 두통(주로 편두통)을 일으키고, 어지럽게 하고, 손발이 짜릿짜릿하게 저리게 만들고, 섬뜩하면서 두렵게 하고, 얼굴이나 몸을 가렵게 하고, 온몸을 돌아다니며 다양한 통증을 일으킵니다. 세미한 음성으로 낙담과 절망을 주는 말을 하기도 하며, 온몸에 힘을 빠지게 하고 맥이 풀리게 하기도 합니다. 특별하게 온몸에 통증을 일으키기도 합니다. 통증이 생기면 무슨 큰일이 생긴 것과 같이 의아해 하면서 당황하는 환자가 있는데 이는 귀신이 아주 좋아하는 행동입니다. 통증이 일어나는 것은 성령으로 장악이 되니 귀신들이 붙잡고 있던 부분에서 귀신이 떠나면서 일어나는 일시적인 현상입니다. 이에 동조하지 않고 지속적으로 성령으로 장악이 되려고 열심으로 노력하면 조금 지나면 통증이 시원하게 소멸됩니다. 장염증상, 소화불량을 일으키거나 잦은 기침으로 기도를 방해하기도 합니다. 또한 시키면 사람이나 흉측한 동물모습을 환상으로 보여주어 겁을 집어먹게 만들고, 갑자기 소름이 돋을 정도로 두려움을 주어 기도를 못하게 하는 일도 흔합니다. 그러므로 이런 현상이 일어나면 자신에게 귀신이 잠복해 있다고 보아야 합니다.

또한 대부분의 불치병이나 고질병과 거의 모든 정신질환은 귀신과 연관되어 있는 질병이라고 보고 인정해야 치유가 가능합니다. 그러므로 자신과 가족에게 불면증, 강박증, 우울증, 조울증, 조현병, 공황장애, 자살충동, 정신분열, 알콜중독, 각종 중독증이 있다면 귀신이 잠복해있다고 보면 정확합니다. 각종 육체적인 고질병의 원인도 상당부분이 악한 영의 공격에 의해서입니다.

귀신의 영향을 받는 사람은 전문적인 사역을 하는 곳에서 성령의 임재가운데 강력하게 기도하면서 사역자의 안수를 받으면서 축출기도를 받는 것이 가장 빠르게 귀신을 쫓아낼 수가 있습니다. 혼자는 힘이 듭니다. 자신에게 영향을 끼치는 귀신들이 떠나가면 성령이 지배를 받는 기도도 할 수가 있습니다. 그러므로 자신 안에 귀신이 있는지 알고 싶다면, 지금부터라도 열심히 배에서 나오는 소리로 주님을 부르는 기도를 시작해야 할 것입니다. 강력하게 성령으로 기도해야 할 것입니다. 귀신은 아무것도 아니므로 절대 두려워하지 말아야 합니다. 이런 강한 귀신들은 일반적인 기도로는 정체가 폭로되지 않을뿐더러 몰아낼 수도 없습니다. 충만한교회같이 오랫동안 온몸으로 기도해야 정체를 폭로합니다.

혼자서 독립적인 생활을 하기 힘든 분들은 인내하면서 자신이 성령으로 장악이 되는 것이 집중해야 합니다. 혼자서 독립적인 생활을 하지 못하고 의존적인 사람은 자신에게 영적인 문제가 있다는 것을 알고 자신을 관리해야 혼자서도 독립하며 잘 살아갈 수가 있는 것입니다. 혼자서 독립적인 생활을 못하게 하는 놈들은 귀신이라는 것을 알고 대처해야 합니다. 귀신은 쉬어야 하기 때문에 필자와 같이 일찍 일어나고 일찍자고 계속 몸을 움직이고 산책하고 기도하고 먹는 것을 절재하고 건강관리를 지속적으로 하면 귀신이 같이 살지 못하는 것입니다. 그렇기 때문에 혼자서 독립하지 못하는 사람은 성령으로 충만한 사람이 되려고 의지적인 노력을 해야 혼자서도 독립하며 살아갈 수가 있는 것입니다. 일상수행을 독립적으로 하지 못하는 사람은 자신에게 독립적으로 살아가지 못하게 방해하는 세력이 있다고 인정하고 성령으로 자신을 관리하면 얼마 가지 않아서 자신의 의지대로 독립하며 살아갈 수가 있을 것입니다. 자신을 정확하게 볼 수 있는 눈이 열려야 합니다.

17장 혼자서 잘살려면 독립적 수행을 습관화하라.

(창 39:2)"여호와께서 요셉과 함께 하시므로 그가 형통
한 자가 되어 그의 주인 애굽 사람의 집에 있으니"."

혼자서도 잘 살아가려면 독립적인 수행능력이 있어야 합니다. 독립적인 수행능력은 하루아침에 습관화 되는 것이 아닙니다. 어려서부터 습관이 되어야 합니다. 요사이 부모님들이 자녀들을 온실 속에서 기르십니다. 자녀들의 일상 모든 것을 부모님들이 해주면서 살아갑니다. 이는 자녀들의 인생을 망치게 하는 것입니다. 부모님들이 고등학생인 딸이 코로나19에 감염되었는데 학교 선생님에게 직접 전화하여 출석에 문제가 없도록 한다는 것입니다. 심지어 대학생 아들이 코로나19에 감염되었는데 아들이 출석의 문제에 대하여 직접 학교에 해결하지 않고 부모님이 대학교에 전화하여 출석문제를 해결한다고 이야기를 들었습니다. 이런 문제쯤은 고등학생과 대학생인 자신들이 얼마든지 조치하고 해결할 수가 있는 것입니다. 스스로 학교에 전화하여 출석의 문제를 해결하게 해야 합니다. 그래야 자녀가 인생을 살아가면서 독립적으로 수행하며 혼자되어도 당황하지 않고 삶을 살아갈 수가 있는 것입니다.

필자는 어려서부터 혼자 독립적으로 생활을 많이 한 것 같습니다. 3살 때부터 부모님의 곁을 떠나 외가에서 자랐습니다. 그래서 그런지 몰라도 어머니의 사랑에 대하여 아무것도 생각이 나는 것이 없습니다. 어른들의 말씀을 들어보면 어머니가 저를 출산하고 젓이

나오지를 않아서 동내의 아주머니들의 젓을 얻어먹고 자랐다고 합니다. 어머니가 옆에 안 계시니 어린 것이 얼마나 두려워했겠습니까? 그 때의 상처로 심장이 약해서 장이 좋지 않아서 필자의 의식에 화장실에 가서 변을 볼 때마다 피를 쏟으면서 살았습니다. 정말 지긋지긋한 고생을 했습니다. 주변 사람 모두 다 죽는 다고 했는데 하나님의 은혜로 지금 70까지 건강하게 살아가고 있습니다. 이름을 천하게 불러야 오래 산다고 하여 제 이름이 개똥이 이었습니다.

그것으로 끝난 것이 아니고 아버지가 질병이 심하셨기 때문에 초등학교 3학년 때부터 아버지 약을 가지러 집에서 50리(20Km)가 떨어진 삼례에 있는 보건소에 다니면서 약을 받아다가 아버지에게 드렸습니다. 그것도 공차를 타고 가서 약을 타왔습니다. 공차를 타고 오다가 차장에게 걸려서 중간 역에 내려 무슨 역인가 기억이 나지 않는데 역무원이 시키는 대로 풀을 뽑는 등 사역을 하다가 풀어주어서 걸어서 집으로 돌아온 기억이 있습니다. 길을 잃어버릴 것이 두려워 철길을 따라 걸었는데 지금 생각하면 긴 강이 있어서 철교가 있었는데 겁도 없이 철교를 건넌 것입니다. 그때 만약에 기차가 지나갔다면 영락없이 죽었을 것입니다. 그러나 다행스럽게 철교를 다 건넌 다음이 기차가 지나갔습니다. 밤 11시가 되어 집에 도착하니 아버지가 저를 붙들고 미안하다고 하시면서 우셨습니다. 저는 괜찮다고 아버지를 위로했습니다. 지금 초등학교 3학년짜리를 그렇게 했다하면 아동학대에 해당합니다.

필자는 이렇게 어려서부터 혼자 모험을 하면서 독립심을 키웠습니다. 아버지가 돌아가시고 17살에 가장이 되었습니다. 학교를 다니면서 틈틈이 일해서 식구들을 먹여 살려야 했습니다. 군대에 들어가 독립하는 훈련을 받았습니다. 지금 와서 생각하니 하나님께서 어려서부터 "독립적인 수행능력" 즉, 자립하는 훈련을 시키셨다는 것입니다. 그래서 지금 독립하며 잘 지내고 있는 것입니다. 독립심은 어려서부터 길러야 한다는 것입니다. 시간이 흐름에 따라 아이들은 무엇인가를 스스로 해결하고자 하는 독립심을 갖게 됩니다.

오늘 본문에 나오는 요셉에 대하여 생각해 보겠습니다. 요셉은 철저하게 하나님의 손에 붙들려서 독립훈련을 받습니다. 하나님은 사랑하는 사람을 불러서 광야로 보내서 독립훈련을 시키십니다. 독립훈련을 성공적으로 끝내면 하나님의 사람으로 하나님의 살아계심을 증명하는 사람으로 사용하십니다. 독립훈련은 다름이 아닌 하나님의 뜻에 온전하게 순종하게 하는 훈련입니다. 아무도 없는 광야에서 삶을 살아가면서 여러 생사의 갈림길에 서는 문제를 당하게 하시면서 그때마다 기도하면 지혜를 주시며 하나님의 함께 하심을 스스로 체험하게 하십니다. 광야에서 스스로 살아계신 하나님께서 함께 하신다는 것을 체험하게 하는 것이 광야훈련의 목적입니다.

요셉은 유아시절 어머니 라헬이 죽었습니다. 요셉은 유아시절에 어머니의 사랑을 받지 못하고 자랐습니다. 하나님은 요셉을 유아시절부터 철저하게 독립훈련을 시키셨다는 것입니다. 야곱은 노년에 얻은 아들 요셉을 특별히 사랑해서 열두 아들 중에서 요셉에게만 채색 옷을 지어 입혔습니다. 요셉이 형들의 곡식 단이 자기의 곡식 단에게 절을 하는 꿈과, 해와 달과 열한별이 자기에게 절하는 꿈을 꾸었다는 말을 한 후부터 더욱 요셉을 미워하게 됩니다. 이는 요섭과 동행하시는 하나님의 역사하심입니다.

　그 후 야곱은 사랑하는 아들 요셉을 형들이 있는 세겜으로 형들이 잘지내나 보고 오라고 보냅니다. 요셉의 형들이 멀리서 그가 오는 것을 보고 요셉을 죽이려 하자 르우벤이 나중에 구할 생각에 비어 있는 구덩이에 던져 넣자고 말합니다. 이에 그들은 요셉의 채색옷을 벗기고 물이 없는 빈 구덩이에 던져 넣습니다. 이 사건 역시 요셉과 함께하시는 하나님의 역사이십니다. 요셉의 형들이 요셉을 구덩이에 던져 넣고 음식을 먹다가 마침 지나가는 이스마엘 상인들을 봅니다. 유다는 동생을 살릴 생각에 그를 죽이지 말고 저 미디안 상인들에게 팔자고 제안합니다. 형제들이 유다의 제안을 받아들여 그들은 이스마엘의 미디안 상인들에게 은 20세겔을 받고 팔아 넘깁니다. 요셉이 미디안의 이스마엘 사람들에게 노예로 팔리기 전에 형제들로 인하여 빠졌던 구덩이는 앞으로 13년여 동안 요셉이 살아갈 삶의 모습을 나타냅니다. 전혀 빠져나올 수 없는 완벽한 절망의 공간 구덩이는 요셉이 노예와 감옥살이로 완전한 절망의 삶을 살아가게 되리라는 것을 암시하는 것이었습니다. 쉽게 설명하면 요셉을 광야에 빠뜨려 독립훈련을 시키시려는 하나님의 섭리입니다.

　보디발의 집에 씨종으로 팔린 요셉(창39:1)입니다. 어느 나라든지 외국인에게 노예가 된 사람들은 그의 자녀에 자녀까지 영원히 노예에서 벗어날 수 없습니다. 그러나 요셉은 하나님을 믿는 낙관적인 사람이라 그런 완전한 절망의 삶에서도 전혀 실망하지 않았습니다. 괴로워하지도 않았고, 우울증에 사로잡히지도 않았습니다. 그는 언제나 주어진 일에 최선을 다했습니다. 요셉의 하는 모든 일에 복을 주신 하나님(창39:2~3)이십니다. 요셉의 형통의 복으로 인하여 그의 주인인 보디발의 집의 모든 것에 복을 내리셨습니다. 복이 있는 집에 요셉이 들어간 것이 아닙니다. 그 땅이 좋은 명당이라 복이 임한 것도 아닙니다. 요셉이 복이 있는 사람이니 요셉으로 말미암아 그의 집이 복을 받은 것입니다.

그러던 어느 날 주인의 아내가 요셉에게 눈짓하며 침실로 가자고 유혹합니다(창39:7). 요셉은 주인께서 그의 소유의 모든 것을 맡기셨으나, 단 하나 그의 아내만은 맡기지 않으셨다며 거절했습니다. 요셉은 아예 유혹을 받을만한 자리를 만들지 않기로 합니다. 아무리 조심해도 어쩔 수 없는 경우가 생깁니다(창39:11~12). 마침 그 집 안에 다른 종들이 하나도 없고 그 주인의 아내 혼자만 있는 것입니다. 아마도 주인의 아내가 일을 꾸미고 다른 종들을 다 내보냈을 것입니다. 주인의 아내는 요셉의 옷을 아주 단단히 붙잡고는 침실로 가자고 거의 협박하듯 말하였습니다. 그러자 요셉은 그 옷을 여인의 손에 버려둔 채 바깥으로 뛰어나갔습니다(창39:13~18절). 요셉이 하나님의 시험을 통과합니다. 여인은 요셉이 옷까지 벗어두고 황망하게 도망하는 모습을 바라보고는 요셉을 죽이기로 결심합니다. 보디발의 아내가 요셉이 자기를 강간하려 했다고 모함합니다.

요셉은 왕에게 모반한 자가 들어가는 감옥에 들어갑니다(창39:19~20절). 바로를 측근에서 섬기던 두 관원장이 바로에게 죄를 짓고 요셉이 있는 감옥에 들어옵니다. 어느 날 그들이 꿈을 꾸었으나 그 꿈을 해몽하는 자가 없어 근심합니다. 그러나 요셉이 그들의 꿈을 해몽해 주었고, 그들은 요셉이 해몽한 대로 바로의 생일이었던 3일 후에 술 맡은 관원장은 복직이 되고 떡 굽는 관원장은 처형을 당합니다. 요셉은 술 맡은 관원장에게 자신을 기억해달라고 요청하나, 술 맡은 관원장은 요셉을 잊어버립니다.

그렇게 힘든 2년의 시간이 흐른 뒤 어느 날 애굽의 바로 왕이 참으로 이상한 꿈을 꿉니다(창41:1~7). 하나님께서는 오직 요셉만이 해결할 수 있는 큰 문제를 애굽의 왕에게 일으키셨습니다. 이것은 하나님께서 역사의 주인이시라는 것을 말씀하는 것입니다. 애굽이 아무리 크고 강한 나라라 하더라도 애굽에 사로잡힌 한 히브리 소년 요셉 외에는 아무도 해결할 수 없는 일을 하나님께서는 얼마든지 일으키실 수 있는 분이신 것입니다. 바로를 만난 요셉이 하나님께서 하실 일을 미리 알리셨으니 그 일을 준비하라합니다(창 41:25~31절). 요셉은 애굽이 망하게 되리라는 운명론으로 해석하지 않았습니다. 요셉은 미래의 일을 준비하게 하기 위해 하나님께서 하고자 하실 일을 미리 알리신 것이라고 설명합니다. 요셉은 하나님께서 하실 일을 아주 구체적으로 설명합니다. 암소 일곱 마리와 일곱 이삭은 각각 7년을 의미하는 것이고, 살진 것은 풍년이요 마른 것은 엄청난 흉년을 의미하는 것이라고 말했습니다.

요셉은 지금부터 7년 동안은 엄청난 풍년이 있겠지만, 그 뒤로 오는 7년은 앞에 풍년이 있었는지 기억도 하지 못할 만큼 엄청난 흉년이 계속될 것이라고 말했습니다. 하나님께서 요셉을 통하여 하나님께서 하실 일을 미리 알게 하신 것은 미래의 일을 미리 준비하도록 하기 위해서였습니다. 우리도 말씀으로 장차 이 땅에 일어날 일을 미리 알고 그날을 지혜롭게 준비하는 자들이 되어야 할 것입니다. 요셉은 바로 왕에게 다가올 7년의 대흉년에 대한 대비책을 말합니다(창41:32~36절). 먼저 바로가 같은 꿈을 두 번 반복해서 꾼 것은 하나님께서 이 일을 이미 결정하셨고, 또 이 일을 아주 서둘러서 행하실 것임을 알리신 것이라는 점을 지적하였습니다. 그러므로 빨리 명철하고 지혜 있는 자를 세워서 그로 애굽 전역을 다스리게 하고, 그 아래 감독관들을 세워 애굽 전역에서 7년의 풍년 동안 추수한 것의 5분의 1을 거두어들여 각 성의 저장고에 저장하게 하면 그 뒤에 올 7년 대흉년에도 애굽이 망하지 않고 견딜 수 있으리라고 말합니다. 왕은 하나님에 대하여는 잘 알지 못하지만, 자기 꿈을 해석하는 요셉을 통해 하나님이 자기들이 믿는 신보다 더 뛰어난 신이라는 것을 알게 됩니다(창41:37~39절). 바로는 그의 신하들에게 "이처럼 하나님의 영에 감동된 사람을 우리가 또 어디에서 구할 수 있겠는가?"하고 물은 뒤 그 일을 즉시 하도록 명하고, 요셉에게 그 일을 담당할 애굽의 총리가 되어 줄 것을 부탁합니다.

요셉은 애굽의 총리, 애굽의 이인자가 됩니다(창41:40~43절). 왕은 요셉에게 자신의 옥새가 붙어 있는 인장 반지를 주고, 왕이 가진 모든 권한을 요셉에게 줍니다. 바로는 요셉보다 자신이 높은 것은 그가 왕의 보좌에 있는 것뿐이라고 말하여, 이제부터 실질적인 권력자는 요셉임을 애굽 온 천하에 알렸습니다. 어떻게 천한 노예의 신분인 요셉이 갑자기 총리가 될 수 있었을까요? 여기에서 한 가지 궁금한 것이 있을 것입니다. 아무리 요셉이 지혜 있는 말을 했다고 해도 어떻게 감옥에 갇혀 있던 이방인을 당장에 한 나라의 총리가 되게 할 수 있습니까? 그것은 그때 애굽의 왕조가 애굽의 원주민이 아닌 이방인이 왕이 되었기 때문에 가능한 일이었습니다. 본래 애굽의 원주민들은 이스라엘 사람들을 아주 싫어합니다. 그러나 요셉이 애굽에 있을 당시의 애굽의 바로왕은 '힉소스 족'이라는 이방인이었습니다. 하나님께서 요셉 한 사람을 위하여 애굽의 왕조까지 바꾸셨다는 점입니다. 요셉이 애굽에 종으로 팔려 가기 전부터 하나님께서는 이 일을 위하여 애굽의 왕조까지 바꾸고 때를 기다리셨습니다. 역시 여호와 이레의 하나님이십니다. 요셉이 그곳에 가보니 그곳에 이미 하나님께서 모든 것을 다 준비하고 기다리고 계셨던 것입니다. 요셉과 같이 광야훈련으로 독립적인 수행능력이 있어야 혼자서도 잘 살아갈 수가 있습니다. 요셉처럼 독립적인 수행능력이 있는 사람으로 혼자서도 잘 살아가려면 이리해야 합니다.

1.독립적으로 살아가는 습관을 들이라. 독립적으로 살아가는 습관은 하루아침에 길러지지 않습니다. 요셉과 같이 유아시절부터 혼자로서 독립하며 살아가는 습관을 길러야 합니다. 우리 부모님들은 자녀들을 어려서부터 독립적으로 살아가는 습관이 되도록 가르치며 훈련하며 자라게 해야 합니다. 옛날 말에 3살 먹어 하던 버릇 80까지 간다고 하지 않습니까? 세상 사람들이 이렇게 말합니다. "자기 버릇 개에게 주겠냐! 누구에게 주겠냐? 3살 버릇 80살지나 140살까지 무조건 간다. 이건 진리다."라고 말하기도 합니다. 필자가 70이 되어서 인생을 뒤돌아보니 3살 먹어 하던 버릇은 80을 넘어 영원한 천국에 갈 때까지 간다는 말이 진리라고 생각합니다.

우리 청년들도 혼자서도 잘살아가려면 어려서부터 독립적인 수행능력을 길러야 합니다. 요즈음 조금만 심하게 하면 아동학대다

무어다하면서 문제를 삼으려고 하는데 바르게 깨달아야 합니다. 자기 자신의 앞날을 위해서 어른 들이 그렇게 대하는 것이라고 생각하고 정중하게 받아들이고 고치려고 노력하고 어른 들이 하시는 말씀을 흘려듣지 말고 순종해야 합니다. 자신의 마음 판에 새기고 실행하며 고치며 살아가려고 하는 사람이 늙어서 혼자되어도 잘 살아갈 수가 있습니다. 어려서 습관이 아주 중요합니다. 하나님은 "네가 평안할 때에 내가 네게 말하였으나 네 말이 나는 듣지 아니하리라 하였나니 네가 어려서부터 내 목소리를 청종하지 아니함이 네 습관이라."(렘 22:21), 어려서부터 습관의 중요성을 말씀하십니다.

2.자신의 건강을 스스로 관리하는 습관을 들이라. 성인이 되는 20살 이후부터는 자신의 건강은 자신이 책임을 지고 관리하는 습관이 중요합니다. 요즈음 젊은 사람들이 건강관리에 대하여 중요성을 잘 모릅니다. 필자가 인생 70을 지나고 보니 건강이 최고로 중요합니다. 20살이 되면 자신의 온몸과 마음과 정신건강 상태를 꿰뚫어보고 관리해야 합니다. 일부 청년들이 조상대대로 흘러오는 유전에 대하여 무관심 하는 경향이 있습니다. 또 관심을 갖더라도 부모님 탓을 하는 사람이 있습니다. 부모님이 어려서 자기병을 고쳐주지 않았다고 원망하기도 합니다. 그러나 원망하지 말아야 합니다. 원망한다고 그 문제가 해결이 되는 것이 절대로 아닙니다.

이제 자신이 성인이 되었으니 자신이 자기 건강을 책임을 가지고 관리해야 합니다. 필요하면 병원에 종합검진을 받아서 자신의 상태를 바르게 알고 대처해야 합니다. 이제 자신이 자기 몸을 가지고 인생의 행로를 달려가야 합니다. 주변 어떤 사람이라도 자신의 몸을 관리해 주지 못합니다. 자기가 관리해야 합니다. 심지어 병원의 의사도 자신의 몸을 관리하여 주지 못합니다. 우리는 바르게 알아야 합니다. 많은 분들이 질병이 있어서 기도하면 하나님께서 고쳐주시고 병원에 입원하면 병원의사가 고쳐주는 것으로 알고 있는 경우가 많습니다. 병원의사가 자신의 병을 고쳐주지 못합니다. 병은 병원에서 담당의사가 수술하고 약을 처방하여 30%를 고치고, 자신의 노력으로 30%를 고치고, 나머지 30%이상은 하나님의 역사가 있어야 완치가 되는 것입니다. 병원에 입원을 했더라도 자기가 자신의 몸을 고치려고 하나님께 기도하며 의사가 하라는 대로 약을 복용하고, 걸으면서 움직이며 노력해야 고쳐지는 것입니다. 필자는 제일 바보가 담당 의사에게 자기 몸을 맡기는 사람이라고 생각합니다.

어려서부터 자신의 몸을 사랑하면서 자기 건강을 위하여 노력해야 합니다. 건강은 건강할 때 지키고 건강을 잃으면 모든 것을 잃는다는 말이 있듯이 우리에게 건강만큼 귀하고 소중한 것은 없다고 생각합니다. 건강할 때 건강을 지키는 습관이 중요합니다. 요즈음 젊은이들이 보약 먹는 것을 죽는 것보다 싫어하는 이들이 있습니다. 이는 잘못된 습관입니다. 어려서부터 보약을 먹고 건강을 관리하신 분들이 90이 넘어도 건강하게 장수하며 사시는 것을 많이 봅니다. 이분들에게 질문을 하면 자신의 할아버지가 한약방을 하여 어려서부터 할아버지가 지어주신 보약을 많이 먹었다고 합니다. 젊어서부터 주기적으로 보약을 먹어야 합니다.

65세 이상 되시는 노인들도 자신의 건강을 자신이 관리해야 합니다. 자식들이나 배우자가 챙겨주지 못합니다. 여러분 아셔야 할 것은 깜박깜박 기억력이 떨어지는 것은 기력, 면역력, 체력이 떨어졌다는 신호입니다. 보약도 먹어야 하고 홍삼도 영양제도 먹어서 체력과 기력을 회복해야 합니다. 몸이 이곳저곳이 아픈 것도 체력이 기력이 떨어져 면역력이 약해져서 생기는 것입니다. 이럴 때 기력을 회복하는 보약을 먹어서 기력을 회복해야 합니다. 어떤 사람들은 노인이 보약을 먹으면 죽을 때 힘들다고 하시는데 이것은 과학적인 근거가 없는 사람의 말입니다. 보약이나 보양식이나 비타민을 먹어서 기력이 강해야 잘 걸으며 움직여서 치매도 안 걸리는 것입니다. 자신의 온몸이 최고로 중요합니다. 돈이나 재산이 많으면 무엇 합니까? 건강하지 못하면 모두 다 다른 사람의 소유가 됩니다.

3.스스로 일을 찾아서 처리하는 습관을 들이라. 독립적인 수행능력을 극대화하려면 일을 스스로 찾아하는 습관이 중요합니다. 그래야 혼자서도 잘 살아갈 수가 있는 것입니다. 독립적인 수행능력이란 혼자스스로 찾아서 의-식-주와 일상을 수행하는 사람이라는 말입니다. 혼자 살아가는데 누가 시키는 사람도 없습니다. 오로지 자기 자신이 부여된 일들을 수행해야 하는 것입니다. 필자는 군대에 있을 때 참모생활을 오래 많이 했습니다. 참모가 지휘관이 시키는 일만 해서는 자기 분야를 발전시킬 수가 없습니다.

스스로 일을 찾아서 해나가야 예고 없이 다가오는 사고나 문제를 사전에 예방할 수가 있는 것입니다. 국가를 생각하면 쉬울 것입니다. 행정부에는 각 부처 장관들이 있습니다. 각 부처 장관들이 자기 분야에 주인의식을 가지고 일을 스스로 찾아서 해결해 나가야 대통령이 국정수행을 잘해나갈 수가 있는 것입니다. 장관이 게을러서 자기분야를 제대로 챙기지 못하면 항상 뒷북을 치는 행정이 될 수가 있는 것입니다. 마찬가지로 가정에서도 해야 할 일을 스스로 찾아서 미리미리 대처해나가면 가정이 원만하게 돌아갈 것입니다. 각자 가정의 남편이나 부인이나 자녀들이나 자신들이 해야 할 일들을 스스로 찾아서 수행한다면 그 가정은 행복한 가정이 될 것입니다.

제일 문제인 사람은 시키는 것도 잘못하는 사람입니다. 직장에서도 자기가 담당한 일을 스스로 찾아서 하는 사람은 윗사람의 인정을 받을 것입니다. 그러나 시키는 것도 제대로 못한다면 얼마가지 못해서 구조조정을 당할 것입니다. 독립적인 수행을 하면서 혼자로서 살아가려면 일을 스스로 찾아서 하는 습관이 굉장하게 중요합니다. 이는 어려서부터 습관을 길러야 합니다. 어려서부터 자기 일을 스스로 찾아서 하는 습관이 된 사람은 가정에서도 부부관계에서도 직장에 나가서 일을 할 때도 항상 앞서가는 사람이 될 것입니다. 제일 중요한 자세가 내가 해야 할 일은 내가 한다는 마음의 자세가 중요합니다. 절대로 독립적인 수행을 하면서 혼자서 살아갈 사람은 일을 스스로 찾아서 하지 못하는 사람은 독립적인 수행능력이 없어서 혼자로서 살아갈 수가 없을 것입니다. 이런 사람은 혼자 살아가려고 하기보다 자기 일을 스스로 찾아하는 습관부터 길러야 할 것입니다. 일을 스스로 찾아하는 습관이 되어야 혼자 살 수 있습니다.

직장에서도 말과 행동을 바르게 해야 합니다. 예를 든다면 좋게 긍정적으로 생각하는 습관을 들이세요, 앙심을 가지고 보복하려는 생각을 가지고 부정적으로 자기 수준으로 판단하여 말하지 말고요. 그리고 빨리하라고 말하면 "지금 빨리하고 있는 거라고 말하지 말고" 이렇게 말하면 상대방에게 반항하는 것으로 들려서 인간관계가 깨질 수가 있으니 빨리하라고 말하면 "예~ 잘 알겠습니다. 예~ 빨리 하겠습니다." 이렇게 대답을 하면 상대방도 기분이 좋고 자신도 상처가 안 됩니다. 선배들도 자꾸 빨리해야 한다는 생각을 가지고 일을 오래하다가 보니까, 속도감 있게 일을 하여 살아남은 것입니다.

4.독립적으로 혼자 여행을 하라. 독립심을 기르기 위하여 혼자 여행을 하는 것도 좋습니다. 혼자 여행하면서 체험적으로 독립심이 길러질 수가 있습니다. 혼자 여행하는 습관을 가지면 좋습니다.

5.독립적으로 일을 처리하는 습관을 들이라. 일부 사람들은 자신이 혼자 충분하게 할 수 있는 일을 꼭 주변사람들을 동원하여 하면서 여러 사람을 힘들게 하는 경우를 봅니다. 아니 광야에 혼자 있는데 누가 나와 함께 일을 합니까? 항상 나는 광야에 혼자 있다는 생각을 가지고 혼자서 일을 처리하는 습관을 들이면 혼자서도 잘살아갈 수가 있습니다. 아무리 어려운 일이 닥치더라도 스스로에게 "항상 나는 혼자이다. 누구도 나를 도와줄 수 없다." 는 생각을 가지고 기도하며 일을 처리하면 독립적인 수행능력이 배가될 것입니다.

하나님은 철저하게 독립훈련을 시키십니다. 요셉도 마찬가지입니다. 다윗도 마찬가지입니다. 험한 세상에서 경쟁사회에서 살아남게 하려고 광야훈련을 시킵니다. 독립적인 수행 능력이 있어야 생존경쟁에서 살아남을 수가 있다는 것입니다. 하나님께서는 하나님의 자녀들이 독립적인 수행능력이 있어서 광야와 같은 세상에서 살아계신 하나님을 증명하며 혼자서도 잘살아가는 사람이 필요하기 때문입니다. 독립적인 수행능력이 되어야 혼자 살 수가 있습니다.

18장 온몸 정신이 깨끗해야 혼자서도 잘산다.

(요4:13~14)"예수께서 대답하여 이르시되 이 물을 마시는 자마다 다시 목마르려니와 내가 주는 물을 마시는 자는 영원히 목마르지 아니하리니 내가 주는 물은 그 속에서 영생하도록 솟아나는 샘물이 되리라"

혼자서도 잘 살아가려면 온몸과 정신이 깨끗해야 합니다. 온몸 정신이 깨끗하려면 온몸 안에 하나님으로 채워져야 가능합니다. 하나님으로 채워진 성도는 하나님으로 만족하게 되어 있습니다. 마음 안에 하나님이 채워지지 않으니 항상 마음이 공허하여 세상 것으로 해결하려고 하는 것입니다. 최 아무개 목사는 장가를 다섯 번을 갔다고 하는데 마음이 텅 비어서 일어난 현상입니다. 참으로 불쌍한 존재입니다. 왜냐하면 목사의 마음 안이 하나님으로 채워지지 않았기 때문에 불쌍한 것입니다. 우리는 내면을 강하게 하여 이런 불쌍한 존재가 되지 말아야 합니다.

오늘 본문에 보면 예수님께서 어느 날 정오에 햇빛이 쨍쨍 비추고 무더운 어느 날 사마리아를 통과하시다가 수가성 어느 곳에 가서 우물곁에 앉았습니다. 제자들은 먹을 것을 찾아 시내로 들어갔는데 예수님은 누구를 간절히 기다리는 심정으로 그곳에 앉아 계셨습니다. 그런데 조금 있다가 사마리아 여인이 물동이를 걸머지고 총총히 오더니만 좌우를 살펴보지도 아니하고 예수님이 앉아 계신 곳에 눈길도 주지 아니하고 그는 우물가에 나와서 동이를 내려놓고 물을 길기 시작합니다. 그때 예수께서 말씀하시기를 여자여, 내게 물을 좀 주시오, 그 여자가 놀라서 예수님을 쳐다보면서 아니 당신 유대인들은 우리 사마리아인을 개로 취급하고 사마리아인들과는 상종도 안하는데 더구나 사마리아 여인에게 물을 좀 달라고 합니까? 그러자 예수님께서 이렇게 말씀하십니다. "예수께서 하나님의 선물과 물을 좀 달라는 이가 누군 줄 알았더라면 구했을 것이요, 그가 생수를 당신에게 주었을 것이다."

예수님의 말씀을 들은 그 여자가 웃으면서 하는 말이 물길을 그릇도 없고 이 물은 깊은데 어디에서 생수를 길러 나에게 주신다는 말입니까? 이 물은 우리 조상 야곱이 우리에게 주신 것이고, 여기에서 당신의 자녀들과 짐승들이 다 물을 마셨습니다. 예수께서 다시 하시는 말씀이 "이 물을 마시면 다시 목마르거니와 내가 주는 물을 마시면 영원히 목마르지 아니하고 솟아나는 샘물이 되리라." 그러면 그 물을 내게도 주시옵소서. 이곳에 와서 물길을 필요도 없고 목마르지도 않게 해 주시옵소서. 예수님께서 고개를 끄덕끄덕하시고 당신 남편을 데려 오시오. 여자가 고개를 푹 수그러드니 나는 남편이 없나이다. 예수께서 맞았어요, 당신은 참말을 했습니다. 당신 남편이 다섯이 있는데 지금 살고 있는 남자는 오다가다 만난 남자로써 당신 남편이 아니지요. 이 대화를 통해서 이 사마리아 여인은 예수 그리스도가 구주인 것을 알게 되고 그는 그리스도를 구주로 모심으로 일생일대에 큰 행복과 변화를 가져왔습니다. 이 이야기를 통해서 우리 하나님께서 우리에게 가르치시기를 원하시는 귀한 말씀을 알아보고자 합니다.

1. 마음과 정신이 부실하면 외적인 욕구로 채우려고 한다. 자연스럽게 혼자서도 잘 살아가지 못하는 것입니다. 본문에 보면 사마리아 여인은 남편을 다섯 번이나 바꿨습니다. 다섯 번 남편을 바꿔봐도 만족함을 얻을 수가 없었습니다. 그래서 다시 여섯 번째 남편과 만나서 살아도 여전하게 허전함을 해결할 수가 없었습니다. 더군다나 자신의 처지가 수치스러워 사람들이 물을 길러오는 시간이 아닌 한적한 시간에 물을 길러 나왔습니다. 그러다가 예수님을 만나자 담대하게 마을로 뛰어가서 자신이 그리스도를 만났다고 외칩니다. "여자가 물동이를 버려두고 동네로 들어가서 사람들에게 이르되, 내가 행한 모든 일을 내게 말한 사람을 와서 보라 이는 그리스도가 아니냐 하니, 그들이 동네에서 나와 예수께로 오더라(요 4:28-30)" 사모하고 찾던 예수님을 만나니 마음속의 기갈이 영원하게 해소가 된 것입니다. 사람은 하나님께서 창조하셨습니다. 창조주 하나님이 내면이 채워져 있어야 만족된 삶을 살아갈 수가 있는 것입니다.

우리 크리스천들은 하나님의 속성을 잘 알고 적용해야 합니다. 하나님을 처음은 찾아오십니다. 다음부터는 찾고 사모해야 만나주시고 찾아오십니다. 많은 크리스천들이 가만히 있으면 믿음이 자라고 성령이 충만한 것으로 알고 있는 경우가 많습니다. 모든 것이 은혜로 된다는 논리입니다. 그러나 하나님은 찾아야 만나주시고 역사하십니다. 자신의 마음 안에 성전삼고 오신 하나님을 주인으로 믿고 찾고 찾아야 역사하십니다. 성령으로 세례를 받고 충만하려면 아랫배에서 나오는 소리로 뜨겁게 기도해야 된다는 말입니다. 하나님은 역대상 28장 9절에서 "내 아들 솔로몬아 너는 네 아버지의 하나님을 알고 온전한 마음과 기쁜 뜻으로 섬길지어다. 여호와께서는 모든 마음을 감찰하사 모든 의도를 아시나니 네가 만일 그를 찾으면 만날 것이요, 만일 네가 그를 버리면 그가 너를 영원히 버리시리라" 말씀하셨습니다. 찾아야 만나주십니다. 찾지 않으면 나타나시지 않습니다. 아니 영원히 버릴지도 모릅니다. "너희가 온 마음으로 나를 구하면 나를 찾을 것이요, 나를 만나리라(렘 29:13)" 찾아야 만나주시는 하나님이십니다.

자신 안에 성전 삼고 주인으로 계신다고 할지라도 찾지 않으면 나타나시지 않습니다. 이는 갈릴리 호수에서 일어난 일을 생각하면 쉽게 이해가 될 것입니다. "큰 광풍이 일어나며 물결이 배에 부딪쳐 들어와 배에 가득하게 되었더라. 예수께서는 고물에서 베개를 베고 주무시더니 제자들이 깨우며 이르되 선생님이여 우리가 죽게 된 것을 돌보지 아니하시나이까 하니 예수께서 깨어 바람을 꾸짖으시며 바다더러 이르시되 잠잠하라! 고요하라! 하시니 바람이 그치고 아주 잔잔하여지더라. 이에 제자들에게 이르시되 어찌하여 이렇게 무서워하느냐 너희가 어찌 믿음이 없느냐 하시니(막 4:37-40)" 예수님은 자신을 성전삼고 주인으로 임재 하여 계셔도 찾아야 나타내십니다. 자신 안에 주인으로 계시는 하나님을 무시로 찾아야 내면이 강해질 수가 있는 것입니다. 혼자서도 잘 살아가려면 예수님을 찾고 찾아서 자신의 온몸과 마음에 예수님이 충만하게 채워져야 합니다. 그렇기 때문에 내 믿음이 이만하면 되었다라고 생각하는 것은 참으로 위험한 발상입니다. 많은 크리스천들이 영육의 문제로 고통을 당하다가 생명의 말씀과 성령의 역사로 해결을 받습니다. 문제가 있을 때는 문제만 해결되면 하나님께 모든 것을 바치겠다고 다짐하고 또 다짐을 합니다. 그러나 얼마가지 않아 믿음이 식어져서 예배를 등한히 합니다. 저녁예배와 목요일 밤이나 금요일 밤 예배에 지극정성으로 나와서 말씀 듣고 기도하다가 평안해지니까, 점점 어렵고 힘들 던 시절을 망각하고 예배를 등한히 합니다. 집중치유기도도 나오지 않습니다. 그래서 점점 하나님과의 관계가 멀어지기 시작을 합니다. 하나님은 찾지 않으면 주무시는 분이시기 때문입니다. 자연스럽게 육성이 강화되기 시작을 합니다. 사람은 육을 가지고 있기 때문에 일어나는 현상입니다. 자신이 영육의 문제를 해결 받을 당시의 영성을 유지해야 영육의 문제가 재발하지 않는 것입니다. 예배 생활을 등한히 하면 얼마가지 않아서 최초의 문제보다 더 심한 문제가 발생할 수가 있습니다.

사람이 영육의 만족을 누리려면 하나님을 찾아 내면이 하나님으로 채워져야 만족할 수가 있는 것입니다. 내면이 하나님으로 채워지려면 무시로 자신 안에 성전삼고 주인으로 계시는 하나님을 찾고 찾아야 합니다. 그렇기 때문에 창조주 하나님이 내면에 주인으로 충만하게 채워지지 않아 내면이 부실할 때 여러 가지 문제가 발생하는 것입니다. 인간의 문제는 하나님께서 내면에 주인으로 충만하게 채워지지 않아서 일어나는 것입니다. 그래서 영혼의 만족을 위하여 방황하는 성도들이 있습니다. 소위 '가나안 성도' '방황하는 성도'라고 불리는 분들입니다. 서울에만 2-3만 명이 방황을 한다는 것입니다. 모두 자신의 내면이 부실하여 한 교회에서 정착하여 만족을 누리지 못하고 이교회로 저 교회로 자신의 영혼의 갈급함을 채워줄 교회를 찾기 위해서 방황합니다. 영혼에 하나님으로 채워지지 못해서 일어나는 현상입니다.

　일부 크리스천들이 밖에서 일어나는 문제나 정신적인 문제나 질병이나 환경의 문제가 발생하면 문제만 해결하려고 매달립니다. 문제만 해결하려고 매달리다가 해결이 안 되면 하나님을 원망하기도 합니다. 바르게 깨닫고 보면 내면에 살아계신 하나님께서 주인으로 장악하시지 못해서 발생하는 것입니다. 그렇기 때문에 근본인 하나님으로 채워지는 영성을 추구해야 문제가 해결이 되는 것입니다. 쉽게 설명한다면 어린 아기들이 감기를 달고 산다고 하여 감기약만 먹이면 감기가 치유 되겠습니까? 내면이 부실하여 감기를 달고 사는 것입니다. 내면이 부실하여 면역력이 약하니 감기를 달고 사는 것입니다. 그래서 아기의 내면(건강)의 문제(원인)가 무엇인지 알고 아기의 내면이 강해지게 해야 감기가 멈추게 되는 것입니다. 여러 가지 방법으로 한약이나 영양제나 영양식이나 약한 장기를 강하게 하는 것들을 통하여 아기의 건강을 끌어 올려야 한다는 것입니다. 그래야 감기에 걸리지 않는 강한 아기가 되는 것입니다. 크리스천의 문제도 마찬가지입니다. 내면을 강하게 해야 문제가 해결이 되는 것입니다. 모든 영적인 문제나 질병의 대부분이 자율 신경의 부조화에서 나오는 경우가 많습니다. 내면이 부실하여 내면의 기능이 원활하지 못하여 영적인 문제나 질병이 발생하는 것입니다. 자율 신경의 조화는 주로 마음의 평안과 영의 기쁨을 항상 유지하게 됩니다. 자율 신경의 교감신경은 불안 좌절 분노,

등의 결과를 유발하고, 부교감 신경은 주로 기쁨, 화평, 감사, 용서, 사랑, 절제, 인내, 자비와 양선과 충성과 온유함을 주관합니다. 그래서 하나님은 빌립보서 4장 4절에서 "주 안에서 항상 기뻐하라 내가 다시 말하노니 기뻐하라." 하시는 것입니다. 포도나무의 가지가 원줄기에 붙어 있어야 하듯이, 우리의 영적 생명과 성령의 역사는 생명의 근원 되시는 예수님에게 붙어 있어서, 영적 신령한 생명이 계속 공급을 받아서 끊임없이 흘러나오거나 솟아나야 합니다. 주님을 찾고 찾으니 생명의 말씀과 성령으로 내면이 꽉 찬 것입니다. 이러한 생명의 흐름이나 성령의 흐름이 성경에서는 기름부음이라는 표현으로 설명되고 있습니다.

내면이 생명의 말씀과 성령으로 꽉 차서 예수의 생명이 흘러넘치는 역사가 충만하기 위해서는 속사람(영)이 강건해야 하는데, 이속 사람은 자율신경의 부교감 신경에 주로 영향을 받게 됩니다. 자율 신경의 조화를 이루지 못하고, 분노나 불안이나 좌절 등을 일으키면 위장, 간, 심장, 폐, 등 오장육부의 혈관 정맥, 근육 등에 뻗어 있는 자율 신경에 자극을 주게 되어, 신체에 이상을 일으키고 질병을 유발시킵니다. 내면이 부실하면 성격에도 문제가 생깁니다. 피부 트러블이 생기는 것도 내면이 부실하기 때문입니다. 그렇기 때문에 내면을 생명의 말씀과 성령으로 꽉 채워지면 전인적인 복을 받게 되는 것입니다. 그렇기 때문에 하나님께서는 항상 기뻐하라. 쉬지 말고 기도하라. 범사에 감사하라. 강조하시는 것입니다. 하나님을 찾고 찾으라고 말씀하시는 것입니다. 하나님은 찾고 찾아야 만나주시고 온몸과 마음에 충만하게 채워지기 때문입니다.

2. 예수님의 말씀을 한번 생각해 보십시다. 영원히 솟아나는 샘물은 무엇입니까? 바로 자신 안에 예수님이십니다. 인간은 태어날 때부터 마음속에 샘물을 가지고 태어납니다. 하나님께서는 아담과 하와를 지으시고 그 속에 생기를 불어 넣어 주실 때에 그 생기가 바로 우리 마음속에 영혼의 샘물인 것입니다. 이 영혼의 샘물을 가지고서 그 샘의 물을 마시면서 살 동안에는 삶의 의미도 있고 가치고 있고 행복도 있고 평화도 있었습니다. 그러나 그가 하나님의 배반하고 나올 때에 이 샘물이 말라버렸습니다.

성경에는 예레미야 2장 13절에 "내 백성이 두 가지 악을 행하였나니 곧 그들이 생수의 근원되는 나를 버린 것과 스스로 웅덩이를 판 것인데 그것은 그 물을 가두지 못할 터진 웅덩이들이니라"고 말한 것입니다. 생수의 근원되신 분이 하나님이십니다. 바로 하나님의 영이 우리 속에 들어와서 샘의 근원이 되었는데 그 하나님을 버리니깐 그 스스로 속에 있는 샘의 근원을 버려버리고 말았습니다. 샘물을 못 마신 사람의 갈급함이 어떻게 하겠습니까? 견딜 수가 없습니다. 시편 14편 1절에 "어리석은 자는 그 마음에 이르기를 하나님이 없다 하도다. 저희는 부패하고 소행 이 가증하여 선을 행하는 자가 없도다"고 말했습니다. 그러나 사람들은 마음의 생수를 쫓아 버리고 마음의 샘물이 말라버리니깐 인간 스스로가 죽을힘을 다해서 우물을 팝니다. 스스로 우물을 팠으나 성경은 말씀하기를 이는 터진 우물이라. 물을 저장치 못한다고 말한 것입니다.

이사야1장 28절에 "그러나 패역한 자와 죄인은 함께 패망(敗亡)하고 여호와를 버린 자도 멸망할 것이라"고 말한 것입니다. 오늘날 사람들은 하님 대신에 하나님이 우리에게 주신 그 샘물 대신에 인간 스스로가 지혜와 총명과 지식과 문화를 통해서 우물물을 파서 물을 저장하여 삶의 의미와 가치와 행복을 찾아보려고 하지만은 실패했습니다. 무신론, 유물론에 근거한 공산주의를 보십시오. 공산주의란 우물을 파서 그곳에 물을 저장하려고 하나 70년 동안 파고 보니 터진 우물이었습니다. 공산주의에는 패망하고 그를 따라가던 사람들은 모두 다 처절한 절망에 처해버리고 마는 것입니다.

　많은 크리스천들이 내면이 부실하여 외부에서 만족을 얻으려고 합니다. 교회에 다니면서도 내면이 채워지지 않으면 외향적인 것으로 만족을 찾으려고 합니다. 그래서 사람들에게 보이려고 봉사를 열심 있게 하고 직분도 받습니다. 교회에서 열심 있게 봉사하고 받은 직분을 가지고 다된 것과 같이 행동하다가 집으로 돌아가면 다시 허전합니다. 교회에서 다른 사람들이 자신의 행동을 보고, 되게 교만하다고 입방아를 찌어도 알아차리지 못합니다. 왜 일까요? 내면이 생명의 말씀과 성령으로 꽉 채워지지 않았기 때문에 지신을 보는 눈이 열리지 않았기 때문입니다.

　하나님의 생수를 마시고 하나님을 알게 되면 모든 것이 밝히 보이게 될 것인데 하나님을 잃어버리고 나니 삶의 의미도 가치도 판단도 다 흐려져 버리고 마는 것입니다. 마음에 샘은 바로 하나님인 것입니다. 잠언 14장 27절에 "여호와를 경외하는 것은 생명의 샘이라 사망의 그물에서 벗어나게 하느니라" 계시록 21장 6절에 "또 내게 말씀하시되 이루었도다 나는 알파와 오메가요 처음과 나중이라 내가 생명수 샘물로 목마른 자에게 값없이 주리니"라고 말한 것입니다. 그러므로 우리 예수 그리스도를 믿고 하나님을 마음속에 모실 때에 마음속에 하나님이 처음 주신 생명수가 넘쳐나기 시작하는 것입니다. 우리의 삶은 다 생명의 샘을 갖고 태어났기 때문에 이 샘의 물이 가득해야 삶의 의미와 가치가 있고 행복이 있지. 이 샘을 잃어버리면 의미와 가치를 상실해 버리고 마는 것입니다.

한국인의 삶의 대한 불만족도가 76%입니다. 왜 그럴까요? 마음의 생명의 샘을 잃어버린 사람이 사회생활을 하는데 만족도가 있을 수가 없는 것입니다. 한국인 30대 후반의 목표가 뭐냐고 물으니깐 51%가 경제적으로 부유해 지는 것이고 37%가 자기가 하고 싶은 대로하는 것이라고 했습니다. 경제적으로 아무리 부유해지고 가지가 하고 싶은 대로 다 한다고 해서 행복하냐! 그런 것은 주위의 환경의 변화에 불가하지 마음속에 갈급함을 결코 채워 줄 수가 없습니다. 수가성 물가의 여인은 다섯 번 남편을 바꾸면서 삶의 부유도 추구해보고 자기 마음대로 생활 행동해 보았지만 그의 갈급함은 채워지지 않는 것입니다.

그렇기 때문에 우리가 경제 문제가 해결이 되면 행복하겠지, 직업이 튼튼하면 행복하겠지, 자녀 문제가 해결되면 행복하겠지, 그러나 그것은 다 주위 환경의 문제입니다. 자기 마음 중심에 생명수가 없는 이상은 행복하지 않습니다. 그렇기 때문에 끝없는 갈급함을 가집니다. 돈을 쌓아 놓고 권력을 얻어 놓고 좋은 집을 놓고 아름다운 환경을 갖다 놓고도 그 마음속에 뿌듯한 갈급함이 없어 자꾸만 찾고 또 찾고 하는 것입니다. 환경과 쾌락으로는 도저히 채울 수가 없는 것입니다. 세계 중에 유명한 노벨 수상자인 헤밍웨이는 왜 사냥총으로 자살했습니까? 그러한 명예가 그 마음속에 행복을 갖다 주지 못했습니다. 그는 돈도 있었습니다.

부인도 여러번 바꾸었습니다. 사람들에게 칭찬도 받았습니다. 그러나 그의 유서에는 나는 필라멘트가 끊어진 전구처럼 공허하다고 말했습니다. 마음속에 하나님이 없는 그는 모든 지위와 명예와 돈으로도 행복을 구할 수가 없는 것입니다. 우리나라의 30-40대 남자 10명 중 10명이 행복하지 않다고 말했습니다. 왜 행복하지 않습니까? 행복의 근원되는 생수를 버렸기 때문인 것입니다.

AD900년 초에 압둘라만 3세는 당시에 세계에서 최강국의 강자였습니다. 그는 후궁이 3321명 자녀가 616명이나 되었습니다. 그러나 그가 마지막 숨을 거둘 때 이런 말을 했습니다. 나는 오랜 세월 명예로운 통치에도 불구하고 진정한 행복을 누린 날은 단 14일 뿐이었다고 말했습니다. 세계적인 권력을 가지고 사람이 좋아하는 첩을 그렇게 많이 거느리고 자녀가 왕성하고 물질이 많아도 평생을 살면서 14일 밖에는 행복하다고 느낀 적이 없다고 그랬습니다. 주님을 찾아야 행복하지 주를 버린 자에게는 세상의 부귀영화 공명이 행복을 갖다 주지 못합니다.

3. 여기 예수께서 하신 말씀을 들어 보십시다. 목마른 자는 내게 와서 마셔라. 그리하면 너희 배속에서 생수의 강이 넘쳐 나리라고 말씀한 것입니다. 생수의 근원되신 하나님께로 나아가는 길을 우리가 알아야 되겠어요. 우리가 죄를 지으면 죄가 우리 하나님 앞에 나가면 길을 막아 버리고 맙니다.

이사야 59장 1절에서 2절에 "여호와의 손이 짧아 구원하지 못하심도 아니요 귀가 둔하여 듣지 못하심도 아니라. 오직 너희 죄악이 너희와 너희 하나님 사이를 갈라놓았고 너희 죄가 그의 얼굴을 가리어서 너희에게서 듣지 않으시게 함이니라."라고 했습니다. 인간이 지은 죄를 인간의 힘으로 청산 할 수가 없어요, 모든 사람이 죄를 범하였으니 하나님의 영광이 이르지 못함으로 죄가 있는 사람은 큰 죄나 작은 죄나 할 것 없이 다 하나님 앞에 걸림돌이 되고 우리가 뛰어 넘지 못할 큰 성벽이 되는 것입니다. 거기에 또한 불신앙의 장애물이 있습니다.

요한복음 3장 36절에 "아들을 믿는 자는 영생이 있고 아들을 순종치 아니하는 자는 영생을 보지 못하고 도리어 하나님의 진노가 그 위에 머물러 있느니라"고 했었습니다. 많은 사람들은 복음을 듣고도 믿지를 않습니다. 불순종이 큰 걸림돌이 되는 것입니다. 그러면 이 장애물을 누가 제하여 줄까요, 죄악의 장애물과 불순종의 장애물, 불신앙의 장애물을 누가 제하여 줄까요. 하나님이 세상을 이처럼 사랑하사 독생자를 주셨으니 누구든지 저를 믿으면 멸망하지 않고 영생을 얻으라고 말씀하신 것입니다.

요한복음 14장 6절에 "예수께서 가라사대 내가 곧 길이요 진리요 생명이니 나로 말미암지 않고는 아버지께로 올 자가 없느니라"고 말씀하신 것입니다. 주님께서 오셔서 십자가에 못 박혀 몸을 찢고 피를 흘리셔서 인류의 모든 죄악을 다 청산하시고 성령을 보내셔서 우리의 불순종과 불신앙을 깨뜨리고 이끌어 주심으로 우리가 아버지 앞에 나와서 생수를 마실 수가 있는 것입니다. 예수님을 주인으로 모신 우리는 행복합니까? 우리가 힘써도 애써도 못하는 일을 하나님의 아들 예수님께서 우리를 대신하여 십자가에서 다 이루어 주셨습니다. 모든 죄의 장애물을 제거해버리고 불순종과 불신앙의 장애물도 제거해버리셨습니다. 예수 그리스도의 보혈의 대로가 하나님 보좌로 연결되었습니다. 죄를 짓고 불의하고 추악하고 버림을 받아야 마땅한 인생들이라고 해도 죄를 회개하고 예수를 구주로 모시면 그 보혈의 대로를 통하여 아버지 앞에 나아가게 되고 아버지는 그 속에 생수를 부어 주시는 것입니다. 그리고 우리는 예수 그리스도를 확실히 마음속에 믿고 나아가면 하나님의 성령의 생수가 우리 속에 넘쳐 나게 되는 것입니다. 또한 예수님께서는 누구든지 목마르거든 내게로 와서 마셔라 그러면 그의 배속에서 생수의 강이 넘쳐흐르리라고 말씀한 것입니다. 생명의 생물인 예수님만이 생수의 강 같은 평화, 강 같은 기쁨, 강 같은 만족, 강 같든 행복을 우리에게 갖다 줄 수가 있는 것입니다. 한국인들이 뽑는 행복의 요소는 첫째가 가족의 화목이고, 둘째가 건강이고 셋째가 재산입니다. 깨닫고 보면 돈이나 환경으로써 행복은 살 수가 없습니다. 오직 예수 그리스도를 통해서 하나님께서 원래 아담과 하와에게 주신 그 생수의 샘, 이것을 복구 시켜서 그 속에 샘물이 넘쳐 날 때에 비로써 우리는 삶의 의미와 가치와 행복을 얻을 수가 있는 것입니다. 혼자서도 잘 살려면 예수님을 찾고 찾으며 기도하고 예배하여 마음에 예수님을 채워야합니다.

마음의 평안과 기쁨, 만족과 행복은 영적인 것이요, 환경이나 물질적인 것이 아닙니다. 부귀영화 공명 쾌락 지식 문화 그 무엇이라도 몸에 끼어 입은 옷에 불과한 것입니다. 옷은 아무리 끼어 입어도 마음을 채울 수가 없습니다. 마음이 텅 빈 사람이 밖을 채워 넣는다고 채워지지 않습니다. 마음은 생수이신 예수님을 주인으로 모셔 드려야만 채워지는 것입니다. 수가성 우물가의 여인은 예수님을 믿고 모셔드리자 순식간에 마음에 구원을 얻게 되는 것입니다. 그는 마음에 삶의 의미와 가치와 목적과 행복을 발견하게 된 것입니다. 시편 49편 20절에는 "존귀하나 깨닫지 못하는 사람은 멸망하는 짐승 같도다." 말씀하시는 것입니다. 우리 스스로가 깨달아서 회개하고 예수님을 구주로 모시고 그 보혈로 최선을 다하고 하나님을 아버지로 모시고 섬겨서 우리 속에 생수가 넘쳐나게 하기 전까지는 결코 인간에게 행복도 기쁨도 삶의 의미도 가치도 없는 것입니다. 아무리 세상 부귀영화 공명을 가지고 다 치장을 하더라도 예수 믿고 하나님 모시지 아니하면 그 속에 영적으로 굶주려 있게 되고 영적인 굶주린 사람에게 의와 평강과 희락 믿음 소망 사랑 행복은 찾아오지 아니하는 것입니다.

　결론적으로 혼자서도 잘살아가려면 온몸과 정신이 깨끗해야 합니다. 온몸과 정신이 깨끗하려면 예수님으로 충만하게 채워져야 합니다. 그래야 자신의 온몸과 정신이 예수님으로 만족함으로 다른 곳에 한눈을 팔지 않고 예수님 안에서 혼자서도 만족하며 살아갈 수가 있습니다. 온몸과 정신은 예수님으로 채워지면 깨끗해집니다. 혼자서도 잘 살아가면 온몸과 마음에 예수님으로 채워져야 합니다. 예수님을 무시로 찾고 찾으면서 온몸으로 기도하고 예배를 드리고 말씀을 묵상하면 예수님으로 충만하게 채워지게 됩니다.

4부 환경적으로 혼자서도 잘 사는 법

19장 세상에서도 혼자가 되어야 한다.

(창 32:23-25) "그들을 인도하여 시내를 건너가게 하며 그의 소유도 건너가게 하고 (24) 야곱은 홀로 남았더니 어떤 사람이 날이 새도록 야곱과 씨름하다가 (25) 자기가 야곱을 이기지 못함을 보고 그가 야곱의 허벅지 관절을 치매 야곱의 허벅지 관절이 그 사람과 씨름할 때에 어긋났더라."

혼자서도 잘 산다고 하니까, 세상에서도 혼자 살아가는 것으로 이해하면 곤란합니다. 세상에서 사람들과 더불어 살아도 혼자 자기 소임을 감당하면서 살아야 한다는 말입니다. 혼자서도 잘하는 습관은 역설적으로 이해해야 합니다. 혼자서도 잘하는 습관이란 세상에서 예수님을 주인삼고 동행하며 세상 사람들과 살아가면서 혼자 사는 것을 말합니다. 결혼한 부부가 각각 혼자서도 맡은 바 소임을 충실히 하는 습관이 바르게 되어야 결혼생활과 가정이 정상적으로 이루어질 수가 있습니다. 가정에서도 구성원들이 각자 혼자서도 잘하는 습관이 되어야 가정이 원만하게 될 것입니다. 직장에서도 개인이 혼자서도 잘하는 습관이 제대로 되어야 직장이 원활하게 돌아갈 수가 있는 것입니다. 교회에서도 성도 한 사람 한 사람이 성령 안에서 혼자서도 잘하는 습관이 되어야 교회가 정상적으로 설 수가 있을 것입니다. 혼자서도 잘하는 습관이 안 된 사람은 다른 사람과 함께 서기가 힘들게 됩니다. 주변 사람들의 짐만 되기 때문입니다.

　필자는 특전사에서 10년 이상을 근무했습니다. 중위, 대위, 소령까지 10여년을 근무했습니다. 특전사의 특성상 야외훈련을 나가게 되면 중위나 대위나 소령이나 일병이나 중사나 상사나 똑 같은 무게의 군장을 짊어지고 가야합니다. 야외훈련을 1주일씩만 하는 것이 아니고, 5주 이상하기 때문에 야외에서 숙식을 해결해야 합니다. 훈련 말미에는 꼭 400km 천리행군을 해야 합니다. 어느 해는 1년에 두 번씩 천리행군을 할 때도 있습니다. 야외 훈련하면서 숙식을 해결하려면 식량이 있어야 하지 않습니까? 보통 야외훈련을 하면 1주일분씩 식량을 공급합니다. 천리 행군 시에도 동일합니다. 그러면 이 식량을 각자 군장에 짊어지고 가야합니다. 각자 자기가 먹을 일주일분의 식량을 짊어지고 가야 합니다. 상당한 무게가 됩니다. 소령인 지휘관이라고 예외가 될 수가 없습니다. 자기 식량을 가져가지 않으면 굶어야 합니다.

　중요한 것은 중위나 대위나 소령이나 체력이 약하여 자기에게 주어진 소임을 감당할 수가 없으니 중대나 상위 부대나 여러 병사 하사관들의 짐만 되는 것입니다. 천덕꾸러기가 될 수가 있습니다. 그러기 때문에 혼자서도 잘하는 습관이란 세상에서 예수님을 주인 삼고 동행하며 세상 사람들과 살아가면서 혼자 사는 것을 말합니다. 이것이 굉장하게 중요합니다. 어디에서도 자기 스스로 혼자살 수가 있어야 공동체 속에서 살아갈 수가 있는 것입니다.

　그래서 필자는 혼자로 살아가는 것을 어려서부터 습관이 되어야 하는 것은 필수라는 것입니다. 어려서부터 혼자 살아가는 훈련이 되어야 어디 어느 공동체 속에 들어가도 제대로 소임을 감당하며 살아갈 수가 있는 것입니다.

우리는 세상을 떠나는 순간은 각자 모두 다르기에 결국은 혼자 태어나서 혼자살다가 혼자 죽는 것이라는 생각을 깊이 해야 하는 것입니다. 남편도 부인도 아이들도 그저 남보다 조금 더 깊은 인연이어서 함께 살아가고 있을 뿐이지 모두가 각자의 삶을 살아가는 것이라는 생각을 해야 합니다. 남편이 먼저 죽든 아내가 먼저 죽든 누군가는 혼자 살아가게 되는 삶을 맞이할 것입니다. 아이들도 스물 살이 넘으면 그들의 새로운 둥지를 트기 위해 잠시 머물렀던 나의 둥지를 떠날 것입니다. 요즘은 자신이 원하든 원치 않던 고독에 시달리는 사람이 많습니다. 핵가족화가 진행되며 혼자 사는 사람이 늘었고, 평균 결혼 시기가 늦어지는 만 혼화 현상의 영향으로 과거와 달리 30, 40대 미혼도 많습니다.

이혼하는 부부도 혼자 사는 사람의 수를 늘리는 데 한 몫 합니다. 또한 회사에서 구조조정을 당하는 바람에 심한 고독감에 사로잡힌 사람이나, 의견 차이로 조직 안에서 고립된 사람도 있습니다. 문제는 이런 상황을 받아들이지 못하고 자꾸 사람을 찾고, 관계 속에서 안정을 얻으려 하는 데 있습니다. 그러나 외부에서 평안을 찾는 것은 아무 소용없습니다. 인간은 원래 고독한 존재이기 때문입니다. 고독감을 느낄 때마다 외롭다거나 괴롭다고 말하며 한탄할수록 행복은 멀어집니다. 보이지 않는 살아계신 하나님을 찾아야 합니다.

그래서 발상의 전환이 필요합니다. 먼저 고독을 받아들인 다음, 앞으로 다가올 날을 위해 지금의 외로움을 유용하게 이용하자고 생각을 달리해야 합니다. 한 살이라도 젊어서 '혼자'사는 법을 숙달해야 합니다. 혼자서도 잘 살아가려면 어찌해야 하겠습니까? 어려서부터 혼자서도 잘사는 방법을 숙달해야 합니다.

1.하나님께서 함께하신다는 믿음을 가지라. 세상에서 혼자 되어 잘살아가려면 하나님께서 항상 함께하시고 계신다는 믿음이 중요합니다. 그래야 어려운 문제에 봉착하더라도 당황하지 않고 잠잠하게 자기에게 맡겨진 소임을 감당하면서 홀로설 수가 있습니다. 우리를 지으시고 부르시고 이 땅에 보내신 주님께서 우리와 함께하신다고 말씀합니다(요 8:29a). 예수님도 "내가 너희에게 분부한 모든 것을 가르쳐 지키게 하라 볼지어다 내가 세상 끝날까지 너희와 항상 함께 있으리라 하시니라."(마 28:20). 하나님께서 많고 많은 사람 가운데 우리 한 사람 한 사람을 지명하여 부르셨고 우리의 일생을 인도하시며 함께하십니다.

하나님께서는 예수님을 믿는 우리들을 홀로 내버려 두지 않으시며 언제나 사랑으로 돌보십니다(요 8:29c). 군중 속에 고독이란 말이 있듯이 사람의 홍수 속에 살아도 마음 한편으로 늘 외롭고 쓸쓸합니다. 그리고 때때로 우리는 고난 중에 목이 말라 시냇물을 찾아 헤매는 사슴같이 주님께 부르짖을 때가 있습니다(시 42:1). 주님께 부르짖는 그때, 주님께서 우리 마음을 위로해 주십니다. 그러므로 우리는 혼자가 아닙니다. 어떤 어려운 상황에도 주님께서 우리와 함께하시며 홀로 외롭게 두지 않으시며 영원히 함께하십니다. 성령께서 함께하십니다. "내가 아버지께 구하겠으니 그가 또 다른 보혜사를 너희

에게 주사 영원토록 너희와 함께 있게 하리니"(요 14:16)

2.체력이 강건해야 한다. 체력이 강해야 세상 사람들 속에서 혼자서 살아갈 수가 있습니다. 잘먹고 움직이며 체력을 길러야 합니다. 혼자되어 건강한 삶을 살기 위해서는 충분한 체력이 필수적입니다. 체력이 풍부하면 일상생활에서 더 많은 활동을 하고 스트레스에 더 잘 대처할 수 있습니다. 또한 체력이 향상되면 신체 기능도 개선되어 만성 질병의 발병 위험이 줄어들 수 있습니다.

세상에서 무슨 일을 하든지 체력이 중요합니다. 체력이 없으면 직장에서 살아남지 못합니다. 사실, 직업 여부를 떠나 그냥 살아가는 데 있어서 체력은 중요합니다. 몇 시간 앉아 있다가 디스크에 걸리거나 육체노동을 하다 골병이 들거나 하는 대부분의 것도 유전적인 문제가 아닌 이상은 직무에 비해 체력이 안 따라줘서 생기게 됩니다. 특히 남녀를 떠나 경제력이 좋을수록 대부분 체력이 좋은 경우가 많습니다. 경제력이 좋다는 것은 그 사람이 종사하고 있는 일이 그만큼 힘들거나, 위험하거나, 책임이 무거운 직업이기 때문이고, 이런 직업은 보통 평균 이상의 체력을 요구하기 때문입니다. 체력을 길러야 합니다. 체력이 약하면 건강에도 이상이 생깁니다. 근육통도 생길 수가 있습니다. 관절염도 생길 수가 있습니다. 면역력이 약해져서 감기도 잘 걸릴 수가 있습니다. 체력이 강해야 세상 속에서 혼자서도 잘 살수가 있습니다.

3.혼자라는 생각으로 매사를 처리하라. 혼자라는 생각을 가져

야 어려운 일이 당해도 당황하지 않고 잠잠하게 하나님께 기도하여 지혜를 받아 일을 처리할 수가 있습니다. 주변사람에게 의존하여 일처리하려는 습관은 빨리 버려야 합니다. 무슨 일이든지 혼자 스스로 해결하는 습관을 길러야합니다. 하나님은 아브라함, 이삭, 야곱, 요셉, 모세, 다윗 등을 광야로 불러내어 훈련한 이유는 혼자이기 때문에 하나님께 기도하여 하나님의 지혜로 살아가는 사람이 될 수가 있기 때문입니다.

4.다른 사람에게 의존하려는 생각을 탈피하라. 의존성을 버리지 않는 한 세상에서 혼자서도 잘 지낼 수가 없습니다. 타인에게 의지하려는 마음을 갖으면 절대로 혼자서도 잘 지낼 수가 없는 것입니다. 의존성은 인격장애입니다. 이를 극복하지 못하면 절대로 혼자서도 잘 살아가 수가 없습니다. 의존성 인격 장애를 가진 사람들이 스스로의 보호자가 되는 것은 정말 어려운 일입니다. 하지만 세상에 자기를 끝까지 챙겨주고 보살펴 줄 사람은 존재 하지 않습니다. 부모님조차 그렇게 할 수 없습니다. 그것을 깨닫고 스스로의 보호자가 되어 스스로를 믿고 의지하는 연습을 하여야합니다.

의존성 인격 장애 사람들은 다른 행동, 다른 사람 ,다른 일을 하는 것을 어려워하고 오직 그 사람만 기다리는 삶을 삽니다. 하지만 반드시 다른 사람 간의 관계, 다른 일, 다른 취미를 만들어야 오히려 그 사람하고 가까워 질 수 있습니다. 그렇지만 항상 나는 혼자라는 생각을 저버리지 말아야 합니다. 혼자서 극복이 안 될 경우 반드시 전문가나 의사와 상담을 통해 극복하여야합니다. 감기가 걸리면 병원에 찾듯이 병원에 가는 것을 두려워하지 않고 전문가와 함께 치료 방법을 찾아야합니다. 힘들겠지만 노력해 그 순간을 이겨내면 지금과는 다른 분명 새로운 세상이 열릴 것입니다.

5.맡은 분야에 책임의식을 가지라. 책임의식이 있으면 세상 단체에서도 쉽게 홀로설수가 있습니다. 책임의식이 있으니까, 단체에게 피해를 끼치지 않게 되는 것입니다. 어느 단체이든 각 개인이 책임을 다할 때 단체가 든든하게 서가고 구성원들이 편안하게 일처리를 하면서 지낼 수가 있습니다. 한 사람이 책임을 다하지 못하면 그 만큼 주변 다른 사람이 피곤해지는 것은 불을 보는 것과 같지 않습니까? 혼자서도 잘 살려면 책임의식이 강해야 합니다.

책임의식이 약한 사람은 혼자서도 잘 살수가 없습니다. 혼자서 잘 살려고 하기 전에 책임의식부터 길러야 합니다. 가정에서 가장이 책임의식이 없으면 가족이 피곤합니다. 가정이 하나로 뭉치기도 힘이 들 것입니다. 가정이 하나로 뭉치려면 구성원모두가 책임의식으로 뭉쳐야 합니다. 그러므로 책임의식이 없는 사람은 혼자서도 잘 지낼 수가 없는 것입니다.

6.과욕을 피하라. 욕심이란 뭘까요? 곰곰이 생각해봐야 합니다. 남의 껄 뺏는 것만 욕심이라고 생각하니까, 모두 자기는 욕심이 없다고 생각하는 것 같습니다. 그런 '누가 봐도 욕심'을 부리지 않으면 욕은 피하겠지만, 마음의 자유를 찾기는 부족합니다. 욕심은 좋다, 나쁘다의 문제가 아니라, '괴로움의 원인이 되는 착각'입니다. 혼자서도 잘사는 데 방해요소가 됩니다. 돈 많이 벌겠다, 좋은 대학 가겠다 등의 생각을 욕심이라고 하지 않습니다. 바라는 바가 있

어서 하는 건 자유입니다. 욕심은 '사실과 이치를 직면하지 않고, 나에게 좋은 쪽으로 되기를 바라는 심보'입니다. 바라는 바에 욕심이 얽히기 때문에, 안 될까봐 불안하고, 할 일에 집중하지 않고, 결과는 불만스러운…시작 중간 끝 모든 과정의 괴로움이 생깁니다.

욕심인가? 이렇게 스스로에게 물어보는 건 참 좋은 질문 습관인 것 같습니다. 일단 남에 대한 생각들이 많이 버려집니다. 그러면 자신한테 집중하게 됩니다. '애는 두고, 나나 잘하자. 나는 뭐, 내 일에 최선을 다하나?' 이 단계에서 계속 질문해야 합니다. 최선을 다한다는 게 뭐지? 이런 생각도 혹시 욕심? 질문을 거듭하다보면, 마지막에는 심플하게 '모르겠다, 다만 열심히 할 뿐' 이게 남을 것입니다. 욕심을 혼자서도 잘 사는 데 방해가 되니 욕심을 버리고 자기 능력껏 사는 방식을 추구할 때 혼자서도 잘 살수가 있습니다.

7.혼자되는 것을 두려워 말라. 인생의 결국은 혼자되는 것입니다. 혼자되는 것을 두려워하면 혼자로서 잘 살아갈 수가 없습니다. 필자가 인생 70을 살면서 깨달은 것은 "인생은 결국 혼자, 각자도생이다."는 것입니다. 사람들이 나이 들면 보수화하는 것도 대개 이런 체험을 했기 때문일 것입니다. '인생은 결국 혼자'라는 명제는 그러므로 인생 황혼기의 철학인 셈입니다. 나이깨나 들어 깨달아 알게 된 이런 이치가 요즘 젊은이들에겐 상식입니다. 대단한 깨달음인 양 비장한 듯 시니컬하게 혼자 중얼거렸던 '각자도생'을 이젠 누구나 대놓고 말합니다. 젊은이들이 애늙은이가 된 걸까요? 이런 것도 선행학습과 조기교육 덕분일까요? 아니 그런 게 아니라 젊은 세대가 단박에 벌거벗은 임금님의 진실을 보게 된 건 우리 사회

자체가 황혼기에 접어든 탓일 것입니다. 고령화 시대란 인구학적 추이만이 아니라 사회 시스템 곳곳에서 쇠락의 징후가 만연한 것을 굳이 언급할 필요도 없습니다.

코로나19 팬데믹은 이런 황혼기의 철학이 지배적 풍조가 되도록 한 전환적 계기였습니다. 실제로 체험하게 했습니다. 마스크 쓰기와 사회적 거리두기는 '인생은 혼자'라는 명제를 물리적이고 시각적으로 전면화했습니다. '이렇게 살 수도 이렇게 죽을 수도 없을 때 서른 살은 온다.'는 시 구절처럼, 이러지도 저러지도 못하는 사이 모두가 늙어버린 사회가 왔습니다. 한국일보가 오피니언 리더 100명을 대상으로 '우리 사회가 잃어버린 것과 이를 회복하는 길'을 묻는 설문조사에서도 대다수가 거론한 게 각자도생의 사회였습니다. 그로 인해 공동체 의식, 즉 '우리'를 잃어버렸다는 것입니다.

인생은 결국 혼자인데, 혼자가 아닌 척 '우리'를 외쳐 봐야 누가 수긍하겠습니까? '우리'라는 이름으로 옭아맸던 구속의 역사가 지워질 수도 없습니다. 차라리 철저하게 혼자로 돌아가 성령 안에서 자신의 내면을 더 들여다보고 보살피는 게 모두가 혼자라고 떠드는 세계를 살아가는 지혜일지 모르겠습니다. 다들 '각자도생'을 외치지만 실은 타인의 눈치를 보거나 기성 질서의 잣대와 가치를 내면화해 상대를 선망하거나 질투하고 혐오하는 것은 아닌지. 홀로 남겨지는 것이 두려워 무리들 틈에 끼어 편을 가르는 것은 아닌지. 이런 것들을 돌아보면 '인생은 혼자'라는 말에는 더 깊은 뜻이 담긴 것 같습니다. 젊었을 때는 인생이 무척 긴 것으로 생각하나 늙은 뒤에는 살아온 젊은 날이 얼마나 짧았던가를 깨닫게 됩니다. 젊음은 두 번 다시 오지 아니하며 세월은 그대를 기다려주지 아니합니다. 한 살이라도 젊어서 '혼자'사는 법을 숙달해야 합니다.

결론적으로 고령의 부모와 자녀 부부가 함께 사는 가정은 줄고 있습니다. 그래서 배우자가 사망한 후 혼자 사는 고령자가 늘어났습니다. 배우자를 잃는 것은 대단히 슬픈 일입니다. 하지만 배우자를 잃은 뒤의 인생도 길다는 사실을 기억해야 합니다. 배우자가 곁을 떠났다 해도, 내게 남은 날의 행복을 위해 충실하게 살아 보자고 다짐하면 좋을 것입니다. 배우자 없이도 혼자서도 잘 살기 위해서는 부부로 함께 살 때부터 나 혼자될 때를 준비하며 홀로 즐기는 취미를 갖거나, 혼자 시간을 보내는 습관을 들여야 합니다. 이런 행동을 통해 혼자가 되어도 당황하거나 좌절하지 않고 혼자 즐겁게 살 수 있는 정신력을 기를 수 있습니다. 소중한 사람과의 사별을 경험했을 때, 우리는 참을 수 없는 고독감을 느끼고, '혼자 남겨졌다'라는 생각에 사무치게 외롭습니다. 하지만 떠난 사람을 언제까지 붙들고 살 수는 없습니다. 산 사람은 살아야 하기 때문에, 평소에 슬픔을 받아들이는 연습을 해야 합니다. 실연을 당했을 때 느끼는 고독감이나 외로움을 혼자 여행함으로써 위로받고, 새로운 희망을 발견하는 것입니다. 역설적이지만 고독에는 '혼자가 된 외로움'을 치유하는 효과가 있습니다. 세상에 영원한 관계는 없습니다. 부부가 계속 사이좋게 지내는 것만큼 좋은 일도 없지요. 하지만 이혼율이 높아지는 현실을 생각하면, 이혼한 뒤에도 혼자서 꿋꿋하게 살아갈 수 있는 정신력을 미리 길러두는 편이 현명합니다.

20장 혼자 살려면 재정적인 독립이 중요

(딤전 6:10)"돈을 사랑함이 일만 악의 뿌리가 되나니 이
것을 탐내는 자들은 미혹을 받아 믿음에서 떠나 많은 근심
으로써 자기를 찔렀도다."

혼자서도 잘 살아가려면 재정적인 독립이 되어야 합니다. 재정
적인 독립은 하루아침에 되는 것이 아닙니다. 나이가 들어서 재정
적인 독립을 해야 하겠다하면 이는 이미 늦은 것입니다. 필자가 이
제 70에 들어서 깨닫고 있는 것은 30-40대에서부터 재정적인 독
립을 위하여 준비해야 한다는 것입니다. 50대도 늦었다고 생각합
니다. 30-40대에서부터 백세시대에 대비하여 재정적인 독립을 위
하여 차근차근 준비해 두어야 60대 들어서 서글픈 인생이 되지 않
을 수가 있습니다. 미리 대비하지 않으면 혼자서 살기가 힘듭니다.

여기 두 분의 안타까운 사정을 들어보시기를 바랍니다.

어느 날 교회 뒤에 있는 방배동 도구로 공원에서 외롭게 밴 취에
앉아 있는 78세의 노인 곁에서 잠시 쉬면서 대화를 나눴습니다. 울
산에서 살다가 3년전 여름에 아내가 먼저 세상을 떠난 후 울산의
재산 정리하고 서울에 사는 아들집에 와서 살고 있다고 합니다. 할
아버지는 쓸쓸한 미소를 지으며 하시는 말씀이 요즘 세상 늙은 사
람 좋아하는 사람 아무도 없습니다. 효도한다는 말 자체가 젊은 사
람들에게 "금기어"가 된 세상인데, 울산에서 혼자 사는 게 마음이
편할 것인데 잘못 올라왔다고 후회하고 있었습니다.

아들 집에서 일주일 살기가 일 년을 사는 것 같다고 합니다. 늙은 사람 생활 방식하고 젊은 사람의 사는 방식이 너무 다르고 서울에는 친구들도 없어 어울릴 사람도 없어서 혼자 도구로 공원과 주변 산책로에서 산책하면서 보내는 것이 일상생활의 전부라고 합니다. 자식의 좋은 금슬이 자기 때문에 깨질까 봐 말과 행동이 조심스럽기만 하답니다. 아들 출근하고 나면 며느리와 좁은 아파트 공간에 있을 수도 없고, 그래서 이곳에 나와서 시간을 보내고 있다는 것입니다. 자기가 가지고 있던 재산은 아들 아파트 사는데 모두 주고 돈이 없는데 아들이 용돈을 주지 않아 점심마저 제대로 사 먹을 수가 없다는 것이었습니다. 할아버지 모습이 몇 년 후의 필자의 모습이되지 않을까 생각하면서 마음이 씁쓸했습니다.

오래 살려고 매일 운동도 열심히 하고 있지만, 노후에 자식에게 얹혀서 저 노인과 같이 사는 삶이라면 오래 산다는 게 무슨 의미가 있을까요? 다른 사정을 들어보시기를 바랍니다. 85세가 된 권사님이신데 지금까지 딸과 같이 지냈다는 것입니다. 그런데 사위가 술만 먹으면 아들집으로 가라고 소리를 지르고 구박을 한다는 것입니다. 권사님이 하시는 말씀이 아들 집에 가면 며느리 눈치가 보이고 무슨 이유인지 몰라도 2-3일을 마음 편안하게 지낼 수가 없다는 것입니다. 모든 것이 생소하고 거기다가 한 2일을 지내다가 보면 손녀가 하는 말이 할머니 왜 우리 집에 있어요. 하면서 은근슬쩍 구박을 한다는 것입니다. 딸집에 있자하니 사위가 구박하고 아들집에 있자하니 며느리가 불편하고 진퇴양난이라는 것입니다.

그때 필자가 생각한 것이 더 늙더라도 절대 자녀들의 집에 얹혀

살 생각은 하지 말아야겠다고 다짐하고 또 다짐합니다. 자식들이 부모가 늙으면 다 짐이라고 생각 하나 봅니다. 요즈음 젊은이들이 각자도생이라는 말을 서스럼 없이 합니다. 필자는 자식 집에서 살지 않고 혼자 살기로 작정하고 혼자 사는 방법을 여러모로 연구하고 준비하고 훈련하고 있습니다. 그래서 이글도 쓰는 것입니다.

필자는 19살부터 맨주먹만 가지고 집을 나왔습니다. 하도 가난하여 군대에 가서 월남에 파병되어 돈을 벌어오겠다고 자원입대를 한 것입니다. 입대하여 호된 훈련을 마치고 자대에 배치가 되었는데 그만 월남 파병이 중단된 것입니다. 할 수 없이 군대생활을 계속했습니다. 계속하다가 간부후보생 모집이 있어서 지원하였는데 합격하여 장교가 되었습니다. 특전사에 차출이 되어 특전사에서 10년 이상을 근무하다가 전방에 갔습니다. 앞에서도 잠간 언급했지만 장교로서 생활을 하는데 아부할 줄 모르는 저의 대쪽 같은 성격에 여러 가지로 걸림돌이 많이 생겨서 그만 22년의 군 생활을 접었습니다. 군대에서는 20년이 넘으며 연금을 주는데 전역하고 나올 때 주변 사람들이 하는 말이 퇴직금을 일시불로 받아서 투자하면 큰돈을 벌수가 있다고 하는데 저는 그것보다 노후에 조금씩이라도 연금을 받으면 힘이 될 것 같아서 연금을 선택했습니다.

지금 군에서 나온 지 27년이 된 것 같은데 계속 연금을 받아 재정적인 보탬이 되어 생활에 안정을 얻고 있습니다. 그때 연금을 선택한 것이 참으로 노후에 큰 힘이 된 것입니다. 만약에 일시불로 받았더라면 지금 기초연금도 받지 못할 처지가 되었을 터인데 참으로 선택을 잘 한 것 같습니다.

만약에 일시불로 받았더라면 앞에 언급된 글에서 울산에서 올라오신 노인이 하신 말대로 혼자 사는 게 마음이 편할 것인데 잘못 올라왔다고 후회하고 있다는 78세 된 노인과 같이 인생이 힘들었을 것인데 참 잘한 것입니다. 요즈음 자녀들도 살아가기가 힘이 듭니다. 노후 대책은 본인들이 세우고 실천해야 합니다.

인터넷에서 "人生 황혼을 바라보다"라는 제목의 글을 읽다가 감동이 와서 옮겨온 글입니다. [우리는 살다가 어느 날 노년을 보내고 있는 자신을 발견하게 된다. 머리카락은 희끗희끗 반백이 되어 있고, 자신의 신장보다 훨씬 커버린 아들은 회사를 출근하고, 장가를 가서 살림을 차리고 며느리가 아버님하고 부른다. 그런가 하면 어느 새 딸은 결혼을 하여 자신도 모른 사이 엄마가 되어있다.

손자 손녀들은 재롱을 떨며 나도 모르게 커 간다. 영원히 함께 있을 것 같던 아이들은 하나 둘 우리들의 품을 떠나가고 백년을 함께 살자고 맹세 했던 부부는 오랜 세월을 살아오면서 어쩔 수 없이 식어 가는 사랑을 바라보며 노년을 보낸다.

가족을 너무 의지하지 마라. 나 아닌 다른 사람을 의지하는 건 절대 금물이다. 자신의 노년은 그 어느 누구도 대신해 주지 않는다. 자신의 것을 스스로 개발하고 스스로 챙겨라. 당신이 진정으로 후회 없는 노년을 보내려거든 반드시 한두 가지의 취미 생활을 가져라. 산이 좋으면 산에 올라 도토리를 줍고, 물이 좋으면 강가에 앉아 낚시를 해라. 운동이 좋으면 눈 쌓인 공원길을 산책하고, 책을 좋아하면 열심히 책을 읽고 글을 써라. 좋아하는 취미 때문에 식사 한 끼 정도는 걸러도 좋을 만큼 집중력을 가지고 즐겨라. 그 길이 당신의 쓸쓸한 노년을 의미 있게 보낼 수 있는 중요한 비결이다.

자식들에게 너무 기대하지 마라. 부모를 만족시켜 주는 자식은 그렇게 많지 않다. 기대가 큰 자식일수록 부모의 마음을 아프게 한다. 자식에게서 받은 상처나 배신감은 쉽게 치유가 되지 않기 때문이다. 자식들의 영역을 침범하거나 간섭하지 마라. 자식들은 그들이 살아가는 삶의 방식이 따로 있다. 도를 넘지 않는 적당한 관심과 적당한 기대가 당신의 노년을 평안의 길로 행복의 길로 인도할 것이다. 그렇다고 가족의 중요성을 무시하라는 것은 아니다.

카톡에 돌아다니는 슬픈 명언이 있다. 여자가 늙으면 필요한 것은 돈, 딸, 건강, 친구, 찜질방이다. 남자가 늙으면 필요한 것은 부인, 아내, 집사람, 와이프, 애들 엄마란다. 여자는 혼자 살아도 남자는 추해서 혼자 못산다는 것이다. 아들이 커지면 남남, 군대 가면 손님, 장가가면 사돈, 돈 잘 벌면 사돈의 아들, 빚진 아들은 내 아들이란다. 자녀를 출가 시키면 장가간 아들은 큰 도둑, 시집간 딸은 이쁜 도둑, 며느리는 좀 도둑, 손자들은 떼강도란다.

자녀에게 재산을 안주면 맞아 죽고, 반만 주면 쫄려 죽고, 다 주면 굶어 죽는 덴다. 건강하게 오래 살면 다행이지만, 건강치 못하고 병들어 오래 살면 어찌하나 근심 걱정이다. 여기서 가장 중요한 한 가지 사실을 잊지 않기 바란다. 당신과 이야기를 주고받을 수 있는 가까운 친구를 만들고 혼자 사는 법을 읽혀라. 진정 마음을 나눌 수 있는 함께 할 벗이 있고 혼자 살수 있다면 당신의 노년은 비단 치마에 그림을 그려 놓은 것 같이 아름다워질 것이

다.] 책을 읽는 독자들이여 누구나 남의 일이 아니고 자신에게 닥칠 수 있는 일이니 미리알고 대비해야 합니다.

30-40대 젊은 사람들이 이 책을 읽고 깨닫고 대비해야 노년에 자식들에게 짐이 되어 천덕꾸러기 신세를 면하고 100세 시대 자기 자신을 관리하면서 지낼 수가 있을 것입니다. 필자는 목사입니다. 우리 성도들에게 100세까지 목회를 할 것이라고 했더니 다들 "아멘"하면서 좋아했습니다. 지금 70인데 꼰대는 아닌 것 같습니다. 요즈음 젊은이들이 꼰대를 싫어합니다. 필자는 120살까지 살겠다는 각오로 혼자사는 법, 건강관리, 정신력 등등을 관리하고 있습니다. 필자는 30대 부터 준비한 것 같습니다. 부친이 질병으로 지질히도 어렵게 지내시다가 40대 후반에 돌아가셨기 때문입니다.

재정적 독립이란 개인이 자신의 생활비와 미래의 금융 목표를 만족시키는 수입을 달성하거나 자금을 확보함으로써 경제적인 지원이나 부채에 의존하지 않고도 안정적인 생활을 영위할 수 있는 상태를 말합니다. 이 글에서는 재정적 독립의 개념과 그것을 달성하기 위한 방법에 대해 몇 가지 설명하겠습니다.

1. 젊어서부터 노후를 준비해야 한다. 필자가 70이 되어 보니 젊어서부터 노후를 준비하지 않으면 안 된다고 생각합니다. 50이 넘어서 노후를 준비한다고 생각한다면 늦은 것이라고 생각이 됩니다. 하루 이틀에 노후준비가 되지 않기 때문입니다. 재정의 독립을 위하여 비용을 줄이는 것도 중요하지만, 소득을 늘리는 데 집중하면 저축을 늘리는 데 훨씬 더 큰 영향을 미칠 수 있습니다. 불필요

한 비용의 파악 및 제거하라는 말입니다. 비용을 자세히 살펴보고 제거하거나 줄일 수 있는 항목이나 서비스를 찾아내십시오. 사용하지 않는 구독을 취소하거나, 외식을 줄이거나, 일일 비용에 대해 보다 비용 효율적인 대안을 찾아보세요. 이러한 삭감으로 절약된 돈을 귀하의 저축으로 전환하십시오. 시간이 지남에 따라 이러한 작은 조정은 전체 저축에 큰 영향을 미치고 재정적 독립 달성에 더 가까워질 수 있습니다.

경제적 독립을 달성하는 것은 끈기와 인내가 필요한 여정입니다. 부를 쌓고 장애물을 극복하는 데는 시간이 걸린다는 것을 이해하십시오. 절대로 단 기간에 되지 않습니다. 목표에 집중하고 규율을 유지하며 변화하는 상황에 적응하십시오. 도전을 통해 인내함으로써 궁극적으로 경제적 자립의 정점에 도달할 것입니다.

2. 늙어도 계속 일을 할 수 있도록 해야 한다. 일을 해야 건강을 유지하는 것입니다. 대기업을 나와서 경비를 하시는 분들이 있습니다. 참 잘하시는 것입니다. 우리 아파트에 경비 하시는 한 분은 고등학교 교장을 하셨다고 합니다. 필자는 그분을 존경합니다. 일을 해야 합니다. 어떤 분들은 경비하는 것을 창피하게 생각하는 데 절대 창피한 것이 아닙니다. 오히려 일을 할 수 있는데 하지 않는 것이 창피한 것입니다. 경비도 70세 정년이 있습니다.

오늘날의 역동적인 세상에서는 관련성을 유지하는 것이 중요합니다. 관련성이란 자신이 정년 전에 하던 일과 비슷한 일을 하라는 말입니다. 기술과 지식을 지속적으로 업그레이드하여 변화하는 시장 동향에 적응하십시오. 새로운 인증을 취득하고, 전문성 개발 프로그램에 참여하고, 평생 학습을 수용하십시오. 당신의 능력을 향상시킴으로써 당신은 직업 시장에서 당신의 가치를 높이고 더 나은 기회의 문을 열 수 있습니다.

단일 수입원에만 의존하는 것은 위험할 수 있습니다. 진정한 경제적 독립을 달성하려면 수입원을 다양화하는 것이 중요합니다. 부업, 소극적 소득 및 투자 기회를 탐색하십시오. 소득을 다양화함으로써 탄력적인 재정 기반을 만들고 수입 잠재력을 높일 수 있습니다. 철저하게 30대부터 깨달아 알고 준비하고 대비해야 합니다. 직장생활을 하더라도 정년 퇴직후에 무엇을 할지 생각해야합니다.

3. 육체가 건강해야 한다. 인간의 평균수명은 앞으로 계속 늘어 2050년쯤에는 90세를 넘어설 전망이라고 합니다. 70대에 건강관리를 잘한 분들이 90까지 건강하게 지낸다고 합니다. 그러나 건강관리를 잘못하여 90세를 누워서 지내는 것과 건강관리를 잘하여 90-100세까지 정정하시다면 어떤 것이 더 좋을까요? 당연히 후자일 것입니다. 얼마나 오래 사는 것보다는 얼마나 건강하게 사느냐가 중요합니다. 요즘 평균수명이 많이 올라갔습니다. 하지만 평균수명으로는 삶의 질을 측정하는 데에는 한계가 있습니다.

이런 문제점을 해결하기 위해 만들어진 개념이 '건강수명'입니다. 건강수명은 '질병에 걸리지 않고 건강한 상태로 살아가는 기간'을 말합니다. 따라서 건강수명은 삶의 질을 따지는 건강지표라고 할 수 있습니다. 그러면 어떻게 해야 더 건강하게 살 수 있을까요? 사람이 얼마나 건강하게 사느냐는 70%이상이 본인에게 달렸다고 합니다. 그럼 본인하기에 따라서 건강을 좌지우지

할 수 있는데요? 그러려면 건강한 생활습관을 가져야 합니다. 규칙적인 식습관, 충분한 수면, 손과 발 온몸을 움직이고, 일주일에 3번 이상 운동, 금연과 금주를 실천하셔야 합니다. 모두 다 아는 사실이지만 잘 지켜지지 않는 요소입니다.

그리고 또 챙겨야 할 건강요소가 있습니다. 기계도 오래되면 녹이 슬고 마모되어 예전만 한 성능을 발휘하지 못합니다. 그러다가 점점 망가져서 결국 더 이상 고칠 수가 없게 됩니다. 사람의 몸도 마찬가지입니다. 기계에 녹이 슬듯이 나이가 들수록 혈관에 혈전이 생기고, 장기의 기능이 점점 약해지는 등 건강에 적신호가 켜집니다. 젊어서 30대에 건강을 위하여 보약도 먹어야 합니다. 요즈음 젊은 이들이 보약 먹는 것을 싫어하는데 젊어서부터 건강을 위하여 준비해야 합니다. 노화를 당연한 것으로 여겨서는 안 됩니다. 노화 자체는 우리 힘으로 막을 수 없지만, 노력을 통해 노화의 속도를 늦추는 것은 가능합니다. 건강해야 재정적인 자립을 할 수가 있는 것입니다. 혈관을 건강하게 해야 합니다. 질병에 걸리면 많은 재정을 건강관리에 투자해야 하기 때문입니다.

4. 항상 재정의 독립을 생각해야 한다. 지식은 경제적 독립을 달성하는 열쇠입니다. 시간을 내어 개인 금융에 대해 교육하십시오. 책을 읽고, 세미나에 참석하고, 평판이 좋은 금융 전문가를 따르십시오. 투자, 복리, 위험 관리와 같은 개념을 이해합니다. 이 지식으로 무장하면 정보에 입각한 결정을 내리고 부를 쌓을 수 있는 잠재력을 극대화할 수 있습니다.

저축과 투자는 경제적 자립의 필수 요소입니다. 정기적으로 수

입의 일부를 저축하는 습관을 기르십시오. 위험 허용 범위 및 재무 목표에 맞는 투자 옵션을 탐색하십시오. 주식, 부동산, 뮤추얼 펀드 등 현명한 투자는 소극적 소득을 창출하고 재정적 자유를 향한 여정을 가속화할 수 있습니다.

투자를 하더라도 현명하게 투자하세요. 저축의 탄탄한 기초를 다졌다면 돈을 현명하게 투자하는 것을 고려해 보세요. 주식, 채권, 부동산 등 다양한 자산 클래스에 걸쳐 투자를 다양화하여 위험을 완화하고 수익을 극대화하세요. 귀하의 목표와 위험 허용 범위에 맞는 투자 전략을 개발하려면 재정 고문과 상담하십시오. 투자는 소극적 소득을 창출하고 부를 더 빠르게 증가시켜 재정적 독립에 더 가까워질 수 있는 잠재력을 가지고 있습니다.

5. 노후에 부채는 최악이다. 부채는 경제적 독립으로 가는 길에 중대한 장애물이 될 수 있습니다. 고금리 부채를 우선적으로 상환하고 불필요한 부채가 누적되지 않도록 합니다. 동시에 적시에 지불하고 책임감 있게 신용을 관리하여 신용 점수를 최적화하는 데 집중하십시오. 늙어서 빚을 지고 있으면 재정적 독립을 향한 여정이 방해받을 수 있습니다. 신용카드 잔액이나 대출과 같은 고금리 부채는 저축액을 고갈시키고 부를 축적하는 능력을 제한할 수 있습니다. 고금리 잔액에 추가 자금을 할당하여 부채 상환을 우선시하십시오. 상환 비용을 줄이기 위해 부채를 통합하거나 더 낮은 이자율을 협상하는 것을 고려하십시오. 부채를 최소화하면 더 효과적으로 저축하고 재정적 독립을 향한 진전을 가속화할 수 있습니다. 60세 이상이 되었는데 자신의 부동산을 담보로 대출받

아 무엇을 시작하려는 생각을 애당초 버려야 노후가 편합니다.

6. 자기가 직접 재정(통장)을 관리해야 한다. 자기 자신이 직접 재정을 관리해야 합니다. 이런 말이 있습니다. 장가간 아들은 큰 도둑, 시집간 딸은 예쁜 도둑, 며느리는 좀도둑, 손자들은 떼강도, 장가간 아들은 희미한 옛 사랑의 그림자, 며느리는 가까이 하기엔 너무 먼 당신, 딸은 아직도 그대는 변함없는 내 사랑, 미친 여자 3인방은 ①며느리를 딸로 착각하는 여자, ②사위를 아들로 착각하는 여자, ③며느리 남편을 아직도 내 아들로 착각하는 여자라고 합니다. 누구도 믿을 수가 없다는 말입니다. 재정 관리는 자신이 직접 해야 할 이유입니다. 재정 관리를 잘하기 위해서는 먼저 자신의 수입과 지출을 파악해야 합니다. 수입과 지출을 파악한 후에는 지출을 줄이고, 저축을 늘려야 합니다. 지출을 줄이기 위해서는 불필요한 지출을 줄이고, 저축을 늘리기 위해서는 저축 목표를 세우고, 규칙적으로 저축해야 합니다. 통장은 누구에게도 맡기면 안 됩니다. 영원한 천국에 갈 때까지 직접 관리하셔야 합니다.

7. 자식에게 기대려는 생각을 접어야 한다. 자기 스스로 노후를 책임 져야 한다는 말입니다. 요즈음 한국에는 '셀프부양 시대의 마처세대'라는 말이 유행입니다. 마처세대는 부모를 부양하는 마지막 세대이며 동시에 자녀에게 부양받지 못하는 처음 세대로 요즘 중장년층을 가리킵니다. 이들은 현재 부모나 자녀 중 한쪽을 부양하거나 양쪽을 모두 부양 중입니다. 그러느라 정작 자신의 노년기 준비는 제대로 못 하고 있습니다. 중장년층에서 자격증 취득 바람이 불고 있는 이유입니다.

셀프부양, 얼핏 들으면 타당하고 또 '셀프'라는 말이 붙으니 의당 그래야 하는 일이라는 느낌도 듭니다. '자녀 의존 아닌 셀프부양의 시대'라는 언론 기사 제목도 이런 느낌을 부추깁니다. 의존은 꿈도 꾸지 말고, 알아서 자립하라는 말을 심금을 울리는 것 같습니다. 서울대 사회학과 서이종 교수는 "한국이 초저출산·초고령화 사회에 진입하며 노인 부양비가 급등해 국가도 자녀도 노후를 책임질 수 없는 상황"이니, "스스로 노년에 대비하려는 현상 자체는 한국의 기형적인 인구 구조상 바람직한 일"이라는 '분석'도 내놓습니다. 정말 그런가요? 국가도 책임질 수 없으니 "각자도생"하는 게 바람직한가요? 사회학적 분석 맞나요? 셀프부양이라는 용어를 유행시킨 2016년의 '명견만리' 프로그램에서도, 현재 각종 여론조사의 결과에서도 오히려 우리가 절대 놓치지 말아야 할 항목은 노후 부양의 주체에 대한 시민들의 의견입니다. 이제는 어떤 조사에서건 응답자의 50% 정도가, 안전한 노후를 책임질 주체는 '사회'라고 말합니다. 시대적 과제가 '셀프부양'이라고 인식해야 합니다.

결론적으로 늙도록 재정적 독립을 달성하려면 헌신, 규율, 전략 계획이 필요합니다. 예산을 편성하고, 부채를 최소화하고, 소득을 늘리고, 저축을 자동화하고, 불필요한 비용을 줄이고, 퇴직 기여금을 최대화하고, 현명하게 투자함으로써 저축을 강화하고 재정적 독립을 향한 길을 가속화할 수 있습니다. 자신의 재정적 미래를 통제하기 시작하기에 너무 늦은 때는 결코 없다는 것을 기억해야 합니다. 오늘 이러한 전략을 구현하기 시작하고 재정적으로 안전한 내일을 위한 길을 닦아야 할 것입니다.

21장 혼자 살려면 의식주의 독립이 중요

(마 6:25-26) "그러므로 내가 너희에게 이르노니 목숨을 위하여 무엇을 먹을까 무엇을 마실까 몸을 위하여 무엇을 입을까 염려하지 말라 목숨이 음식보다 중하지 아니하며 몸이 의복보다 중하지 아니하냐"

혼자서도 잘 살아가려면 의(의복), 식(먹는 것), 주(잠을 자는 것)가 독립이 되어야 혼자서도 잘 살수가 있습니다. 짐승들은 셀프하지 않으면 죽습니다. 산짐승이나 날짐승은 스스로 먹이를 찾아 먹지 않으면 죽기 때문에 살아남기 위하여 필사적으로 먹이를 찾아 움직이는 것입니다. 혼사서도 잘 살려면 셀프를 해야 합니다. 의(의복), 식(먹는 것), 주(잠을 자는 것)를 셀프하지 않으면 고독사할 수도 있습니다. 필연코 준비하여 실행해야 혼자서 살아갈 수가 있습니다. 어려서부터 훈련하고 준비하고 실행해야 합니다.

요즈음 셀프전성시대입니다. Self의 사전적인 의미는 어떤 사람의 평상시 모습, 자아, 자신, 자기 자신의 이익으로 돼 있습니다. 복합형은 재귀 대명사를 만들어 '스스로의' 뜻을 나타냅니다. 셀프는 영어로 태어났지만 지금은 우리나라에서도 널리 쓰입니다. 그러나 본래 고향은 미국입니다.

미국에서도 일용노동자의 임금이 높아지자 일반주유소에서는 주유 서비스 원을 줄이고 운전자 자신이 직접 주유하는 자동주유기를 개발했습니다. 우리나라에서 고위공직자나 권력기관에 있던 사람들이 정권이 바뀌면서 미국 이민을 가는 자들이 많았습니다. 한국에서 한몫을 챙겨 미국으로 건너가서 할 일이라곤 별로 많지 않았습니다. 영어도 하지 못해 언어소통도 문제가 되니까,

영어를 하지 않고 돈을 벌 수 있는 곳이 셀프주유소였습니다. 아니면 라운드리(세탁소)였습니다. 세탁소에선 주민(고객)들이 빨래감을 가져와 세탁기 속에 넣고 동전만 넣으면 저절로 세탁이 돼 나오게 돼 있어 영어를 할 줄 몰라도 빨래방을 운영할 수 있었습니다. 그 외 돈도 없이 이민 간 사람들은 새벽 4시부터 밤 12시까지 일을 해야 하는 그로서리(식료 반찬가게)를 운영하면서 입에 풀칠을 하고 있었습니다.

우리나라도 문재인 정부가 들어서면서 최저임금을 올리자 자영업자들은 알바 쓰기가 어려워졌습니다. 식당에서도 일손이 딸리자 '물은 셀프입니다'라는 노티스를 비롯해 '추가 반찬은 셀프입니다'라는 문구가 벽면에 추가 되었습니다. 고로 지금은 셀프시대입니다. 그래서 혼자서도 잘 살아가려면 의(의복), 식(먹는 것), 주(잠을 자는 것)를 셀프로 해결할 수가 있어야 합니다.

세상에는 셀프 카메라, 셀프 위로, 셀프 결혼, 셀프 장례, 셀프 부양 등이 있습니다. 키오스크, 인터넷 등 과학기술의 발달로 대면 서비스를 받기 힘듭니다. 나이에 상관없이 모든 것을 나 스스로 해야 합니다. 키오스크[kiosk]란 공공장소에 설치된 무인 정보 단말기를 말합니다. 무인 정보단말기를 사용하다가 작동이 잘 안 되어 어느 곳에 전화를 걸어서 알아보려고 해도 안내양이 거의 없습니다. 식당에서도 주문을 무인 정보단말기로 해야 합니다. 일반 생활

의 대혁명입니다. 끝 모르고 치닫는 문명의 발달입니다.

옛날에는 30살까지 배우면 어른 대접받으며 일생을 불편함 없이 잘 살 수 있었습니다. 경험이 중시되던 1, 2차 산업 중심 시대였습니다. 지금은 날마다 배우며 낯선 생활을 경험해야 더불어 살 수 있습니다. 필자가 서울 강남에 갔다가 점심을 먹어야 하는데 무인 정보 단말기로 주문을 해야 했습니다. 할 줄을 몰라서 쩔쩔 메다가 한 젊은 사람에게 부탁해서 주문을 마쳤습니다. 그 젊은이 아니었으면 점심도 못 먹고 나올 뻔했습니다. 늙어도 배워야 합니다.

과학 문명 뿐 아니라 생각 문화 제도도 셀프시대입니다. 미풍양속, 주요 전통도 꼬리를 감춥니다. 의식의 대개혁입니다. 대혁명입니다. 그 중에 특히 요즘 셀프 부양, 셀프 장례 같은 것이 문제입니다. 필자도 안타깝지만 셀프 장례를 생각하고 있습니다. 자식들에게 올인한 많은 부모들이 준비된 것이 없는데 이제 모든 것을 스스로 살아가라고 합니다. 자기 부양을 하고 고독 사를 하고 그렇게 삶을 마감하랍니다. 혼자 사는 늙은 어르신들이 제일 두려운 것이 고독사라고 한답니다. 내가 이렇게 혼자지내다가 고독사하지 않을까 두렵다고 합니다. 국가의 역할은 중요해졌는데 재정 능력은 부도 상태입니다. 앞으로 갈수록 수명은 몰라보게 늘어나고 노인 문제는 상대적으로 심각해집니다. 셀프 부양 능력 없는 많은 노인의 빈곤, 질병 고독에 대한 대책이 시급합니다. 모든 것은 자기 책임이라고 하면 할 말이 없습니다. 그리고 능력이 있으면 사실 부모도 자식에게 기대고 싶지 않을 것입니다. 이럴 때일수록 셀프 건강관리를 잘 해야 합니다. 이제 혼자서도 잘 살아가려면 의(의복), 식(먹는 것), 주(잠을 자는 것)

를 셀프로 해결할 수가 있어야 합니다. 이것은 시대적 과제이니 준비해야 합니다. 요즘은 혼자 거주하는 1인 가구(혼족), 독거노인의 비율이 늘어나면서 싫지만 홀로 의식주를 해결 하여야 합니다.

1.입고 사는 문제를 홀로 해야 한다. 혼자 살더라도 집에서만 칩거하지 않고 밖에 나가서 사람들과 어울려야 하기 때문에 아무래도 입는 옷에 관심을 가져야 합니다. 우리 아이들이 지하철에 노인이 같이 있으면 냄새가 난다고 합니다. 필자에게도 냄새가 나지 않도록 하라고 신신 당부를 합니다. 옷도 혼자 사는 홀아비 티를 내지 않도록 좋은 것으로 입으라고 합니다.

냄새는 매일 샤워를 하고 매일 속옷을 갈아입어야 합니다. 겉옷이야 2-3일 입어도 되겠지만 속옷은 매일 갈아입어야 합니다. 그러기 때문에 혼자서 의복의 문제를 해결하기 위해서는 세탁기를 사용해야 합니다. 요즈음 세탁기가 저렴하기 때문에 한 대 구입하여 사용하는 것이 좋을 것입니다. 속옷을 매일 갈아입더라도 2-3일 모아서 한 번에 세탁하면 좋을 것입니다.

그런데 혼자 살며 빨래하는 것도 만만치가 않습니다. 어느 글을 보니까, 혼자 사는 여성은 최소한 3일에 한번은 세탁기를 돌린다고 합니다. 남자는 속옷의 화학성분이 바뀌기 전까지 입고 또 입고, 스스로 도저히 참을 수 없으면 거꾸로 입고, 뒤집어 입고, 덜 더러운 걸로 또 바꿔 입고, 구멍 나도 그냥 입고 하다가 더 이상 빨래 통에 든 속옷밖에 없으면 비로소 동네 세탁소로 향한다는 우스운 이야기를 읽었습니다. 그래서 홀아비에게서 냄새가 나는 모양입니다.

세탁 이것 보통으로 생각할 수가 없습니다. 필자가 군대에서 혼자 지낼 때 이렇게 한 것 같습니다. 팬티, 러닝은 7장 이상을 준비하여 하루에 한 번씩 갈아입고 쌓아두었다가 주일(일요일)날 한꺼번에 세탁을 한 것 같습니다. 겨울에 내복은 일주일에 한 번씩 갈아입고 세탁을 했습니다. 겉 옷도 마찬가지로 일주일에 한 번씩 갈아입은 것으로 생각이 됩니다. 필자가 혼자 지낼 때 오랜만에 쉬는 날이라 잠을 넉넉히 자고 일어나 보니, 빨래 한 무더기가 방 한 귀퉁이를 차지한 채 손길을 기다리고 있습니다. 5년이 넘도록 해 온 일임에도 불구하고 빨래는 가장 큰 괴로움으로 남았습니다.

　필자의 이런 어리석은 말에 혹시나 살림하는 여성들이 비웃지 않을까 싶어 얼굴이 뜨거워집니다. 필자야 한 주일에 두어 번 치루는 고역이지만, 가정주부들은 날이면 날마다, 그것도 자신의 혼자 것이 아니라 온 가족의 것을 빨아야 함을 생각하니, 이 따위의 넋두리는 여유 있는 자의 즐김 같아 죄송하기까지 합니다. 그래도 여인들이나 필자나 빨래거리를 대하는 심정은 같을 것입니다.

　빨래하기 전에는 빨래거리가 괴로움의 대상이 되어 빨래하는 것이 노역인 듯 느껴지지만 깨끗한 빨래를 널 때의 그 상쾌함과 후련함은 나뿐 아니라 여인들의 일상의 큰 기쁨이겠지요. 그래서 멀리서 빨래를 너는 여인의 모습이 참으로 충만한 아름다움으로 들어오는 것이겠지요. 만일에 빨래를 널고 있는 그 여인이 시급 만원을 받고 일하는 파출부라면 빨래하고 난 뒤의 그 기쁨을 과연 맛볼 수 있을까요? 또 필자가 느끼는 이러한 아름다운 정서를 일으킬 수 있을까요? 필자나 보통의 가정주부가 빨래하는 것은 새로운 옷으로 갈아입기 위한 창조적 노동이라 한다면, 파출부가 빨래하는 것은 대가를 얻기 위한 단순환 임금노동인 것입니다. 필자나 주부의 빨래가 주체적인 노동이라면, 파출부의 빨래는 비주체적인 노동입니다. 비주체적인 노동에는 기쁨이 깃들어 있을 수 없습니다. 그 결과도 마찬가지로 스스로에게 아무런 의미를 주지 못합니다. 우리 혼자서도 빨래를 자주해서 입고 깨끗하고 상쾌하게 살아갑시다.

필자가 군생활할 때(70년대) 병사들도 누가 세탁을 해주는 것이 아니라, 스스로 세탁을 해서 입어야 하기 때문에 보통 주일날(일요일 날) 한꺼번에 당직 사관이 인솔하여 세탁을 합니다. 빨래하여 쭉 널어놓고 당번을 정하여 감시를 합니다. 인접 내무반에 있는 병사들이 슬쩍해 가기도 하기 때문입니다. 요즈음은 군대도 건물 마다 세탁기가 보급되고 건조기가 보급되어 병사들이 세탁하는데 별로 애로와 문제가 없으리라고 생각합니다. 필자의 나이 70에 그때를 상기하니 감회가 새롭게 느껴집니다. 좌우지간 혼자 살면서 빨래하는 것은 쉽지 않는 문제입니다. 물론 요즈음은 좋은 세탁기가 나와서 다행이지만 이것도 게으르면 쉽지 않는 문제 일 것입니다.

그런데 옷에서 냄새 도대체 왜 나는 걸까요? 누구나 한 번쯤 빨래하고 건조를 시켰지만 옷에서 냄새날 때 꿉꿉한 느낌이 나 개운치 않는 경험이 있을 것입니다. 옷에 불쾌한 냄새는 도대체 왜 나는 걸까요? 옷감에서 나는 불쾌한 냄새는 옷 섬유 속에 생긴 세균인 모락셀라라는 박테리아 때문입니다. 모락셀라균은 비교적 흔한 세균으로 사람 피부에도 살 수 있고 이처럼 생활공간에도 있는 세균입니다. 이는 섬유 속 세제 찌꺼기와 피부에서 나온 피지, 땀, 단백질 성분 등을 먹고살며, 무엇보다 눈살 찌푸리게 되는 불쾌한 냄새를 유발합니다. 주로 생활에서 입는 속옷, 옷, 양말 등과 씻은 후 젖은 몸을 닦는 수건 등은 섬유 또는 몸에서 나오는 땀, 분비물, 생활하면서 묻은 먼지로 생성된다고 합니다.

이러한 세탁물 같은 경우에는 미생물을 번식하기 좋은 환경이 되는데 이때 제대로 빨리 세탁하지 않으면 미생물이 제거되지 않아 특유의 퀴퀴한 냄새가 나는 것입니다. 특히 습도가 높은 장마철에는 옷감에서 나는 냄새 그대로 다시 세탁기에 돌리는 경우가 부지기수입니다. 물론 요즘은 건조기가 등장하면서 많이 개선될 수 있지만 건조기를 사용하더라도 사라지지 않는 냄새 앞에서 속수무책을 때가 있습니다. 기본적으로 옷 자체에서도 날 수 있지만 세탁기와 건조기의 관리하지 않는 것도 냄새의 원인이 된다고 합니다.

혼자 독거하거나 자취하는 경우에는 어느 정도 빨래거리가 모이고 나서 세탁하는 경우가 많기 때문에 수건 등이 물이 젖는 빨래감은 구분하여 따로 건조시켜 보관했다가 세탁하는 게 좋습니다. 옷에서 냄새를 근본적으로 없애려면 세제와 섬유 유연제를 사용한다고 익히 알고 있습니다. 하지만 과도한 양의 세제와 섬유 유연제는 헹굼 후에도 세제 찌꺼기가 남아 있을 수 있습니다.

더불어 건조기가 없다면 건조대에 빨래를 널어 자연 건조합니다. 되도록 최대한 간격을 떨어뜨리면서 건조시키는 것이 좋고 창문을 열어 실내 공기를 통풍시키면 젖어 있는 시간이 줄일 수 있으며, 냄새 원인인 미생물 증식을 방지할 수 있습니다. 여전히 옷에서 냄새가 남아 있다면 빨래 자체를 삶는 것으로 끓는 물에 삶아

미생물을 완벽하게 제거할 수 있습니다.

혼자 살더라도 누가 잔소리를 하지 않더라도 샤워는 하루에 한 번씩 하는 것이 좋습니다. 그래야 사람에게 나는 특유한 냄새를 제거하고 살수가 있습니다. 청소문제입니다. 이불에 먼지를 털어내야 건강에 좋습니다. 방도 먼지만 제거하지 말고 물걸레질을 함께 해야 합니다. 요즈음 청소기 중에 이불청소와 먼지청소는 물론이고, 물걸레 청소, 침구청소기 기능까지 두루 겸비한 만능 청소기가 있다고 합니다. 혼자 살아가기 위해서 이런 청소기는 필요합니다.

2.먹는 문제를 스스로 해결해야 한다. 무엇보다도 먹는 문제를 혼자 해결해야 합니다. 필자는 혼자 식사를 해결하는 것을 6-7년 전부터 시작한 것 같습니다. 최초는 중식만을 혼자 해결했습니다. 교회에 나와 있으니까, 자연스럽게 중식을 혼자 해결해야만 했습니다. 처음에는 라면을 끓여서 해결했습니다. 건강에 문제가 생길 것 같아서 편의점에 가서 도시락을 사다가 전자레인지에 데워서 해결했습니다.

그러다가 국과 같이 있는 컵 밥을 구입하여 한 3년간 먹은 것 같습니다. 식당에 가서 해결해도 되는데, 경비도 경비지만 코로나19로 식당을 이용할 수가 없어 컵 밥으로 해결한 것입니다. 사모의 건강이 좋지 않아서 교회에서 함께 있지 못함으로 그렇게 한 것입니다. 덕분에 체중이 7-8Kg이 줄었습니다. 사모가 영원한 천국에 떠난 다음에는 아침에는 다른 종류의 컵 밥을 사과와 당근과 도마토와 삶은 계란 2개를 포함하여 먹고 있습니다. 점심에는 다른 종류의 컵 밥만 계란 1개와 같이 먹고 있습니다. 계란은 하루에 총 3개를 먹고 있습니다. 그런데 컵 밥이 한 끼 식사로 문제가 없다는 것입니다. 반찬은 김치 하나만 있으면 얼마든지 해결이 될 수가 있습니다. 저녁에는 아이들과 같이 저녁을 먹습니다. 필자는 어려서 하도 많이 굶어서 컵 밥도 굶지 않고 먹을 수 있다는 것에 감사해서 맛있게 잘 먹고 성도들을 목회하고 산책하고 글을 쓰고 지내고 있습니다. 덕분에 체중이 10kg이 줄어서 정상체중에 도달했습니다. 지금 이렇게 식사를 해결해도 체중에 변화가 없습니다. 컵밥의 영양가가 충분하다는 것입니다. 코로나19가 저의 식사를 이렇게 해결하도록 한 것입니다. 필자는 하나님께서 코로나19를 허락하신 것은 혼자 사는 훈련을 하기 위해서 그렇게 하신 것 같습니다. 미리 혼자 사는 훈련을 하게 하신 하나님께 감사와 찬송을 올립니다.

그런데 지금 건강에 아무런 문제가 없습니다. 지금 이렇게 먹어서 그런지 몰라도 체중과 혈액의 문제가 해결이 되었습니다. 긍정적인 것입니다. 필자가 6-7년 동안 이렇게 지내보니까, 먹는 것에 불편함을 느끼지 못하고 있습니다. 지금 한국에 홀로 사는 1인 가구가 아무 많습니다. [작년 8월, 행정안전부가 발간한 '2022 행정안전통계연보'에 따르면 2021년 주민등록세대 2347만 2895가구 중 1인 가구가 946만 1695세대로 집계되었다. 이는 처음으로 1인 가구가 세대 유형 중 40%가 넘는 수치로 집계된 결과다. 전체 주민등록인구는 2021년 기준 5164만명으로 2020년 대비 0.37% 감소했으나, 주민등록세대는 2020년 대비 1.64% 늘어난 것으로 보아 1인 가구의 증가가 영향을 미친 것으로 보인다. 나아가 통계청

'2022 통계로 본 1인가구' 자료에 따르면 전체 가구 중 1인 가구가 차지하는 비중은 2030년에 35.6%, 2050년엔 39.6%까지 이를 것으로 전망된다고 하니, 정말 1인 가구의 시대인 것이다.]

필자가 혼자서 먹는 문제에 대하여 나름대로 생각하는 것은 자신의 식습관만 바꾸면 얼마든지 혼자 해결할 수가 있다고 생각합니다. 전자 랜인지 하나만 있으면 조리를 하지 못해도 여러 가지 컵 밥이 나오니까, 아침-점심-저녁을 다른 것으로 하여 끼니를 해결할 수가 있다는 것입니다. 여러 종류의 식사가 조리되어 나옵니다. 자기 입맛에 맞는 것을 구입하여 전자래 인지에 데워서 해결하면 될 것입니다. 값도 비싸지 않고 저렴합니다.

필자의 경우는 반찬은 김치 하나만 있으면 족합니다. 한번 생각해 보시기를 바랍니다. 요셉이 종살이를 하면서 진수성찬에 끼니를 해결했겠습니까? 다윗이 사울 왕에게 쫓기면서 광야에서 지낼 때 진수성찬에 끼니를 해결했겠습니까? 지금 어린이들이 너무 잘 먹어서 비만아가 많습니다. 필자도 집회를 하느라 움직이지 않고 좋은 것으로 먹기만 잘 먹어서 키는 169cm인데 체중이 92kg까지 나갔습니다. 혈압에다가 당뇨까지 위험한 지경에 처했었습니다. 숨이 헉헉하며 차서 뛰지를 못했습니다. 그런데 이렇게 식사를 컵밥으로 해결하게 하여 지금은 75kg을 유지하고 혈압 당뇨가 정상이 되었습니다. 잘 뛰어도 이상할 만큼 숨이 차지 않고 있습니다. 몸이 가벼워 하루에 15,000보 이상 걸으니 아주 좋습니다.

저는 정말 하나님의 은혜라고 생각하고 감사하고 끼니를 때우며 살아가고 있습니다. 하루 3끼 끼니를 때우는 것은 자신의 생각에 따라 다르겠지만 필자는 문제가 없으리라고 생각합니다. 자신이 게으르고 식성이 까다로워서 문제인 것입니다. 움직이지 않으니까, 입맛이 없어서 못 먹는 것이지 먹을 것이 없어서 못 먹는 것이 아니라고 생각합니다. 또 돈이 없어서 못 먹지는 않을 것입니다. 요즈음 지자체에서 독거노인들을 얼마나 지극정성으로 돕고 있습니다. 산책하고 움직이면 입맛도 돌고 건강도 좋아지는 것이라고 생각합니다. 하루 종일 움직이지 않고 앉아서 TV만 보면서 지내니 무슨 입맛이 돌겠습니까? 그러니 맛이 없다고 투정을 부리는 것입니다. 어려서부터 움직이는 습관을 들여야 합니다.

3.주거 문제를 스스로 해결해야 한다. 천만 1인 가구의 시대, 전 세대의 '나 혼자 산다'에 서술된 주거 사정은 이렇습니다. [서울 서대문구에 거주하는 20대 C씨 역시 같은 맥락의 어려움을 호소했다. 주거와 일자리의 안정은 해결되지 않는 매일의 과제다. 특히 수도권에 거주하는 1인 가구에게는 주거비용이 가장 큰 경제적 부담 중 하나로 나타난다. 주거도 일자리도 늘 다음 계약을 생각해야 하는 '대기' 상태로 살아가야 하는 것이다.]

참으로 혼자 사는 분들의 주거문제가 심각합니다. 끼니를 때우는 것보다 주거문제가 더 심각합니다. 독거노인들이나 청년들이나 비혼주의자들의 주거문제가 아주 심각합니다. 큰돈이 없으니 월세를 들어가야 하는데 서울에는 월세가 만만치 않습니다. 그렇기 때문에 마음에 맞는 사람과 같이 기거하는 방법도 강구할 가치가 있습니다. 좌우지간 주거문제를 심도있게 생각하여 보아야 합니다.

22장 습관적으로 움직이며 활동하라.

(왕상 19:8) "이에 일어나 먹고 마시고 그 음식물의 힘을 의지하여 사십 주 사십 야를 가서 하나님의 산 호렙에 이르니라."

혼자서도 잘 살아가려면 습관적으로 움직여야 합니다. 걷기와 스트레칭과 물 섭취와 소식과 섬유질 있는 균형 잡힌 영양관리와 하나님께 감사하는 평온한 마음이 건강을 가져옵니다. "몸은 나를 그대로 보여준다."고 했습니다. 목욕탕에서는 여실합니다. 몸을 보면 그 사람이 어떻게 살아왔는가, 어떤 직업에 종사하는가, 벗은 몸의 상태에서 그 사람의 말과 자세와 태도를 보면 어떤 인품이고 인격인가 몸은 그 사람을 보여줍니다.

타인에 대한 예의를 갖추고 살아온 사람은 몸 자체가 자연스럽습니다. 타인의 주목을 끌지 않으면서 예의를 지킵니다. 물 한 방울, 비누거품 하나 남에게 피해주지 않으려고 조심합니다. 비록 늙어 허리는 휘어지고 피부는 낡아 고물이 되었지만 그 사람의 기본적인 태도가 보입니다.

젊은이의 몸에서는 활력이 보이고 아이들 몸에서는 희망이 보입니다. 등이 굽은 몸에서도 그 사람의 일생이 보이고 인격이 보입니다. 남들도 내 몸에서 나를 볼 것입니다. 진정한 나의 모습은 어쩌면 모든 옷을 벗었을 때 그게 참 나일 것입니다. 그러기에 육체의 밸런스와 인격의 밸런스를 만들어 가는 것이 우리 삶에 주어진 사명이자 평생의 프로젝트입니다. 욥은 자신의 생애에 대해 이렇게 말합니다. "넘어지는 자를 말로 붙들어 주었고 무릎이 약한 자를 강하게 하였거늘"(욥4:4). 무릎이 약한 자를 강하게 해주는 것이 교회생활입니다. 그러려면 내 무릎이 강해야 합니다. 그래야 늙도록 걸어서 교회에 나올 수가 있습니다. 두발로 걷는 무릎, 기도의 무릎, 생각의 무릎, 관점의 무릎이 강할 때 넘어진 무릎들을 세워줄 수 있습니다. 무릎에 대하여 알아보겠습니다.

1.무릎의 기능: 무릎은 다리를 구부렸을 때 돌출되는 신체 부위로 정강이와 넓적다리 사이 관절의 앞쪽 부분입니다. 무릎관절에는 인대와 근육, 힘줄들이 있어 무릎의 안정성을 유지해 줍니다. 동물척추는 휘어졌는데 인간 척추는 일직선, 직립(直立)입니다. 직립형 등뼈가 휘어지거나 망가지면 안 됩니다. 미남미녀도 등뼈가 반듯하게 서 있지 못하면 얼굴과 몸매의 밸런스가 맞지 않습니다.

제삼자가 보기에도 반듯하고 자신 스스로도 건강하게 쾌활하게 살려면 직립형 인간으로 육체의 등뼈, 척추가 휘어지지 않아야 합니다. 온 몸의 자세를 바르게 하는 최고의 역할자가 바로 무릎이요, 몸의 활성화를 위한 가장 기초적이면서도 절대적인 것이 무릎입니다. 무릎이 튼튼해야 앉고 일어서고 걷고 뛰는데 무릎이 약하면 아무 것도 못합니다. 무슨 짐을 들겠어요, 어디에 관광을 가겠어요? 건강에 문제가 생겨서 하나님께서 주신 수명대로 살지를 못합니다. 오장육부가 튼튼하고 골반과 척추가 몸 주인의 건강을 위해 애를 써도 무릎이 약해 몸을 지탱해주지 못하면 기어 다니거나 주저앉아 앉은뱅이가 됩니다. 무릎이 약하면 아래의 피가 제대로 통하지 않아 하체가 부실하게 되고 상체도 영향을 받습니다.

인간의 몸에서 유연성이 있는 부분은 목, 허리, 팔, 무릎입니다. 이것들이 경직되어 있으면 활동을 제대로 못합니다. 목을 움직이지 못하면, 허리에 디스크가 있다면 평생 제대로 걷지 못하며 무릎 관절로 고생하는 분들이 얼마나 많습니까? 이렇게 무릎은 일상생활의 생산성과 활성화를 결정합니다.

무릎은 정신건강에도 중요합니다. 걷지 못하여 몸의 건강을 잃으면 심란하고 우울증이 옵니다. 자신감이 없는 것이지요! 자신감이 없으면 자존감이 약해지고 믿음도 활력이 없습니다. 성령 충만한 믿음생활이 되지 못하고 생기가 없습니다. 웃음이 없고 마음에는 감사가 사라지게 됩니다.

그러기에 건강하게 활동하면서 예배하는 성전이 되려면 몸이 건강해야 합니다. 무릎이 약하면 믿음생활도 제대로 못합니다. 엘리베이터가 없는 예배당은 계단을 오르내리는 것이 힘들어서 부담됩니다. 무릎으로 기도하는 사람들도 무릎 관절이 아프면 오래 기도 못합니다. 그러기에 한 사람의 활력소는 신체의 어느 한 부분에 한정되어 있지 않고 몸의 모든 기관들이 제 기능을 제대로 감당해야 합니다. 무릎도 인간의 건강과 활력 면에서는 어느 신체기관에 못지않습니다. 그만큼 중요한 기관이 바로 무릎입니다.

무릎은 인생의 생애에서 내가 누구인가를 보여줍니다. 내가 누구에게 무릎을 꿇었는가, 무엇에 무릎을 꿇었는가, 어떤 상황에 무릎을 꿇었는가? 내가 누구인가를 보여줍니다. 다니엘과 세 친구들은 바벨론의 영광과 권세와 무릎을 꿇지 않았습니다. 아합과 엘리야가 대결하던 시대에 바알에게 무릎을 꿇지 않는 사람 7천 명이 있었습니다(왕상19:18).

이 사람들의 무릎은 그들이 누구인가, 신앙의 절개를 지킨 사람들이라는 것을 보여줍니다. 그러기에 육신의 무릎이든, 정신적인 무릎이든 믿음의 무릎이든, 무릎이 튼튼해야 합니다. 그래야 혼자서도 잘 살수가 있는 것입니다. 평소에 무릎 관리를 잘해야 합니다. 무릎관리를 제일로 여기며 움직이고 살아야 합니다.

2.무릎을 튼튼히 하는 비결: 무릎을 튼튼하게 해주는 최고의 비결은 걷기입니다. 많이 걸으면 무릎이 닳을 것 같은데 오히려 무릎은 어느 이상까지는 계속 사용해 주어야 합니다. 왜냐하면, 인간은 직립형이기에 원래부터 걸어 다니는 동물입니다. 현대적 교통수단이 보급되기 전까지 인류는 매일 평균 3만 보를 걸었답니다. 3만 보를 걸어야 건강미를 유지할 수 있다는 결론입니다. 지금은 하루 1만 보만 걸어도 많이 걷는다는 것을 보면 현대인들이 얼마나 걷지 않는지 알 수 있습니다. 일부 사람들은 하루에 6,000보만 걸으면 건강에 이상이 없다고 방심하며 살아가는 데 필자는 아니라고 생각합니다. 걸어다니지 않아서 고혈압과 당뇨 비만이 되는 것입니다. 많이 걸어야 허벅지와 무릎이 강해지는 것입니다.

튼튼한 무릎, 하면 낙타입니다. 사람과 무거운 짐을 태우고도 30시간을 걷습니다. 한 시간에 4km, 30시간이면 120km를 걷는 셈입니다. 서울에서 청주시청까지 140km, 대전시청까지가

166.7km그 거리를 걷습니다. 그것도 사막의 길입니다. 이런 중량을 감당하는 이런 힘이 어디에서 나옵니까? 무릎입니다. 낙타의 무릎에 특수한 기능이 더 있을까요? 사람의 무릎과 똑 같습니다. 그럼에도 튼튼한 비결은 오랜 세월을 걷는 것입니다. 걷고 또 걷고 그러면서 사막보행에 길들여지는 것입니다.

사람도 동일한 원리입니다. 건강한 사람, 장수하는 분들은 걷는 사람들입니다. 어려서부터 잘 걸었던 분들이 장수한다고 합니다. 필자도 어려서부터 새벽 일찍 일어나서 뒷동산을 앞마당과 같이 몇 시간씩 걸었습니다. 눈이 내리고 찬바람이 불어도 뒷 동산을 뛰어 다녔습니다. 특전사에서 천리행군(400km)을 13번을 걸어서 무릎이 튼튼해진 것입니다. 제대로 서 있지 못하거나 걷지 않는 사람이 장수할 수 없습니다. 조선왕조의 왕들이 진수성찬의 수라상을 받으면서도 단명(短命)한 것은 걷지 않아서입니다. 몸이 걸어주지를 않으니까 무릎이 상체의 무게를 견디어 낼 힘이 없고 나약해 진 것입니다.

하지(下肢), 다리는 제2의 심장입니다. 종아리를 말합니다. 제1심장이 온 몸 곳곳에 혈액을 공급해주고 제2의 심장 무릎은 몸의 혈액을 위로 올려 공급해줍니다. 걷기를 통해 근육이 짧아졌다 길어졌다 하면서 혈액을 공급하는데 무릎을 쓰는 걷기 활동이 줄어들면 혈액공급이 위로 올라가지 못해 손발이 약해지고 경색이 일어나 상체와 하지의 소통이 막혀버리기도 합니다. 내장들도 생기를 잃고 기분도 상하고 삶의 행복을 잃어버립니다. 그러면 생물학적인 나이가 무슨 의미가 있겠어요?

무릎 안의 초자연골에는 혈관이 없습니다. 혈관이 없는 대신에 그 안에 약간의 액체를 통해 영양공급을 받게 되는데 무릎을 폈다 구부렸다 하는 동작들을 통해서 필요한 영양을 공급받게 됩니다. 그러니 무조건 혈관이 없는 무릎연골들의 건강을 위해서는 움직여야 합니다. 사람은 걸을 때 몸의 막힌 곳이 뚫립니다. 발바닥의 신경망이 자극되어 오장육부가 반응합니다. 뇌도 활성화가 됩니다. 걸으면 우울증이 치료되고 고혈압이 좋아지고 당뇨가 개선됩니다.

하버드대학교 의과대학에서 발표한 자료에는 걷기가 심장마비를 37% 감소시키고 장(腸)에 발생하는 대장암 직장암 등의 장암(腸癌)을 50% 줄인다고 합니다. 유방암도 20%를 감소시켰다고 합니다. 그래서 '걸어야 산다.'는 말이 있지 않습니까?

일본 내과의사 나가오 가즈히로 박사는 현대인의 질병들은 대부분 걷는 양이 줄어든 데서 온다고 합니다. 걷지 않아 생기는 질병은 당뇨병, 고혈압 같은 성인병, 치매나 암처럼 생명을 위협하는 병, 역류성 식도염, 변비, 소화불량처럼 현대인에게 많이 생기는 소화기 계통의 병, 우울증, 불면증 등 심리적 질환까지 매우 다양합니다.

내과 질환만이 아닙니다. 근골격계 통증도 걷지 않으면 생기는 고약한 병입니다. 이런 통증들은 통증학과를 찾으시고 바르게 걸으면 증상이 호전될 수 있습니다. 걷기는 허벅지와 무릎을 강하게 해서 스테미너와 활력이 늘어나게 하고 몸 전체의 균형을 잡아줍니다. 걷기를 통해 배출되는 땀의 분비를 통해 몸의 노폐물이 씻겨갑니다. 모두 무릎이 주는 건강, 걷기가 주는 행복인 것입니다. 그래서 걷기는 신비입니다. 걷기는 정신건강에도 중요합니다. 걸으면 창의적이 되고 현명해집니다. 결국은 무릎이 강해져야 합니다.

걷기가 생각을 깊게 하기 때문입니다. 필자가 글을 쓰다가 막히면 산책을 합니다. 얼마정도 걸으면 머리가 맑아지고 기발한 생각과 지혜가 떠오릅니다. 아리스토텔레스학파를 '소요학파'라고 합니다. '걷는 학파'입니다. 프랑스의 계몽 사상가이며 철학자인 루소는, "걸음을 멈추면 생각이 멈춘다"고 했습니다. 그리스의 수학자로 수학의 기초를 세운 탈레스는 생각에 잠겨 걷다 우물에 빠지기도 했고 소크라테스는 걷다가 사람들을 붙잡고 대화를 나누기를 좋아했습니다. 철학자 칸트는 매일 같은 시간에 산책을 했습니다.

사람은 앉아있을 때보다 걸으면 마음이 차분해지고 생각이 정리됩니다. 정신과 환자를 치료하는데도 산책 치료 프로그램을 사용합니다. 걸을 때 뇌 속의 '행복호르몬' 세로토닌 농도가 높게 나와서 행복하게 느끼도록 해 줍니다. 걸음은 천연 항 우울제입니다. 걸으면 창의적이 되고 현명해집니다. 결국은 하체와 무릎이 강해져야 합니다. 습관적으로 걷는 것을 즐겨야 합니다.

이스라엘 백성들은 유목민입니다. 유목민은 정착민과는 다릅니다. 계속 이동하고 계속 걸어 다닙니다. 아브라함은 헷족속에게 사라를 장사할 막벨라 굴을 구입하려 할 때 "나는 당신들 중에 나그네요"(창23:4)라고 자기 정체성을 밝힙니다. 나그네는 걷는 사람입니다. 결국 이스라엘 백성은 걷는 사람들이라는 말입니다. 누구와 걷는가? 여호와하나님과 걷는 사람들입니다. 무엇을 생각하며 걷는가? 하나님, 돌아갈 본향, 가나안, 영생, 천국을 생각하면서 걷는 사람들입니다. 그래서 구약성경에는 무릎으로 성공과 실패, 행복과 불행을 가름하는 내용들이 많습니다.

우리 하체와 무릎이 건강한가, 살펴야 합니다. 겸손히 무릎을 꿇고 있습니까? 기도하는 무릎입니까? 산책하고 달려가는 무릎입니까? 떨리는 무릎, 약한 무릎이 아닙니까? 무릎에 힘을 얻기 위해 걸어야 합니다. 부단 없이 주님과 함께 걸어야 합니다. 믿음으로 걸어야 합니다. 교회에서 봉사하고 활동해야 합니다. 성도는 걸어 다니는 성전입니다. 그래야 우리 믿음이 쳐지지 않고 삽니다.

손을 움직여야 합니다. 급격한 고령화를 겪는 우리 사회에는 치매치료법, 치매예방법 조차 없다고 합니다. 전문가들은 치매에 걸리면 어떤 치유법도 효과적이지 않기 때문에 치매예방이 중요하다고 말하고 있습니다. 치매가족협회에서 권고하는 치매예방과 치매증상을 완화하기 위한 생활 습관을 알아봅니다. 간단하게 손을 움직이라는 것입니다.

1.평소 사용하지 않은 손을 사용하라. 이빨을 닦거나 바느질을 할 때 왼손을 사용해봅니다. 컴퓨커 마우스도 평소 사용하는 방향과 반대쪽에 놓고 사용합니다. 한 손으로 단추를 잠급니다.

2.수신호를 만들어라. 손가락을 이용한 그림자놀이, 수화를 배우는 것은 뇌의 운동, 시각 능력을 활성화하는데 도움이 된다고 합니다. 손을 움직이면 뇌의 건간에 좋다는 것입니다.

3.눈을 감은 채 익숙한 일을 하라. 예를 들면 눈을 감고 손가락의 감각만으로 동전을 분류하는 동작은 뇌를 자극해 줍니다.

4.퍼즐 놀이를 하라. 십자말풀이는 어휘능력을 유지하게 할 뿐 아니라 공간 지각력을 키우는 데도 좋습니다.

5.산책을 즐겨라. 노인 가운데 규칙적으로 걷기를 하는 사람들 중에서는 계획, 스케줄 짜기, 업무 조정 등의 행정적 기능이 비약적으로 증가하는 것을 보고하는 사례가 있습니다. 역도와 같은 근력강화 운동과 에어로빅과 같은 유산소운동을 결합한 운동프로그램은 인지기능을 크게 향상시킨다는 연구도 있습니다.

6.손을 바쁘게 움직이자. 손은 가장 효율적으로 뇌를 자극할 수 있는 장치입니다. 손놀림이 많은 동작이나 놀이를 자주 하는게 좋습니다. 늙도록 자원하여 설거지를 하는 것도 좋습니다.

7.머리를 쓰자. 두뇌가 활발히 움직이도록 기억하고 배우는 습관을 가져야 합니다. 퍼즐맞추기나 장기를 두는 것도 좋습니다.

8.담배는 당신의 뇌도 태운다. 흡연은 만병의 근원으로 뇌 건강에 해로우며 담배를 피우면 치매에 걸릴 위험이 안 피우는 경우보다 상당히 높습니다.

9.과도한 음주는 당신의 뇌를 삼킨다. 과도한 음주는 뇌세포를 파괴시켜 기억력을 감퇴시키고, 치매의 원인인 고혈압, 당뇨병 등의 발생 위험을 높입니다.

10.건강한 식습관이 건강한 뇌를 만든다. 짜고 매운 음식은 치매의 원인이 되는 고혈압, 당뇨병등의 발생 위험을 높입니다. 현대인들의 입맛은 짜고 매운 음식에 길들여져 있어 조금 싱겁게 먹는 습관을 갖도록 합니다.

11.몸을 움직여야 뇌도 건강하다. 적절한 운동은 신체적, 정신

적 건강에 좋은 치매예방법입니다. 적절한 운동은 치매의 원인이 되는 고혈압, 당뇨병, 고지혈증 등을 예방하고 증상을 호전시킵니다. 뇌를 건강하게 산책을 많이 하는 습관은 참으로 좋습니다.

12.사람들과 만나고 어울리자. 우울증이 있으면 치매에 걸릴 위험이 매우 높아집니다. 봉사활동이나 취미활동 등에 적극적으로 참여하고, 혼자 있지 말고 사람들과 어울려 우울증과 외로움을 피해야 합니다.

뇌의 건강을 위하여 몸은 움직이려면 산책을 해야 합니다. 산책은 우리에게 명상적인 효과를 제공합니다. 산책을 하면서 자연과 함께 하며 심호흡을 하고 몸과 마음을 편안하게 만듭니다. 이로 인해 집중력이 향상되며 불안감도 줄어들어 안정감을 느끼게 됩니다. 또한 산책을 하면서 운동을 하므로, 신체적 건강 또한 증진됩니다. 집중력과 안정감이 중요한 현대인들에게 산책은 좋은 선택일 것입니다. 체력이 있어야 산책도 합니다. 때때로 보약도 먹어서 체력을 유지해야 합니다. 치매는 기력이 약해도 심해지기 때문입니다. 잘 먹어야 체력이 강해지고 면역력도 좋아집니다.

사람들은 자신의 머릿속에 항상 생각이 많이 돌아다니면서 많은 일들에 대해 고민하곤 합니다. 하지만 이러한 생각들은 종종 스트레스와 불안감을 유발하고 일상생활에서 많은 영향을 끼칠 수 있습니다. 그렇기 때문에 생각에서 벗어나면서 산책을 즐기는 것은 매우 중요합니다. 산책은 자연과 함께하는 시간입니다. 심호흡을 하며 가볍게 걸어보면 마음도 한결 가벼워지고, 자연 속에서 여러 가지 색다른 느낌들을 느낄 수 있습니다.

가벼운 운동도 산책 중 적당히 동선을 설정하여 할 수 있습니다. 이러한 운동은 노년에도 건강을 유지하는 데에 좋기 때문에, 산책은 자기 자신을 돌보는 중요한 자가 격리 취미이면서도 건강 측면에서도 매우 좋습니다. 또한 산책 도중 다양한 일상을 경험할 수 있고, 이러한 경험들은 새로운 아이디어나 인사이트를 얻는 데에도 도움이 됩니다.

생각에서 벗어나면서 산책을 즐기는 것은 매우 중요하며, 이를 통해 자신의 건강을 관리하고, 이전에 느끼지 못했던 다양한 경험들을 살아갈 수 있습니다. 걷는 동안 명상처럼 자신감을 되찾을 수 있는 방법은 먼저 호흡에 집중하는 것입니다. 외부의 간섭을 배제하고, 내부의 숨을 깊게 들이마셔 본인만의 리듬을 찾아가세요. 깊은숨을 들이마실 때마다 긍정적인 생각만을 내면서 자신에게 긍정적인 태도를 강조하는 것도 좋은 방법입니다.

보행하는 동안 시선을 땅에 고정하는 대신, 주변의 아름다움에 집중하며 자유로운 마음으로 걷기를 추천합니다. 또한, 스스로가 가진 잠재력과 능력을 믿는 것도 중요합니다. 그리고 감사한 마음으로 일상의 작은 것들에 대한 감사를 표현하는 것도 좋습니다. 이처럼, 자신에게 긍정적인 태도를 강화하며 자신감을 되찾을 수 있습니다. 많은 사람들은 너무 긴장되어 노골적인 명상을 하는 것이 힘들 수 있습니다. 그러나 다행히도 당신의 마음을 가다듬기 위한 다른 방법이 있습니다. 산책은 이런 경우에 좋은 방법입니다. 공원이나 자연 속으로 산책하면서 자연을 관찰하거나 관심 있는 것을 생각해 볼 수 있습니다. 이것은 마음에 안정을 가져다주며 일상에서 일어나는 스트레스를 줄일 수 있습니다.

또한 산책 중에 심호흡 기법을 사용하는 것이 좋습니다. 천천히 숨을 들이고 몸 안으로 공기를 흡수한 다음, 천천히 내쉬면서 불필요한 스트레스와 마음의 소음을 떨쳐낼 수 있습니다. 이러한 산책은 명상과 유사한 효과를 가져옵니다. 때로는 지면을 모으고 예술적 활동, 음악 감상 또는 인형 제작과 같이 창의적인 일을 하는 것도 마음의 안정성을 증가시키는 방법입니다. 이러한 방법을 통해, 우리는 그린 자연 속에서 내적 평화와 즐거움을 찾을 수 있다는 것을 알아두면 좋습니다. 최근 연구에서는 산책이 인간의 집중력과 안정감에 긍정적인 영향을 미친다는 것이 밝혀졌습니다. 산책은 뇌 내의 활동을 증가시키고, 세로토닌을 생성하고 불안과 스트레스를 완화시키는데 효과적입니다. 또한 자연 속에서 산책을 하면 인간은 자연적인 자극을 받아 더욱 집중력을 발휘할 수 있어서 학업이나 업무에서의 성과가 높아진다는 연구 결과도 있습니다.

게다가 산책은 운동량이 많지 않아도 쉽게 실천할 수 있는 것이 장점이며, 일상생활에 자주 접목하기 쉽다는 점도 이점입니다. 따라서 적극적인 건강 습관으로서 산책을 추천하며, 이를 통해서 삶의 질을 높일 수 있다는 사실을 다시 한 번 강조하고자 합니다.

늙어서 혼자서도 잘 살아가려면 산책을 즐기시기를 바랍니다. 손과 발 온몸을 움직이는 습관이 중요합니다. 일상생활을 독립적으로 수행하면서 혼자로도 잘 살아가려면 습관이 중요하기 때문입니다. 먼저 손과 발 온몸을 움직이는 습관부터 기르시기를 바랍니다.

23장 습관적으로 독립하려고 노력하라.

(수 1:9)"내가 네게 명령한 것이 아니냐 강하고 담대하라 두려워하지 말며 놀라지 말라 네가 어디로 가든지 네 하나님 여호와가 너와 함께 하느니라 하시니라."

혼자서도 잘 살아가려면 독립심이 중요합니다. 독립심이 없으면 혼자서 살아갈 수가 없습니다. 독립심은 하루아침에 길러지는 것이 아닙니다. 필자의 경우는 어려서부터 독립심을 길렀다고 생각을 합니다. 어려서부터 아버지가 병중에 계셔서 의지할 대상이 아니었습니다. 필자는 장남입니다. 그래서 아버님이 중병에 걸려서 초등학교 3학년 때부터 아버지 병수발을 했습니다. 지긋지긋하게 가난하여 밥을 굶는 것을 먹는 것과 같이 살았습니다.

지금 생각하면 왜 산골인 외가 옆에 집을 지어 살았는지 이해가 되지 않습니다. 도시에서 터를 잡았더라면 필자가 여러 일을 해서라도 그렇게 굶으면서 살지는 않았을 것입니다. 필자의 어머니는 부자 집 큰딸이라 돈을 쓸 줄만 알았지 벌 줄을 모르는 분이었습니다. 필자가 자연스럽게 집안의 모든 잔심부름을 하면서 자랐습니다. 면사무소에 구호양곡을 타러 다니고, 보건소에서 주는 약을 타러 ○○이라는 곳에서 삼례까지 20km를 갔습니다. 차비도 주지 않고 갔다가 오라고 하니, 그냥 순종하고 공차를 타고 갔습니다.

한번은 공차를 타고 오다가 차장에게 걸려서 중간 역전에서 내려서 역원에게 벌을 받고 청소를 해주고 풀려나서 기차가 없어서 집까지 50리(20KM)를 걸어서 밤 11시가 넘어서 집에 왔습니다. 아버지가 저를 붙들고 미안하다고 하시면서 우셨습니다. 필자는 아버지를 원망하지 않고 괜찮다고 위로해 드렸습니다. 필자는 이렇게 어렸을 때부터 독립훈련을 많이 받았습니다. 아버지가 돌아가시고 17살에 가장이 되었습니다. 학교를 다니면서 틈틈이 일해서 식구들을 먹여 살려야 했습니다. 지금 와서 생각하니 하나님께서 어려서부터 "스스로 있는 자" 즉, 독립하는 훈련을 시키셨다는 것입니다. 그래서 지금 독립하며 잘 지내고 있는 것입니다. 독립심은 어려서부터 길러야 한다는 것입니다. 시간이 흐름에 따라 아이들은 무엇인가를 스스로 해결하고자 하는 독립심을 갖게 됩니다.

그런데 부모의 통제적인 양육 방식은 아이들의 독립심 향상에 장애물이 되며, 처음에는 스스로 하려고 시도하던 아이들도 점차 부모가 대신 해주는 것에 익숙해질 수 있습니다. 그리고 이런 아이들은 성인이 되어서도 독립심이 부족하고 부모에게 의존적일 가능성이 큽니다. 의존성있는 자녀가 되지않게 지금부터 올바른 초등교육으로 아이들이 독립심을 기를 수 있도록 도움을 줘야 합니다.

날로 심해지는 경쟁사회에서 리더십 있는 사람이 되려면 독립심이 필요합니다. 독립심이 부족하면 새로운 상황을 만났을 때 스스로 결정하고 대처하기보다는 누군가에게 의지하려 하고, 결국 경쟁사회에서 뒤떨어질 수밖에 없기 때문입니다. 21세기의 주인공으로 키워주는 독립심, 어떻게 하면 우리 아이에게 심어줄 수 있을까요? 독립심을 없애는 원인은 과잉보호입니다. 아이들은 자라면서 끊임없이 선택의 상황에 직면합니다. 이 장난감을 갖고 놀까,

저 장난감을 갖고 놀까 하는 작은 선택부터 때로는 인생이 걸린 중요한 선택까지 크고 작은 수많은 선택들이 우리를 따라다닙니다.

따라서 적절한 때에 얼마나 바람직한 선택을 하느냐는 곧 인생의 성패를 좌우하는 열쇠가 됩니다. 그러기에 새로운 상황에도 당황하지 않고 스스로 지혜롭게 선택하고 대처하는 힘을 기르는 것은 매우 중요합니다.

독립심을 키우는 것은 누군가에게 의존하지 않고 스스로 생각해 결정하는 힘을 기르는 것입니다. 독립심이 부족하면 스스로 문제를 해결하려 하기 보다는 자신의 문제를 대신 해결해줄 사람을 찾거나 문제를 피해 도망치려고 하기 쉽습니다. 그러다보면 인간관계에서 소극적이고, 자신감도 떨어지게 됩니다. 의존성이 지나친 경우 의존성 성격장애가 되기도 합니다.

요즘은 자녀를 하나 또는 둘만 낳는 가정이 늘다 보니 과잉보호 경향이 많아지고 있습니다. 이는 독립심을 줄이는 중요한 원인입니다. 사회교육에 중점을 두기보다는 "공부만 잘하면 나머지는 엄마가 다 알아서 해줄게"라는 성적 위주의 자세도 마찬가지입니다.

그런데 아이가 자라 어른이 되면 자신의 삶은 아무도 대신해주지 않는 것입니다. 경쟁사회에서 리더십 있는 사람이 되려면 먼저 자신부터 챙길 줄 아는 것이 우선되어야 합니다. 즉 21세기의 성공요인은 바로 독립심이라는 것입니다. 그렇다면 독립심을 키우기 위해서는 어떤 습관을 들여야 할까요.

1. 단답으로 대답할 수 있는 질문은 피한다. 질문을 하되 네! 아

니오로 대답하게 하는 단답형의 질문은 피해야 합니다. 왜 그런 대답을 했는지, 이럴 때는 어떻게 하면 좋은지 자신의 의견을 말하게 합니다. 즉 왜 그렇게 했는지 생각하게 하는 것입니다. 자신이 그렇게 한 것을 생각할 때 자신도 모르게 문장력도 길러집니다. 독립적 수행능력도 길러지는 것입니다. 수학을 학습할 때도 답만을 말하게 하기 보다는 왜 그런 답이 나왔는지 물어봅니다. 사고력을 키워주고, 자신의 의견을 말하는 훈련을 시켜주어 스스로 생각하고, 선택하고, 결정하는 힘을 기를 수 있게 도와줍니다.

2.반드시 일을 하면 대가를 지불한다. 어려서부터 일을 해야 필요한 돈이 생긴다는 것을 습관화하라는 것입니다. 어려서부터 필요한 돈을 가지려면 일을 해야 한다는 것을 심어주는 것입니다. 그냥 용돈을 주지 말고 어떤 일을 하게한 다음에 용돈을 주는 것입니다. 그릇과 수저 놓기, 아빠 구두 닦기, 장난감 정리, 심부름 등 간단한 일거리를 줍니다. 그리고 잘 해냈을 때는 구체적으로 칭찬해 줍니다. 일을 마쳤을 때는 용돈 등 작은 대가를 지불하는 것도 아이의 하고자 하는 욕구를 북돋워주는 면에서 좋을 것입니다. 성취감을 느낄 수 있고, 자신이 맡은 일을 하면서 책임감과 독립심도 기를 수 있습니다. 아이가 일을 하니까 내가 쓸 수 있는 용돈이 생기는 구나 하고 어려서부터 행동하게 되는 것입니다. 점점 자라면서 돈이 필요하면 일을 해야 하는 구나하고 행동하게 됩니다.

3. 자녀가 혼자 할 수 있다고 믿어야 한다. 독립심을 키우기 위

해서는 우선 아이를 믿어주는 부모의 자세가 먼저 필요합니다. 주변에 보면 19-20세가 되었는데도 혼자 어디를 보내는 것을 두려워하는 부모님들이 계십니다. 필자는 18살부터 혼자 살아 오는 습관을 길렀습니다. 부모가 아이를 믿어야 아이가 스스로 일을 할 때 맡길 수가 있는 것입니다. 아이를 믿지 못하는데 어찌 아이의 독립심을 길러줄 수가 있겠습니까? 자기 방 정리, 숙제 등 조금은 서툴러도 아이에게 맡겨진 일은 잘 해낼 수 있다고 믿어준다면 아이는 신이 나서 더욱 열심히 하려들 것입니다. 처음에는 약간 서툴러도 점점 좋아질 것입니다. 하지만 아이를 보며 불안해한다면 엄마 스스로 대신해주거나 간섭하게 되어 아이의 독립심을 없애는 결과를 초래하게 됩니다. 독립심은 어려서부터 부모가 어떻게 대했는가에 따라서 아이가 독립적이 되느냐 의존적이 되느냐가 결정되는 것입니다.

4.보상을 바라고 일하지 않게 한다. 보상을 받으려고 일을 하게 하지 말라는 것입니다. 보상이 없으면 일을 하지 않는 다로 습관이 될 수가 있기 때문입니다. 무조건적으로 보상하는 것은 오히려 아이의 버릇을 나쁘게 만듭니다. 맡은 일을 해냈을 때 칭찬으로 상을 주는 것이 처음에는 하고자 하는 동기를 유발시키는 데 도움이 될 것입니다. 하지만 어느 정도 아이가 그 일을 소화하는 데 불편이 없고, 습관이 됐다 싶으면 더 이상의 상을 주는 것은 피합니다. 상을 받기 위해 일시적으로 행동하는 버릇이 들 수 있기 때문입니다. 또한 상을 줄 때는 구체적으로 이유를 밝히고 주는 것입니다. 독립

심은 아이가 스스로 일을 찾아서 하는 습관이 중요합니다. 스스로 찾아서 일을 하는 습관이 되어야 공동체에서 살아남을 수가 있기 때문입니다. 필자는 공직생활도 해보았고, 성도들의 목회도 하는 데 스스로 일을 처리하는 습관이 되지 못하면 가족이 힘듭니다.

5. 일관성 있게, 경고는 한 번만하라. 어떤 날은 엄마가 아이의 준비물을 챙겨주고, 어떤 날은 아이에게 준비물을 스스로 챙기지 않는다며 화를 내는 등 일관성 있지 못한 행동은 아이에게 기준을 모호하게 만들고 독립심을 없애는 결과를 가져옵니다. 또한 "아직도 안 했어. 안 하면 혼난다."라며 두 번, 세 번 경고만을 거듭하는 것도 마찬가지입니다. 이렇게 되면 경고하지 않으면 스스로 하지 않는 습관이 생기기 때문입니다. "내가 하지 않아도 결국은 엄마가 다 하실 거야"라는 그릇된 생각을 심어줄 수도 있기 때문입니다.

스스로 챙기는 습관이 되어야 독립심이 개발되는 것입니다. 아이가 스스로 할 수 있다는 것을 믿는 것이 중요합니다. 스스로 챙기지 않았다면 할 때까지 기다리는 것도 좋습니다. 설령 학교가 늦더라도 다급해 하지 말고 스스로 챙길 때까지 기다리는 것입니다.

6. 자녀에게 불안감을 심어주지 않는다. 아이가 어떤 일을 할 때 부모가 불안하게 생각하면 아이가 독립적으로 그 일을 하지 못하게 되는 것입니다. 조금 서툴고 위험하더라도 잠잠하게 곁에서 기다려보는 자세가 아이의 독립심을 기르는 첩경입니다. 아이에게 불안하게 하면 본능적으로 아이들은 의존성과 독립성을 동시에 지

니게 됩니다. 엄마 곁을 떠나 혼자서 놀다가도 다시 엄마 곁으로 돌아오는 모습에서도 알 수 있습니다. 엄마가 자신을 보호해주지 않더라도 스스로 할 수 있다는 믿음이 있을 때 두려움 없이 스스로 바깥세상을 탐색할 수 있다는 것입니다.

따라서 엄마는 독립심을 강조하기 전에 부모와의 애착관계를 단절하는 일에 힘을 기울여야 합니다. 혼자 스스로 해내려는 의지를 길러야 세상에서 스스로 독립하며 살아갈 수가 있는 것입니다. 만 5세 때까지가 중요한 시기입니다. 필자는 3세에 외가 집에 가서 지내면서 그때부터 혼자 스스로 살아가는 독립심을 길렀습니다. 만약 애착관계가 제대로 단절되지 않으면 아이들은 불안감에 부모에게 의존하려는 경향이 커질 것입니다. 무조건 아이를 감싸 치마폭에 두라는 것이 아닙니다. 아이들이 무언가를 혼자서 해보려고 한다면 그 기회를 살려 독립성을 심어줄 수 있는 계기로 삼는 지혜가 필요할 것입니다. 독립심은 3-5세에 길러지는 것입니다.

7. 가족 회의하며 의견을 말하게 하라. 자신의 의견을 말하고 결정하는 것도 훈련이 필요입니다. 한 달에 한 번이나 기념일, 명절 등 행사 전에 가족회의를 열어 집안의 대소사를 아이와 함께 결정해보는 것도 좋습니다. 가족의 결속력도 다질 수 있고, 의견을 말하고, 결정하는 힘도 자연스럽게 기를 수 있는 기회가 될 것입니다. 아이는 자신의 의견이 존중된다는 생각에 더욱 열심히 생각하고 수행하려고 할 것입니다. 자신이 의견을 제시했으니 스스로 책임감을 가지고 수행하려고 할 것입니다.

8.혼자 여행하는 기회를 준다. 혼자 여행을 하다보면 낯선 장소와 사람 등 새로운 상황에 놓일 때가 많습니다. 따라서 아이들은 자연스럽게 그때그때 상황에 직면하며 적절하게 대처할 수 있는 힘을 기르게 됩니다. 자신의 힘으로 문제를 해결하고, 자신의 결정에 책임지는 법을 배울 수 있는 소중한 기회가 된다는 것입니다. 여행이라고 해서 거창할 필요는 없습니다. 버스로 몇 정거장 건너 있는 할머니네 다녀오기와 같이 간단한 것에서 기차여행까지 단계적으로 준비합니다. 어떤 캠프를 이용하는 것도 한 방법입니다.

필자도 어려서 아버지 심부름으로 먼 곳(20-30km)까지 기타를 타고 가서 아버지가 해오라는 것을 하면서 많은 독립심이 길러진 것 같습니다. 혼자 할 때 난관을 극복하려는 지혜와 의지가 생김으로 자동적으로 독립심이 길러졌습니다.

9.옆집 도래와 비교하지 않아야 한다. 아이가 조금 서툴다고 해서 "넌 그것도 못하니. 옆집 '영식'이는 너보다 어린데도 잘하잖아"라며 남과 비교하는 것은 참으로 문제가 있는 것입니다. 필자는 치유를 전문으로 하는 목사입니다. 어려서 오빠하고 비교를 당했다든지, 동생과 비교를 당했다든지 하는 상처는 평생 남아있고 어른이 되어도 의존성에서 벗어나지 못하는 경우가 많습니다. 자신감을 잃게 되어 아이는 점점 스스로 시도해 보려 하지 않을 수도 있기 때문입니다. 또한 무언가를 하면서도 엄마에게 혼나지 않을까 눈치를 볼 수도 있습니다. 어른이 되어도 주변에 권위자 눈치를 보면서 스스로 일을 처리하지 못하는 의존성이 강한 사람이 될 수

가 있습니다. 특히 위험한 것은 이렇게 비교를 당하면서 자란 사람들이 정신질환에 걸려서 고생할 확률이 높다는 것입니다. 참으로 주의해야 할 것이 다른 아이와 비교하는 것입니다.

10. 또래들과 함께 놀 수 있는 기회를 만들어 주 는 것이 좋다. 아이가 다칠까봐 또래와 노는 것을 두려워한다든지, 또는 엄마의 게으름 때문에 두문불출하면서, 또래 아이들과 놀 수 있는 기회를 없애는 것은 아닌지 생각해 보아야 합니다. 아이들은 또래와 놀면서 자신의 존재감을 높이고 자신이 결정하고, 더불어 지내는 법을 배우게 됩니다. 자기에게 부여된 일은 스스로 하는 능력이 길러집니다. 만일 아이가 엄마 곁을 떠나지 않으려 한다면 처음에는 놀이에 엄마도 함께 참여하는 것입니다. 그런 다음 아이가 익숙해지면 점차 엄마의 비중을 줄여 아이 혼자서 참여할 수 있게 합니다.

11.돈을 벌어야 산다는 의식을 길러야 한다. 어른이 되어도 돈을 쓸줄은 아는데 벌줄은 모르는 분들이 있습니다. 어려서부터 돈버는 습관이 되지 않았기 때문입니다. 아이가 할 수 있는 일을 생각하여 일을 수행했을 때 보상을 해주는 것도 좋은 것입니다. 아이의 능력에 부치는 것이 아니고 할 수 있는 일을 정하는 것이 좋습니다. 오히려 힘든 일을 시켜서 역작용이 나타날 수가 있기 때문입니다. 일을 시키기 전에 아이와 상의해 할 일과 그에 대한 보상을 정하는 것입니다. 동생 돌보기, 신문 정리, 밥상 차리기 등 언제, 무엇을, 얼마동안 할 것인지 구체적으로 정합니다. 보상방법도 동생

을 2시간 돌보는 것을 마무리 지었을 때 얼마 등으로 자세하게 정합니다. 이때 자신이 번 용돈은 스스로 사용할 수 있는 권한을 주는 것도 좋을 것입니다. 어려서부터 경제 감각을 익히도록 도와주고, 독립심도 키워줍니다.

12.스스로 할 수 있는 환경을 만들어준다. 아이에게 일을 시켜놓고 믿지 못하여 안절부절못하지 말고 좀 느리더라도 기다리는 자세가 중요합니다. 또 왜 이렇게 더디냐며 발을 동동 구르지 말고 외출하기 전에는 시간을 넉넉히 두어 아이 혼자서도 옷 입기를 할 수 있도록 배려하고, 장난감 정리가 보다 쉽도록 박스를 분류해서 준비하는 등 아이가 스스로 할 수 있는 환경을 만들어주는 것이 좋습니다. 아이는 늦더라도 자신이 스스로 했을 때 긍지와 자부심을 느껴서 점점 더 잘할 수 있는 독립심이 있는 아이로 성장합니다.

13.인내심을 키워준다. 무엇보다도 인내심이 중요합니다. 세상만사가 그리 쉽게 되는 일이 없습니다. 인내하고 기다리는 자세가 중요한 것입니다. 아이의 독립심은 절대로 부모에 의해서 발전되고, 퇴보되는 것입니다. 아이가 의존적이 되는 것은 전적으로 부모의 영향이 큰 것입니다. 독립적이지 못하다고 나무랄 것이 아니고 부모가 아이를 어떻게 대했는가! 성찰해 보아야 할 것입니다.

부모가 아이가 조금 하다 잘되지 않는다고 해서 짜증을 내고 금세 포기한다면 독립심은 제대로 키워지지 않을 것입니다. 절대로 포기하지 말고 할 때까지 기다리는 것이 중요합니다. 다른 면서 아이가 아무리 떼를 써도 안 된다고 한 것은 안 된다며 일관성 있게 분명한 태도를 보여주는 것이 좋습니다. 그리고 끝까지 할 수 있다며 격려해주는 것이 좋습니다. 마무리했을 경우 칭찬해주어 성취감을 느낄 수 있도록 합니다.

결론적으로 독립심은 하나님께서 함께하신다는 믿음이 강할 때 길러지는 것입니다. 어려움을 당하면 "나 혼자"라는 생각할 때가 종종 있을 것입니다. 그럴 때는 외롭고 쓸쓸하고 두렵다는 의미입니다. 더구나 혼자서 험한 세파를 헤쳐 나간다고 생각하면 더 두려워 포기하고 싶은 충동도 느끼게 됩니다. 친구나 이웃이나 가족이 주변에 있다면 그나마 좀 나은 편이지만, 시대가 각박하고 그들도 힘든 세월을 살고 있으니 크게 기대할 바는 못 됩니다.

그러나 하나님의 말씀을 기억합시다. "내가 너와 함께할 것이다." 혹시 사람은 내 주변에 없어도. 거룩하시고 전능하시고 사랑의 하나님께서 나와 함께하신다면 됩니다. 감사하고 감격할 뿐입니다. 내가 먼저 하나님을 멀리하지만 않는다면. 하나님은 절대로 먼저 우리를 외면하거나 떠나시지 않습니다.

혹시 내가 잘 못하거나 실수하여 잠시 하나님을 떠났다 해도, 인내하시면서 회개하도록 인도하실지언정 버리지는 않으시고 함께하시는 하나님입니다. 국가도 군대도 개인도 가정도 어디에든지 하나님께서 함께하실 때 강하고 담대하며 평안이 있습니다. 예수님을 믿는 당신은 어떤 경우에도 혼자가 아닙니다. 하나님께서 모든 것 아시며 관리 하시며 함께하십니다. 그러므로 외로워하지도 말고 불안해하지도 마세요! 세상이 나를 버려도 하나님만 함께 하신다면 합력하여 선을 이루십니다.

24장 복식 호흡 기도해야 혼자서도 잘산다.

(요20:22)"이 말씀을 하시고 그들을 향하사 숨을 내쉬며 이르시되 성령을 받으라"

복식호흡 기도를 하면서 마음과 정신을 관리해야 혼자서도 잘 살수가 있습니다. 사람의 생명은 호흡에 있습니다. 하나님께서는 흙으로 사람을 지으시고, 그 코에 생기를 불어 넣으셨습니다(창 2:7). 그것이 호흡입니다. 호흡이 있기 전까지 사람은 생명이 없었으나 호흡이 시작되면서 사람은 생명을 얻게 되었습니다. 호흡이 풍성한 사람은 생명이 풍성한 것이며, 호흡이 약하고 위축된 사람은 생명이 연약한 것입니다. 그러므로 사람이 살기 위해서는 음식과 물을 잘 먹고 마셔야 하지만, 이에 못지않게 호흡을 잘 하여야 하는 것입니다. 호흡을 잘 들여 마시는 것이 생명의 풍성함을 줍니다. 혼자서도 잘 살아가려면 호흡이 중요합니다.

하나님께서 호흡을 하며 사람을 창조하실 때 복식호흡을 하도록 창조하셨습니다. 복식호흡이란 복근을 이용해 횡격막을 움직여 호흡하는 방법입니다. 흔히 배를 이용해서 호흡하는 것으로 알려져 있습니다. 당연히 가슴과 어깨로는 숨을 쉴 수 없습니다. 호흡량이 커지고 공기를 빨아들이는 힘이 강해지는 장점이 있기에 성악가 혹은 가수, 운동선수, 관악기 연주자 그리고 성우나 아나운서 등이 되려면 기본적으로 마스터해야 하는 호흡법입니다.

사실 별도의 호흡법이라기보다는 인체가 자연스럽게 배로 호흡하는 가장 일차적인 방법입니다. 사람은 심리적으로, 신체적으로 안정된 상태에서는 자연스럽게 복식호흡을 합니다. 그러나 잘못된 자세나 심리적으로 위축되어 있는 상태가 지속되면 호흡에 관여하는 복부코어도 긴장하게 되고, 복부코어가 긴장되면 복식호흡이 여의치 않게 되어 자연스럽게 부속(목이나 가슴)호흡근이 개입되는 호흡으로 넘어가게 됩니다. 현대사회의 일반인들은 항상 여러 가지 스트레스에 노출되어 있기 때문에 복식호흡을 되찾기 어려울 수 있습니다. 편안하게 다리를 어깨넓이로 벌린 상태로 등을 대고 눕거나, 두 발을 어깨넓이로 자연스럽게 벌리고 서 있는 상태에서, 어딘가를 "작동"시켜 숨을 쉬는 느낌이 아닌, 신체가 기분 좋게 이완된 상태에서 전체 복부근육이 자연스럽게 이완되면서 부풀고, 또 굳이 힘주어서 수축시키지 않아도 호흡중추의 자연스러운 작용에 의해 자동적으로 복부가 수축되는 느낌을 찾아보면 자연스럽게 복식호흡이 유도될 수 있습니다.

크리스천의 복식호흡은 단순한 공기, 산소의 마심이 아니고, 성령을, 생명을 마시는 것입니다. 복식호흡 기도를 하려면 반드시 성령의 세례를 받아야 합니다. 성령으로 충만한 가운데 발성으로 기도하여 영의 통로가 뚫려야 합니다. 영의 통로가 뚫리지 않은 성도가 호흡으로 기도하면 악한 기운의 영향으로 영이 막힐 수도 있습니다. 우리가 바르게 알아야 할 것은 기도는 영의 활동입니다. 고로 기도는 성령으로 해야 합니다. 많은 분들이 기도하면 무조건 성령이 충만해지는 것으로 알고 있습니다. 이는 한번 잘 생각해 보아야 합니다. 세상 사람들도 기도합니다. 세상 사람들이 기도할 때 누가 들어옵니까? 성도의 기도가 세상 사람들과 같은 기도를 한다면 어떤 영이 침입을 하겠습니까? 예수님을 부르면서 기도합시다.

1. 복식 호흡하며 기도하는 원리. 숨 호흡은 기도입니다. 복식호흡은 기도입니다. 죄를 토하고 의를 받아들인다는 의미에서 기도는 숨입니다. 숨은 생명입니다(창2:7). 히브리말로 "영"을 의미하는 루아흐는 바람, 기운, 숨을 말합니다. 예전에 성령님을 거룩한 숨님이라고 번역한 곳도 있습니다. 숨은 영의 공급과 영을 내쉬는 것입니다. "숨을 내쉬며 가라사대 성령을 받으라(요20:19-23)." 숨은 주님을 들여 마십니다. "나 여호와가 말하노라 사람이 내게 보이지 아니하려고 누가 자기를 은밀한 곳에 숨길 수 있겠느냐 나 여호와가 말하노라 나는 천지에 충만하지 아니하냐(렘 23:24)." 내쉬는 숨은 주님의 권능(기름부음)이 흘러나옵니다. 영적인 숨을 하면서 살아갑시다. 영적인 숨이 복식호흡입니다.

숨은 자연적 숨(생명을 연장하는 숨)과 영적인 숨 두 종류가 있습니다. 영적인 숨이란 예수 믿고 성령의 세례를 받고 성령의 인도를 받으면서 복식호흡하는 것을 말합니다. 숨과 생명의 충만은 같습니다. 강한 숨은 생명의 충만 입니다. 마시는 숨과 내보내는 숨을 합시다. 들숨은 영적 충전입니다. 날숨은 영과 신체 정화입니다. 믿음을 가지고 해야 합니다. 물은 혈액과 같은 역할을 합니다.

물은 구름, 바람이 움직이듯이 숨이 혈액의 흐름 움직여줍니다. 숨은 강하고 깊어야 합니다. 자신의 성품을 바꾸게 될 것입니다.

이단들이 영은 보이지 않다고 하면서 자신에게 예수님의 영이 임재 했다고 신도들을 속입니다. 그것은 시뻘건 거짓말입니다. 성령님이 사람을 통과하면 보입니다. 예수님이 얼굴에 나타납니다. 언행으로 나타납니다. 행동으로 나타납니다. 열매로 나타납니다. 숨으로 기도하면 내면이 강화되면 자신에게서 보이는 형상으로 나타난다는 것입니다. 얼굴을 보면 알 수가 있는 것입니다. 그러므로 성도들은 성령의 역사와 귀신의 역사를 분별하는 분별력을 길어야 합니다. 숨은 내면을 강하게 하는데 참으로 중요합니다.

약한 숨은 문제가 있습니다. 심 패 기능이 약하기 때문에 숨이 약한 것입니다. 숨은 에너지이며 생기이며 기운입니다. 숨이 약한 사람은 원수 마귀 귀신의 노예 생활에 가까워집니다. 비난 충격과 꾸지람 듣고 야단을 맞게 되면 숨이 약해집니다. 숨과 기운은 이렇습니다. 숨을 쉬는 힘은 그 사람의 생명력입니다. 풍선을 많이 불면 힘이 빠지고 어지러워집니다. 숨의 풍성은 생명의 풍성입니다. 운동은 숨을 확장시켜줍니다. 숨은 나쁜 기운을 배출합니다. 한숨, 눈물, 불평도 배출합니다. 그러나 근심 두려움 원망 분노 등 악한 생각이나 감정에 사로잡힘은 자살 행위입니다. 악한 기운이 자리 잡으면 온갖 재앙을 일으킵니다. 기체의 악성 에너지가 시간이 지나면 암, 결석 등 고체에너지가 됩니다. 발성 기도를 통하여 숨을 충분히 배출해야 합니다. 거친 숨은 심장의 경고입니다. 또한 거친 숨은 영적인 경고입니다. 거친 호흡을 한다면 상처가 있다는 것입니다. 주님의 음성을 들으려면 성령의 임재 가운데 부드럽고 깊고 자연스러운 숨을 훈련해야 합니다. 대화중 제3자가 들어오면 싸늘해지기도 합니다. 호랑이도 제 말하면 옵니다. 영혼의 감각으로 알게 됩니다. 중보기도 자는 상대의 상태를 느낍니다. 쓰레기를 정화시킬 능력이 없으면 대화와 접촉을 조심해야 합니다.

2. 복식 호흡기도의 방법

1) 복식 호흡기도: 꼭 성령의 지배가운데 진행해야 합니다.

① 방법: 코로 숨을 아랫배까지 들이 마시며 "예수님 사랑합니다." 숨을 내쉬면서 "예수님 사랑합니다."

② 방법: 코로 숨을 아랫배까지 들이 마시며 "예수님" 숨을 내쉬면서 "사랑합니다." 다른 방법은 숨을 들이 마시고 내쉬면서 주여! 다른 방법은 숨을 들이 마시고 내쉬면서 주여! 라고 하면서 하는 방법도 있습니다.

③ 입을 벌려 작은 소리로 하기도 합니다. 입으로 하는 기도는 될 수 있는 대로 하지 않는 것이 좋습니다. 몇 번 하다가 보면 목이 마르기 때문입니다. 코로 숨을 쉬세요.

④ 속으로 생각하면서 기도를 드리기도 합니다.

⑤ 심장의 고동에 맞추어서 계속합니다. 반복합니다. 수 천, 수 만 번을 반복합니다. 그리스도인들이 예수님을 부르는 것은 주님과 가까운 교제를 위해 부르는 프로포즈입니다. 심장기도, 예수 기

도라고도 하며, 호흡, 심장, 걸음걸이에 맞추어서도 해보세요. 예수 충만, 성령 충만, 예수 사랑, 예수 권능, 나의 하나님 식으로 바꾸어서도 할 수 있습니다. "오주님 제 안에 충만하게 임하시옵소서." 예수님을 부르며 기도하면서 호흡하는 것이 좋습니다.

2) 코로 호흡하십시오. 호흡에 마음을 싣고 감사와 기도를 심어서 드립니다. 입으로 호흡하면 입이 마르거나 목이 붓거나 아플 수도 있습니다. 주님의 기운이 임하심을 믿고 합니다.

3) 호흡을 의식하십시오. 기도인 것을 의식하고 주님께 사랑과 감사의 마음으로 고백하면서 하는 것이 중요합니다.

4) 배출 호흡 시에 가슴이 답답함을 느낄 때는 장애물이 있는 경우입니다. 예수님을 부르면서 계속 깊고 강하게 호흡을 합니다. 성령이 충만한 가운데 가슴에 힘을 주고 트림하여 배출합니다. 안되면 후~, 하~ 하고 숨을 내 토해내세요. 계속해서 숨을 아랫배까지 들이쉬고 내쉬면 성령으로 충만하여 배출이 됩니다. "예수의 이름으로 나쁜 기운은 나가라" 명령기도도 하세요. 거울을 보면서 명령할 수도 있습니다. 선포하며 명령하는 기도는 될 수 있으면 하지 않는 것이 좋습니다. 영원하지 못하기 때문입니다. 조용히 호흡하면서 내보내는 훈련을 하십시오. 성령님이 역사하시면 온몸은 성령으로 충만해지고 온몸은 정화됩니다. 성령으로 충만해지면 답답하게 했던 모든 요소들이 제거됩니다.

5) 충분히 깊게 호흡하십시오.경외감을 가지고 감사하는 마음으로 호흡해야합니다. 호흡이 차단되면 썩기 시작합니다. 지하 방,

또는 창문을 비닐로 막아도 공기가 상하기 시작합니다. 호흡이 강하면 내면이 썩은 공기가 정화되는 것입니다.

6) 강한 호흡기도는 가능하면 숨을 많이 들어 마셔야 합니다. 배꼽아래까지 바람이 들어오도록 들이마셔야 합니다. 부르짖는 기도와 비슷합니다.

7) 깊은 호흡기도는 천천히 호흡합니다. 마음 가라앉히고 조용히, 코를 통하여 깊이 숨을 들여 마시고 내쉬고 합니다.

8) 정지 호흡기도는 히6:4-6절의 내세의 능력을 맛보는 기도, 성령의 깊은 임재(입신)상태같이, 숨을 멈출 수도 있습니다. 숨을 멈춘다는 것은 자신이 숨을 쉬는 것을 느끼지 못한다는 말입니다. 보통 성령으로 사로잡힌 상태에서 일어납니다. 은사는 영의 영성 아닌 육체의 영성입니다. 은사는 육체로 나타납니다. 은사에 치우치면 영이 안자라고 영에 치우치면 삶은 아름답지만 무능합니다. 그러므로 양자가 균형을 이루어야 합니다.

9) 배 호흡기도는 배에는 공기가 들어갈 수 없지만, 아랫배에 의식을 두고 생명력이 배에 충만하도록 코로 숨을 들이 마십니다. 이것이 복식호흡입니다. 강한 호흡기도와 비슷합니다. 성령의 권능과 영적파워 힘이 생깁니다. 담대함 자신감이 생깁니다. 요한복음 7장 38절 말씀과 같이 배에서 생수의 강이 흐릅니다. 처음에는 뜨겁지만 후에는 시원하고 평안하여 자유와 행복을 느낍니다.

10) 가슴 호흡기도는 영감, 사랑, 심장기도로서 내적 온몸 기도와 비슷합니다. 감정이 섬세하고 눈물 많아집니다. 내적 기름부음

을 일으켜줍니다. 부드럽고 온유한 성품이 됩니다. 불안할 때 호흡을 하며 낮은 발성 기도를 하면 5분 안에 평안해집니다. 성령이 충만하기 때문에 불안이 떠나가는 것입니다. 머리가 혼란할 때는 배에서 나오는 소리로 조금 높은 찬양을 하면 시원해집니다. 가슴 답답할 때는 배에 힘주고 배에서 나오는 소리로 방언하면 후련해집니다. 처음에는 배기도, 강한기도 후 심장기도로 진행합니다. 아름답고 사랑스러우며 따뜻한 사람 됩니다.

11) 머리 호흡기도는 주의 이름을 부르며 머리에 마음을 집중하고 호흡합니다. 코로 호흡을 들이쉬고 코로 내쉬면서 합니다. 머리가 혼미하고 생각이 복잡한분에 효과가 있습니다. 악몽은 머릿속 정화 과정입니다. 환상이나 신비한 체험 동반할 수도 있습니다. 머리는 영적 문 역할을 하기에 주의가 요망됩니다.

12) 성경으로 성령을 마시는 호흡기도는 반복되는 짧은 문장으로 영적인 능력이 무의식에 잠기도록, 처음3,000번, 그 다음 6,000번, 12,000번 후에는 자유롭게 합니다. 평안과 자면서도 임재 느낍니다. "주님, 저를 불쌍히 여기시옵소서" "예수님 사랑합니다." 반복할 때 긍휼과 자비 느낍니다. 성경 전체를 할 수도 있습니다. 성경을 성령의 지배가운데 간절한 마음으로 소리 내어 읽는 훈련 방법도 있습니다. 소리는 안 내고 강하게 부드럽게 호흡하며 마시는 것도 좋습니다. 말씀을 눈으로 보며 코로 마셔도 됩니다.

13) 마시는 호흡을 다양하게 사용하세요. 찬양 테 잎을 늪거나 쉬는 상태에서 들을 때도 호흡기도를 사용하세요. 독서하면서도

호흡기도를 적용하세요. 간증이나 설교 테 잎을 들을 때도 적용하세요. 설교를 들을 때도 적용하세요.

14) 즐거움으로 계속 하십시오. 억지로 하는 것은 좋지 않습니다. 기도가 노동이 되면 스트레스가 되어 기도를 하면 할수록 상처가 쌓이고 면역력이 더 떨어집니다. 기도는 쉬는 것입니다. 즐거움으로 습관이 되게 하십시오. 호흡으로 기도를 하는데 불안하고 즐거움이 사라진다면 재고해 보아야 합니다. 억지로 하거나 성령으로 하지 않기 때문입니다. 영혼 깊은 곳의 즐거움과 기쁨은 주님의 감동과 인도입니다. 주님은 우리에게 기쁨을 주시는 분입니다. 마음을 열고 주님을 부르면서 성령의 감동을 받으면서 기도를 하시기를 바랍니다. 마음을 열어야 성령께서 감동하십니다.

3. 걸으면서 숨을 쉬며 마음으로 기도하라. 시편 77편 6절에 "밤에 부른 노래를 내가 기억하여 내 심령으로, 내가 내 마음으로 간구하기를" 이라고 말씀하십니다. 걸으면서 숨을 쉬면서 예수님을 생각하면서 마음으로 기도하는 습관을 들이라는 것입니다. 걷기를 시작하려면 바른 자세부터 익혀야 합니다. 바른 자세가 중요한 이유는 첫째로 뇌가 활성화됩니다. 정신이 건강해집니다. 바른 자세로 걸으면 근육이나 감각기관에서 신경계로 전달되는 정보량이 많아져서 대뇌가 더욱 자극을 받기 때문입니다. 둘째로 걸음걸이가 바르면 걷기 편하고 쉽게 지치지 않습니다. 자세만큼 중요한 것이 바로 숨을 쉬는 방법입니다. 걷기는 유산소 운동이므로 산소

를 충분히 받아들이며 숨을 쉬지 않으면 그 효과가 나타나지 않습니다. 그러면 어떻게 숨을 쉬어야 혈중 산소가 충분해질까? 숨의 '호'가 '숨을 내쉬다.'라는 뜻이라는 데서 알 수 있듯 내쉬는 숨이 먼저입니다. 일단 폐에서 이산화탄소를 한껏 내뱉지 않으면 산소를 받아들일 수 없습니다. 따라서 걸을 때는 먼저 숨을 내쉬는 데 의식을 집중해야 합니다. 숨의 리듬이 발걸음과 조화를 이루어야 합니다. 오른 발은 내딛으면서 숨을 들이쉬고, 왼쪽 발을 내딛으면서 숨을 내쉬고, 좌우지간 본인이 하기 쉬운 방법으로 걸으면 됩니다. 이 방법이라면 숨과 보행의 리듬을 맞추기 쉽습니다. 그렇게 걸으면서 마음으로 성령님을 생각하거나 부르면서 걷는 것입니다. 필자는 십 수 년을 이렇게 실천하며 걷고 있습니다. 마음속에 세상 것들이 들어오지 않고 영감이 풍성해지는 효과가 있습니다. 집중력이 좋아집니다. 폐활량이 강해집니다. 심장이 튼튼해집니다. 정신, 마음이 평안해집니다. 생활 속에서 운동하는 습관이 되어야 영적-정신적-육체적인 건강을 유지할 수가 있습니다.

4. 복식호흡하며 기도하면 생기는 영육의 효과

1)온몸이 성령으로 충만해진다. 마음을 이용하여 예수님을 찾음으로 인하여 성령이 충만하게 됩니다. 자연스럽게 영이신 예수님을 찾음으로 영적인 상태가 되는 것입니다. 영적인 상태가 되니 성령께서 전인격을 사로잡음으로 영력이 강해지게 되는 것입니다.

2)스트레스 해소 효과. 이러한 방법으로 숨을 쉬면서 기도를 할

경우에는 자율신경이 조절되어 부교감신경이 활발해져 마음이 편안해지기 때문에 정신질환, 우울증, 불면증과 같은 불안 장애를 완화시켜주고 스트레스를 해소 시켜 줍니다.

3)집중력 향상 효과. 두뇌로 산소공급이 활발해지면서 집중력을 향상하는 효과를 느낄 수 있어 학업 및 업무의 능률이 오르지 않는 사람에게도 도움이 됩니다.

4)장운동 활발 효과. 배를 사용하는 숨 쉬는 것이니 세로토닌이 분비되어 장의 운동도 활발해지기 때문에 소화 장애와 변비를 없애주는 역할을 합니다. 원래 복식호흡하며 기도하면 심장이 강해지고 장이 튼튼해집니다. 1년이상 해야 심장이 건강해지는 것을 느낍니다. 꾸준하게 하면 자신의 심장이 강해진 것을 느낍니다.

5) 혈액순환 원활 효과. 혈액순환을 원활하게 도와주어 혈관 내 콜레스테롤을 줄여 심혈관 질환을 예방하고 심폐기능을 향상시키는 효과가 있습니다. 실제로 필자는 복식호흡 기도를 장기간에 걸쳐서 한 결과 심장 기능이 강화되어 장이 튼튼해졌습니다. 그리고 배에서 올라오는 소리로 설교 함으로 성대가 상하지 않았습니다.

6)다이어트 효과. 가슴으로 숨을 쉬는 것 보다 배를 이용하여 숨을 쉬는 것이 칼로리 소모가 높고 신진대사를 활발하게 하여 체중 감량에 도움이 됩니다. 숨 쉬는 것이 이제 얼마나 우리의 몸에 영향을 끼치는지 잘 아시겠지요? 건강을 위해서 복식 숨(호흡) 효과를 잘 숙지하시고, 습관처럼 가슴이 아닌 배로 숨을 쉬면서 예수님을 부르면서 기도하는 것이 좋습니다.

25장 어려서부터 혼자서도 잘해야 한다.

(눅 2:52) "예수는 지혜와 키가 자라가며 하나님과 사람
에게 더욱 사랑스러워 가시더라."

일상생활을 독립적으로 수행하며 혼자서도 잘하는 것은 하루아
침에 되지 않습니다. 어려서부터 혼자서도 잘하는 습관이 되어야
합니다. 그래서 유치원에서 "혼자서도 잘해요." 라고 가르치는 것
입니다. 왜 그럴까요? 사람은 혼자 왔다가 혼자 살다가 혼자서 영
원한 천국에 가는 것입니다. 그러기 때문에 혼자서도 잘하려면 어
려서부터 혼자서도 잘하는 습관이 되어야 합니다. 나이가 들수록
혼자 사는 법을 터득하며 스스로 자아를 키워야 합니다. 평생 친구
~ 솔직히 그런 것은 없습니다. 외로워서 만나는 인연치고 제대로
된 인연하나 없습니다. 외롭다고 아무나 만나서 더 불행해지지 말
아야 합니다. 인간 대부분의 불행은 혼자 있지 못하는 것에서 오
는 것입니다. 가족이라고 피로 이어져 있다고 그저 받아주면 안 됩
니다. 오히려 그럴수록 가족과의 관계를 더 망치는 것입니다. 같이
있을수록 서로에게 피해를 주고 있다면 가족이라고 해도 과감하게
끊어버려야 할 것입니다.

그것이 자신도 살고 가족도 사는 길입니다. 30년을 같이 산 부
부라고 해도 평생 싸우는 것이 인간입니다. 굳이 잘 지내려고 애쓰
지 말고 그냥 거리를 두라는 것입니다. 자식도 마찬가지입니다. 가
끔 자식과 친구처럼 지내는 사람들도 있지만 부러워하지 말아야

합니다. 그것은 그들의 삶입니다. 친구 할 생각도 하지 말고 그냥 타인이라 생각하며 사는 것이 펴할 것입니다. 기대가 적어야 오히려 더 행복한 법입니다. 지식에게 잘 지내라 강요하지 말고 거리를 두라는 것입니다. 자식이 스스로 터득하여 잘 지내게 해야합니다.

혼자가 좋은 이유는 무엇인가? 그럼 도대체 왜 혼자 있어야 하는 것일까요? 알베르 카뮈는 말합니다. "혼자가 될 수 있는 자유를 얻으라고 합니다." 그것이 자신을 강하게 만들어 줄 것입니다. 우리는 혼자 있어야만 진정으로 강해지고 훌륭해질 수 있습니다. 하지만 지금 당장 혼자가 되라고 하면 쉽지 않은 것이 사실입니다. 그렇기 때문에 혼자가 되는 것도 꾸준히 연습해야 합니다. 어려서부터 연습해야 합니다. 항상 누군가와 함께 외출하고 밥을 먹었다면 일주일에 한번쯤은 혼자 나가보고 혼자 식사를 해 보아야 합니다. 처음에는 많이 어색하다고 주변 사람들이 나를 왕따라고 보면 어떻게 하지? 하며 걱정할 수 있습니다. 하지만 그런 시간을 조금씩 조금씩 쌓아 갈수록 점점 혼자인 내 모습이 익숙해 질 것이고, 나중에는 집 밖에 있어도 혼자가 더 편한 자신을 발견할 것입니다. 그러니까 혼자 여행도 가 보고 혼자 캠핑도 가보고 운동도 해 보라는 것입니다. 혼자 사는 법을 터득해야 합니다. 혼자 살다가 보니 쓸데없이 감정 소모를 하지 않았고 골치 아픈 인간관계에 휘말릴 일도 없었다는 것입니다. 오히려 혼자 있는 시간이 길어질수록 나의 내면을 들여다보기 시작했습니다. 내가 정말로 좋아하는 것은 무엇인지 내가 잘하는 것은 무엇인지 말입니다. 나의 진면모가 보이기 시작했다는 것입니다. 자신을 볼 수 있는 눈이 열립니다.

아닌 척 은근 슬쩍 자기를 까 내리면서 자신을 올려치기 하거나 눈에 뻔히 보이는 헛것에 스트레스 받는 것도 지칩니다. 그럴 시간에 그냥 나 혼자 집에서 조용히 책을 읽거나 침대에 누워 쉬는 것이 좋을 것입니다. 한 살이라도 젊었을 때 혼자 할 수 있는 일을 찾아야 합니다. 혼자서도 잘 지내야 합니다. 이구동성으로 지금은 "각자도생" 시대라고 여러 전문가들이 말하는 것을 이해해야 합니다. "각자도생"을 이상하게 생각하지 말고 준비해야 합니다.

쇼펜하우어는 말합니다. "친구를 갖고 싶어서 어울리는 것이 아니라, 혼자 있는 것이 무서워서 친구를 만나게 된다고 말입니다." 남에게 집착하면 괴로워질 뿐입니다. 혼자 있어야 행복한 것입니다. 외로움을 두려워하지 말아야 합니다. 진정으로 자신의 내면을 가꾸어야 합니다. 혼자있는 시간이 진정으로 자신과 만나는 시간이라 생각해야 합니다. 혼자 있을 때 자신의 내면의 소리가 들립니다. 혼자있을 때 들리는 내면의 소리가 자신의 진정한 모습입니다.

혼자있으며 내면을 정리하며 지내면 어느새 행복이 나에게 찾아올 것입니다. 진정으로 나를 아끼는 사람이라면 오히려 혼자인 내 모습을 존중하고 내 시간을 지켜줄 것입니다. 그래서 남에게 에너지를 쏟아 버린다면 정작 나한테는 쏟을 에너지가 없게 됩니다. 나이가 들어갈수록 에너지의 총량이 적어지는 것을 느낍니다.

이렇게 해서 끊길 친구라면 애초에 없는 게 더 나은 사람일 것입니다. 노후에는 사람 사귀기 힘들다고 맞춰 주면 줄수록 내 에너지만 뺏길 뿐입니다. 젊었을 때보다 나이가 들수록 혼자 있는 것이 더 중요해집니다. 내가 살면서 축적해 놓은 경험과 지식을 다시 돌아볼 수 있는 시간은 절대 타인과 함께 있을 때 오지 않습니다. 시간 낭비하지 말고 혼자 사는 법을 터득해야 합니다. 시간 낭비하지 말고 혼자사는 것을 관심을 가지고 준비해야 합니다.

인생은 혼자입니다. 혼자 태어나고, 혼자 살다가 혼자 영원한 천국에 갑니다. 혼자인 삶이 더 행복 해지려면 혼자 할 수 있는 취미를 만드는 것도 좋은 방법입니다. 당신의 진정한 삶을 찾아야 합니다. 혼자라고 외로워 말아야 합니다. 인생은 혼자입니다. 혼자 사는 습관을 기르는 것이 무엇보다 중요합니다. 나의 진정한 삶을 찾아야 합니다. 혼자라고 외로워 말아야 합니다. 인생의 결론은 혼자입니다. 한 살이라도 덜먹어서 혼자 사는 습관을 길러야 합니다. 통계적으로 보니까, 100세 이상 장수하신 분들이 모두 일상생활을 혼자서도 독립적으로 수행하며 잘 살아가신 분들이라는 것입니다.

1. 어느 정도 살아야 장수인가? 70-80년대만 해도 대개 60세내지는 70세 이상 생존하는 분이 많은 곳을 장수지역이라고 했습니다. 우리나라에서는 1970년대까지 60세를 넘기고, 70세를 살면 장수의 복을 타고났다고 했습니다.

최근 세계보건기구에서 발표한 2015년 우리나라 사람의 남여 평균 수명은 82.3세입니다. 이제 장수의 기준은 달라져야 합니다. 평균 수명으로 보아 82세까지 생존한 사람의 90퍼센트가 사망하고, 10%정도가 생존하는 연령은 대개 90~95세라고 봅니다. 따라서 적어도 장수한다고 하려면 일상생활을 하는데 큰 지장이 없이 90세 이상은 생존해야 합니다. 요양원에서 누워서 지낸다면 90세까지 사는 의미가 퇴색될 것입니다.

2. 장수는 타고나는가? 하나님께서 인간의 수명은 120세가 된다고 창세기 6장 3절에서 말씀하셨습니다. "여호와께서 이르시되 나의 영이 영원히 사람과 함께 하지 아니하리니 이는 그들이 육신이 됨이라 그러나 **그들의 날은 백이십 년이 되리라 하시니라.**"(창 6:3). 세상 전문가들도 사람의 정명(正命)은 120세 정도라고 생각합니다. 사람이 태어나서 건강한 생활습관을 가지고 산다면 120세 정도 살도록 하나님께서 우리 몸을 만들었다는 말입니다.

우리 몸의 크기를 측정하면 정규분포를 합니다. 따라서 타고난 수명의 차이도 정규분포를 합니다. 만일 특별한 경우는 2표준편차 밖에 위치한다고 하면 약 2.5퍼센트의 사람은 아주 오래 살도록 태어났고(supergene), 나머지 대부분의 사람은 거의 비슷한 수명을 가지고 태어났습니다. 오래 살고, 오래 살지 못하고는 본인의 생활습관, 또는 생활방식이 주로 결정한다고 보아야 합니다. 필자는 자기 자신이 어떻게 생활을 하느냐 습관에 따라 수명이 결정된다고 생각하고 자기관리를 하면서 지내고 있습니다.

3. 식생활: 장수하는 사람은 어떠한 식생활을 하는가가 모든 사람의 일차적인 관심사입니다. 산속에서 특별한 뿌리나 열매를 따 먹지 않았는지에 모두 큰 관심을 가집니다. 그러나 그러한 비결을 기대한 사람은 모두 실망합니다. 그들은 식생활에 엄격하거나 까다롭지 않습니다. 단지 그 당시 사람이 먹는 식으로 먹을 뿐입니다.

그러나 몇 가지 특징을 가졌습니다. 첫째는 소식입니다. 필요한 열량만 섭취합니다. 물론 과체중이나 비만인 사람은 없습니다. 둘째는 소박한 식사를 합니다. 채식을 주로 하며 달고 기름진 음식을 별반 먹지 않습니다. 그렇다고 해서 엄격하게 가리는 음식이 따로 없습니다. 맛내는 음식을 찾아 헤매지도 않았습니다. 예전에는 물론 패스트푸드는 없었습니다. 하지만 패스트푸드를 즐겨 먹으면서 장수를 기대해서는 안 됩니다.

4. 육체적인 활동: 장수하는 사람은 늘 부지런하게 육체적인 활동을 하는 사람입니다. 게으름을 피우거나 그늘에 눕거나 앉아서 하루 종일 놀고먹는 사람이 아닙니다. 그렇다고 해서 지칠 정도로 육체노동을 하지 않습니다. 육체노동 후 충분한 휴식을 가질 줄 아는 사람입니다. 건강을 위해 따로 운동을 하지도 않았습니다.

5. 기호와 취미: 뚜렷한 취미나 기호를 가졌다기보다 단순하면서도 즐거운 놀이 문화를 가졌습니다. 하루가 지루하거나 따분하지 않게 살았습니다. 음주습관은 일정하지 않고, 담배는 대개 안 피우거나 일찍 끊었으며, 약을 잘 먹지 않는 것이 특징입니다.

6. 생활 가치관: 어쩌면 장수를 결정하는 생활습관 중에 가장 중요한 건 정신적인 일, 또는 어떤 생활 가치관을 가졌느냐에 달렸습니다. 우선 이들은 걱정과 근심이 적습니다. 삶을 즐기고, 낙천적이며, 매일 생활에 만족하면서 삽니다. 대개 종교를 가졌으며, 죽음에 대해서도 별로 걱정하지 않는 것이 특징입니다. 변화에 대한 적응 능력이 높고, 고집을 부리거나, 성깔이 급박하거나, 혈기가 심하거나, 까다롭지 않았습니다. 마음 좋은 할아버지의 모습입니

다. 욕심이 적어 스트레스도 적게 받고 살았습니다.

7. 자연과 가까운 생활: 과거 장수하는 사람은 농촌에서 주로 자연적인 생활을 하면서 살았습니다. 당시에는 대도시나 아파트 생활은 존재하지 않았지만, 대도시나 아파트 생활을 장수 환경으로 보기 어렵습니다. 지능 정도가 높으며, 기억력이 좋고, 주위에서 일어나는 일에 관심이 많았습니다. 대개 농사를 짓거나, 전문직이거나 작은 규모의 자기 업체를 가졌고, 자유스러운 직업을 종사했습니다. 조기 은퇴를 하지 않으며, 건강을 유지하는 한 일을 지속적으로 했습니다. 남을 돕는 일에 무엇보다 적극적입니다. 불면증으로 고통을 받는 일도 없었습니다.

누우면 죽고 걸으면 산다는 말이 있습니다. 운동은 성인병 예방뿐 아니라 정신력, 지력을 증진시키며 행복지수를 높여 줍니다. 의학이 발달하면 할수록 질병이 사라지기는커녕 도리어 질병이 넘실거립니다. 그 이유가 무엇일까요? 물론 다른 요인도 많겠지만, 연구자는 운동부족 때문이라고 합니다. 물질문명이 발달할수록 운동량이 줄어들기 때문입니다. 세상이 편해질수록 움직이는 일이 줄어듭니다.

문명이 발달하기 전인 옛날 사람은 많이 움직였습니다. 기계보다는 손과 발 그리고 몸으로 많은 일을 했습니다. 현대보다 신체활동이 많았습니다. 그래서 성인병이라는 용어조차 없었습니다. 이러한 현상은 현재에도 마찬가지입니다. 장수촌 사람의 특징 중하나가 죽는 날까지 밭에서 부엌에서 열심히 움직였습니다. 그리고 열심히 걷고 산과 언덕을 뛰어오르곤 합니다. 그러한 장수촌 사람은 자연사합니다. 어제 처럼 기상하여 조반을 먹고 하루 종일 밭에 나가 일을 하고, 저녁에 들어와 식사를 한 후 누워 잠이 들었다가 새벽기도하시다가 영면하는 일이 대부분입니다. 누우면 죽고 걸으면 산다는 격언이 여기에서 나오지 않았나. 추측됩니다.

운동은 죽을 사람도 살리는 보약입니다. 남자라면 다리에 힘이 세어야 하는데, 걷는 일과 열심히 일하는 게 좋습니다. 걷기로는 한국 불교사에서 경허 스님이 가장 많이 걸었다고 합니다. 스님 앞에 병 치료를 위해 모여든 사람이 19명이나 되었습니다. 그 중에는 지팡이를 의지하는 사람도 참석했습니다. 힘들게 칠갑산 기슭에 이르자 이미 날이 저물어 도무지 사방을 분별할 수 없는 암흑천지였습니다. 그때 스님은 환자에게 엿을 하나씩 나누어 준 후 자기를 따라 올라오라고 하면서 앞서 걸었습니다.

얼마만큼 올라갔을 때 갑자기 호랑이 소리를 으르릉 하면서 "살고 싶으면 다들 따라 오너라."라고 소리를 지르며 산길을 혼자 냅다 달아났습니다. 이를 보고 기겁한 환자은 스님이 달려간 방향으로 사력을 다해 따라갔습니다. 거의 날다시피 뛰어 40리(12Km)를 달음질쳤습니다. 전곡사에 도착해보니 기적이 일어났습니다. 아픈 환자가 사라졌습니다. 물론 지팡이를 짚은 사람도 없었습니다. 모든 질병이 안개와 구름처럼 그리고 시냇물처럼 사라졌습니다.

이처럼 운동은 죽을 사람도 살리는 보약 중 보약입니다. 〈습관을 바꾸면 건강이 보인다〉의 저자 내들리의 책을 보면 암, 신장병, 고혈압, 당뇨병 등 성인병 예방에 탁월한 치료제로 운동을 권합니다. 왜냐하면 미국에서 운동 부족이 관상동맥 심장질환, 대장암, 당뇨병과 같은 세 가지 주된 질병으로 인한 사망 원인의 3분의 1을 차지하기 때문입니다. 미국 질병관리센터와 스포츠 의학회에서 발표한 1995년 권장지침서에 "모든 미국 성인들은 일주일에 7일, 매일 30분 또는 그 이상 적당한 강도의 신체적 활동을 해야 한다."라고 제시합니다. 온몸과 손을 움직이고 걸으면 혼자서도 오래 잘살 수가 있습니다.

자취생활이 어려서부터 혼자서도 잘하기 위한 체험이다.

어려서부터 혼자서도 잘하기 위해 자취생활을 경험하는 것이 좋습니다. 자취를 하면서 우리는 독립적인 생활을 경험하게 됩니다. 집에서 부모님의 도움 없이 생활하면서 우리는 직접 식사를 해야 하고, 청소와 세탁을 해야 합니다. 이를 통해 우리는 자신의 삶을 독립적으로 관리하는 방법과 책임을 갖게 되며, 일상적인 일을 스스로 처리할 수 있는 능력을 키울 수 있습니다.

자취하는 동안 우리는 다양한 문제들과 마주하게 됩니다. 예를 들어, 가정용품 고장, 재정적인 문제, 이웃과의 갈등 등이 있습니다. 이러한 문제들을 직접 해결해야만 하기 때문에 우리는 문제 해결 능력을 발전시키게 됩니다. 우리는 문제를 분석하고 적절한 조치를 취하는 법을 배우게 되며, 이는 우리의 성장과 신뢰를 쌓는 데 아주 유익한 도움이 됩니다. 자취생활을 통하여 얻은 체험으로 어느 시기에 혼자되어도 당황하지 않고 스스로 일상생활을 독립적으로 수행하며 난관을 해결하며 혼자 지낼 수가 있는 것입니다.

필자는 군대에서 독신 장교 숙소생활을 통하여 혼자 살아가는 법을 훈련하고 터득하여 지금 혼자서 잘 지내고 있습니다. 혼자 독신장교 숙소에서 일상생활을 독립적으로 수행하다가 보니 70이 된 지금도 그때를 생각하며 잘 적응해 가고 있습니다.

1. 자취의 의미와 중요성: 자취는 젊은 성인들에게 많은 의미와 중요성을 가지고 있습니다. 이는 개인의 독립과 성숙함을 추구하기 위한 중요한 단계로, 진정한 사유의 모험을 의미합니다. 자취를 통해 우리는 일상생활을 독립적으로 수행하는 삶을 살며, 자신의 책임과 자율성을 강조할 수 있습니다.

1) 자취는 일상생활을 독립적으로 수행함으로 자립심의 성장과 자기 발견을 위한 이정표입니다. 집에서부터 나와서 혼자 생활하면서 우리는 문제를 해결하고, 삶의 여러 측면, 직접 식사를 해야 하고, 청소와 세탁을 하는 등 자기 스스로 관리해야 합니다. 이는 우리에게 독립과 책임감을 심어줌으로써 우리 자신을 발전시키는 기회를 제공합니다.

2) 자취는 다른 사람들과의 소통 및 협력 능력을 향상시키는데 도움이 됩니다. 자취하는 동안 우리는 동네 사람들과의 상호작용이나 같이 숙소를 사용하며 기거하는 사람과의 관계에서 소통과 협력을 연습할 수 있습니다. 이는 우리가 사회적으로 유효한 사람으로서 발전하는 데 도움을 줄 것입니다.

3) 자취는 자유와 독립에 대한 욕구를 충족시키는데 도움이 됩니다. 자취를 통해 우리는 자신만의 공간과 시간을 갖게 됩니다. 이는 개인의 취향이나 관심사에 맞춰 자유롭게 행동하고 생활할 수 있는 기회를 제공합니다. 자유로운 환경에서 우리는 자아를 실

현하고, 삶을 원하는 대로 설계할 수 있습니다. 따라서, 자취는 우리의 성장과 독립에 핵심적인 역할을 합니다. 이를 통해 우리는 새로운 경험과 기회를 만나며, 진정한 독립생활에 도전하고 세계를 더 재밌고 의미 있는 방식으로 발전시킬 수 있습니다.

2.자취를 통해 극복해야 할 어려움과 해결책: 자취를 하면서 우리는 몇 가지 어려움이 마주할 수 있습니다. 그러나 이러한 어려움을 극복하는데 도움이 되는 몇 가지 해결책도 있습니다.

1)재정적인 문제: 자취를 하면 생활비용을 스스로 부담해야 합니다. 가계부를 적으며 관리하고, 계획을 세워 예산을 조절해야 합니다. 이를 위해 우리는 지출과 수입을 철저히 관리하고, 필요한 경우 저축을 포기할 수도 있어야 합니다. 또한, 적절한 금융 계획을 수립하여 금전적인 어려움에 대비하는 것이 중요합니다. 이런 체험을 통하여 스스로 독립하는 습관을 기르는 것입니다.

2)일상생활 관리: 집에서 부모님이 돌봐주는 것과는 달리, 자취를 할 때는 집안일과 생활 관리, 재정관리를 스스로 해야 합니다. 청소, 세탁, 요리 등의 일상적인 일들을 스스로 처리해야 합니다. 이를 위해서는 생활 패턴을 만들고 정리정돈에 신경을 써야 하며, 시간 관리를 효과적으로 해야 합니다. 필요한 경우 일정을 미리 계획하고, 일상적인 일들에 대한 습관을 만들어 가면서 생활 관리, 자기관리를 체계적으로 할 수 있습니다.

3)소통과 갈등 관리: 자취를 하면서 이웃과의 관계에서 갈등이 생길 수 있습니다. 이러한 상황에서는 적절한 소통과 갈등 관리가 필요합니다. 문제가 발생하면 상황을 냉정하게 분석하고, 서로의

의견을 존중하며 대화를 통해 해결책을 찾아야 합니다. 필요한 경우 중재나 외부의 도움을 받을 수도 있습니다. 또한, 서로의 경계를 존중하며 상호간의 존중과 이해를 바탕으로 소통을 통해 갈등을 해소할 수 있습니다. 자연스럽게 독립심이 발전됩니다.

4)외로움과 사회적 연결성: 자취를 하면서 외로움을 느낄 수도 있습니다. 이는 집에서 혼자 생활하면서 친구들과의 만남이나 사회적 활동이 감소하기 때문에 발생할 수 있습니다. 이때는 적극적으로 사회적인 연결성을 유지하기 위해 노력할 필요가 있습니다. 지역사회 활동에 참여하거나, 취미 동호회에 가입하는 등 다양한 사회적인 활동을 통해 친구나 지지자를 만날 수 있습니다. 또한, 온라인 커뮤니티나 소셜 미디어를 활용하여 사회적인 연결을 유지할 수도 있습니다.

자취를 통해 극복해야 할 어려움들을 재정적인 문제, 생활 관리, 소통과 갈등 등이 있다고 했습니다. 이러한 어려움들에 대처하기 위해서는 적절한 관리와 계획, 소통과 대화, 그리고 사회적인 연결을 강화하는 것이 중요합니다. 이를 통해 우리는 자취 생활에서 더욱 성공적으로 성장할 수 있을 것입니다. 인생을 살아가다가 필연적으로 닥치는 혼자되는 것을 미리 체험을 통하여 극복하여 혼자가 되어도 당황하지 않고 혼자서도 잘 살아갈 수가 있는 것입니다. 체험을 했으니 살아가다가 혼자 되었을 때 허둥대지 않고 두려워하지 않고 효과적으로 대처할 수가 있는 것입니다.

3. 자취를 통해 얻을 수 있는 경험과 성장: 자취를 통해 우리는 다양한 경험과 자기 성장을 얻을 수 있습니다. 자취를 통해 우리는

자신만의 공간과 시간을 갖게 됩니다. 이는 자신의 자아를 찾고 발전시키는 소중한 기회가 됩니다. 우리는 자유롭게 취미나 관심사를 즐기고, 개인적인 목표나 꿈을 실현할 수 있는 환경을 갖게 됩니다. 이는 우리의 자아실현과 성장을 도모할 수 있습니다.

자취를 통해 우리는 독립적인 생활, 문제 해결 능력, 소통과 협력 능력, 그리고 자아실현과 성장을 경험하고 발전시킬 수 있습니다. 자취는 우리에게 많은 가치를 제공하며, 우리의 인생에 긍정적인 영향을 끼칠 수 있는 소중한 경험이 될 것입니다.

4.자취를 통해 체험하며 얻어지는 효과

1)독립적인 생활: 자취를 하면서 우리는 독립적인 생활을 경험하게 됩니다. 집에서 부모님의 도움 없이 생활하면서 우리는 직접 식사를 해야 하고, 청소와 세탁을 해야 합니다. 이를 통해 우리는 자신의 삶을 독립적으로 관리하는 방법과 책임을 갖게 되며, 일상적인 일을 스스로 처리할 수 있는 능력을 키울 수 있습니다.

2)문제 해결 능력 개발: 자취하는 동안 우리는 다양한 문제들과 마주하게 됩니다. 예를 들어, 가정용품 고장, 보일러 고장, 재정적인 문제, 이웃과의 갈등 등이 있습니다. 이러한 문제들을 직접 해결해야만 하기 때문에 우리는 문제 해결 능력을 발전시키게 됩니다. 우리는 문제를 분석하고 적절한 조치를 취하는 법을 배우게 되며, 이는 우리의 성장과 신뢰를 쌓는 데 도움이 됩니다.

3)소통과 협력 능력 발전: 자취를 하면서 우리는 다른 사람들과의 소통과 협력을 연습할 수 있습니다. 한방을 같이 쓰는 사람과의 관계에서 갈등이 생길 수도 있고, 이웃들과의 소통이 필요할 수도

있습니다. 이를 통해 우리는 자신의 의견을 표현하고 타인과의 충돌을 관리하는 방법을 학습하게 되며, 서로가 존중하고 협력하여 힘을 합쳐 문제를 해결하는 능력도 키울 수 있습니다.

4)자아실현과 성장: 자취를 통해 우리는 자신만의 공간과 시간을 갖게 됩니다. 이는 자아를 찾고 발전시키는 소중한 기회가 됩니다. 우리는 자유롭게 취미나 관심사를 즐기고, 개인적인 목표나 꿈을 실현할 수 있는 환경을 갖게 됩니다. 이는 우리의 자아실현과 성장을 도모할 수 있습니다. 스스로 처리하는 독립심을 기릅니다.

따라서, 자취를 통해 우리는 독립적인 생활, 문제 해결 능력, 소통과 협력 능력, 그리고 자아실현과 성장을 경험하고 발전시킬 수 있습니다. 자취는 우리에게 많은 가치를 제공하며, 우리의 인생에 긍정적인 영향을 끼칠 수 있는 소중한 경험이 될 것입니다.

결론적으로 혼자서도 잘 살아가려면 어려서부터 혼자서도 잘 하는 습관을 들여야 합니다. 의존성이 있어서는 혼자서도 잘 살아 갈 수가 없습니다. 심리학자들은 의존성있는 사람을 기생충이라고 표현하기도 합니다. 혼자 스스로 일상생활을 독립적으로 수행하며 살아가려는 의지가 강해야 합니다. 혼자 스스로 의-식-주를 해결해야 함으로 자기생활을 혼자 스스로 해결할 수가 없다하면 혼자서도 잘 살아가기가 녹록하지 않을 것입니다. 일상생활을 혼자서 해결하며 살아가는 것은 결코 말과 같이 쉬운 문제가 아닙니다. 어려서부터 독립하려는 의지를 심어줄 필요가 있습니다. 지금 세상 돌아가는 흐름이 혼자 살아가는 각자도생의 추세이므로 대비가 있어야 할 것입니다. 미리 대비하고 준비해야 합니다.

26장 규칙적으로 살아가는 생활을 하라

(막 1:35)"새벽 아직도 밝기 전에 예수께서 일어나 나가
한적한 곳으로 가사 거기서 기도하시더니"

일상생활을 독립적으로 수행하며 혼자서도 잘살아가려면 규칙적인 생활이 필수라고 생각합니다. 먼저 자고 일어나는 것을 혼 자할 수 없다면 어찌 혼자서도 잘살아갈 수가 있겠습니까? 예수님은 규칙적인 생활로 자기관리를 철저하게 하셨습니다. 예수님은 바쁜 시간에 자기에게로 몰려온 무리를 떠나 한적한 곳으로 가서 기도하셨습니다. 매우 바빠서 기도할 시간을 갖지 못하는 사람이 많이 있습니다. 그러나 예수님은 바쁘면 바쁠수록 더 많이 기도하셨습니다. 예수님은 때때로 식사할 시간도 없으셨습니다(막3:20). 잠도 필요하고, 휴식도 필요할 때, 더욱더 기도하셨습니다. 예수님은 기도하면서 휴식을 취하셨습니다. 예수님은 공생애 기간 동안 철저하게 자기관리를 하셨습니다. 예수님은 아버지 하나님을 전적으로 신뢰하고 아버지의 뜻을 이루는 삶을 사심으로 마음에 하늘의 평강을 누리셨습니다.

우리가 매일 똑같은 시간에 밥을 먹고, 일을 하고, 잠자리에 든다고 생각하면 지루하단 생각이 들지도 모릅니다. 그러나 규칙적인 생활은 기대 이상으로 매우 중요합니다. 변수를 줄이고 시간을 통제할 수 있기 때문입니다. 이게 중요한 이유는, 내가 하고 싶은 것 혹은 해야 할 것이 있을 때 시간을 할애할 수 있기 때문입니다.

무언가를 시도해보고 싶다면, 혹은 세워둔 계획을 실천하고 싶다면 시간은 필수입니다. 그런데 생활이 불규칙하면 시간을 내는게 보통 어려운 게 아닙니다. 또한 시간을 통제한다는 기분 역시 중요합니다. 아침에 일찍 일어나는 것이 자꾸 유행하는 것도 본질은 바로 통제하는 시간을 갖는 것입니다. 오롯이 내 것에 집중할수 있는 시간을 가진다는 것, 그것도 매일 가질 수 있다면 '나에게 유익한 것을 해볼까?'라는 생각으로 이어지며 좋은 행동으로 이어지기 쉽습니다. 그러나 매일 시간에 쫓겨 살게 되거나 불규칙한 일상을 보내면 이런 생각조차 할 여유가 없어집니다.

대부분 사람은 스스로에게 도움이 되는 걸 원하고 미래를 위해 준비하고 싶어 합니다. 그러나 빈번히 실패하는 이유는 여러 이유가 있겠지만 그중엔 시간을 할당하지 못해서기도 합니다. 그만큼 시간을 통제한다는 것은 매우 중요하며, 가장 확실한 방법은 규칙적인 생활을 통해 특정시간을 비워두는 것입니다.

규칙적인 활동이 지루해보일지 몰라도 매일 같은 시간을 스스로에게 투자하면서 원하는 것을 이뤄가는 과정이라면 더 즐겁기도 합니다. 성장하고 싶다면, 그리고 무언가를 준비하고 싶다면 우선 변수를 하나씩 줄여 나가는 게 어떨까요? 규칙적인 활동이 가장 큰 힘이 되어줄 것입니다. 건강은 우리 삶에서 가장 중요한 가치 중 하나입니다. 하지만, 바쁜 일상 속에서 건강을 유지하기란 쉽지 않습니다. 그러나 규칙적인 생활 습관을 유지하면 건강을 지키는 데 많은 도움이 됩니다. 본인의 인내와 실천의지가 있어야 합니다.

필자는 대략 하루를 이렇게 규칙적으로 생활하는 습관을 가지고 있습니다. 아침에 일어나는 시간은 4시입니다. 1시간 이상 기도하다가 교회로 출근합니다. 교회에서 6시 정도에 아침식사를 합니다. 식사를 하고 산책을 40분간 합니다. 교회에 돌아 와서 기도하다가 09:00부터 10:00까지 집중치유 기도를 위하여 기도합니다. 그리고 10:00-12:00까지 집중치유기도를 인도합니다. 대략 점심은 12:20분 정도에 먹습니다. 점심을 먹고 40분간 산책을 합니다. 산책이 끝나면 묵상하면서 글을 씁니다. 대략 하루에 보통 13,000보 이상을 걷는 것 같습니다. 오후 4시에 집으로 갑니다. 가서 하체 단련을 위하여 아파트 23층 계단을 거의 매일 걸어 올라갑니다. 집에 들어가 샤워하고 집안 일을 돕고, 17:30분에 저녁식사를 합니다. 저녁식사 후 TV를 시청하다가 20:00경에 잠을 잡니다. 중간에 일어나 기도하면서 영감을 받아가며 글을 씁니다. 체중과 하체의 건강을 유지하려고 규칙적으로 활동합니다.

1. 서울아산병원 정신건강의학과 교수 정석훈은 규칙적인 생활습관을 이렇게 강조합니다. 건강하려면 규칙적인 생활습관을 유지해야 한다는 말을 흔히 듣게 됩니다. 생활이 일정하면 스트레스나 우울증이 줄어들게 됩니다. 체력과 자존감이 증진되는 등 건강에 많은 이득을 얻게 됩니다. 반대로 극심한 스트레스를 받으면 올바른 생활리듬이 깨지기 시작합니다. 쉽게 잠들지 못해 종일 피곤합니다. 입맛이 없어 식사를 거르다 보니 체력이 고갈됩니다.

그런데 이를 역으로 생각해보면 어떨까요. 스트레스를 극복하려면 오히려 식사를 제때 챙기고 꾸준히 체력을 기르는 등 규칙적인 생활습관을 들여야 한다는 얘기가 됩니다. 그렇다면 어떻게 일정한 생활습관을 유지할 수 있을까요?

규칙적인 생활습관을 들이는 첫 번째 방법은 "아침에 정해진 시간에 맞춰 기상하는 것"입니다. 우리 몸속에는 시계가 있습니다. 자고 일어나는 것, 배고픈 것, 집중력이나 체온이 오르고 떨어지는 것 모두 생체시계에 의해 조절됩니다. 놀랍게도 신체리듬은 24시간이 아닌 24.2~24.4시간으로 맞춰졌습니다. 아침에 일찍 일어나야 할 이유가 없으면 24.2~24.4시간으로 짜인 신체리듬으로 늦게 일어나게 됩니다. 점심시간에 아침을 먹고 저녁시간에 점심을 먹게 됩니다. 자연스레 야간에 저녁을 먹게 되면서 야식증후군이 나타납니다. 체중이 늘고 심장병, 고혈압, 당뇨를 비롯한 건강상 위해가 발생합니다. 매일 아침 규칙적인 시간에 일어나는 노력이 필요한 이유입니다.

규칙적인 생활습관을 들이는 두 번째 방법은 "일어나는 시간을 기준으로 7시간 전에 잠드는 것"입니다. 성인의 하루 수면시간은 7시간이 적절합니다. 7시간을 수면한다고 치면 나머지 17시간의 활동이 합쳐져 하루 24시간이 됩니다. 이는 17시간 동안 활동이 충분하지 않으면 일찍 자려 해도 잠들기 어려울 수 있다는 의미입니다. 그러면 언제 자야 할까요? 잠자려고 눕는 시간을 아침에 일어나는 시간에 맞춰서 정하면 됩니다. 매일 아침 6시 기상이면 낮 동안 충분히 활동을 하고 저녁 11시 정도에 잠드는 것입니다. 특정 시간대에 잠을 자야 면역력이 좋아진다는 얘기도 있으나 이는 면역체계에 영향을 주는 많은 인자 중 하나이지 절대적인 건 아닙니다.

규칙적인 생활습관을 들이는 세 번째 방법은 "운동과 식사를 제 때 하는 것"입니다. 하루 30분 이상 주 5회 꾸준히 운동하면 근육 이 강화되고 심혈관질환 발생위험이 떨어집니다. 격렬한 야간 운 동은 수면을 방해하니 불면증이 있는 사람은 야간을 피해 운동하 는 것이 좋습니다. 가급적 오전이나 이른 오후 시간을 권합니다. 식사를 일정하게 챙기는 것도 중요합니다. 식사를 제때 하지 않으 면 생활습관이 뒤틀리기 쉽습니다.

규칙적인 생활습관을 들이는 마지막 방법은 "스트레스를 적절 히 관리하는 것"입니다. 직장에 다니면 아침 일찍 일어나고 밤에 일찍 자려 노력하기 때문에 규칙적인 생활에 나름 도움이 됩니다. 하지만 직장에서 오는 스트레스를 무시하기 어렵습니다. 스트레스 가 심하면 식습관과 수면 등 모든 생활리듬이 깨지게 됩니다. 스트 레스의 어원은 '조이다'라는 말에서 왔습니다. 그래서 우리가 흔히 스트레스를 '푼다'라고 얘기하는지 모르겠습니다. 일상과 직장에 서 조이는 스트레스를 현명하게 풀어나가시기 바랍니다. 서울아산 병원 정신건강의학과 정석훈 교수는 이렇게 말했습니다.

2. 건강관리의 기본은 건강한 생활습관: 건강관리의 기본은 건 강한 생활습관이라고 생각합니다. 성도들의 생활 중에서 가장 중 요한 것이 바로 건강한 신체와 건강한 정신입니다. 건강한 정신을 가지기 위해서는 무엇보다도 건강한 신체를 유지할 수 있어야 합 니다. 그러기 위해서는 일상생활에서 우리가 어떻게 생활해야 하

는지 그리고 각 종 질병을 예방하기 위해서 우리가 해야 할 일들이 무엇인지를 알아보도록 하겠습니다.

사실 건강을 유지하고 질병을 예방하는 것은 매우 중요하지만 이것이 따로 따로 관리가 되는 것이 아니고, 건강한 생활습관을 만들면 우리 몸은 면역성이 높아지고 자연적으로 각종 질병을 예방하는 가장 최선의 방법이 될 것입니다. 따라서 우리는 적극적으로 여러 가지 생활 습관을 유지할 필요가 있습니다. 이러한 습관들은 우리의 건강에 긍정적인 영향을 미치며, 건강한 삶을 유지하는 데 큰 도움을 줍니다. 이를 위해 우리는 다음과 같은 건강 생활 습관을 적극적으로 실천해야 합니다.

1) 규칙적인 운동을 유지합시다. 일주일에 150분의 중등도 신체활동이나 75분의 고강도 신체활동을 권장합니다. 운동을 유지하면 우리는 심장 건강을 유지하고 체중을 관리할 수 있습니다. 더불어, 운동은 우리의 면역 시스템을 강화하고 우리의 정신 건강에도 좋습니다. 세부적인 규칙적인 운동에 대한 세부적인 내용은 다음과 같습니다.

①운동 종류: 규칙적인 운동은 걷기, 달리기, 수영, 자전거 타기, 체조, 무게 들기 등 다양한 형태를 포함할 수 있습니다. 중요한 것은 자신이 즐길 수 있고 지속적으로 할 수 있는 활동을 선택하는 것입니다. 예를 들어, 공원에서 산책을 하거나 가벼운 기구를 통한 체력단련을 하는 것도 좋은 운동 방법입니다.

② 운동 시간: 일주일에 최소한 150분의 중등도 신체 활동이나 75분의 고강도 신체 활동을 추천합니다. 이는 심장 건강을 유지하

고 체중을 관리하는 데 도움이 됩니다. 하지만, 운동 시간을 늘리는 것도 좋은 방법입니다. 운동을 할 때마다 조금씩 시간을 늘려나가면서 체력을 키워보세요.

③ 운동 일정: 일정을 설정하고 그 일정을 따르는 것이 중요합니다. 일정을 설정하면 운동을 일상적인 활동으로 만들 수 있습니다. 예를 들어, 매주 월, 수, 금요일에 운동을 하는 일정을 정한다면, 운동이 일상적인 활동이 되어 운동을 게을리 하지 않게 됩니다. 필자는 거의 매일 운동을 하고 있습니다.

④ 운동 목표: 개인적인 운동 목표를 설정하면 동기를 부여하고 운동을 계속하는 데 도움이 됩니다. 목표는 개인의 건강 상태, 체중, 체력 등에 따라 다를 수 있습니다. 예를 들어, 3개월 동안 체중을 5kg 감량하는 것이나, 1km를 10분 안에 뛰는 것을 목표로 잡는 것도 좋은 방법입니다.

⑤ 운동 후 회복: 운동 후에는 충분한 휴식과 영양 섭취가 필요합니다. 이는 근육을 회복시키고 에너지를 보충하는 데 도움이 됩니다. 또한, 스트레칭을 하여 근육의 긴장을 푸는 것도 좋은 방법입니다. 이러한 방법들을 통해 규칙적인 운동을 시작하고 유지하는 것이 가능합니다. 이는 건강을 유지하고 질병을 예방하는 데 큰 도움이 됩니다.

2) 균형 잡힌 식사를 유지하세요. 과일, 채소, 전 곡식, 단백질 식품 등 다양하고 영양가 있는 식품을 섭취하는 것이 중요합니다. 이러한 식품들은 우리의 몸에 필요한 영양소를 제공하며, 건강한 몸을 유지하는 데 큰 역할을 합니다. 더불어, 균형 잡힌 식사를 유지

하면 우리의 소화기관을 건강하게 유지할 수 있습니다.

균형 잡힌 식단은 신체가 올바르게 기능하는 데 필요한 모든 영양소를 제공하는 것이 중요합니다. 이를 위해 엄격한 식단 제한이나 좋아하는 음식을 스스로 박탈할 필요는 없습니다. 균형 잡힌 식단은 오히려 기분이 좋고, 더 많은 에너지를 갖고, 건강을 개선하고, 기분을 안정시키는 것에 관한 것입니다.

균형 잡힌 식단에는 일반적으로 여러 가지 영양소가 포함됩니다. 이러한 영양소는 과일, 채소, 곡물, 단백질 식품, 유제품 또는 유제품 대체 식품 등 모든 식품군의 식품을 포함하는 것을 의미합니다. 이를 통해 균형 잡힌 식단은 단조로운 식단과는 달리 식사를 더욱 풍부하게 만들어 줍니다. 균형 잡힌 식단의 핵심 구성 요소는 다음과 같습니다.

① 다양성: 균형 잡힌 식단에는 다양한 영양소를 섭취할 수 있는 다양한 식품이 포함되어야 합니다. 이는 과일, 채소, 곡물, 단백질 식품, 유제품 또는 유제품 대체 식품 등 모든 식품군의 식품을 포함하는 것을 의미합니다.

② 비례성: 모든 음식을 같은 양으로 섭취할 필요는 없습니다. 어떤 것은 많은 양을 먹어야 하고 어떤 것은 좀 더 적게 먹어야 합니다. 예를 들어, 접시의 절반은 과일과 채소, 4분의 1은 곡물(가급적 통곡물), 4분의 1은 단백질이어야 합니다.

③ 절제: 균형 잡힌 식단은 특정 음식을 적당히 먹는 것을 의미하기도 합니다. 여기에는 첨가당, 나트륨(소금), 포화 지방 및 트랜스 지방이 많이 함유된 식품이 포함됩니다. 이러한 음식을 먹는 것

을 완전히 금지하지 않지만 적절한 양을 섭취하여 건강한 식습관을 형성하는 것이 좋습니다.

위와 같은 핵심 구성 요소를 고려하여 균형 잡힌 식단을 구성하면 건강한 식습관을 형성할 수 있습니다. 또한, 균형 잡힌 식단은 단순한 식단과 달리 더 많은 에너지를 제공하므로 일상생활에서 더 많은 활동을 하는 데 도움이 됩니다. 추가적으로, 모든 사람의 신체는 다르기 때문에 필요한 영양소도 각자 다릅니다. 이에 따라 의료 서비스 제공자 또는 등록된 영양사의 조언을 받아 맞춤형 식습관을 형성하는 것이 좋습니다.

규칙적이고 건강한 식생활이란 하루 세끼를 정해진 시간에 먹는 것을 말합니다. 규칙적인 식사는 위산으로 인한 위궤양의 위험을 줄여주고 혈중 혈당 농도를 일정하게 유지해 뇌와 신체의 활동이 원활하게 될 수 있도록 돕습니다. 건강한 식습관을 유지 할 수 있는 방법은 이렇습니다.

▷ 아침을 거르지 않는다. 아침을 거르는 사람이 통계상 더 비만하다. 아침을 거르면 육체 건강에 심각한 타격이 온다.

▷ 아침, 점심, 저녁은 대략 5시간 간격으로 먹도록 한다.

▷ 세끼 식사와 간식은 매일 같은 시간대에 먹는 것이 좋다.

▷ 식사 시간은 20분 이상이 되도록 한다. 20분은 지나야 렙틴이 제대로 활동할 수 있다. 렙틴(leptin)은 지방세포에서 분비되는 나선형 단백질이자 포만감, 식욕 억제와 관련된 호르몬이다. 식욕과 배고픔의 사이클에 피드백으로 관여한다.

▷ 하루 2리터의 물을 아침, 점심, 저녁에 나누어 섭취한다.

▷ 식사 시간을 즐거운 분위기로 만들면, 천천히 먹게 되고 도파민 분비가 촉진된다.

▷ 하루 동안 먹은 음식을 저녁에 메모장에 적어본다.

▷ 음식 욕구가 생길 때는 명상과 심호흡을 실시하면 식탐의 상당부분을 해소할 수 있다 .

3) 충분한 수면을 취하세요. 충분한 수면을 취하는 것이 중요합니다. 대부분의 성인은 하루에 7-9시간의 수면이 필요합니다. 수면 부족은 우리의 면역 시스템을 약화시키고 우리의 건강에 해를 끼칠 수 있습니다. 그러므로 충분한 수면을 취하는 것이 중요합니다. 충분한 수면을 취하면 우리의 두뇌와 신체 기능이 최적화되고 우리의 정신 건강에도 좋습니다. 수면 부족은 우리 몸의 면역력을 약화시키고, 스트레스를 유발할 수 있습니다.

잠을 충분히 자는 것은 전반적인 건강과 웰빙에 매우 중요합니다. 수면 부족은 면역력 약화, 체중 증가, 기분 장애, 심장병 및 당뇨병과 같은 만성 질환의 위험 증가와 같은 다양한 건강 문제로 이어질 수 있습니다. 그러나 충분한 수면을 취하는 것은 쉽지 않은 일입니다. 다음은 충분한 수면을 취하기 위한 몇 가지 전략입니다.

① 규칙적인 수면 일정 수립: 매일, 심지어 주말에도 같은 시간에 잠자리에 들고 일어나도록 노력하세요. 이것은 신체의 내부 시계를 조절하고 잠들고 일어나는 것을 더 쉽게 만드는 데 도움이 될 수 있습니다. 필자가 심하게 말하고 싶은 것은 잠을 자고 일어나는 일을 혼자할 수 없는 사람은 혼자서도 잘 살기 어려울 것입니다.

② 편안한 환경 만들기: 침실을 편안한 수면 환경으로 만드세

요. 이것은 어둡게 하는 음영, 백색 소음 기계 또는 귀마개를 사용하는 것을 의미할 수 있습니다. 방을 편안하고 시원한 온도로 유지하십시오. 너무 더워도 쾌적한 수면, 취침에 방해가 됩니다.

③ 잠자기 전 빛 노출 제한: 빛에 노출되면 주의력이 자극됩니다. 취침 시간 2시간 전에는 밝은 화면에 노출되는 것을 제한하십시오. 전자 기기를 끄고 밝은 화면을 피하십시오. 그 대신, 읽기나 명상과 같은 덜 자극적인 활동을 시도해보세요.

④ 규칙적인 운동: 규칙적인 신체 활동은 더 빨리 잠들고 더 깊은 수면을 취하는 데 도움이 될 수 있습니다. 그러나 취침 시간에 너무 가까운 시간에 운동을 하면 수면에 방해가 될 수 있으므로 피하십시오. 대신, 운동은 일정 시간 전에 하고, 수면을 취하시기 전에 몸을 편하게 만드는 스트레칭을 해보세요.

④ 다이어트 주의: 취침 시간에 가까운 과식, 카페인 및 알코올을 피하십시오. 이것들은 당신의 수면을 방해할 수 있습니다. 그 대신, 건강한 간식을 먹어보세요. 마지막 식사는 수면 2~3시간 전에 하고, 수면에 좋은 식품인 바나나나 견과류 등을 먹어보세요.

⑤ 스트레스 관리: 복식 호흡기도 또는 명상, 호흡을 통한 마음의 기도와 같은 기술은 긴장을 풀고 스트레스를 관리하여 쉽게 잠들 수 있도록 도와줍니다. 또한, 수면 전에 음악을 듣거나 따뜻한 목욕을 하면 편안한 상태로 잠에 들기 좋습니다.

⑥ 주간 낮잠 제한: 긴 주간 낮잠은 야간 수면을 방해할 수 있습니다. 낮잠을 선택했다면 20~30분 정도로 제한하고 오후 중반에 자도록 합니다. 그러나, 낮잠은 어떤 경우에는 수면 부족을 해결하

는 데 도움이 될 수 있으므로, 자신에게 맞는 방식을 찾아보세요. 자신의 성향에 맞게 실행하면 될 것입니다.

⑦ 뒤척거리지 마세요: 잠이 오지 않으면 일어나서 다시 피곤해질 때까지 긴장을 풀어주는 활동을 하세요. 시계를 던지고 돌리고 확인하는 것은 스트레스만 쌓일 뿐입니다. 그 대신, 기분 좋은 책을 읽거나, 편안한 자세로 복식호흡을 하면서 마음으로 온몸을 스캔하면서 구석구석을 살펴보면 긴장이 풀릴 것입니다.

모든 사람의 수면 요구 사항은 다르며 한 사람에게 효과가 있는 것이 다른 사람에게는 효과가 없을 수 있음을 기억하십시오. 수면에 지속적인 문제가 있는 경우 의료 서비스 제공자와 상담하는 것이 좋습니다. 수면 문제에 기여할 수 있는 근본적인 문제를 식별하는 데 도움이 될 수 있습니다. 또한 수면에 대한 자신만의 루틴을 만들어보세요. 이를 통해 수면에 대한 이해도가 높아지고, 더욱 편안하고 품질 높은 수면을 취할 수 있습니다.

4)스트레스 관리를 하세요. 스트레스는 우리의 신체와 정신에 해를 끼칠 수 있습니다. 그러므로 종교생활, 즉 예배드리고, 기도하고, 찬송하면서 지내고, 복식호흡, 명상, 호흡을 깊게 하며 마음의 기도, 내적치유, 운동 등의 기법을 사용하여 스트레스를 관리해야 합니다. 더불어, 스트레스를 관리하면 우리의 면역 시스템과 심장 건강을 유지할 수 있습니다. 스트레스 관리는 신체적, 정신적 건강을 유지하는 데 매우 중요합니다. 상처와 스트레스 관리에 대하여는 **"자기관리 잘하는 법"** 책을 참고하시어 자기관리를 잘하시기를 바랍니다.

27장 뇌가 건강해야 혼자서도 잘산다.

(잠4:20)"내 아들아 내 말에 주의하며 내가 말하는 것에 네 귀를 기울이라 그것을 네 눈에서 떠나게 하지 말며 네 마음속에 지키라 그것은 얻는 자에게 생명이 되며 그의 온 육체의 건강이 됨이니라."

뇌가 건강하여 치매에 걸리지 않아야 혼자서도 잘 살수가 있습니다. 치매에 걸리면 혼자서도 잘사는데 치명타입니다. 치매는 많은 분들이 두려워하는 질병입니다. 국가에서도 지대한 관심분야입니다. 치매예방법 알아보기 전에 우선 정확하게 치매가 무엇인지 설명해드리겠습니다. 치매라는 말은 '정신이 없어진 것' 이라는 의미를 지니고 있습니다. 치매는 정상적으로 생활해오던 사람이 다양한 원인에 의해 뇌기능이 손상되면서 이전에 비해 인지기능이 지속적이고 전반적으로 저하되어 일상생활에 상당한 지장이 나타나고 있는 상태입니다.

과거에는 치매를 망령, 노망이라고 부르면서 노인이면 당연히 겪게 되는 노화현상 이라고 생각했으나 최근 많은 연구를 통해 분명한 뇌질환으로 인식되고 있습니다. 급격한 고령화를 겪는 우리 사회에는 치매치료법, 치매예방법 조차 없다고 합니다. 전문가들은 치매에 걸리면 어떤 치유법도 효과적이지 않기 때문에 치매 예방이 중요하다고 말하고 있습니다. 치매에 걸리기 전에 예방하는 것이 제일중요합니다. 65세가 되면 국가에서 노인이라고 합니다.

이 때부터 나태하지 말고 치매 뿐만아니라 다른 건강도 특별하게 관리해야 합니다. 65세부터 75세까지 특별하게 관리하면 치매에 걸리지 않고 예방이 된다고 합니다. 치매가족협회에서 권고하는 치매예방과 치매 증상을 완화 위한 생활 습관은 이렇습니다.

1.치매 증상을 완화하기 위한 생활 습관

1)손을 바쁘게 움직이자. 손은 가장 효율적으로 뇌를 자극할 수 있는 장치입니다. 손놀림이 많은 동작이나 놀이를 자주 하는 게 좋습니다. 설거지도 아주 좋은 손을 움직이는 활동입니다. 필자는 자원하여 저녁 먹고 설거지를 합니다. 물론 손을 움직이기 위하여 집안 청소도 합니다. 컴퓨터로 글을 쓰면서 손을 움직입니다.

2) 주위 환경을 바꾼다. 방이나 부엌 물건 재배치, 화장실의 쓰레기통을 다른 위치로 옮겨 놓는 것도 같은 장소에만 익숙해 있던 뇌를 자극하는데 도움이 된다고 합니다. 자주 위치를 바꿔서 뇌를 자극시켜야 합니다. 뇌를 사용하라는 말입니다.

3) 수신호를 만들어라. 손가락을 이용한 그림자놀이, 수화를 배우는 것은 뇌의 운동·시각 능력을 활성화하는데 도움이 된다고 합니다. 손을 다야하게 움직이라는 말입니다.

4) 눈을 감은 채 익숙한 일을 하라. 예를 들면 눈을 감고 손가락의 감각만으로 동전을 분류하는 동작은 뇌를 자극해 줍니다.

5) 퍼즐놀이를 하라. 십자말풀이는 어휘능력을 유지하게 할 뿐아니라 공간 지각력을 키우는 데도 좋다고 합니다.

6) 함께 이야기책을 읽는다. 친구나 가족과 교대로 책을 소리 내

어 읽는 시간을 갖는 것은 아주 좋은 뇌운동입니다. 눈으로만 읽는 활동에 비해 뇌를 훨씬 많이 사용하게 됩니다.

7) 냄새를 맡는다. 흔히 냄새를 맡을 경우 과거의 어떤 추억이 떠오르는 것처럼 냄새 맡는 것은 기억 저장과 감정 처리와 관련되는 뇌의 부분에 직접 작용합니다.

8) 새로운 소식을 주위 사람들에게 전하라. 매일 새로운 일을 찾아내고 그것을 다른 사람에게 들려주는 습관을 기르도록 합니다. 이 활동은 관찰과 기억 능력을 향상시킬 것입니다.

9) 산책을 즐겨라. 노인 가운데 규칙적으로 산책하며 걷기를 하는 사람들 중에서는 계획, 스케줄 짜기, 업무 조정 등의 행정적 능이 비약적으로 증가하는 것을 보고하는 실례가 있습니다. 산책은 뇌를 건강하게 하고 하체와 무릎을 튼튼하게 합니다. 역도와 같은 근력강화 운동과 에어로빅과 같은 유산소운동을 결합한 운동프로그램은 인지기능을 크게 향상시킨다는 연구도 있습니다.

10) 머리를 쓰자. 두뇌가 활발히 움직이도록 기억하고 배우는 습관을 가져야 합니다. 책을 읽는 것도 좋습니다. 새로운 것을 배우는 것도 뇌를 녹슬지 않게 합니다.

11) 건강한 식습관이 건강한 뇌를 만든다. 짜고 매운 음식은 치매의 원인이 되는 고혈압, 당뇨병 등의 발생 위험을 높입니다. 현대인들의 입맛은 짜고 매운 음식에 길들여져 있어 조금 싱겁게 먹는 습관을 갖도록 합니다.

12) 몸을 움직여야 뇌도 건강하다. 적절한 운동은 신체적, 정신적 건강에 좋은 치매예방법입니다. 적절한 운동은 치매의 원인이

되는 고혈압, 당뇨병, 고지혈증 등을 예방하고 증상을 호전시킵니다. 손과 발을 움직이는 습관은 아주 좋은 것입니다. 많이 움직이면 움직일수록 건강하게 장수하게 됩니다.

13) 사람들과 만나고 어울리자. 우울증이 있으면 치매에 걸릴 위험이 매우 높아집니다. 봉사활동이나 취미활동 등에 적극적으로 참여하고, 혼자 있지 말고 사람들과 어울려 우울증과 외로움을 피해야 합니다. 혼자 우두커니 앉아 있지 말고 돌아다니면서 사람들을 만나서 대화하는 것이 좋습니다.

2. 건강한 뇌 운동 하는 방법

1) 두뇌 훈련을 하라. 뇌는 사용하지 않으면 금방 둔해집니다. 따라서 낱말 맞추기 퍼즐이나 다소 어려운 내용의 책을 읽는 등 끊임없는 두뇌 훈련이 필요합니다. 최근 선풍적 인기를 끌고 있는 '두뇌 트레이닝 게임' 같은 것도 뇌의 유연성과 활동 증대에 어느 정도 도움이 됩니다. 실제로 지난 2003년 미국에서 실시된 한 연구에 따르면 1주일에 4일 정도 낱말 맞추기 퍼즐을 한 사람은 1주일에 1번 이 퍼즐을 푼 사람보다 치매에 걸릴 확률이 현저히 낮은 것으로 나타났습니다.

2) 규칙적으로 운동을 하라. 꾸준한 운동은 뇌 건강과 직결됩니다. 운동을 규칙적으로 하면 뇌에 혈액이 원활하게 공급될 뿐 아니라 전반적인 심장 혈관계도 강화되기 때문입니다. 스웨덴에서 실시된 한 연구에 따르면 규칙적인 운동은 알츠하이머 발병 확률을 50%가량 낮춰준다는 것입니다. 반면 뚱뚱한 사람은 노인성 치매

에 걸릴 확률이 남들보다 70%나 높다는 연구 결과도 있습니다.

　3) 진통제를 적당히 복용하라. 일각에서는 아스피린 같은 진통제나 콜레스테롤 저하제, 소염제 등이 알츠하이머 발병률을 낮춘다는 주장도 제기됩니다. 미국 보스턴대 의과대학의 스티븐 블라드 박사는 소염진통제 이부프로펜을 5년 이상 복용하면 노인성 치매 위험이 40% 가량 줄어든다고 밝혔습니다. 또 워싱턴대 의과대학의 게일 리 교수도 스타틴 등의 콜레스테롤 저하제를 복용하면 노인성 치매의 특징적 증상인 메타 아밀로이드 플라크의 형성이 억제돼 치매 발병률이 80%까지 낮아진다는 연구 결과를 내놓기도 했습니다. 그러나 전문가들은 이러한 약품들의 치매 억제효과가 아직 확실히 검증되지 않은데다가 무분별한 복용에 따른 부작용도 우려되기 때문에 신중한 접근이 필요하다고 지적했습니다. 무엇이든지 너무 과하면 독이 되는 것입니다.

　4) 사회활동에 활발히 참여하라. 움직이라는 것입니다. 외로움은 치매의 가장 큰 적 가운데 하나입니다. 홀로 많은 시간을 보낸 사람들은 노년에 알츠하이머에 걸릴 확률이 높다는 것입니다. 실제로 스웨덴의 한 연구진은 사회활동에 활발히 참여해온 이들은 혼자 살아온 사람들에 비해 알츠하이머 발병률이 60%나 낮았다고 밝혔습니다. 친구나 가족을 만나는 것은 TV 앞에 혼자 앉아있는 시간을 줄인다는 장점도 있습니다. 혼자서 TV를 너무 오랜 시간 시청하는 것은 뇌 건강에 안 좋은 영향을 미치기 때문입니다.

3. 건강한 뇌를 위한 운동, 달리기: 과거에는 지금 당장의 삶이

중요했습니다. 60년까지 사는 것이 힘들어 60세가 되면 환갑이라는 이름으로 기념할 정도였던 과거에 비해 현재는 '인생은 60세부터'라는 구호아래 노년기에도 젊은 세대 못지않은 활발한 활동을 하게 되는 것을 볼 수 있습니다. 문제는 이런 노년기 활동을 가로막는 장애물이 있다는 것입니다. 바로 대표적 노인성질환이 알츠하이머 치매로 대표되는 치매가 바로 그것입니다.

나이가 들면서 신체 전반적인 노화가 일어나는 것은 당연한 이치라고 할 수 있겠으나 다른 부위에 비해 뇌세포의 노화는 여러 가지 면에서 인간의 삶에 큰 영향을 미칩니다. 단순히 뇌 세포의 수가 감소하는 것이 문제가 아니라 뇌 세포가 노화하면서 뇌 기능이 상실되어 기억장애나 인지장애, 감정조절장애 등의 증상이 나타날 수 있습니다. 기억을 잊는다는 것도 단순한 건망증이 아니라 자신이 살아온 인생을 잃어버리고 가족을 잊고 추억을 잊어버리기 때문에 최악으로는 인간으로써의 존재가치를 잃어버리게 할 만큼의 영향을 미칩니다. 치매는 인간성을 상실하게 하는 심각한 질병입니다.

그래서 현재에도 꾸준히 어떻게 하면 노인성치매에 걸리지 않도록 사전에 뇌 기능저하를 예방할 수 있는지에 대한 연구가 이어져 오고 있는데요. 그 중 대표적인 것이 바로 운동과 뇌 기능과의 관계입니다. 움직여야 합니다. 무릎이 좀 아파도 걸어야 합니다.

앞서 뇌 기능과 운동에 대한 이야기는 여러 번 언급했으며 하루라도 빨리 운동을 하되 유산소 운동을 할 것이며, 유산소 운동 중에서도 달리기 같은 종류가 뇌 기능 향상에 도움이 될 수 있다는 것까지 이야기했습니다. 그리고 오늘 노스캐롤라이나대학 연구팀의 연구에 의해 달리기 운동을 어느 정도 하면 되는지에 대해서 정리를 하게 됩니다.

연구팀은 60~76세 연령의 총 12명 성인을 대상으로 조사한 결과 주 당 1시간 이하 운동을 한 사람의 경우 뇌 속 작은 소혈관이 매우 작은 수 존재하고 뇌 속 혈액순환이 감소된 반면 3시간 주 당 3시간 이상 운동을 한 노인의 경우 뇌 속 소혈관 수가 크게 증가했으며 뇌 속 혈액순환 역시 크게 개선된 것을 확인하게 됩니다.

즉, 기본적으로는 어느 운동이든 괜찮지만 이왕 하려면 주 3시간 이상은 해줘야 뇌 기능 개선에 도움이 되며, 그 중에서도 달리기와 같은 유산소 운동을 하는 것이 베스트(best)라고 정리할 수 있을 것입니다. 단순하지만 쉽게 실천하지 못하는 이 작은 습관 하나가 건강한 노년을 만들 수 있습니다.

4. 뇌가 건강해지기 위한 적극적 활동

1) 연결시켜 기억하라. 정보를 얻고 저장하는 가장 대표적인 방법은 조합입니다. 학습능력과 기억력을 좋게 하려면 배우는 것들 사이의 연관성을 만들어주면 됩니다. 예를 들어 새로운 이름을 외울 때는 이미 잘 알고 있는 사람이나 그 사람을 처음 만난 장소, 그 장소에서 들었던 음악 소리 등과 연결시켜보는 것입니다. 새 정보와 이미 알고 있던 정보 사이에 연결고리가 생겨 또다른 정보가 생겨나게 됩니다.

2) 양손을 사용하라. 뇌는 서로 비슷하게 생긴 오른쪽 뇌와 왼쪽 뇌로 나눠져 있습니다. 신체로부터 전달되는 대부분의 정보가 오

른쪽과 왼쪽으로 서로 교차돼 전달됩니다. 왼손이나 왼쪽다리에서 온 정보는 오른쪽 뇌로, 오른쪽 손에서 온 정보는 반대로 가는 식입니다. 양손을 사용한다면 뇌를 균형적으로 발달시킬 수 있습니다. 글씨를 쓸 때 오른손을 사용하더라도 칫솔질은 왼 손으로 하는 것입니다. 넘쳐나는 정보의 바다 속에서 알아야 할 것이 너무 많아 한쪽 뇌만으로는 부족한 것입니다.

3) 잠자기 직전에 공부하라. 꿈은 아직까지 그 본질이 완전히 밝혀지지 않았습니다. 그러나 한 동물 실험은 꿈이 우리가 전에 경험하거나 배운 것이나 남겨 둔 문제들을 다시 기억하는 과정을 반복하도록 만듭니다. 잠자기 전, 꿈꾸기 전에 외운 것이 더 잘 기억되는 이유입니다.

4) 외우지 말고 이해하려고 하라. 인간의 뇌는 시시각각 변화하는 주변 환경에 적응해 살아가기 위해 진화해왔습니다. 주변 환경을 분석하고 이해하면서 작용하도록 돼 있습니다. 뇌는 그래서 단순히 암기한 것보다는 이해한 것에 대해 특히 잘 기억합니다. 뭔가를 배운다면 이것을 왜 배우고 공부해야 하는지 뇌에게 잘 "설명"하면 좋은 결과를 얻을 수 있습니다.

5) 오래 사귈수록 나쁜 게 TV다. 텔레비전을 오래 시청하면 뇌에 좋지 않습니다. 텔레비전은 한꺼번에 방대한 양의 정보를 줘 뇌가 그 정보를 스스로 처리할 시간적 여유가 없습니다. 텔레비전을 오랫동안 보게 되면 뇌가 정보를 수동적으로 받아들이게 됩니다. 문제는 이것이 반복되다보면 나중에 뇌가 새로운 정보를 능동적으로 얻고 처리하는데 방해가 되는 것입니다. 앞으로 2~3 일 동안만

이라도 텔레비전을 켜지 말고 생활해보시기를 바랍니다. 처음에는 견디기 힘들겠지만, 얼마 지나면 전과는 다르게 머리가 맑아진 것을 느낄 수 있을 것입니다.

5. 뇌 노화 늦추는 방법: 김광준 연세대 세브란스 병원 노년내과 교수가 발표한 자료에 따르면 [80세 넘어서도 말이 젊은이 못지않게 빠르고, 대화에 쓰는 단어가 풍부한 사람들을 본다. 중 고등학교 졸업 학력이지만, 은퇴 후에 새로운 직업이나 배움에 뛰어드는 '70세 청년'도 있고, 영어 수상 소감으로 전 세계를 휘어잡은 시니어 윤여정도 나온다. 반면에 박사 공부까지 한 사람이 70대 중반에 치매로 고생하는 경우도 꽤 있다. 나이 들면서 어쩔 수 없이 생물학적으로 퇴화하는 뇌를 "닦고 조이고 기름"치면, 노화를 늦춰가며 총명하게 지낼 수 있다.] 은퇴하고 나태하면 치매에 걸립니다.

1) 뇌(腦)는 어떻게 늙어갈까? [약 70세부터 사용하는 단어 수가 준다. 말하는 속도나 대화 구성 등 언어 능력도 떨어지기 시작한다. 상황을 판단하고 정보를 처리하는 능력은 특별한 질병이 없다면 80세 정도에도 유지된다. 시간이 점점 길어져도, 기다리면 제대로 그런 일을 마친다. 나이 들어 뇌 신경세포 수는 감소하나, 그 안에서 새로운 신경망을 만들어서 뇌 기능을 보상토록 한다. 기억력은 최신 것부터 떨어진다. 새로 만난 사람의 이름이나 어제 먹었던 메뉴가 잘 생각이 나지 않는다. 이른바 휘발성 기억력이 낮아진다.

70세가 넘어가면 뇌 혈류량이 젊었을 때보다 20% 정도로 감소한다. 뇌혈관 동맥 경화로 혈관이 좁아지는 탓이다. 담배를 피우거나, 고혈압 고지혈증 고혈당 등이 있으면 뇌 혈류 감소가 촉진된다. 이 때문에 초 고령에서는 혈관성 치매가 원인을 알 수 없는 알츠하이머 치매만큼 발생한다. 하루 두 잔 이 상의 음주는 뇌 기능 감소를 증가시킨다.]

2) 끊임없이 머리를 굴려야 뇌가 싱싱해진다. [눈·귀·코·입이 즐거우면, 뇌에도 좋다. 보기에 좋은 것을 많이 보고, 즐거운 것을 많이 듣고, 맛있는 음식을 자주 먹고 내가 즐겁고 내가 행복하다 느끼면 뇌에 좋다는 의미다. 시력을 잃으면 사물을 잃고, 청력을 잃으면 사람을 잃는다는 말이 있듯이, 뇌는 시력과 청력의 자극으로 움직인다. 청력이 떨어지면 보청기로 만회하고, 시야가 뿌예지면 백내장 수술 등으로 청력과 시력과 시야를 회복시켜야 한다. 모두 뇌를 위해서다. 맛을 음미하며 씹어 먹는 식사가 뇌를 크게 자극한다. 이를 위해 위아래 맞물리는 저작운동과 치아를 최대한 많이 보존해야 한다. 치아를 잃었으면 임플란트로 채워, 씹는 능력을 유지해야 한다. 호기심은 뇌를 끝까지 작동시키는 온(on) 스위치다. 매일 다니던 길거리를 산책 하더라도 평소와 다르게 새로 바뀐게 있는지 유심히 관찰하며 다니는 게 좋다. 평상시 다니던 길 아닌 다른 길로도 다니는 것이 좋은 것이다. 새로 생긴 가게가 있으면 들러보고, 어디서 어떤 물건이나 식품이 싸고 좋은 것을 파는지 알아보러 다니면 뇌 기능이 활성화된다.

다양한 책 읽기와 쓰기, 그림 보기 그리기 음악 감상 습득 등 예술적 경험은 새로운 신경망을 만들어 생각을 풍부하게 하고, 사고를 유연하게 만든다. 외국어 같은 처음 접하는 학습은 깨어 있는 뇌세포를 늘리는 데 가장 좋다. 매일 하던 것을 아무 생각 없이 반복하는 생활은 뇌세포를 오프(off)로 만들어 노화를 촉진한다. 카드놀이, 낱말 맞추기, 산수 풀이 등 일부러 시간 내어 머리 쓰기를 꾸준히 하는 게 좋다.

여러 사람과 지속해서 교류하는 것도 뇌를 깨운다. 대화에 참여하려면 뉴스도 자세히 보게 되고, 바깥출입 하려면 옷매무새도 챙기게 된다. 거동이 불편해지는 초고령에서는 멀리 있는 친구나 가족보다 동네서 어울리는 사람들이 더 소중하다. 나이가 많이 들수록 학연·혈연·직장 등 연고 중심의 어울림보다, 지역 중심 어울림을 늘려야 한다.

뇌는 저수지와 같다. 평소에 저수지에 물이 충분히 차 있으면 가뭄이 와도 버틴다. 일상에서 머리를 끊임없이 굴리고 오감을 즐겁게 하며 살면 뇌가 싱싱해진다.]고 김광준 연세대 세브란스 병원 노년내과 교수가 말했습니다.

결론적으로 뇌가 건강해야 혼자서도 잘 살수가 있는 것입니다. 치매에 걸리면 평생 바보로 살아야 합니다. 뇌를 활성화시키는 것은 더 나은 인지 능력과 건강한 뇌를 유지하는 데 큰 도움이 됩니다. 이러한 방법을 조합하여 건강한 뇌를 유지하고 더 나은 삶의 질을 경험할 수 있습니다. 뇌 활성화는 미래의 도전에 대비하고 더 나은 미래를 위한 필수적인 습관을 형성하는 데 도움이 됩니다.

뇌를 활성화시키는 것은 우리의 지적 능력을 최적화하고 더 나은 미래를 창조하는 데 중요한 역할을 합니다. 뇌가 건강하려면 손을 많이 사용해야 합니다. 설거지를 하는 것도 좋습니다. 운동은 뇌와 신체 간의 연결을 강화하고 뇌에 혈액 공급을 증가시키는 데 도움이 됩니다. 운동은 뇌의 혈류를 증가시켜 산소와 영양소를 더 효과적으로 전달하며, 이것은 뇌 기능을 향상하는 데 중요합니다. 또한 운동은 신경 세포를 자극하여 학습 능력과 기억력을 향상하고, 스트레스 관리에도 도움이 됩니다. 일정한 운동 습관을 가지면 우리는 뇌 건강을 더욱 증진시킬 수 있습니다. 체력이 있어야 걷지요. 체력이 중요함으로 때때로 보약을 복용하는 것도 좋습니다.

뇌를 활성화시키려면 새로운 경험과 학습이 필요합니다. 새로운 환경에서 노출되고 새로운 기술을 배우는 것은 창의성을 증가시키고 뉴런 연결성을 향상합니다. 새로운 언어를 배우거나 취미를 개발하면 뇌를 활성화시키고 새로운 신경 경로를 형성할 수 있습니다. 새로운 경험은 우리의 지적 호기심을 자극하고 뇌의 능력을 향상하는 데 도움이 됩니다. 새로운 것에 도전하라는 것입니다.

명상은 뇌의 활동을 안정시키고 스트레스를 줄이는 데 도움을 줍니다. 명상을 통해 우리는 정서적 안정을 유지하고 집중력을 향상할 수 있습니다. 명상은 뇌의 신경 회로를 재설정하고 불안과 스트레스를 완화시키는 데 도움이 됩니다. 정기적인 명상 습관을 현성하면 뇌의 기능을 최적화하는 데 도움이 될 것입니다.

건강한 뇌를 가지고 살아가려면 본인의 의지가 있어야 합니다. 건강은 병원에서 100% 관리하여 주지 않습니다. 의술의 도움30%, 자기노력 30%, 하나님의 은혜 역사 30% 이상이 되어야 온몸이 건강하게 살아갈 수가 있는 것입니다. 더 많은 치매예방에 대해서는 **"치매예방 건강 장수하는 비결"** 책을 참고하시기를 바랍니다.

28장 낙천적이어야 혼자서도 잘산다.

(요 8:29)"나를 보내신 이가 나와 함께 하시도다. 나는 항상 그가 기뻐하시는 일을 행하므로 나를 혼자 두지 아니하셨느니라."

낙천적인 사람이 되어야 혼자서도 잘 살수가 있습니다. 낙천적인 사람이 다른 사람보다 장수한다는 통계가 있습니다. 우리가 낙천적인 삶을 살아가려면 말을 잘해야 합니다. 낙천적인 말의 예를 든다면 필자는 아직 70살 밖에 되지 않았습니다. 100살까지 목회할 것입니다. 자기관리 잘하여 120살까지 살 것입니다. 반대로 부정적인 말로 저 지금 벌써 70살이나 되었습니다. 살아갈 날이 얼마 남지 않았습니다. 이런 다면 얼마 있지 않아 병들어 죽을 것입니다. **필자는 항상 전자의 낙천적인 말을 하는 습관이 있습니다.**

"벌써"와 "아직"은 비유일 뿐 우린 낙천적으로 살아야 합니다. 모든 상황에 비관적인 것은 피곤합니다. 자기도 피곤하고 주변 사람들을 피곤하게 합니다. "앞으로 잘 될 거야", "모든 일은 잘 되게 돼 있어" 정신의학자이자 철학자 조셉 머피는 "좋은 일을 생각하면 좋은 일이 일어나고 나쁜 일을 생각하면 나쁜 일이 일어난다." 라고 말했습니다. 그러니 앞으로 좋은 일만 생각하려고 노력해야 합니다. "힘들어도 노력해!" "지금은 힘들어도 앞으로 모든 일이 술술 잘 풀릴 거야" 낙천이란 "세상이나 인생을 즐겁고 밝게 바라보는 성격"이라는 뜻으로, 좋은 기운을 주는 사람이라는 것입니다.

유유상종이라는 말이 있습니다. 비슷한 사람끼리 만나고 어울린

단 얘기입니다. 어느 모임에 가면 유난히 활기차고 밝은 분위기에 마음까지 상쾌한 만남이 있습니다. 좋은 얘기들이 넘치고 서로 위로하며 칭찬과 격려가 함께합니다. 잘 해낼 줄 알았어, 역시 대단해, 우리 친구 최고야, 조금만 더 힘내자, 그런 만남을 하고 집으로 오는 길은 즐겁고 행복하여 공허함도 시간을 낭비했다는 생각도 없습니다. 이렇게 좋은 기운 주는 사람을 만나십시오. 날마다 습관적으로 힘들다죽겠다는 말을 입에 달고 있는 사람은 분위기만 흐립니다. 혹시 내가 그런 사람이라면 부정을 긍정으로 바꾸는 습관을 들이겠습니다. 사람들은 밝고 좋은 에너지를 갖은 사람을 좋아합니다. 사람마다 고민을 안고 살고, 힘든 일이 있지만 그것을 극복하는 것은 긍정의 힘입니다. 오늘도 좋은 분들과 좋은 기운 받으시고 행복한 하루 보내시기 바랍니다.

제2차 세계대전의 영웅 몽고메리 장군은 기자에게 질문을 받았습니다. "장군님, 전투에서 어느 편이 이길 것 같으십니까?" 그러자 몽고메리 장군에게서 예상치 못한 엉뚱한 대답이 나왔습니다. "노래를 잘 부르는 쪽이 이길 것입니다." 하지만, 그의 말에는 전승의 비결이 내포되어 있었습니다. 전쟁터에서 흥겹게 노래를 부른다는 건 분명 낙관적인 인생관을 지녔을 것이고 위험한 순간에도 강인한 정신력을 발휘할 테지만 반대로 부정적이고 비관적인 사람은 노래를 부를 만큼 여유가 없을 것이기 때문에 정신력도 나약해진다는 것입니다. 몸이 지치는 것보다 정신적인 침체는 결국 인생을 무가치하고, 허무하게 만들며 남아있는 힘마저 앗아갑니다. '낙천적'은 현재의 모습이 밝다는 의미입니다. 비슷하지만 '낙관적'이라는 것은 미래에 벌어질 일들에 대해서 희망적으로 바라본다는 뜻입니다. 이유 없는 안일함이 아니라 이유 있는 긍정의 힘으로 우리의 내면은 더욱 강인해집니다. "낙관적인 사람은 고난에서 기회를 보고 비관적인 사람은 기회에서 고난을 본다."(윈스턴 처칠)

낙관적, 낙천적인 사람이 되어야 건강하게 장수하며 일상생활을 독립적으로 수행하며 혼자서도 잘 살수가 있습니다. '바보는 감기에 잘 걸리지 않는다.'는 말이 있습니다. 감기에 걸려도 증상을 알아차리지 못할 정도로 둔감함을 비유한 말입니다. 의학적인 근거가 있는 것 같지는 않지만 확대해석하면 이해가 가는 부분도 없지 않습니다. 낙관적, 낙천적인 사람은 스트레스를 느끼지 않기 때문에 면역력이 쉽게 떨어지지 않고 감기와 같은 감염증에도 잘 걸리지 않을 가능성이 있습니다. 낙관적, 낙천적이고 스트레스를 잘 받지 않는 사람은 그렇지 않은 사람에 비해 면역력이 높다고 알려져 있습니다. 스트레스를 받으면 병원균과 싸우는 세포인 백혈구의 기능이 저하되기 때문에 면역력이 떨어지고 감염증에 걸리기 쉽습니다. 장 환경이 좋지 않아도 면역력이 떨어지게 됩니다. 장은 음식물을 소화, 흡수함과 동시에 면역을 관장하는 기관이기도 하며 몸속 면역세포의 약 60%를 차지하고 있기 때문입니다.

스트레스를 잘 받는 사람은 코르티솔이라는 스테로이드 호르몬이 증가할 기회가 많습니다. 이 호르몬이 증가하면 교감신경이 자극되어 장의 소화와 배변 기능을 방해하며 결과적으로 유익균과 유해균의 균형이 무너져 장환경이 악화됩니다. 또한 체내에는 암세포나 바이러스와 싸우는 NK세포가 있는데 그 강도를 'NK 활성'

이라 부릅니다. 스트레스가 생기면 NK활성이 낮아지며 바이러스로 인한 감염증뿐만 아니라 암에도 걸리기 쉽습니다. 낙천적인 사람에게 백신을 접종하도록 한 후 심리적인 스트레스를 주었음에도 불구하고 항체의 수치가 올라갔다는 보고도 있습니다. 항상 적극적이고 밝게 많이 웃으면 면역력을 높이는 NK활성이 올라간다고 합니다. 성격을 바꾸는 건 어렵지만 스트레스를 쌓아두지 않고 발산하는 방법을 알고 있는 사람은 면역력이 잘 저하되지 않는 것입니다. 또 불규칙한 생활과 수면 부족, 편식도 장 환경을 악화시키므로 가능한 규칙적인 생활을 하도록 힘쓰고 장 환경을 조절하는 유산균과 비피더스균, 식이섬유를 적극 섭취해야 합니다. 장 환경이 좋아지려면 자율신경이 조절이 잘 되어야 합니다. 반대로 장환경이 나빠지면 자율신경이 조절이 안됩니다. 낙천적인 사람은 스트레스를 느끼지 않기 때문에 자율신경이 조절이 잘 되는 것입니다.

책을 읽는 여러분은 낙관적, 낙천적인 사람입니까? 비관적인 사람입니까? 이 컵에 물이 반이 남아 있습니다. 이 물을 보고 어떤 사람은 '컵에 물이 아직 반이나 남았네.' 라고 말합니다. 반면 어떤 사람은 '컵에 물이 겨우 반밖에 안 남았네.' 라고 말합니다. 두 사람의 사고방식의 차이는 '아직'과 '겨우'의 차이입니다. '아직'이라고 말하는 사람은 낙천적인 사람이고, '겨우'라고 말하는 사람은 비관적인 사람입니다. 이것이 별것 아닌 것 같지만 내가 매사에 어떤 사고방식을 가지고 사느냐에 따라서 인생은 행복한 인생이 되기도 하고 불행한 인생이 되기도 합니다.

낙천적 사고는 어떤 일이든 긍정적으로 받아들여 즐겁게 생각하고 만족을 느끼는 사고방식입니다. 반면 비관적 사고는 어떤 일이든 부정적으로 받아들여 염려와 걱정에 사로잡혀 사는 사고방식입니다. 이런 생각들은 그 사람의 몸에 곧 바로 반영됩니다. 즐거운 일을 생각하거나 좋아하는 일을 하고 있으면 쾌감호르몬이 뇌에 분비되어 즐거운 기분이 됩니다. 쾌감 호르몬이 나올 때는 몸의 컨디션도 좋습니다. 면역력을 높이고 노화를 방지합니다. 이에 비해 비관적인 생각에 사로잡혀 있으면 긴장했을 때 분비되는 아드레날린 호르몬이 나옵니다. 이 호르몬은 면역력을 저하시키고 노화를 촉진시킵니다. 또 병을 갖는 원인이 됩니다. 그래서 잠언서 17:22절에 '마음의 즐거움은 양약이라도 심령의 근심은 뼈를 마르게 하느니라' 했습니다. 이렇게 우리가 생각을 어떻게 먹느냐에 따라 인생이 180도 달라지게 됩니다.

그렇다면 비관적으로 생각하기·쉬운 사람은 어떻게 하면 좋을까요? 무엇보다 먼저 '사실'이라는 것이 무엇인지 정확히 알아둬야 합니다. 사람들은 사실을 '움직일 수 없는 어떤 확고한 것'이라고 생각을 합니다. 예를 들어 자신이 나이가 70이 되었다고 합시다. 이것은 '사실'입니다. 주민등록증이나 운전면허증에 같은 숫자가 적혀 있을 것입니다. 하지만 사실은 사실로서 존재할 뿐 그 이외의 아무것도 아닙니다. 그것을 어떻게 받아들이느냐에 따라 사실은 얼마든지 달라질 수 있습니다. 사실에 색을 입히는 것은 자기 자신입니다. 비관적인 성향이 강한 사람은 70이면 이미 인생이 황혼기라 생각해서 어두운 색을 칠합니다. 반대로 낙관적, 낙천적인 사람은 아직 70밖에 되지 않았다는 생각으로 밝은 색을 칠합니다.

갈렙(수14:10-12)이 말하는 것을 본받아야 합니다. 갈렙은 85세가 되었지만 옛날 젊었을 때와 같이 내가 강건하니까 거친 헤브론 산지를 달라고 여호수아에게 간청을 합니다. 그 땅을 배분해 주면 내가 그곳에 들어가 그 땅의 거민들을 물리치고 그 땅을 차지하겠다고 말합니다. "이제 보소서 여호와께서 이 말씀을 모세에게 이르신 때로부터 이스라엘이 광야에서 방황한 이 사십오 년 동안을 여호와께서 말씀하신 대로 나를 생존하게 하셨나이다. **오늘 내가 팔십오 세로되 모세가 나를 보내던 날과 같이 오늘도 내가 여전히 강건하니 내 힘이 그 때나 지금이나 같아서 싸움에나 출입에 감당할 수 있으니** 그 날에 여호와께서 말씀하신 이 산지를 지금 내게 주소서 당신도 그 날에 들으셨거니와 그 곳에는 아낙 사람이 있고 **그 성읍들은 크고 견고할지라도 여호와께서 나와 함께 하시면 내가 여호와께서 말씀하신 대로 그들을 쫓아내리이다** 하니"(수14:10-12). 85세면 통상 이제 뒤로 물러나 쉴 나이입니다. 그런데 갈렙은 여전히 자기 자신이 늙었다고 생각하지 않았습니다. 자신의 생물학적 나이에 밝은 색을 칠한 것입니다. 그 결과 그는 거친 헤브론 땅에 들어가 그 땅의 거민들을 물리치고 땅을 차지했습니다. **"헤브론이 그니스 사람 여분네의 아들 갈렙의 기업이 되어 오늘까지 이르렀으니 이는 그가 이스라엘의 하나님 여호와를 온전히 쫓았음이라"(수4:14).** 갈렙은 낙천적, 낙관적인 사람입니다.

사람이 겪는 일은 그렇게 큰 차이가 없습니다. 구조조정으로 퇴직당하고, 상사와 싸우고, 부부 사이가 나쁘고, 교통사고가 나고, 아이의 교육문제가 걱정이고, 시험에 떨어지고, 사업이 파산 나고,

애인에게 버림받고, 돈이 떨어져 고민하고, 이런 일은 낙천적인 사람이나 비관적인 사람이나 누구나 다 같이 겪기 마련입니다. 그러나 그 이후의 일은 다릅니다. 이런 사실들은 아무 색이 없는 무색이지만 사람들은 그 일에 각자 색을 칠하기 시작하는 것입니다. 예를 들어 돈이 다 없어졌다고 합시다. 누구든 그 자리에서는 괴로워하기 마련입니다. 하지만 낙천적인 사람은 '가난한 사람에게 주었다 생각하자, 기부했다 생각하자, 병에 걸려 돈을 쓴 것보다는 훨씬 더 낫지'라고 생각하고는 이내 잊어버립니다. 그러나 비관적인 사람은 그 일을 떨쳐내지 못하고 계속 괴로워합니다. '미쳤어, 내가 미쳤어, 어떡하지' 그리고 다른 일까지도 확대 해석해서 '뭔가 불길한 일이 일어날 징조는 아닐까?' 하며 점점 비관적으로 생각합니다. 어떤 색을 칠하는가는 자신에게 달려 있습니다. 하지만 그 색칠이 자신의 남은 인생의 행복과 불행을 갈라놓을 것입니다.

예수님은 낙천적인 분이십니다. 한 번은 제자들과 함께 배를 타고 가는데 바다에 큰 풍랑이 일었습니다. 배가 뒤집힐 정도로 큰 풍랑이었습니다. 제자들은 아우성을 쳤습니다. 살려달라고 소리를 쳤습니다. 하지만 주님은 뱃머리에서 편히 주무시고 계셨습니다. 똑같은 상황을 만났지만 받아들이는 태도는 하늘과 땅 차이입니다. 주님은 긍정적인 분이십니다. 한번도 '안 된다, 못 한다' 하지 않으셨습니다. 언제나 '할 수 있다, 하면 된다.' 그렇게 말씀하셨습니다. 하나님을 믿는 자는 능치 못함이 없다고 하셨습니다. 이것이 주님을 믿는 사람들이 낙천적이 되어야 할 이유입니다.

비관적인 생각으로 인해 오는 걱정과 근심, 심한 스트레스는 우리 몸을 병들게 합니다. 미국의 의과대학 학생들을 대상으로 임상 실험을 한 적이 있습니다. 우리나라에서도 그렇지만 의사라는 직업은 미국에서도 높은 지위를 차지합니다. 그러나 어려운 국가시험을 통과해야만 합니다. 그래서 의대생들은 강한 스트레스에 시달립니다. 거기에 착안해서 그들의 혈액 속에 포함되어 있는 호르몬 물질 인터로이킨 2의 변화를 조사해 보았습니다. 정말 국가시험이 다가올수록 인터로이킨 2의 혈중 농도가 점점 낮아지는 것을 발견하게 되었습니다. 인터로이킨 2는 저항력, 특히 암에 대항하는 저항력을 가지고 있습니다. 의대생들은 젊고 건강했지만 시험 스트레스는 확실히 면역력을 저하시키고 있었던 것입니다. 강한 스트레스나 불안 걱정 근심에 싸여 있는 사람은 병에 걸리기 쉽습니다. 또 이런 심리상태에서 병에 걸린 경우에는 회복속도도 느립니다. 나이가 들어감에 따라 면역력은 떨어지기 마련입니다. 따라서 나이가 많아질수록 인터로이킨 2를 감소시키는 걱정과 근심, 심한 스트레스는 피해야 합니다. 면역력은 저축과 같습니다. 우리가 날마다 아무 일도 없이 살아간다면 특별히 저축해 둔 것이 없어도 괜찮습니다. 하지만 생각지 못한 재난을 만나게 되면 저축해 논 것이 없을 때, 큰 문제에 직면하게 됩니다. 건강했던 노인이 감기로 목숨을 잃는 일도 일어나게 됩니다. 모아둔 면역력이 없어서 그런 것입니다. 노인일 수 록 보약을 먹어 면역력을 높여야 합니다.

이런 장면을 생각해 봅시다. 서로 사랑하고 있는 연인이 있습니다. 금요일 아침 남자가 여자에게 전화를 걸었습니다. 둘은 시내에 있는 근사한 식당에서 저녁을 먹기로 약속을 했습니다. 전화를 끊은 뒤부터 그녀는 계속 가슴이 두근거리고 저녁에 그와 만날 일만 생각합니다. '무슨 옷을 입고 나갈까, 머리는 어떻게 만지고 나갈까, 어느 정도 화장을 하고 나가지?' 여러 가지 생각을 합니다. 생각을 하면서 계속 마음이 두근거립니다. 이 두근거리게 만드는 호르몬이 바로 베타 엔돌핀입니다. 곧이어 이 호르몬의 효과가 나타납니다. 얼굴색도 평소와 다르고, 눈도 반짝이고, 누가 보아도 오늘 저녁 데이트가 있다는 것을 금방 알 수 있을 정도입니다. 우리 가요에 '사랑을 하면은 예뻐져요'라는 말이 있지요? 그 말이 그냥 나온 말이 아닙니다. 여성이 사랑을 할 때 예뻐지는 것은 바로 이 베타 엔돌핀 호르몬 때문입니다.

하지만 만일 그녀가 다음과 같은 심리상태에 있었다면 어땠을까요? 아침에 남자친구에게 전화를 받았는데 목소리가 착 가라앉아 있는 게 평소와 다른 것 같습니다. 그녀는 갑자기 '혹시 이 사람이 오늘 밤 헤어지자고 하는 것은 아닐까? 오늘 전화 목소리는 뭔가 여느 때와는 달랐어!' 이렇게 부정적인 생각을 품자 이 생각이 꼬리에 꼬리를 물게 됩니다. 이렇게 되면 베타 엔돌핀은 나오지 않고 대신 스트레스 호르몬인 노르아드레날린이 분비됩니다. 이런 호르몬은 혈관을 수축시켜 활성산소를 대량으로 방출시키기 때문에 그녀가 약속 장소에 도착했을 때에는 안색도 나쁘고 매력도 반감되어 있습니다. 두 사람은 예정대로 식당에서 식사를 하지만 헤어지자는 말이 언제 나올까 하는 걱정으로 대화가 잘 되지 않습니다. 그렇게 어색하고 불안한 마음으로 식사를 끝내고 둘은 결국 서로에게 실망하고 헤어질 마음을 먹습니다.

사람의 마음에 따라 그 결과는 이렇게 하늘과 땅만큼 달라지는 것입니다. 낙천적인 사람에게는 낙천적인 일이 일어납니다. 하지만 비관적인 사람에게는 자신이 생각한 대로의 비관적인 일이 일어납니다. 만일, 남자친구가 정말로 헤어지자는 말을 할 작정이었다고 합시다. 그러나 하루 종일 데이트를 고대하며 베타 엔돌핀이 절정에 이른 예쁜 그녀를 본 순간, 그의 마음이 달라졌을지도 모릅니다. '아니, 저렇게 아름다운 여인에게 내가 헤어지자고 할 뻔 했구나!' 그러나 비관적인 일을 상상하고 불안을 안고 나온 쪽은 얼굴도 창백하고 매력도 없어 보입니다. 그 얼굴을 보고 '그래, 내가 헤어지자고 마음먹은 것은 잘한 일이야!' 그렇게 결정하게 되는 것입니다. 이 예는 그저 데이트의 경우지만 인생의 모든 일이 이와 같습니다. 한 사람이 즐거운 인생을 사는가, 괴로운 인생을 사는가의 차이는 이런 작은 일들이 쌓이고 쌓여 생기는 결과인 것입니다.

살아 있는 한 그 누구도 스트레스를 피할 순 없습니다. 개도 스트레스를 받습니다. 하지만 개는 내일에 대한 걱정 때문에 스트레스를 받지는 않습니다. 인간만이 일어날지도 모르고 안 일어날지도 모르는 내일의 걱정 때문에 잠을 못 이루고 스트레스를 받는다고 합니다. 주님은 마 6:34절에서 말씀하셨습니다. "그러므로 내일 일을 위하여 염려하지 말라 내일 일은 내일이 염려할 것이요 한 날의 괴로움은 그 날로 족하니라" 바울도 말했습니다. 빌 4:6-7 "아무 것도 염려하지 말고 다만 모든 일에 기도와 간구로 너희 구할 것을 감사함으로 하나님께 아뢰라 그리하면 모든 지각에 뛰어난 하나님의 평강이 그리스도 예수 안에서 너희 마음과 생각을 지키시리라"

걱정을 자주 하는 사람은 암에 걸리기 쉽습니다. 사람들은 보통 이렇게 생각합니다. '나더러 비관적인 사고방식을 가졌다고 말하지만, 그렇게 생각할 수밖에 없는 일들만 일어나기 때문입니다. 나도 낙천적으로 살고 싶습니다.' 과연 그럴까요? 스트레스 학설을 창시한 한스 세리에 박사가 아직 소년이었을 때, 어떤 일로 인해 길가에서 울고 있었습니다. 그때 한스의 할머니가 다가와 울고 있는 손자의 얼굴을 보더니 이렇게 말했습니다. '한스야, 울지 말아라. 울기 때문에 슬픈 거란다. 웃어 보렴' 이 말은 많이 시간이 흐른 뒤에도 박사의 머리에 남아 스트레스 학설을 확립하는 데 기여를 했다고 합니다. 세리에 박사는 이렇게 말했습니다. '슬프기 때문에 우는 것이 아니다. 울기 때문에 슬픈 것이다' 할머니가 말씀하신 그대로입니다. 이것이야말로 틀림없는 진리입니다.

슬픈 일이 일어나는 것이 꼭 비관적인 생각 때문이라고 할 수는 없습니다. 낙천적인 사람에게도 그런 일이 일어날 수 있기 때문입니다. 그러나 낙천적인 사람은 비관적인 일이라도 낙천적으로 생각합니다. 비관적인 사람은 낙천적으로 생각할 수 있는 일까지도 비관적으로 생각합니다. 우리 몸은 우리가 생각하는 대로 반응합니다. 옳고 그른 것을 구별하여 반응하는 것이 아닙니다. 우리가 생각하는 대로, 우리가 해석하는 대로만 반응합니다. 낙천적으로 생각하는 사람에게는 베타 엔돌핀을 내어 우리 인생을 즐겁게 만들고, 비관적으로 생각하는 사람에게는 아드레날린 호르몬이 방출되어 몸과 마음을 망가지게 만듭니다. 낙천적으로 생각하는 사람은 무엇이든 여유 있게 생각하고 긴장을 줄이기 때문에 실패할 확률도 적습니다. 인간도 평균수명이 있고 동물도 평균 수명이 있습니다. 동물은 평균 수명의 커다란 차이가 없이 비슷한 기간 동안 살아간다고 합니다. 그러나 인간은 사람에 따라 표준편차가 굉장히 큽니다. 병에 걸려 평균 수명만큼 살지 못하고 죽는 사람이 있습니다. 반면 평균 수명을 훨씬 넘어서도 젊고 아름답고 활기 넘치는 사람이 있습니다. 그런 사람의 대부분은 그에 걸 맞는 삶의 자세나 사고방식을 가지고 있습니다. 그러므로 노화도, 수명도, 사고방식, 즉 의식의 산물입니다. 인간의 평균수명보다 약 20년 정도 넘긴 사람들, 즉 100세가 넘은 장수하는 사람들의 마음가짐을 조사한 적이 있었는데, **놀랍게도 그들은 모두 낙천적인 성격의 소유자였다는** 것입니다. 낙천적인 생각, 낙관적인 사고, 긍정적인 사고, 이것이 사람을 젊게 만듭니다. 노화를 방지합니다. 병 없이 젊게 살고 싶으신 분은 사고를 바꾸시기 바랍니다. 즐겁고 행복한 삶을 살기 원하는 분들은 생각을 바꾸십시오. 모든 것을 낙천적으로 생각하십시오. 하나님이 모든 일을 합력하여 선을 이루어 주실 것을 믿고 걱정하지 마십시오. 낙천적으로 생각해야 된다는 것입니다. 우리는 하나님의 자녀들 아닙니까? 어머니 품속에 있는 아이가 걱정하는 것 보셨습니까? 총알이 빗발치고, 폭탄이 터지는 순간에도 엄마 품속에서 새근새근 잠을 잡니다. 짧은 인생, 근심 걱정만 하다가 마치겠습니까? 생각을 바꾸십시오. 하나님을 믿고 낙천적으로 생각하십시오. 잘될 것이라 생각하십시오. 그러면 그 생각대로 될 것입니다. 분명하게 혼자서도 잘 살려면 낙천적이 되어야 합니다.

이 책을 통해 예수님이 땅끝까지 전파 되기를 소원합니다.
(출판으로 인한 이익금은 문서선교와 개척교회 선교에 사용합니다.)

혼자서도 잘사는 법

발 행 일 ㅣ 2023.12.07 초판 1쇄 발행

지 은 이 ㅣ 강요셉

펴 낸 이 ㅣ 강무신

편집담당 ㅣ 강무신

디 자 인 ㅣ 강무신

교정담당 ㅣ 강무신

펴 낸 곳 ㅣ 도서출판 성령

신고번호 ㅣ 제22-3134호(2007.5.25)

등록번호 ㅣ 114-90-70539

주   소 ㅣ 서울시 서초구 방배천로 2길 53

전   화 ㅣ 02)3474-0675/ 3472-0191

E-mail ㅣ kangms113@hanmail.net

유   통 ㅣ 하늘유통. 031)947-7777

ISBN ㅣ 978-89-97999-93-4 부가기호 ㅣ 03230

가   격 ㅣ 18,000원